本 书 系

国家2011计划·司法文明协同创新中心系列成果

由山东大学学科高峰计划交叉法学项目经费资助

中国法治实践学派书系

寻找中国的判例法

武树臣　著

人民出版社

鸣　谢

北京合弘威宇律师事务所

赞　助

　　该律师事务所是在法治中国伟大实践的时代背景下，以中国法治实践学派学术思想为指导，以北京威宇律师事务所为前身，与国内外律师界深度合作，国内第一家以法学理论研究和法治实践紧密结合为鲜明特色的国际化律师事务所。作为中国法治实践学派的研究基地和前沿阵地，合弘威宇律师事务所践行"知行合一"精神，秉承"合力弘道，千秋伟业；法治中国，威震寰宇"理念，努力为实现法治中国梦而奋斗。

中国法治实践学派书系编委会

中国法治实践学派书系
学术委员会

总　序

中国法治实践学派是对法治中国伟大实践的理论回应。

1999 年，《宪法》修正案规定："中华人民共和国实行依法治国，建设社会主义法治国家。"中国终于选择了法治道路，并将之载入具有最高法律效力的宪法。

2014 年，中共中央出台《关于全面推进依法治国若干重大问题的决定》。这是中国共产党的法治宣言书，是法治中国建设的总纲领。

法治中国建设是一场伟大的政治实验。这场伟大实验的目标是开创一条中国自己的法治道路。这场伟大实验正在给中国带来深刻的变革。反腐败斗争正在改变中国的官场生态，立法正在朝着科学化方向发展，政府正在努力将工作全面纳入法治轨道，司法改革正在朝着公正、高效、权威的目标加快推进，全社会厉行法治的积极性和主动性正在逐步增强。法治正在对全面深化改革发挥引领和规范作用。法治普遍规律的中国表现形式正在展现其不可忽视的影响力。虽然在前行的道路上，有暗礁，有险滩，有种种困难，但全面推进依法治国这场治理领域的深刻革命正在改变中国。

中国法学研究已经出现重大转向，这个转向以"实践"为基本特征。法治的生命在于实践。走进实践，以实践为师，成为一大批法学家的鲜明风格。"中国法治实践学派"正是对这种重大转向的学术概括。中国法治实践学派以中国法治为问题导向，以探寻中国法治发展道路为目标，以创新法治规范体系和理论体系为任务，以实践、实证、实验为研究方法，注重实际和实效，具有中国特色、中国风格、中国气派。

法治中国的伟大实践必然催生新思想、新理论，必然带来思想和理论的深刻革命，必然为普遍的法治精神形成创造条件。中国客观上正在进行一场持久的法治启蒙运动。在欧洲，发生在17—18世纪的启蒙运动的成就之一是孕育了一个在世界上占主导地位的法学学派——古典自然法学派。古典自然法学说成为新兴资产阶级反对封建压迫和争取民族独立的武器，成为美国《独立宣言》、法国《人权宣言》的理论基础。正是古典自然法学派的出现，私有财产神圣不可侵犯、契约自由、法律面前人人平等、罪刑法定等法治原则才得以提出。正是以古典自然法学派为代表的学术流派的形成，才使得西方法治理论、西方法治精神形成一个系统。启蒙运动、契约精神的弘扬、自然法学派的产生、现代法律体系的构建、西方法治理论和法治精神的形成，是一个合乎历史逻辑和社会实践的有机整体。启蒙运动从根本上打造了西方近现代意义上的法治精神。在中国，法治启蒙运动的一个伴生现象也必然是学派的形成。伴随这样一个法治启蒙运动，法治实践不断推进，法治理论不断创新，法学学派在中国兴起，法治精神终将成为社会的主流精神，法治终将成为信仰。

我们组织力量编辑出版"中国法治实践学派书系"，是为了强化中国法学研究的实践转向，展示中国法治理论的风貌，传播法治精神，支持中国法治的具体实践，扩大中国在世界上的法治话语权。我们每年精选若干具有代表性的著作，由人民出版社出版，形成系列。这些著作具有鲜明的问题导向，注重中国具体实践问题的探索，注重理论的实际效果。我们相信，这套书系一定会对法治中国建设发挥良好作用。

时代赋予我们一种不可推卸的责任，我们不会袖手旁观，我们不会推卸责任。"为天地立心，为生民立命，为往圣继绝学，为万世开太平"是我们从先贤那里汲取的精神，"知行合一"是我们坚守的信条。中国并不缺少高谈阔论，中国并不缺少牢骚抱怨，中国需要的是身体力行、脚踏实地的行动。我们愿意不遗余力地推动中国法治实践学派的发展，我们愿意在法治中国的伟大进程中奉献热血、辛劳和汗水，我们愿意在法治中国的伟大进程中殚精竭虑、鞠躬尽瘁。

法治关涉每个人的权利，法治关涉每个人的财富，法治关涉每个人的命运。让我们大家携起手来，一起行动，共同关注中国法治实践学派，共同编织法治中国梦想，共同为实现法治强国而奋斗！

钱弘道

2017 年 1 月 20 日

C目录
ONTENTS | 寻找中国的判例法

下　篇　法治建设：判例制度与司法统一

前　言

　　本书汇集了本人自20世纪80年代中期以来发表的关于中国判例制度的论文和少量会议发言。这些文章的内容大致可以分三个部分：第一部分是关于法律文化和法律样式的理论；第二部分是对中国古代判例制度的回顾；第三部分是建议运用判例制度以实现司法统一。在具体文章当中以上三个部分的内容常常是交织在一起的。这次将文章进行分类只是为了便于读者阅读。但是从另一个角度来说，这个三部曲也恰恰客观地反映了著者本人对中国判例制度探索认识的过程，或者说勾画了判例制度从历史到现实、从理论到实践的粗略轨迹。

　　我们知道，"判例"是一个清末才出现的外来术语，并非本土语言。在此之前古代法律和文献中均没有"判例"这一法定用语。令人苦恼的是，我们至今没有找到完全符合中国特色的恰如其分的名词。中国历史上也从未形成现代西方那样的判例制度。作者借用"判例"一词并不是认为中国古代曾经有过像英美国家那样的"判例法"。当今法史学界著述中所说的"判例"，是对古代司法审判中可援引作为判决依据的这类案例的现代表述。先秦判例制度似以"议事以制"、遵从先例为基本特征。秦汉以后，这种审判方式在缺乏成文法或成文法不完善的情况下起着临时补救的作用，并被赋予成文法的形式或者被以后的成文立法所吸收。秦汉以后历代均严格实行成文法制度，除元代等极少数王朝曾有过依据成案判决的情况。此外，由于皇权的强化及对全国司法的集中控制，特别是预防官吏政出多门、徇私枉法，绝大多数朝代都严禁在司法审判中直接援引成案。但成案对法官裁判案件特别是疑难案件无疑具有重要参考价值。① 当我们在中西法文化宏观视野之下考察问题时就会发现，揭示它们之间的共同性比罗列它们的差异性也许更有价值。

1982 年 3 月，我自北京大学法律学系毕业并留校任教，在张国华教授指导下从事中国法律思想史的教学研究工作。因深感中国法制史与中国法律思想史两门学科之间的隔膜，开始琢磨"中国传统法律文化"的框架。后来在 1985 年五四科学研讨会上提交了《中国法律文化探索》一文，开始了中国法律文化研究的初步尝试。② 同年秋天，最高人民法院开始编辑并公开发行《最高人民法院公报》，其中陆续刊登全国的典型案例。③ 最高人民法院不断公布典型案例，开辟了用判例指导司法的崭新途径，受到整个司法界和全社会的普遍肯定。站在历史发展的角度来看，这是继我国数千年之法律正宗，又是承继我国二十世纪五六十年代运用颁布典型案例指导全国司法工作之余绪的光辉伟业。因此，我对中国古代判例制度以及当今法制建设如何借鉴判例制度的课题，产生了浓烈的经久不衰的兴趣，并始终坚持下来。1994 年北京大学出版社出版了我和

---

① 参见杨一凡、刘笃才：《历代例考》，社会科学文献出版社 2009 年版。

② 该文被北京大学法律学系编的《法学论文集》所刊载，光明日报出版社 1987 年版。后又收在《武树臣法学文集》，中国政法大学出版社 2002 年版。该文比较系统地论述了中国古代判例制度的沿革和地位，并建议充分研究和适用判例以加强当今法制建设。

③ 如《最高人民法院公报》1985 年第 2 号公布的孙明亮故意伤害案，一审法院判处被告有期徒刑 15 年，同级检察院以量刑失轻抗诉，省检察院以失重撤诉，省高级人民法院撤销原判，改判有期徒刑 2 年、缓刑 3 年。《最高人民法院公报》1985 年第 3 号公布了两宗以制造、贩卖有毒酒的危险方法致人伤亡的案例，克服了现行刑法典中对以营利为目的制造、贩卖有毒食品致人伤亡行为无明文规定的不利因素，用判例的形式创制了"以制造、贩卖有毒酒的危险方法致人伤亡罪"这一新罪名和量刑标准。

几位同仁合著的《中国传统法律文化》，可以说是对这一课题研究的阶段性成果。书中比较系统地提出关于"中国传统法律文化"的一系列概念，比如"法律文化"——由法律实践活动的总体精神和宏观样式所构成的体系；"法统"——指导法律实践活动的价值基础；"法体"——法律实践活动的宏观样式；中国传统法律文化经过以下主要发展阶段：殷商的"神祇本位·任意法"时代、西周春秋的"家族本·判例法"时代、战国秦朝的"国家本位·成文法"时代、西汉至清末的"国家家族本位·混合法"时代、民国的"国家社会本位·混合法"时代、新中国成立初期的"阶级本位·政策法"时代、改革开放以后的"国家个人本位·混合法"时代，强调今天应当充分认识和发挥判例的作用，复兴中国古已有之的成文法与判例相结合的混合法样式。①

从 1986 年至 1996 年的 10 年间，我国法学界在借鉴判例制度的问题上出现了研讨争论的热点。据不完全统计，曾先后发表论文 30 余篇。其中大部分文章力主积极借鉴和引进判例制度。② 这些意见大致上从法理学（成文法与判例法各有优劣）、中国法史学（中国古代的判例法传统）、比较法学（西方两大法系逐渐靠拢的发展趋势）、法律实践（当今法制建设的实际需要）论述了引进判例制度的理论依据，并探讨了引进判例制度的具体操作方法。

与此同时，我国各级法院在审判活动中普遍重视专业化分工和案件的评查工作。在这个过程中，法官们更为关注某一审判领域的案例，同时也更为审慎地对待案件的审理和裁判文书的制作。因为随着审判活动的公开与透明，法律文书最终成为社会的共同财产被社会随时检验和研究。在法学教育界，法律院校的教师们开始并持续地运用判例教学的方

---

① 参见武树臣等：《中国传统法律文化》，北京大学出版社 1994 年版。
② 参见武树臣：《对十年间大陆法学界关于借鉴判例制度之研讨的回顾与评说》，载《判例与研究》1997 年第 2 期。

法来教育学生们。教师要给学生们一个真实的知识、实践的知识，这样才能使学生们更好地适应法律职业的要求。这样一来，从法条到法条，从原理到原理，从书本到书本的传统教学方法便走到了尽头。教师走出书斋，更多地了解审判实践的问题。作为教师，他们用一系列案例来填充他们的授课提纲；作为法学研究者，他们更从审判实践中发现新的研究课题。

1997 年 4 月我被调任北京市第二中级人民法院党组副书记、副院长，主管政治部、研究室、审判监督庭及民事审判工作。当时，因为深感于同案不同判现象成为法院和法官被社会舆论所诟病，因此，我曾经两次向法院主要领导建议，以我国近代司法中适用的裁判要旨为样本，在民事审判领域探讨编辑公布裁判要旨。但是，均没有得到采纳。

2001 年 9 月 22 日至 23 日，这是值得记住的日子。由国家法官学院和北京大学法学院联合举办的"案例研究与法治现代化高层论坛"在北京大学举行。最高人民法院副院长、国家法官学院院长曹建明及来自全国法院系统的高级法官、法学专家及资深律师约 120 余人出席了会议。

曹建明在开幕致辞中就案例研究的意义和作用发表七点意见：①案例是审判活动的反映，是法律与实践结合的产物，具有鲜明的社会现实性和实际性，是将抽象、原则的法律条文变成形象、具体的行为规范的解释过程。案例是法律原则和法律规范具体化、实在化的重要载体。它可以使审判人员更好地理解和执行法律，从而达到指导审判实践的目的。②案例研究是法院司法解释工作的重要基础。司法解释在一定程度上弥补了成文法的不足。在法无具体规定的情况下，审判实践中既能充分体现法律规范的公平、正义基本原则，又具有创新精神的典型案例，就起到了弥补成文法不足的作用，成为修订法律和制定新的法律的基础材料，并对法的发展产生重大影响。③案例是人民法院审判水平的真实反映。④案例是法学研究的重要对象。⑤案例是进行法制宣传教育的生动教材。⑥案例研究可以改进法学教育方法。⑦案例研究有助于推动裁判文书的改革，促进司法公正。

经过讨论与会者形成以下主流观点或基本达成共识：虽然我国是具有成文法传统的国家，不宜照搬英美法系的判例制度，我国目前还没有严格意义上的可供后来者遵循的判例，但是不应排斥判例在司法实践中的作用。我们应当加强案例研究，充分发挥案例在各方面的作用，推进法治现代化的进程。通过研究案例，将那些真实清楚、说理充分、适用法律正确，并能体现一定法律原则的案例经过法定程序上升为判例，赋予其与司法解释同等效力，弥补成文法的不足，对统一司法、促进司法公正具有重要意义。判例的创设要有严格的程序，如最高人民法院应成立专门机构，负责判例的收集筛选、编辑整理、审核批准、公告发布工作。判例的审批要经最高人民法院审判委员会讨论决定，以最高人民法院公告的形式向社会发布。创制判例要注意法的统一性，要坚持及时与审慎相结合的原则。要注意保持判例的稳定性、权威性和约束力，不可随意撤销或者变更。应当注意处理好判例的可操作性与法官的自由裁量权。此外，这次会议还就案例教学与法学教育改革、案例研究与律师实务等议题进行了热烈的讨论并形成共识。①

特别应当指出，判例的作用已经被最高人民法院以工作报告的形式正式加以确认。2002 年 12 月 22 日，最高人民法院院长在第 18 次全国法院工作会议上所作的题为《认真贯彻党的十六大精神，大力推进人民法院各项工作，为全面建设小康社会提供有力司法保障》的报告中指出："加强案例研究，发挥案例的参考作用，不断拓宽审判业务指导的新渠道"。此后，天津高级人民法院、北京市第二中级人民法院、江苏省高级人民法院、北京市高级人民法院、四川省高级人民法院等相继出台关于

---

① 参见樊军：《加强案例研究，推进法治现代化，案例研究与法治现代化高层论坛综述》，载《法律适用》2001 年第 11 期。

案例工作的指导意见和规定，并编印参阅案例、案例精选、指导案例等材料。2005年10月26日，最高人民法院发布《人民法院第二个五年改革纲要》，明确提出："建立和完善案例指导制度，重视指导性案例在统一法律适用标准、指导下级法院审判工作、丰富和发展法学理论等方面的作用。最高人民法院制定关于案例指导制度的规范性文件，规定指导性案例的编选标准、编选程序、发布方式、指导规则等"。案例选编工作逐渐普及。

此间，判例研究与教学蔚为风气。最高人民法院公报定期公布典型案例一事，给法律界带来新鲜空气。一方面，我们的法官们在讨论案件之际，在思考相关法律条文、司法解释的同时，还十分重视参考以往的判例。加之，我国各级法院在审判活动中普遍重视专业化分工和案件的评查工作。在这个过程中，法官们更为关注某一审判领域的案例，同时也更为审慎地对待案件的审理和裁判文书的制作。另一方面，学者们对判例制度的复兴与完善投入了持久的热情。据不完全统计，自1986年开始至2003年2月，法学界共发表关于借鉴判例制度的论文（不含著作）共134篇。① 在教学和学术研究生活中，法学家和教师普遍注意用具体的案例来注释法条之所谓，并注重把握从具体到一般的思维方法，从案例当中发掘法律原则。案例类的读物和著作不仅得到出版发行，而且得到法律界的普遍欢迎。全国各种法学杂志也更为重视案例方面的研究并刊登这类文章。随着审判活动的公开与透明化，法律文书最终成为社会的共同财产被社会随时检验和研究。通过各种方式的国际交流，我国法律界对英美法系国家的审判活动有了更多的更深层次的理解，这种交流无疑加强了对借鉴判例制度的信心。法律院校的教师们开始并持续地运用判例教学的方法来教育学生们。教师要给学生们一个真实的知识、实践的知识，这样才能使学生们更好地适应法律职业的要求。这样一来，

---

① 参见武树臣主编：《判例制度研究》，人民法院出版社2004年版。

从法条到法条，从原理到原理，从书本到书本的传统教学方法便走到了尽头。教师走出书斋，更多地了解审判实践的问题。作为教师，他们用一系列案例来填充他们的授课提纲；作为法学研究者，他们更从审判实践中发现新的研究课题。计算机网络技术的广泛运用，使编纂大量案例并对之进行各种技术处理成为可能。任何一名法官、律师、教授或学生，都可以靠着计算机很方便地查阅各类案例。今天，教授们已经熟练地运用计算机来研究问题。明天，我相信，全国的法官们也许会运用计算机来为自己的审判插上双翼。总之，我很高兴地看到，以往那种认为我国是成文法国家，判例不是法的渊源不值得过分关注的传统见解，已经大为改变。如果我们囿于大陆成文法系的传统见解，把法仅仅理解为国家立法机关的产物，那么，法的发展就过于古板了。实际上，法并不只是立法家们的艺术作品，法就发端于人们的社会交往之际，定型于社会行为之中。它的生命力就在于它应当而且也能够不断被发现、发展和描述。而以法官、律师、法学家为代表的法律实践者们便充当了完成这一使命的历史角色。即使是在成文法的运行机制下，由于其自身永恒的欠缺（即不能包揽无遗又不能随机应变），使法的生命和正义不得不仰仗法官来维系。中外历史证明，法的发展和飞跃，常常靠着法官群体的默默无闻的持之以恒的工作。他们从琐碎纷乱的案牍入手，去推动法的宏观变革。从中国西汉的"春秋决狱"，到美国大法官的著名判例；从中国古代的"决事比例"、"断例"，到英美法系的判例汇编；从中国不绝如缕的律学，到美国法官和律师对法的诠释，无不履行着这一历史使命。

2002 年，法院领导班子进行了调整。我又向主要领导提出编辑民事裁判要旨以实现裁判统一即同案同判的建议，没想到竟得到采纳，并责成政治部将这项工作纳入新一年工作计划。2003 年年初正式布置这项工作，我负责，研究室操办。具体操作方法是，要求每位审判员每年选择自己经办的 5 件以上具有典型意义和指导价值的案例，并编写裁判要旨，经审判庭研究批准上报院研究室审核，编辑出征求意见稿，在审委会范围内研究核准后，正式在本院内公布试行。2004年年初开始编辑《民事裁判要旨》（参阅本书附录《2003年度民事裁判要旨》）。当时，全院从事民事审判工作的近80名审判员共选择编出386件裁判要旨，研究室已经编辑了2003年度民事裁判要旨征求意见稿。

2004年1月，我主编的《判例制度研究》（上下）论文集由人民法院出版社出版。文集由当时的最高人民法院副院长曹建明作序，共收录自1986年2月至2003年2月公开发表的关于判例制度的论文134篇。其中，收集了我撰写的论文26篇。

2005年年初，正当组织编辑2004年度民事裁判要旨的时候，北京市委组织部欲调我任北京奥林匹克运动会组委会法律事务部部长，我没有同意，当时的政法委书记找我谈话，说原职务不免，将来仍回原法院工作，我才同意了。一到北京奥组委便投入繁忙的工作，其中许多都是陌生的业务。这样就无暇也不便再过问法院的工作了。于是，编辑民事裁判要旨的工作就停下来了。今天回忆此事，仍深以为憾。但是，长期以来，不仅最高人民法院以公报的形式公布典型案例，而且各级人民法院特别是各高级人民法院都积极编辑适用于本地区的各类典型案例，并且相继出版了大量书籍。这实际在很大程度上规范了法官的自由裁量权。这些司法实践中产生的典型案例，为实现裁判统一、同案同判，为提升民众对法律的信任度，作出了卓越贡献。2010年，在我国成文法法律体系形成之际，最高人民法院和最高人民检察院相继推出案例指导制度，这种制度性设计终于为探讨在中国复兴判例制度以及进一步复兴中国古代的混合法，迈出勇敢而坚实的一步。

我从事法学研究工作已有三十余年。我有两个最深切的感受：第一，我国的法学是全盘西化最早也最彻底的一个学科。我们常说，中国法律的近代化是以清末修律活动为起点的。其间，日本法学专家不仅参与法典编纂，而且参与了新式的法学教育。这是因为我们通过日本吸收引进欧洲大陆法系的法律成果。不仅法律条文、法典形式、法言法语，而且法律思维、法律理论等都以大陆法系为样板。可以说，中国法律的近代化是与中国法律的欧洲化紧密交织在一起的，或者干脆说中国法律的近代化就是中国法律的欧洲化。这个过程应当包括新中国成立以后对苏联法学的引进。在文本层面，我国近代法律不能不说已经日臻完善。问题不仅在于，舶来的法典如果忽视了本国的文化传统和风俗习惯，它的实际效果就会大打折扣。更重要的还在于，本国法律传统中的优秀成果会在无形中被抛弃。比如，我国古代素有"比附援引"制度。"比附"是在司法中遇到法无明文规定之际，比照最相类似的条文来裁判，于是就产生了一个实质性的案例，这个案例常常被迅速经过国家核准而上升为一个新的法条，从而弥补成文法难于包揽无余之不足；"援引"是在司法中遇到既无明文规定又无最相类似的条文之际，创制一个判例，以后遇到类似案件就援引这个判例来裁判。从而弥补成文法难于随时立法之不足。在清末修律中，因为法官实行"比附援引"是司法干预立法事物，不符合宪政精神，故被删除。具有讽刺意味的是，民国初期的十几年当中，由于法律本身的种种毛病，大理院的法官在司法独立的旗帜下勇敢而智慧地创制和适用判例。伴随着欧法的介入，西方文化理论也接踵而至。中国传统文化几乎等同于所谓"东方专制主义"。几乎占据主流的意见认为：中国历史上没有"法治"传统，因为"法治"是天然地与民主政体相联系的，中国没有民主传统，自然也就没有法治传统。这样，中国要实行"法治"就只能以西方政治为样板。可以说，在欧洲文化中心论的阵地上，法学是一个重要的桥头堡。因此，我们有责任重新正视我们的法律文化传统，努力发掘其中的优秀成果，为建设社会主义法治国家添砖加瓦。

第二，法学研究教育与法律实践之间的鸿沟始终存在。我刚到法院工作，曾经因为资料室竟无一册法学类期刊而感到不可理解。很快，资料室配齐了几十种法学类期刊。但经过了解，几乎无人问津。后来，又集中聘请法学专家来法院做讲座。经过了解，大家说"不解渴"，专家讲的都是书本理论，跟办案不搭界。法学硕士生来法院工作，要经过很长时间才能稍稍入门。这一切都说明，法学研究教育与法律实践部门之间存在一个天然的鸿沟。当然，这与我国至今缺少一个法律职业培训环节有关，我国是把大学基础教育与职业培养"毕其功于一役"了。然而，法学教师缺乏法律实践经验毕竟也是一个不能回避的短板。当然，法学教师缺乏法律实践经验也不是教师本身造成的，这和学校的政策导向不无关系。现在的学术评价体系过于重视学术论文的权重。这种政策导向驱使教师们片面追求学术成果的数量，忽视其实际的社会价值。这种"学术 GDP 崇拜"不仅使教师和学者远离法律实践，而且必然催生学术泡沫，滋生学术腐败，毒化学术风气。① 其结果是逐渐远离法治实践的主流，最终被社会遗忘。近年以来，法学界产生了中国法治实践学派，就是试图在全国法学研究和教育领域逐渐酝酿形成的一种新的学术风格和气象。倡导广大法学研究和教育工作者以极大热忱和信心为建设社会主义法治国家努力工作。

近年以来，一方面，伴随着年轻学者的不断涌现和新史料的不断发掘，中国法史研究取得了显著的成就。特别是断代法制史研究成果更是喜人。中国古代有没有判例法及判例在古代司法中的作用，这些问题的轮廓已经比较清晰了。不管中国历史上的判例是如何出现的，在皇权和成文法的强力支配下又是如何操作的，它在古代文献中又留下什么样的足迹，但判例制度对我国当今司法改革和法治建设的意义都是无法忽视的。今天，最高人民法院十分重视指导案例的作用，就是有力的证明。这就是著者始终不懈地寻找中国判例法的意义之所在。另一方面，最高

---

① 梁根林：《对学术 GDP 崇拜说再见》，载《中外法学》2013 年第 1 期。

人民法院自 2010 年推出案例指导制度以来，已经颁布多期典型案例，及时而有效地指导了全国的审判工作，可谓功德无量。我相信，随着典型案例数量的不断积累，对案例的整体编纂也许终究会提到日程上来。如以实体和程序为标准的分类和编号，为每个案例抽象出既简单又明了让人一望而知的裁判要旨。在案例编辑过程中，是否应当同时重视各级法院特别是高级法院的作用，是否可以先搞一些适用于本地区的"地方粮票"。我想，也许在两岸统一以后，我们会有机会编纂一部由成文法典和典型案例组成的新六法全书。有朝一日，最高人民法院作出的每一个生效判决都会成为当然的判例，成为与成文法并行的法律渊源。

重阅自己过去写的文章，发现存在许多不足甚至不当之处，深感惭愧，希望将来有机会认真进行修正。为尊重历史的真实性，本书结集出版时对旧作未加修改补充，只是在需要说明的地方做了几点补记。另外，我正在写一本《中国混合法原论》。在这部书里，我不再使用舶来的极易引起歧义的"判例"、"判例法"术语，而改用源于本土法律文化的且符合中国古代历史实际的"裁判先例"（未经国家核准但具有参考价值）、"裁判定例"（经过国家核准具有法律价值）术语。中国近代以后的法学是西化最早也最为彻底的学科。运用外来理论、概念、术语来研究和描述中国古代法律文化的做法，已经延续了一个世纪。这一现象值得反思。止笔之际，我仍然怀揣着一个梦，就是复兴中国古已有之的成文法与判例制度相结合的混合法。因为混合法不仅是实现当今司法统一从而深化法治国家建设的有效手段，也是中国传统法文化的优秀成果，从某种意义上说，它也许代表着世界法文化发展的一个共同方向。

上　篇
理论框架：法律文化与法律样式

中国法律文化探索

一、法律与法律文化

（一）法律的定义——顺着祖先的思路

当我们试图给法律下一个确切定义的时候，不要忘记我们祖先在这个问题上曾经取得的成就，它集中凝结在古代的"法"字上面。古代"法"字写作"灋"。相传由黄帝时代的蚩尤首创。让我们先分析一下这个古字的成因，再看看它所体现的古人的思索。"灋"字由三部分构成。"去"："人相违也，"（《说文解字》）"去"的甲骨文、金文作𠫝，正表示两个人不相协调之意。许慎把古"法"字中的"去"释为动词，是一种失误。"氵"：公平无颇，不讲私情。"廌"：甲骨文、金文作𢊾，据传是个独角兽，有似羊、牛诸说。其实，它不过是个古氏族的图腾标记。它上面有个𐎠，即牛字，大约属于牛图腾部落的一支。据我的看法，"廌"是黄帝时代世代专职审判事务的氏族的图腾符号，而蚩尤、咎繇、皋陶则是这个有形图像的读音及文字表达方式。关于这些内容，后文还要提及。①

---

① 关于古代的"灋"字，参见著者后来发表的《寻找最初的法——对古法字形成过程的法文化考察》，载《学习与探索》1997 年第 1 期。

古"法"字凝结了古人对法律的理解。这主要有三方面：①法律是一种活动，是当人们发生争执无法解决时，由"廌"公平裁判的一种审判活动；②法律又是由"廌"保障实行的一种行为准则，它既由审判活动体现出来，又反过来成为审判的依据；③法律的产生和实施离不开"廌"，它是社会权威力量的代名词。

于是，我们顺着祖先的思路，给法律定义如下：法律是由社会权威机构制定、认可并保障实施的行为规范，又是使这种规范得以实现的特殊社会活动。它既是一种静止的有形或无形的条文，又是一种特殊社会活动的状态。

社会权威机构以一定量的社会生活空间（包括人口）为前提，以满足人们的社会需要为条件。它在无阶级社会是部落联盟机关，在阶级社会是国家，在现代社会主义社会是被列宁称为"半国家"的新型国家，在未来共产主义社会是公共权力机构。

法律是一种特殊行为规范，它既不同于基于人们生理需要而形成的习惯性行为规范，也不同于以血缘亲属感情为特征的伦理行为规范，还不同于依据人们的理智、内心修养、自我约制力以及社会舆论得以实现的道德行为规范，法律是被人们为适应某种需要而有目的地制造出来，并以强制力保障实现的，其目的在于维持某种社会秩序。由于历史条件不同，这种社会秩序可以给社会全体成员带来"一般利益"，也可以给社会一部分成员带来"特殊利益"。有时"一般利益"成为"特殊利益"的前提，有时"特殊利益"成为"一般利益"的条件，有时"特殊利益"似乎等于"一般利益"。

正如同国家政权是社会权威机构的一个特殊形态一样，阶级对抗社会中作为阶级统治工具的法律也是一般法律（或广义法律）的一个特例。法律是与社会权威机构同时存在的，在国家产生之前和消亡之后，只要存在社会权威机构，即使没有特殊利益集团，也必然存在法律。为说明这个问题，有必要简述一下法律的历程。

（二）法律的历程——一个周而复始的轨迹

人类社会划分为这样几个阶段：原始共产主义社会、原始"社会主义"

社会、阶级对抗社会、现代社会主义社会，以及未来共产主义社会。

原始共产主义社会以人类脱离动物界为起点，以父系家长制的出现为终点。当时人类生活的最大空间是氏族。采集、渔猎业迫使人们四处漂流，居无常所。他们没有私有观念，甚至连"势力范围"的观念也十分薄弱。氏族内部是划分等级的，但这种等级仅以生理条件即性别、年龄、辈分、体力为标准。氏族间的交往很简单：要么用血缘、姻亲纽带结为友好，要么以战争一决雌雄。在这一漫长时代，指导人们的行为规范还不能称为法律，这是因为：氏族组织的权力空间以及人们活动的场所都十分狭小，在氏族群体之上还没有也没有必要出现一个强有力的权力实体。长期生活中形成的习惯性行为规范——宗教规范、伦理规范、道德规范，足以调整着氏族内部和外部的联系。

原始"社会主义"社会，从父系家长制开始，到阶级与国家出现为止。此间，由于养殖业、农业、手工业的出现，人们在最易于生存和发展的生活空间相对稳定地固着下来。生产力的发展，促进了私有财产的出现，先是父系氏族财产所有制，接着是父系家族、大家庭的所有制。生产领域的分工使产品交换空前发达。有私有，就会有差别；有交往，就会有争执。为防止无端的侵扰，为避免各氏族的残酷的斗争中同归于尽，必须制造新的行为规范以取代旧的习惯性规范。同时，氏族贵族（有权势的富有的父系大家庭）有了区别于一般氏族成员的特殊利益，迫切要求特殊的保护。于是，在氏族群体之上形成了由血缘、婚姻和利益纽带结成的新的权力实体：部落和部落联盟机构。此时，按血缘划分等级，依财产分配权力和按地域划分居民三个在本质上互相矛盾的标准在对立中维持着和谐的统一。

由部落联盟机关制定、认可并保障实施的，对所属范围内各氏族具有约束力的行为规范，就是法律。它对各部落和氏族都是公平无颇的，有力维持了社会的安定与生产的发展，促进了统一民族实体的形成。这种法律的调节作用是多层次的：第一层次是部落，第二层次是氏族，最后是父系大家族。至于个体的人则是微不足道的。当时，除了家庭的利益，几乎没有个人利益可言。法律调整的直接对象是部落和氏族间的关系，个人则主要由氏族原有的习惯所约束。由于部落联盟机关制定的法律具有比氏族习惯更高的权威，又由于前者与后者相比具有质的区别和日益广泛的适用性，因此，法律不断向纵深发展，并逐渐取代氏族的传统习惯。但是，法律内部一种"异己"的因素也悄悄膨胀起来，这就是氏族贵族成为特殊利益集团。他们利用自己的经济实力和所把持的氏族、部落、部落联盟的权力，逐渐扭曲了法律的形象，或明或暗地照顾自己的特殊利益。但是，他们还没有啄破传统卵壳成为超氏族、超部落的纯粹的社会集团。

阶级对抗社会，这是一个缺少温情与和谐色彩然而一经起步就越跑越快的社会，又是一个不断创造文明又被文明制约陶冶的社会。它的突出特征是：一是社会成员被划分为阶级；二是社会权威机构演变为国家政权。阶级是随着社会分工的发展而形成的。在数千年阶级社会进程中，阶级的划分开始是以血缘、继而以血缘和财产、最后是以财产为标准的。在血缘标尺下面，本族人集体的成为统治者，异族人成了集体的被统治者；在血缘、财产的共同标尺下面，本族人也被划分为各种阶层，其中最低阶层逐渐被推到被统治集团一边去。同时，富有的低阶层可以上升而贫穷的贵族也可以下降。应当注意，这两种标准常常是对立的，并在一定社会条件下激化起来。最后，财产标准取代了血缘标准，这无疑是个伟大的进步。但是，社会成员毕竟被割裂为几块，一方是奴隶主、封建主、资本家，另一方是作为财产的奴隶；作为土地附属物的农奴、仅有劳动力的无产者，在两方之间还有小私有阶层做"填充物"。此间，国家政权和法律掌握在统治阶级手中，为了维护自己的特殊利益，他们有力量制定和推行"自私"的法律。但是，统治阶级决策人的"觉悟"是有差别的：有的只注意统治阶级与被统治阶级的对立性，有的则注意到两者的同一性（互相依存、互相转化）。因此，由他们制定的法律的形象也不相同。当然，统治阶级的"觉悟"总是受阶级力量对比关系支配的。一个不可改变的客观事实是：统治阶级的存在总以被统治阶级的存在为前提，统治阶级的特殊利益也以被统治阶级的生存和社会的安定为必要条件，同时，统治阶级在运用法律武器时并不是可以为所欲为的，他们要受到无形的经济规律、有形的阶级对抗和潜在的文化等因素的制约和影响。因此，法律乍看起来既有维护统治阶级特殊利益的内容，又有维护社会一般利益（包括被统治阶级的利益）的内容。在阶级对抗的社会里，社会的稳定所带来的最大利益总是公开或悄悄流进统治阶级的腰包，尽管被统治阶级也获得某些实惠。随着社会的进步，法律的形象也不断被"美化"，从不加掩遮地赤裸裸地维护特权，到越来越多地维护社会一般利益。当然，这不是出于统治阶级的"觉悟"，而是社会发展的铁一般的规律的力量所至：社会总是由低级向高级发展的。

现代社会主义社会，这是一个漫长的过渡型社会。为了最终达到共产主义社会，它完成了如下伟大的工作：消灭了剥削和与剥削相联系的生产资料私有制，接着使"阶级"失去原来得以存在的条件，使它仅仅成了一种对人们言行的政治与学术评价的术语，同时使"国家"成了"新型国家"，使法律成了人民建设美好社会的有力工具。在社会主义社会，人民成了国家的主人和立法、司法的主宰，没有特殊利益集团，也没有特殊利益需要保护，法律终于克服了"异己"的因素，恢复了为社会全体成员服务的早期功能。但是，由于生产资料所有制的差异（国家、集体、私人所有制）、国内及国际反社会主义敌对势力的存在、商品经济的复杂性、人们思想认识方面的不平衡性等因素，违法、犯罪、各种纠纷依然存在，因此，法律仍然要以国家政权的强制力为后盾。但是，法律在物质文明与精神文明建设上的作用日益突出，人民的道德修养与自我教育成为法律得以实施的有力杠杆。

未来共产主义社会，这是人类终究要实现的美好社会：生产资料归全体人类所有，物质丰富，人们各尽所能，各取所需。当然，这也是一个漫长的过程。在它的初级阶段，公共权威机构仍然存在，这是因为，在个性全面发展的社会里，一个人既不能被规定永远从事某种工作，也不能同时样样都做。于是，分工总是存在的，生产、分配、消费运动总是不能停顿的。个性的全面发展不能排除人们在心理、智力等方面的差异性，故而纠纷也是存在的，违犯生产和生活准则的事情也是不可避免的，为了维护正常的公共生产、生活秩序，除了依靠人们的自觉之外，还需要一个公共权威机构，并由它制定和实施各种行为规范。在完全成熟的共产主义阶段，人们靠传统习俗的力量就可以维持社会的稳定，于是，公共权威机构逐渐下移、分散，逐渐失去得以继续存在的适用空间，那时，法律将"恢复"为原始共产主义社会的行为规范——道德规范。法律从无到有，从有到无，完成了周而复始的运动。

（三）法律文化——人类文化的一支

文化是与人类社会共生的复杂现象，是人类社会的集体独创物和专利品，是人类创造、继承和发展的物质财富与精神财富的混合凝结物，也是测量人类社会在质与量上发展程度的全面稳定的标尺。文化的创造者和传递者是整体的人类，个体的人既受一定文化的支配、制约和陶冶，又可以在文化的某一领域内有所创新。

文化分物质文化与精神文化两部分。前者指人类物质生产活动及其结果，如：生产工具、机械、交通运输工具、生产设备、生活设施、各类产品等；后者指人类精神生活及其结果，如：知识、信仰、语言、文学、艺术、习俗、道德、科学、法律、制度、哲学等等。在科学技术、管理手段和信息与生产力直接联系的现代社会，截然区分两种文化成了越来越困难的事。

人类社会的历史指明，精神文化总是随着物质文化的发展而发展的，而物质文化发展的延续性是整个人类文化继承性的基础。但精神文化对物质文化具有反作用，并保持相对的独立性。在阶级社会里，文化具有阶级性，这是因为"支配着物质生产资料的阶级，同时也支配着精神生产的资料"。

法律文化是人类文化的组成部分之一。它是社会上层建筑中有关法律、法律思想、法律制度、法律设施等一系列法律活动及其成果的总和。它是以往人类法律活动的凝结物，也是现实法律实践的一种状态和法律完善程度。

法律文化与上层建筑中政体、政治、道德、宗教、阶级斗争等因素的联系是十分密切的。例如，西周的贵族政体不仅是"判例法"也是"人治"思想的直接温床，而秦代的中央集权的君主专制政体则成了"成文法"和"法治"思想的土壤；再如，新兴地主阶级不惜用"以法为教，以吏为师"、"焚书坑儒"的文化专制主义手段来树立"法治"的绝对权威，为了"独尊儒术",西汉王朝竟允许"春秋决狱"盛行一时;宗法道德伦理观念一登上正宗宝座就成了封建法律思想的灵魂,并从整体上逐步改变了封建立法、司法的形象;佛教的"轮回"、"因果报应"说曾造成南宋司法的宽纵,从而助长了犯罪的泛滥;当阶级斗争激化时,统治阶级则敢于无视法律对反叛者肆意虐杀、法外加刑,……可以说,法律文化诸因素与上层建筑诸领域都有着千丝万缕的联系。

法律文化是一种历史的现象,没有社会权威机构,便没有法律、法律活动和法律文化。法律文化经历了从无阶级社会到阶级社会再到无阶级社会的过程。在无阶级社会,法律文化成为社会全体成员的共有财富,成为促进社会进步的积极力量;在阶级社会,统治阶级成为法律的支配者并进而决定着法律文化的发展方向,但劳动人民的思想和活动也不同程度地影响着法律文化的形象,劳动人民的法律思想则直接成为法律文化的组成部分。在今天的社会主义社会,法律文化成为全体人民的财富和促进文明建设的有力武器。

(四)法律文化四要素:法律思想、法律规范、法律设施、法律艺术

法律文化由法律思想、法律规范、法律设施和法律艺术组成。这四种要素相互联系和矛盾运动,成为法律文化发展变化的直接动因。

法律思想是人们关于法律问题的见解和评价。它由核心部分和外围部分组成。核心部分是法理学,它是从宏观角度将法律作为一种特殊社会现象而进行的一种理论评述。它要回答的问题是:法律是什么?它是怎样起源和发展变化的?它有哪些特征?它和政治、经济、哲学、道德、人性、人口、社会环境的关系怎样?法律的效力从何而来又如何保障实现?法律与公正、平等、自由的关系怎样?法律具有何种价值?什么样的法律是优良的法律?怎样制定和实施优良的法律?……总之,它要解决法律的一般性理论问题。外围部分是法律意识,它是人们从微观角度对具体法律活动的一种评判。它要回答的问题是:应该制定和不应该制定什么样的法典、法规?应采取哪些具体措施以保障法律的实施?何种法律制度是不好的应当改革的?应采取何种

措施预防违法犯罪行为的发生？如何保障司法审判的合法性和准确性？

当然，在法理学与法律意识之间很难确定一条分明的界限，它们在思想家、政治家、法律工作者和研究者的思维活动中几乎混为一体。但是，它们毕竟不是一回事。它们的区别在于：①法理学关心法律的一般性共同性的理论问题，法律意识则关心较为具体的特殊的法律问题；②在时间观念上，法律学关心法律活动的过去、现在与未来，法律意识则主要关心现实；③法理学虽然也关心现实问题，但是间接的，并注重从理论上加以阐述，法律意识不仅强烈地关心现实法律问题，而且总是把对法律问题的评价、要求置于客观利益（个人、集团、阶层、阶级、社会利益）的天平上。法理学与法律意识的微妙差别可以用如下例子加以说明：人们在观看一幅美女肖像，当一个人从肖像的光线、色调、表现手法等方面来评价它时，那是一种"无我"的欣赏；而另一个人则拿她来同自己的妻子或其他熟识的人进行比较，那就成了一种"有我"的联想。当然，在法理学和法律意识之间并不存在"阳春白雪"和"下里巴人"的分野。法理学总是以一定量的法律意识的积累为原料，才能完成理论升华。而法律意识只有在坚实的法理学基础上才能对现实法律问题作出更为透辟的评判。在阶级社会，掌握着物质、精神生产资料的统治阶级，总是比被统治阶级更容易创立自己的法理学，而被统治阶级则以自己的法律意识与统治阶级针锋相对。一个社会的法律文化水准，不仅要取决于法理学的水平，而且更多地取决于法律意识的发展程度。在法律活动面前，法理学的作用是描述和预测，而法律意识则是创造和实践。

法律规范是区别于生理、伦理、道德规范的一种特殊行为规范。法律规范指示人们可以做某种行为，不可以做某种行为，以及对违背行为的惩处。它可以有文字形式，也可以没有文字形式，但必须经过社会权威机构的制定或认可。法律规范的形成是个漫长的历史过程。一般说来，初级阶段的法律规范与伦理、道德乃至宗教规范有着极为密切的联系。这种联系随着经济、政治的发展而不断松动并最后脱节。由于民族的和历史的原因，这种联系在某些地区和民族维持了相当长的历史，这实际上是完成了伦理、道德和宗教规范的法典化。

随着社会的发展和法律活动的长期积累，法律规范的形式也发生变化。总的说来是分工日益清晰。法律规范可以分为一级规范和二级规范。前者是直接实现立法意图的规范，后者是保障前者实现的规范。调整某一部类社会关系的法律规范的总和就构成特定的法律制度。法律制度是通过立法渠道实现的法律规范分类组合的结果。法律规范数量不断增加，内容不断创新，分类不断精细，是它发展的一般趋势。

法律设施是保障法律活动得以正常进行和发展的客观条件，它是社会权威机构为实现法制、指导法律活动而建立的一系列工作机构的总和。它包括专门设施和辅助设施。专门设施有：立法机构、执法机构、审判机构、检察机构、公安机构、司法行政管理机构以及律师咨询机构、社会保险机构、公证机构、仲裁机构等等；辅助设施有：法律教育培训机构、调解机构、法制宣传机构、企事业单位的治安保卫和法律顾问机构等等。

法律设施是社会权威机构的派生物，社会权威机构指派专门工作者并制定工作程序，来保障法律规范的产生和实施。因此，法律设施又是特殊的人和特殊法律规范的结合物，是专业工作者和专门法律规范相结合的产物。它是使法律规范得以产生和实现的一系列工作机关，是从微观角度制约法律活动的指示灯和控制器，没有法律设施，法律规范既不可能产生，也不可能实现。

设置法律设施的目的在于保障法律活动的正常进行。因此，在建立和调整法律设施时，应遵从如下原则：①统一原则，不允许互相矛盾和抵触，法律设施的工作在时间上和空间上都应是统一的；②分工原则，明确职能权限，各司其事，互相监督，互相配合；③效率原则，要讲办事效率，不允许哪怕是暂时的和局部的停滞；④应变原则，形势变了，法律活动也应跟着改变，但要依据法定程序进行；⑤专业化原则，法律工作者应具备专业知识、技能和较高的法律意识，这一点是至关重要的，因为法律活动是人的有意识的活动。

法律艺术是保障法律活动得以正常进行和发展的主观条件，是一种从事法律专业活动的能力、技术和方法。它包括立法艺术和执法艺术。立法艺术是社会权威机构制造法律规范的能力和方法，包括立法机构的组织形式、工作程序；法律规范的形式、语言结构、分类、组合，立法时机的判断，公布法律的方式，法律解释的方法等；执法艺术是保障法律规范得以实现的能力和方法，它包括司法艺术和一般执法艺术。前者指审判方法、检验技术与理论、鉴定技术、勘查技术、代理与辩护方法、法律文书的制作技术等；后者主要指行政机关执行行政法规的方法和技术和仲裁方法等等。

法律设施和法律艺术是保障法律活动正常进行和发展的客观、主观条件。没有这两个条件，法律活动的进行是无法设想的。两者的联系十分密切，法律艺术总是在一定的法律设施里由特定的人掌握和传播的，法律设施的活动，总以人们具备一定的法律艺术为条件。它们都体现了人的活动，都受一定法律意识的影响。它们的区别在于，前者强调人们活动的合法性和规范性，后者则或多或少重视人们的主观能动性。前者常常随着社会的变化而变化，后者则体现了更多的稳定性和继承性。

法律文化四要素的外部联系构成了法律文化存在和发展的方式。当我们注意法律文化起源的时候，常常很难机械地找出一个确切的标志，也无法确定诸要素孰先问世。请看如下的逻辑推理：法律规范与社会权威机构的存在为前提，则后者在先；制认和认可法律规范是人们有意识有目的活动，支配这种活动的是一定的法律思想，于是法律思想在先；法律思想是人们对法律活动的评价，它以法律活动的存在为前提，于是，法律规范又在先……法律文化的产生是一个长期的过程，当社会权威机构逐渐确立时，法律文化四要素的初级形态也就同时诞生了。

就某一法律文化演进史的横断面而言，社会的物质生活总是处在最低层的。由于实际生活的需要，人们产生了某种要求。这种要求经过过滤成为法律意识，它又经过筛选、变型成为社会权威机构的法律意识，并通过立法艺术被立法机构加工为法律规范，又通过执法艺术被执法机构加以推行。经过实践，一些可行的法律规范或制度被保留并发展了，不再适用的则被淘汰了。一些新的法律规范和制度适应着新的需求而诞生了。在法律活动中，法律思想、法律设施、法律艺术也不断发展完善，整个法律文化的水准也不断提高。

（五）法律文化传播：在时间和空间进行

法律文化在时间和空间里的运动，形成法律文化的传播。它在同一地区、民族、国家的长期运动，就形成了该地区、民族、国家的法律文化传统；它在不同地区、民族、国家之间的运动，就形成法律文化的渗透。

法律文化传播的方式是多种多样的，它主要有：

无向传播。一个地区、民族、国家的法律文化在没有外来影响的环境下，世世代代在原地传续下来，或者虽然受到外民族的入侵，而入侵者很快被"同化"，从而形成独具一格的法律文化传统。

单向传播。法律文化由一个地区、民族、国家传入另一地区、民族、国家，使后者的法律文化产生量变或质变，甚至完成"整体植入"。

双向传播。两个地区、民族、国家的法律文化相互渗透、融合，结果各自都产生了新的法律文化。

多向传播。两个以上的地区、民族、国家的法律文化相互渗透、融合，由于渗透、融合的程度不同而产生了各类新的法律文化。

混合传播。法律文化传播在空间和时间两维混合进行，一地区、民族、国家的法律文化在不断吸收他方法律文化的长期过程中，形成自己独特的传统；一地区、民族、国家由于历史中断而"整体植入"他方的法律文化，若干年代后由于某种原因又恢复了自己原有的法律文化，并完成了新老法律文化的融合。

法律文化传播的渠道也是十分丰富的，这主要有：

思想引进。通过实地考察和学习研究他地法学著作，消化他地法律思想，再根据这些思想和原则指导自己的法律活动。

典范引进。引进他地的法律规范、法典，在立法中加以参照、模仿甚至照搬。

智能引进。聘请他地法律专门人才参与立法、司法或法律教育等活动。

设施引进。依照他地的样板，创建新的法律设施。

技术引进。学习他地的立法、审判、勘查、检验等技术和专门设备。

法律文化传播应具备两个条件：一是某地区或民族的长期稳定性和文化的延续性，只要文化传统不中断，它的法律文化也不会中断；二是被接受的法律文化与接受方的传统文化以及现实要求相吻合，两个格格不入的东西是很难相容的。

法律文化在传播过程中体现出以下的一般规律或特征：①法律文化总是不断发展进步的，这种发展和进步归根结缔取决于物质文化的发展程度；②法律活动的主体是人，人的法律活动又受其法律意识的支配和影响，因此，在法律文化发展进程中，法律意识起着主导作用；③先进的法律文化总是向落后的法律文化渗透的，这种渗透有时是温和的，有时伴随着武力，落后民族虽然征服了先进民族，但他们却被先进的法律文化所"同化"；④法律文化具有兼容性，不管社会制度、政体、阶级属性各不相同，但法律文化总是可以相互流通的。随着人类交往的日益增进，世界法律文化的统一趋势也日益明显。

法律文化之所以能够在时间和空间内传播，就在于它具有广泛的适用性。法律文化在时间上的适用性是因为，一个地区、民族或国家在自身发展的长期过程中，形成了生产活动和精神活动的惯性力量，以及习俗的、道德的、心理的特点。物质与精神活动的连续性使一定的法律文化持续地发挥作用。同时，法律文化本身也是随着客观情况的发展而发展的，这就使它既保持自己的传统，又适应变化了的形势。法律文化在空间上的适用性是因为，同时存在的各类社会生活空间，尽管其民族的、信仰的、历史的、政治制度的差异多么大，它们在物质与精神活动中总存在着一些共通性的基点，在法律思想、法律规范、法律设施、法律艺术诸方面都有一些共通的或相似的内容，在运用法律治理社会问题上也都有一些共通的要求。这就使法律文化在空间上的传播成为必要的和可能的。特别是，世界范围的经济、科技交往，使一些新的法律规范通过社会权威机构之间的合作而制定出来，这就使法律文化突破了民族的、地区的或国家的界限，直接成为人类法律文化宝库的共同财产。

二、中国法律文化史

中国古代法律文化是世界法律文化宝库的灿烂瑰宝，它曾以丰富的法律思想、严谨的法律规范、完备的法律设施和纯熟的法律艺术著称于世。人们常常把它叫作"中国法系"、"中华法系"。

世界法律文化就其主要特征可以分为三大类型：伦理型、宗教型、现实型。伦理型即中国古代法律文化，它注重伦理道德规范的作用，并把它们上升为法律规范；宗教型则注重宗教教义并将它们法典化，古印度法、欧洲中世纪的教会法和伊斯兰法就属于这一类；现实型指没有伦理、宗教色彩，注重调节人们现实社会关系的法律文化，它又分为资本主义、社会主义等类别。

伦理色彩是中国古代法律文化的特征之一而非全部。人们习惯于把中国封建法律文化称为"死的法系"，从而把它放到世界法律文化园地的角落里。我们不能盲目相信这种"死亡宣判书"。因为它还有许多具有生命力的东西，它们一旦被"移植"到今天法律生活中，就会使中国现代法律文化别开生面、生气勃勃。

在法律文化结构中，法律思想特别是其中的法律意识居于统率地位。因此，一部法律文化史，正是不断发展的法律思想带动着法律规范、法律设施、法律艺术诸因素不断变化前进的历史。在中国法律文化进程中，如果说法律思想是走着"礼治→法治→礼法合治"的路线，那么，法律制度则完成了"判例法→成文法→成文法与判例法相结合的混合法"这一过程。与此同时，法律设施、法律艺术沿着各自发展线索不断完备、成熟。

上述两条运动轨迹表明了中国古代法律文化两个最主要的特征：伦理色彩和"混合法"体系，而这两者恰恰反映了中国古代法律文化的短处和长处。其短处是巩固了自然经济的阵地，压抑了商品经济的发展，扭曲了中国法律文化正常发展的轨道；其长处则是维系了封建社会的稳定结构，并预示着世界法律文化发展的方向。

（一）传说时代：中国法律文化的起源

中国法律文化起源于以"黄帝"命名的父系家长制时代。当时在中国境内形成了黄帝、炎帝、蚩尤三大部落联盟集团。蚩尤部落联盟在经济上处于领先地位，并成为中国古代"兵刑不分"、"刑法相通"的真正肇始者。他们为了扩大自己的领地和掠夺氏族的财产，不断发动战争。他们利用火山爆发所产生的熔铁来锻制兵器，故而称雄一时。因此他们在古代传说中成了"铜头铁额，食沙石子"，无往不胜的战神。蚩尤部落联盟的核心是苗民部落。为了驱使全体属民从事战争，他们不得不改变过去氏族、部落间平等盟誓（"诅誓"）的习惯，把原先仅适用于异邦人的酷刑施之于内部，制定了五种刑罚并取了个新的名称："澧"。当然，这是个长期的过程。开始对异邦的战败者施用五种酷刑，对内部成员只用耻侮性象征性的刑罚（"象刑"）。后来便撕去温情脉脉的薄纱，对内部犯罪者也锥刀相见了。这种措施大大加强了部落联盟机构的权力，并提出了一种新的"公平"观念，与传统的狭隘的习俗相对立。因此它遭到内部的巨大反抗。于是黄帝和炎帝部联合起来，乘机打败了蚩尤部。蚩尤战败了，但他们创立的"澧"却被胜利者继承下来了："蚩尤殁后，天下复扰乱不宁。黄帝遂画蚩尤形象，以威天下。天下咸谓蚩尤不死，八方万邦，皆为殄伏。"蚩尤的形象就是"澧"。"澧"一经产生，就打破血缘的界限，成为整个社会的财产，而"廌"这个被读为"蚩尤"、"咎繇"、"皋陶"的古老氏族的图腾，则成为专职审判官的代名词。商代甲古文中有"御廌"，就是这种名称。当"廌"这个字消失时，它的独角兽的形象却被镶嵌、绣制在法冠和补服上面，成为有形的图画，无形的文字。

中国法律文化起源于黄帝时代并不是偶然的。首先，部落联盟机构已成为凌驾于氏族群体之上的权威机关，它们已经有力量决定某一氏族的命运甚至处死氏族的领袖；其次，由于生产资料氏族所有制的确立和对外战争、经济交往的进行，以往旧的习惯性规范已不再适用，必须人为地制定新的行为规范，以维持整个社会生活的正常秩序。于是，这个权威机构开始工作了，一些新型的行为规范制定出来并以强制力加以推行了，法律文化也就随之诞生了。

（二）西周、春秋：“礼治·判例法”时代

夏、商、西周、春秋是阶级、国家产生和进一步发展的时期，也是我国奴隶制形成、发展、衰落的时期。中国奴隶制的特点是：由于生产力水平较低，私有制发展不充分，氏族内部的贫富差别还没有完全冲破氏族血缘纽带，血缘的价值在新的条件甚至变得更高了。当阶级和国家形成时，宗法等级观念及其规范不仅没有得到清除，反而被强化了。当时是既按地域来划分居民，又以血缘来确定阶级。

西周是奴隶制鼎盛时期。由于嫡长继承制、土地分封制、世卿世禄制的确立和发展，宗法礼治思想大大膨胀起来，并成为指导法律活动的核心。

西周时已形成了空前成熟的法律文化结构。在法律思想方面，出现了“礼治”、“德治”、“人治”思想雏形，并导致刑法思想的深化；在法律规范方面，形成了兼容刑事、民事、行政以及程序等内容的松散的法律规范群；在法律设施方面，形成了立法、审判、执法等各类机构；在法律艺术上形成了“以刑统罪”的立法技术和运用判例、证据，注意被告心理活动，制作判例辞状等审判技术。西周在法律文化上的最突出的贡献，是创造并完善了独树一帜的“判例法”。

任何类型的社会权威机构，要实现治理社会的目的，不向人们颁布法律是不可思议的。西周也不例外。它颁布的法律有临时的，如《兮甲盘铭》：“毋敢或人蛮宄布，则亦刑”；《周书·费誓》：“马牛其风，……越逐不复，汝则有常刑”。还有定期的，它们被挂在王宫前高而对称的叫作“象魏”的建筑物上面，让人们观看，叫作“象魏之法”。《左传·哀公三年》载：王宫失火，季桓子“命藏象魏，曰：旧章不可亡也”，指的就是这类法律。

西周立法的最大特点是“单项立法”，即分别规定关于违法犯罪的概念或司法的一般原则和刑罚、制裁制度，前项和后项是分离的，仅仅是说，不许你做什么行为，否则“有常刑”，但究竟处什么刑是不明示的，法官恐怕也不是“未来先知”的。

在民法方面则主要是一些原则性的规范。如《易·泰》的"无平不陂，无往不复"。平：议，指契约。陂：借为贩，"移予也"，即把财物从此地送至彼地。意思是，买卖双方如未达成协议，卖方则无义务送货；卖方不送货，买方也无义务交出价金。《易·复》有"朋来无咎，反复其道，七日来复，利有似往。"朋：货币。这是一宗先付一笔定金的较复杂的买卖交易，西周的交易原则完全可以用《拿破仑法典》第1612条、1702条、1650条来作注解。但这种法律规定是太"原则"了，忽视了复杂具体的细节。

"单项立法"和"原则性立法"的直接后果是判例地位和法官作用的提高。法官将分离的"单项"和"原则性"规定施用于具体案情，作出判决，即所谓"议事以制，不为刑辟"，"临事制刑，不豫设法"。这种判例既是司法的结果，又是立法的产物，是司法和立法的统一。因此，法官的品质与才能受到人们的格外重视，并在春秋时被进一步概括为"直"和"博"："直能端辨之，博能上下比之"（《国语·晋语》）。"上下比之"就是全面参考判例的意思。《礼记·王制》又说："凡听五刑之讼……必察小大之比以成之"；《易·比》有"有孚比之"、"比之自内"、"外比之"、"比之无首，凶"，大约讲的都是运用判例的一些方法。

在西周，判例成了最普遍的法律文件，它们被铸在礼器上面，称为"刑器"。它们是贵族统治权力的象征，被置于庙堂之中，不许一般人观看。对一般人来说，既不能"观鼎"，又不知道某一具体违法、犯罪行为将被处以何种刑罚，当时的法律颇有些"秘密法"的味道。

春秋末期，封建生产关系的发展使封建阶级日益成熟起来。他们有自己的特殊利益需要保护，又苦于传统法律对他们的束缚，于是迫切要求制定并颁布新形式、新内容的法律。在旧制度最薄弱的链条上，一种新型的法律诞生了，这就是郑国子产做的"刑书"和晋国赵鞅铸的"刑鼎"。这种法律在内容上是维护封建阶级的，在形式上则是把违法犯罪的概念同相应的惩处刑罚细节合为一典。于是叔向、孔子批评道："民知争端矣，将弃礼而征于书"，"锥刀（刑具）之末，将尽争之"，"民在鼎矣，何以尊贵，贵何业之守"？可见西周的判例法在春秋末仍有很大的传统势力。

西周的判例法直接来源于当时的贵族政体。各级贵族掌握着其封地的政治、军事、经济、立法、司法大权，因此，他们个人的品质、智慧、能力在治理邦土中的作用是异常重要的。由于西周版图的广大，各地具体情况的不平衡性和各地之间的有限交往，使得在全国范围内制定和贯彻统一而详细的成文法典，成为十分困难和没有必要的事。而且当时已具备了必不可少的法律制度和原则，于是，一种轻松而实际可行的判例法便形成和发展起来了。

判例法在法律思想上的直接投影是"人治"思想。它被儒家特别是荀况理论化了。在儒家看来，"君子"要比"法"重要，"君子"是立法者，又是司法者，"君子"的好坏决定着"法"的好坏；"法"不可能包罗万象、面面俱到，只能靠"君子"随机应变，荀子的突出贡献是提出"有法者以法行，无法者以类（判例以及判例所体现的法律意识）举"的重要原理。西汉以后的封建社会法律正是沿着这一方向发展的。但是，荀子的弟子们并没有遵从老师的教诲，而是开辟了一个新天地。

（三）战国、秦："法治·成文法"时代

中国古代的自然经济经历了这样几个阶段：西周的土地王有制，春秋的土地贵族所有制和战国以后的土地小家庭所有制。春秋时的封建阶级主要是从奴隶主贵族演化而来的封建贵族。战国以后，情况变了，一批出身卑微但凭借自己的努力而获得土地的平民构成了社会变革的激进力量，这就是以法家为代言人的新兴地主阶级，他们强烈要求保护自己的土地私有权和参与国家政治。他们把自己的意志说成是对社会全体成员都是公平无私的"法"，要求用后天的人为功利代替先天的血缘身份，用"以法治国"的"法治"取代"为国以礼"的"礼治"。"法治"思潮兴起了，这是国民意识的第一次苏醒。它要求按地域划分居民，反对用血缘来划分阶级（等级），要求打破宗法等级和政治等级的合一结构，把土地所有权和地方统治权分离开来。他们提出"国家本位"的设想，试图在国家政权与居民之间建立尽可能单一的权利义务关系。在国家强制力和"五德终始说"的共同推动下，"法治"终于

改变了社会的面貌。

战国特别是秦朝法律的基本特征是"成文法",即由中央政府统一制定和公布成文法典,让司法官依照统一的实体法和程序法进行司法活动。法官无权在法律之外凭个人的理解和判断去定罪量刑,否则将受到严惩。由于重视法制建设,从而达到社会生活的各个领域"皆有法式","事皆决于法"。而且法律制定得十分详尽,比如:养牛者不尽职,使牛腰围瘦一寸,要笞打十下;偷人家财产价值多少钱,如何处罚;等等。在这样情况下,法官只要熟记法律条文就行了,用不着考虑以前的判例。

成文法典的缺点是稳定性有余,机动性不足,而且不能经常废旧立新,为了适应复杂多变的形势,一个办法是随时由中央政府发布法令,其次是适用类推,第三是司法解释,最后是适用判例,但都必须由中央政府严加控制。这些都是秦王朝推行"法治"的经验。但判例法(廷行事)的作用在当时是很小的。

"成文法"是中央集权君主专制政体的直接派生物。法家的"法治"是与君主专制制度携手同来的。"尊君"是推行"法治"的基本前提和归宿。最高立法、司法权集中到皇帝一人手中,造成了绝对的"独治"而非"众治"。一个人的主观能动性否决了"众人"的主观能动性。同时,为了使法律在空间上时间上保持统一和稳定,不允许在任何环节上"走样",只有把法典制定得越详尽越好,使法官审判案件像做加减法一样容易。如果说西周的"判例法"造就了一批善于思考和立法的司法官的话,秦朝则培养一批博闻强记、长于"操作"的执法工匠。

我们不应当因为秦朝的"二世而亡"而贬低它在法律文化史上的卓越贡献,这主要表现在:较为系统的"法治"理论被坚决贯彻着,皇室、大官僚和一般官吏的特权得到相当程度的抑制,法制在发展经济中首次显示了巨大威力,出现了庞大的几乎包容一切的法律规范群体,法律设施相当完备,立法技术、法律教育、宣传以及适用类推、罪刑法定、司法解释、审判技术、勘查检验、法律文书制作等法律艺术达到空前的高度。

（四）从汉到清："礼法合治·混合法"时代

"成文法"取代"判例法"是一种巨大的进步，它是统一的中央集权君主专制政体替代分散的各自为政的贵族政体的直接产物，它使法律活动在时间上和空间上统一起来并朝着确定的方向发展。"刑无等级"代替了"刑不上大夫"，以往那种体现差异性精神的"礼"，在至高无上的皇帝制定的法律面前显得微不足道。公布成文法，使"天下之吏民无不知法者"，使"吏不敢以非法遇民，民不敢犯法以干法官"，以往那种使百姓无端恐惧的"刑不可知则威不可测"的"秘密法"，被送进了历史的陈列馆。

西汉以后各封建王朝都沿续了秦所缔造的中央集权的君主专治政体，这是使"成文法"得以继承和发展的坚固基础。但是，西汉以后的封建统治者经过长期的实践逐渐认识到秦代"成文法"的局限性：①它过分关心国家和天子的权力，忽视了官吏、贵族、尊亲长的特殊利益，而后者恰恰是前者的社会基础；②"成文法"在内容上很难包揽无遗，在适用上很难随机应变，在立法上还受到种种限制。因此，汉后各王朝相继做着两件大事：一是从法律的内容上改变原先的精神，二是从法律的形式上改变原先的形象。

第一件大事，自从汉武帝"罢黜百家，表彰六经"以后，儒学上升为官方学术，儒家思想成为当时意识形态领域的统治思想。同时，"学而优则仕"的途径使儒士当了官，得到参与立法、司法的广泛机会。于是，"春秋决狱"使儒家的"礼治"原则在司法领域构筑了一个桥头堡；"引经注律"使"兼通经律"的儒家大师登上法律解释领域的讲坛；"纳礼入律"则通过立法渠道使儒家的"礼"逐渐被赋予法律条文的形式。八议、十恶、犯罪存留养亲、子孙违犯教令、亲属相容隐、以服制论罪、宽容复仇、请、减、赎、官当等等制度的制定和实行，使秦代"成文法"的"法治"精神所余无几。至"一准乎礼"的唐律出现为止，这件大事便大功告成。

第二件大事，汉后诸王朝都制定正规的法典，这种法典包括名例和分则，实体法与程序法，是以刑罚为后盾的刑事、民事、行政诸法合体的综合性法典。此外，还在两个方面做了大量工作。一是制定临时性的法令，又称为诏令、赖令等，并按形势的要求不断加以整理，删除过时的部分，把仍然可行的部分分门别类编纂成书，成为与法典具有同等效率的法律规范。这种诏令或敕令由于比较明确详实，合于时用，又是皇帝御笔，故在司法中处于优越地位。宋代以"以敕代律"就是这个原因。二是使用判例。为了对"成文法"的欠缺有所补救，统治者主要采取了类推的办法，即法典、敕令有明文规定的，依法典敕令审判案件，如果没有规定，则依名例的精神并附相近似的律令上报朝廷论断。这就形成判例，成为以后司法审判得以援引或参照的先例。由于各朝代、各时期立法状况不同，法官业务素质和审判质量不同，阶级矛盾、经济活动等现实生活的复杂性程度不同，成文法对实际生活的适应状况不一，以及统治者思想认识各异，因此，各时代对判例作用的评价也不同。比如晋代刘颂就针对当时具体情况，提出"其正文、名例所不及，皆勿论"、"不得援求诸外"的主张，反对使用判例。

纵观我国封建法律史，便会发现，判例的地位是十分突出的。各朝代、时期适用判例的状况及方式不尽相同，就判例形式而言大致有以下几种类型：

（1）创制型的判例。这是在法无明文规定的情况下凭借法律意识指导审判活动的结果。最明显的事例是西汉董仲舒倡始的"春秋决狱"（二三二事），东汉应劭也曾编纂《春秋决狱》若干卷。他们援用儒家经典记载的古老判例和"礼"的精神作为审判的依据，这样便形成一批新的判例，这些判例又直接为司法所引用。当上升为正宗学术的儒家思想与"汉承秦制"的现行法律呈"两张皮"的时候，这一做法使儒家思想在司法领域构筑了一个桥头堡。严格说来，汉代儒家不仅是在恢复一种"礼"的司法精神，而且还试图恢复一种古老的法律形式：判例法。

（2）辅助型的判例。这是分门别类附在成文法条后面的判例群。它们一方面感性地阐释法条的含义，另一方面为法官审判提供一组模式。如汉武帝时有"决事比"，在 409 条死罪条文后附 13,472 个判例，叫"死罪决事比"。元代的《大元通则》、《元典章》在法条后面均附判例和行政成例。

（3）独立型的判例。这是经最高立法机关审核并分类编纂的判例群。如宋代的《熙宁法寺断例》、《元符刑名断例》、《崇宁断例》、《绍兴刑名疑难断例》、《乾道新编特旨断例》、《开禧刑名断例》和《原降指挥》，明洪武时的《大诰》。这些判例出自皇帝御笔亲裁或专门精选，正式颁行，故具有比一般成文法更为优越的地位，法官可以优先援用。

（4）参考型的判例。这是学者私纂或政府官纂的判例集。如"汉时决事，集为《令甲》"，鲍宣所撰《法比都目》，应劭所撰《决事比例》、《司徒都目》，五代和凝的《疑狱集》、宋郑克的《折狱龟鉴》、桂万荣的《棠阴比事》、朱熹等人的《名公书判清明集》、清代的《刑案汇览》、《例案全集》、《成案备考》、《驳案汇钞》等等。这些案例虽不能为法官直接援引，但仍具有参考价值。

（5）艺术型的判例。这是由学者精选、加工、润色、整理的例群。有些是"实例"，有些是"拟判"。尤其重视判语的篇章结构、语法修辞、排比对偶，但"不背人情，合于法意，援经引史，比喻甚明"。如唐代张的《龙筋凤髓判》、白居易的《甲乙判》及后世判牍之类。它们除对考生有参考价值外，对司法人员还有借鉴、陶冶的作用。

封建时代的"混合法"是一个不断发展变化的过程，其运动的原因是"成文法"与"判例法"的对立、统一。它常常表现出这样几条规律：①当"成文法"详尽而切于时用时，则往往从整体上排斥"判例法"的适用，以维护封建法制自许的思想家则坚决要求捍卫"成文法"的权威，严禁司法人员"求诸法外"，以实现法律的统一；②当社会实际情况发展变化，原有"成文法"已不宜于时用，或统治阶级的法律意识尚未上升为"成文法"时，则果断抛开"成文法"，适用"判例法"，寓立法于司法之中，以图随机应变，提高统治效率；③在皇权凌驾全部法律活动的前提下，判例、诏令、法典三者以统治阶级法律意识为轴心形成循环运动。即：判例经去粗取精的加工，又经立法渠道由具体过渡到一般，升华为诏令；对同类诏令审核精选，经立法程序补入法典，成为法条；对无法律明文规定者进入审判，经朝廷核准，形成判例。……如此循环往复，未有穷期。封建统治者在长期法律实践中已积累了大量的经验，一言以概之曰："成文法"与"判例法"相结合。

中国的"混合法"既不同于"英国法系"的"判例法"，又不同于"大陆法系"的"成文法"，而是兼取两者的长处，使法制机器既统一运行又随机应变。中国的"混合法"不仅是"中国法系"的最大特征，而且还预示着世界法律文化发展的方向，不论"英美法系"还是"大陆法系"都在向"混合法"靠拢。中国封建时代的法律文化已十分成熟。它具有丰富的法律思想，通过长期的研究和争论，一些具体法律问题得到深化，更可贵的是，一方面，早在17世纪就产生了资产阶级政治法律思想的萌芽；另一方面，兼容刑事、民事、行政、诉讼诸法的法律规范十分完备，包括立法、司法、监督、狱政、调解等在内的法律设施成龙配套，编纂法典、判例和法律解释的立法艺术，审判、使用证据、勘查、检验等司法艺术，空前发达。特别应当指出的是法医学的诞生，当《洗冤集录》在我国普遍使用时，欧洲法医学还在蒙昧状态之中。

（五）清末、民国：外国法律文化介入时代

鸦片战争后，西方资产阶级的政治法律思想、法律制度和法律艺术传入我国。洋务派、资产阶级改良派和资产阶级革命派为翻译、介绍、考察、研究西方法律和法学做了大量的工作。清末修律则是封建法律资产阶级化的先声。中国资产阶级用暴力推翻清王朝，用诸权分立的共和国取代封建君主专制制度。尽管由于封建势力的阻挠、帝国主义的干涉和大资产阶级的反动，中国出现了长期的灾难，但就法律文化而言，中国毕竟打破了封建主义一统天下的局面，步入了快速发展的时期。

中华民国的法律吸收了清末修律的成果，并模仿资本主义国家开展了大量的立法活动。其中有宪法、刑法、民法、刑事诉讼法、民事诉讼法、民商法、行政法等，形成了与行政机关脱离的审判系统，并采用公开审判、辩护、律师等法律制度。

中华民国时期法律文化的最大特点仍然是"混合法"。北洋政府未制定成文法典，审判依大理院判例和解释例。据不完全统计，自1912年至1927年，北洋政府大理院汇编的判例有3900多件，公布的解释例有2200多件。北洋政府的审判制度可以说是对古代"判例法"的一次回顾。国民党政府虽

然制定大量成文法，但在审判中仍然使用司法部和最高法院的判例、解释例，甚至援引北洋政府大理院的判例。此间编纂的判例、解释例有《大理院判例全书》、《大理院解释例全文》、《最高法院判例汇编》、《最高法院刑事判例汇刊》、《最高法院判例要旨》、《行政法院判决汇编》等，足见判例的实用价值。在外国法律文化介入中国的"万变"形势下，中国传统的"混合法"之"宗"仍被延续着。

（六）中国传统法律文化之优劣

中国古代法律文化经历了数千个春秋。在漫长的旅行中，它形成了自己的长处和短处，优点和缺点。

它的优点主要有：①兼而重视"法"和"人"的作用，形成既统一又灵活的"混合型"法律体系；②国家对立法、司法活动的集中有效的控制、指挥，有利于维护国家法制的统一；③形成严整的法律规范和完备的法律设施，有力保证法制机器的正常运转；④高超的法律艺术，保障了立法、司法的效率；等等。

其缺点也十分明显：①以法律手段公开维护等级制度，皇帝、贵族、官僚、地主、父系大家长等成了一大批特权人物，这种等级性的法制在人们思想里投下深深的阴影、特权意识；②封建专制主义造成司法的黑暗：纠举式的审判、严刑逼供、徇私枉法，法外施刑、狱政污秽，人民的权利随时都可能被无端践踏，一种刻骨的念头暗暗藏在人民心头：怀疑法律、仇视法律；③重视道德伦理规范和教化的作用，轻视法律、贱视诉讼、冷视法学，人们的私有观念、权利观念、平等观念、商品观念被长期压抑，严重阻碍了商品经济和与此相适应的立法、司法的发展；④行政与司法合一，诸法合体、以刑为主，这些都不利于法律规范的系统化和法律设施的专门化。

对待中国古代法律文化遗产的正确态度是：发扬其精华，剔除其糟粕，既不能把精华当作糟粕一齐抛掉，也不能把糟粕当作"国粹"来继承。在我们面前还有大量的发掘和清扫工作。

三、中国法律文化的现状与未来

我们在文章的一、二部分分别探讨了法律文化的一般理论和中国法律文化的历史发展。理论研究和史学研究都是为现实服务的。那么，就让我们运用法律文化的理论并从历史发展的角度来看一看中国法律文化的现状，并预见它的未来。

（一）两种法律意识，两个时代

中华人民共和国已经走过 37 个年头。此间的法律文化以 1978 年党的十一届三中全会为界，分为前后两个时期。前期与后期的法律文化状况迥然不同。前者以轻视法律为特征，后者以重视法律为特征。这种差别直接根源于不同的法律思想特别是法律意识。因为法律意识是法律文化的核心，它直接影响着法律规范、法律设施、法律艺术三环节的发展水平。

由于我国没有经历完全的资本主义发展阶段，没有形成完善的资本主义法律制度，缺乏与民主相联系的法律传统，源远流长、根深蒂固的封建文化残余未经较为彻底的涤荡而延续下来，并顽强地表现着自己。加之新中国的胜利是靠党的路线、政策，干部的模范作用和群众阶级斗争，因而在新中国成立以后政治生活中逐渐形成一些轻视法律的偏见。一是认为只要上有党的政策，中有干部，下有群众，就能无往不胜。实际上是三个"一切"：政策是决定一切的，干部是决定一切的，群众是决定一切的。只要中央管政策，政策管干部，干部管群众，群众监督干部，就能办好一切事情。二是认为法律束缚无产阶级手脚。法律一经制定颁布就要求一些人服从，这就束缚了无产阶级和广大人民群众的首创精神，不利于社会主义革命和建设事业的发展。法律不如政策那样随机应变、得心应手，既然党的政策是领导一切的，那么，还要法律设施和法律规范干什么呢？三是认为社会主义革命、建设是史无前例的新事业，形势不断发展变化，如果急于制定法律，就会阻碍社会前进的步伐。而且立法必须经过长期的实践，不断总结经验才行，这在革命形势飞速发展的形势下是不可能办到的。四是认为党的政策高于一切，政策是法律的灵魂，法律是政策的形式，政策领导法律，法律服从政策。法律一旦不符合政策就可以朝令夕改甚至弃置不顾。只要有了政策、干部和群众，即使没有法律也同样可以治理好国家。在轻视法律的法律意识支配下，重视法律的意识、主张如同一叶扁舟时隐时现，并随时都可能被轻法意识的滔滔江水席卷而去。于是，必要的立法工作被无限期地搁置起来，在审判领域不得不适用实质上的"判例法"，法律设施在党的"一元化"领导体系中显得无足轻重、可有可无、极不完备，法律艺术也成了无源之水。法学研究、法律教育毫无生气。那种把法律仅仅理解为阶级斗争和无产阶级专政工具等一系列偏见长期未得到纠正。在轻视法律的土壤上，一株法律虚无主义的怪树疯长起来，终于唤来一场灾难性的暴风雨，刚刚初建的社会主义法制机器毁于一旦。

党的十一届三中全会以来，中华民族的社会主义法律意识在阵痛之后苏醒、升华，并使法律文化面目一新。短短几年来，我国法律文化建设迈出有力步伐，完成了以下几件大事：

（1）执政党与国家权力机关的关系摆正了，党的政策与国家法律的关系理顺了。新党章和宪法都强调党必须在宪法和法律规定的范围内活动的原则。这表明，在我国，没有超越宪法和法律之上的特殊政党，一切权力属于人民，人民行使国家权力的机关是人民代表大会，执政党的政策和意见必须经过人民代表大会和常务委员会的通过才能成为法律，成为国家意志。党领导人民制定法律，也领导人民遵守法律。中华人民共和国最高人民法院对林彪江青反革命集团案的审判是用法律手段解决政治斗争的成功尝试。过去那种"政策—干部—群众"的三合一治国机制，被"立法—执法—守法"的法制所取代。正如新宪法所宣布的："任何组织或个人都不得有超越宪法和法律的特权。"这样，执政党的活动和各级干部都被纳入社会主义法制体系中，从而使"公民在法律面前人人平等"的社会主义法制原则的实现成为可能。

（2）社会主义法律思想特别是法律意识迅速成熟。经历十年灾难之后的人民逐次认识到：法律是保护人民基本权利、维护社会安定秩序不可缺少的法宝；法律的基本职能之一是指导和调节经济活动；法律是进行社会主义物质文明和精神文明建设的重要武器。人们从仅仅信赖党的政策发展到兼而信赖国家法律。过去那种认为法律就是刑法，刑法就是镇压阶级敌人，因此法律就是专政工具的偏见，几乎完全没有市场。目前正在实施的普及法律常识的宏伟规划是对全民族社会主义法律意识的一次启蒙，一系列传统禁区被打破，法学研究在前所未有的学术环境中进行，既坚持马克思主义法学原理，又实事求是地大胆发展它丰富它，已成为公认的科学态度。法学研究的进展将为社会主义法律意识提供新的养料。

（3）法律规范、法律设施初具规模。一些重要的法典如宪法、刑法、刑事诉讼法、民事诉讼法、婚姻法、经济合同法、森林法、环境保护法、中外合资经营企业法、继承法和仲裁条例、律师条例、公证条例以及大量经济法规被制定颁行了，审判、检察、司法行政、律师、公证、仲裁、人民警察等一系列法律设施得到恢复和完善。随着城市经济体制改革的深入进行，经济立法、科技立法、教育立法、医药卫生立法方兴未艾。与此同时，立法、司法艺术成了有本之木。法制机器开始用现代化的技术设施装备起来。

（4）法律教育大发展。一大批政法院系被恢复和新建，初步形成了由综合大学法律系、政法学院、政法干部管理学院、政法干部学校、公安大学、警官大学、公安学校、法律中等专业学校及进修班、短训班等组成的法律教育体系。法律教育机构也是法学研究机构，它们不仅为国家培养各类法律专门人才，也不断取得法学研究成果。与过去截然不同，今天，法律工作已成为社会普遍敬慕和向往的职业。

（5）立法、执法工作不断专业化。法律活动的进一步发展，对法律工作者的专业化要求也越来越高。在职法律工作者经过各种渠道得到专业训练，成为"专业技术"人员。国家立法时常常聘请有关学者和研究人员参加，即立法专业化。国家立法正在科学预测和科学研究的基础上有计划地展开。

（6）法律活动面向未来，走向世界。随着国际政治、经济、科学技术文化交往的增加，我国法律文化已跳出国界与世界同步发展。国外一些可资借鉴的法律原则、法律规范、法律制度、法律设施、法律艺术被我国参考、吸收，而我国的优秀法律文化遗产和现代法律文化的长处也日益被各国重视。在世界法律文化进步中，中国正在努力作出新的贡献。总之，局面已经打开，中华民族迎来了法律文化建设的"黄金时代"。

为了开辟中国法律文化的新纪元，为了巩固和发展社会主义法制建设的大好形势，为了避免法制建设中的反复和波折，必须使科学民主的社会主义法律意识在中华大地牢牢扎根，为此，在法律思想特别是法律意识领域，我们应当继续努力克服以下几种错误观念：

（1）特权观念。通过这种观念的折射，人民的公务员成了人民的主宰，他们把权力、地位、荣誉、关系网当作砝码去扭转法律的指针，极大地凌渎了人民对法律的信赖感。

（2）宗法观念。国家与公民之间正常的权利义务关系被血缘、亲属、小团体等纽带隔阻了，这些纽带压抑了人们的正当权利要求，却又常常以维护集体利益的面目出现，去挖国家的墙角，钻法律的空子。

（3）管治观念。这是封建贵族的传统观念。有些自命特殊的人认为法律是管老百姓的，规定老百姓该干什么和不该干什么，从没想到用法律去保护老百姓的正当权益。这些人一旦"重视"起法律来，便想方设法把人民的手脚捆得紧紧的。

（4）官僚意识。用官僚眼镜看人，人人从未平等。对上唯唯诺诺，对下大威风。只看上司脸色，不听下面呼声。宁肯犯法，不能犯上，犯法犹可补救，犯上则一败涂地。

（5）异己情绪。一些手中有权者常常认为权大于法，把法律看成束缚手脚的坏东西和可有可无的摆设，因此，法律最好不要制定出来，即便制定了也最好别管我。一般人则对法律持冷漠态度：法律真那么管事儿吗？不排除这两类异己情绪，法律的威信是很难树立的。

（6）求全态度。认为法律是十全十美的东西，非经长期实践、充分讨论、全面总结、分批试点的万事俱备之际，不能立法。而实际上正因为无法可依已给国家造成巨大损失。还是古人说得好："法虽不善，犹愈于无法"。

提高社会主义法律意识，是完善社会主义法制的核心问题。因为法律活动自始至终都是人们有意识的社会活动，人们的法律意识决定着法律活动的真实面貌。为此，我们应当把马克思主义法学原理同中国固有的优秀法律思想结合起来，把遵守法律的自觉意识同平等待人、互尊互让，"己欲立而立人，己欲达而达人"、"己所不欲，勿施于人"、"老吾老以及人之老，幼吾幼以及人之幼"的传统美德结合起来，通过一代人的思考和学习，使全体人民具有明晓法律的知识结构；运用法律的基本职能；重视法律的坚定信念；遵守法律的自觉精神；维护法律的勇气胆识和建设法制的高度责任感。这是加强社会主义法制建设的根本大计。

为了提高社会主义法律意识，必须加强对现时法律文化的整体研究，从而弄清法律意识在法律文化中的地位，它与法律知识、法律技能、文化水平、信仰、道德等方面的关系，以及不同社会成员如党务人员、立法人员、执法人员、行政人员、军事人员、社会团体工作者及一般公民的社会主义法律意识的各自内容与标准。必须改变法学研究在较低水平上同义反复、平面徘徊、脱离实际的不良状况，注意既坚持马克思主义原理，又坚持实事求是、学术民主；既注意引进新方法，又注意理论联系实际，解决当前迫切需要解决的问题。法学研究只有在良好的政治、学术环境中并在科学方法指导下才能多出早出成果。而社会主义法律意识只有根植于科学的法学研究基础上，才能根深叶茂、永不凋谢。

近年来，日益深入的经济体制改革，促成了经济立法的蓬勃发展，为法律文化建设注入大量新鲜血液。但是，为保障经济体制改革和法律文化建设的持续发展而不中途夭折，一个更为深刻的改革便逐渐提到日程上来，这就是政治制度的改革或政治制度的民主化。如果说经济体制改革和发展社会主义商品经济是今天法律文化建设的物质保障的话，那么，政治制度的改革和政治制度的民主化，则是今天法律文化建设的政治保障。没有后一个保障，则法律文化建设的繁荣就只能是暂时的繁荣，法律文化在社会主义政治经济建设事业中应当发挥的作用就不可能实现，法律文化建设事业就如同一株生长在沙漠中的松树，既无水分又无肥料，随时都有可能被狂风连根拔掉。当经济体制改革阔步前进，而政治制度改革仍以毫米计算时，法律文化建设是很难取得长足发展的。

（二）法制建设的总方略：一个关键，三个"眼位"，走活一盘棋

法律活动的内容十分丰富，它包括立法、司法、守法、法制宣传教育、法学研究等等。其中诉讼活动居于十分重要的地位。它是使社会占统治地位的法律意识得以实践的渠道，是将抽象的法律规范付诸实际生活的途径，是反映社会对法律的希望、需求与信赖程度的标尺，它还对立法、法律解释、法律艺术等活动具有直接的影响。因此，可以说诉讼活动在整个法律活动中居于承上启下、涉及四方的位置。当社会迫切需要诉讼时，诉讼的开展程度便直接决定着法律文化发展的水平。

除了社会需求之外，诉讼发展状态还受着多种因素的影响，在中国古代，正常的诉讼活动往往受到几种因素的抑制：①轻法无讼意识。古代传统思想以"无讼"、"无刑"为最高理想，强调发自内心真实感情的道德伦理规范，轻视以暴力为后盾的法律规范，故而形成轻视法律、贱视诉讼的偏见，在这种舆论下，治律、谳狱、辞讼成了左道旁门，为圣贤之道所不齿。②家法族规制度。历代的家族制度在自然经济的土壤上蔓延，统治者不惜把"准立法权"、"准司法权"交给父系家族首长，以维护王朝的社会基础，在家族法网之下，大量法律问题变成了家族内部的私事，任凭家长族长处置，而许多道德教育问题，反倒成了"法律"问题，一般家族成员特别是卑亲属和妇女被置于无权的境地，宗法家族制度死死堵住了正常诉讼的大门；在宗法制度与自然经济水乳交融的土地上，商品经济活动被束缚着手脚，这就从整体上控制了社会对诉讼的需求。③怀疑仇恨情绪。封建法律的公开不平等、官官相护、司法的黑暗和"衙门口朝南开，有理无钱莫进来"的现实，使广大劳动人民怀疑和敌视封建法律，不相信而且也无条件通过诉讼来保护自己的权益，当矛盾激化时，他们常常选择更为可行的解决办法：铤而走险和武装暴力，等等。这些因素足以把诉讼控制在最低限度。

近年来，随着政治上的思想解放特别是经济体制改革的深入进行，社会生活发生了前所未有的巨变。自然经济不断向商品经济转化。经济活动从一

元化、单一化向多元化、复杂化发展。企业和公民都有各自的"特殊"权益需要保护。刑事诉讼"独霸一方"的现象已成过去，民事诉讼、经济诉讼和行将出现的行政诉讼揭竿而起，人们迫切需要法律知识并不是为了撰写论文，而是切实保障自己的合法权益。在今天的法律文化中，应该说还没有树立正常的诉讼意识。其原因在于：①传统的"轻讼"观念仍有市场，认为争讼是政治觉悟不高的表现，调解和自我教育比诉讼更重要，前者"治本"而后者"治标"，"诉讼常常冲淡政治思想工作。"正如同古代把发生争讼看成地方官和父系家长无德无方一样，今天仍有人认为诉讼是不光彩的事，认为诉讼增多是社会不安定的表现。把司法机关办案的调解率看成审判成功的标尺。②公民的权利观念薄弱。公民不知道哪些是自己的正当权利，当这些合法权利被侵犯时也无动于衷，更谈不上通过诉讼去维护自己的权利了。这就使违法行为在一片宁静的气氛中一再被宽容而得不到追究。③法律规范、法律设施不健全。有些显然应当而且只能通过诉讼才能解决的问题，由于没有相应的法律规定和受理的法律机关而无法进行。当事人为保护自己的合法权益只能寄希望于旷日持久的信访。④诉讼渠道不通畅。由于种种原因造成诉讼的迟滞，有些并不复杂的案件一拖就是半年、一年，个别司法机关那种拒人于千里之外的令人望而生畏的工作作风，等等，都使人们不愿轻易去叩诉讼的门环。

为了健全社会主义法制，首先应当正常评价诉讼的地位，明确诉讼是完善今天法律文化建设的有力杠杆，是沟通法律文化诸因素联系的重要桥梁，从而树立支持诉讼、保护诉讼、方便诉讼的观念，充分满足社会的诉讼要求，不辜负国民对法律的信赖。其次是进行深入的法律教育，不仅使人们知法守法，还要让他们学会如何用法律手段维护自己的合法权利，其中主要包括诉讼手段。最后是完善立法司法，扩大审判机关的权限和收案面，使我们的诉讼制度更加科学、系统、适用、有效。

应当指出，我们并非希望人们整日纠缠在无谓的诉讼里，也无意贬低调解对于维护社会安定所起的重要作用。问题在于，当着当事人的合法权益被他方侵害而无人承理、承而不理或理而不公时，如果国家诉讼的大门仍对他们紧闭，那么怎样为社会伸张正义，又怎样唤起国民对法律的信赖！

诉讼活动一旦大量增加，必将造成立法、司法上的两大难题：一是缺乏新的必要的法律规范；二是缺少足量的审判人员。面对这种僵局，似乎寸步难移了。但是，正好像下围棋遇到了险境，一旦做够眼位就可化险为夷一样，我们只要在以下三个方面投入力量，作出"眼位"，全盘棋也就走活了。

1.第一个"眼位"：充分适用判例

判例是审判活动的产物，是对案件审理、判决的全部活动的总结性法律文件。在实际判例法的"英国法系"国家，判例不仅是法官审判的法律依据，还是法官创造法律的结果，判例成了司法和立法的混合产品。在"大陆法系"国家，法官审理案件必须依照立法机关制定的成文法，而不考虑以前的判例。在我国，法官审理刑事案件必须依据刑法典有关条款，对法无明文规定者比照类似的条文定罪科刑。但必须经最高人民法院核准，这就是"类推"制度。

判例法与成文法互有长短。前者的优点是：审判与立法融为一体，在特定情况下，法官经过审判形成判例，同时也就完成了立法，可以随机应变地指导全国的审判活动；判例内容较具体，可比性强，依照判例审判案件可以保证审判质量，避免太大出入；缺点是：判例太庞杂，不易掌握，法官常常出于主观评价标准去选择自己认为正确的判例，这就有可能造成偏差、不利司法的统一。后者的优点是：简明扼要，引用方便，在明确的法律条款面前，法官的个人评判和好恶不易干扰审判活动，从而有利于司法统一；缺点是：法律条文不可能详实具体包罗无遗，也不可能预见未来复杂的实际生活，它一经颁行就要求相对稳定，不能朝令夕改，而且立法程序复杂，不易随机应变。正是在这个意义上南宋思想家朱熹说："大抵立法必有弊，未有无弊之法"。

在我国法制建设空前发展而法制仍不完备的特殊阶段，应当吸收我国古代法律文化的营养，参考国外的经验，建立以成文法为主以判例法为辅的具有中国传统特色的法律体制。因此，我们应当正确评价判例的作用，充分适用判例。

判例的第一个作用是弥补成文法的不足，随机应变地立法。在国内外公开发行的《中华人民共和国最高人民法院公报》1985 年第三号颁布了两宗以制造、贩卖有毒酒的危险方法致人伤亡的案例，这是我国法律建设实践中的一件大事。它的意义不仅在于积极贯彻两院两部关于"严打"的精神，克服了现行刑法典对以营利为目的的制造、贩卖有毒食品致人伤亡行为无明文规定的不利因素，有力地打击侵害公共安全的严重犯罪，维护了社会管理秩序；而且在于用判例的方式创制了"以制造、贩卖有毒酒的危险方法致人伤亡罪"这一新罪名及量刑标准，开创了判例立法的新途径。

加强法制的一般前提是制定颁布一系列成文法，使人们有所依据。但是，由于种种复杂原因，制定成文法常常受到多种因素的限制，如一定的实践经验，一定时期的试行，广泛的讨论征求意见，立法机构的组织，履行必要的立法程序，等等。从而使立法工作一拖再拖，而实际生活又迫切需要立法，这往往给各项工作带来损失。在正规立法不能马上实现时，经全国人民代表大会同意，并在最高人民法院统一领导下，人民法院可以扩大收案范围，依据我国现行政策和法律意识进行审判，形成判例，指导全国同类审判工作，从而在局部领域适用判例法。

判例的第二个作用是提高审判质量，维护司法统一，完善法制必须严格依法办事。但是，由于成文法条款总是一种抽象的原则性规定，不可能提供详细、具体、感性的可比性标尺，审判活动常常受到司法人员的法律意识、工作经验等主观因素的直接影响，致使对同一案件作出不同的评价。如《最高人民法院公报》1985 年第二号公布的孙明亮故意伤害案，一审法院判处被告有期徒刑 15 年，同级检察院以量刑失轻抗诉，省检察院以失重撤诉，省法院撤销原判，改判有期徒刑 2 年，缓刑 3 年。可见成文法典给司法人员的主观因素留有多么大的用武之地！如果最高人民法院在全面核准的前提下，对各类犯罪分门别类地颁布一些典型的定罪量刑正确的判例，使司法人员在援引法条时，有一个具体、可比的类比样板，并得以一并援引，这样无疑有利于提高审判质量保障司法的统一和维护社会主义法制的严肃性。实际上 1980 年 11 月到 1981 年 2 月最高人民法院特别法庭对林彪、江青反革命集团的公开审判，就以判例的形式为全国各地的同类审判提供了可资仿效的样板。

运用判例和适用判例法应具有两个条件：一是客观条件，即具备一个数量可观的法律规范群和控制全局的法律设施；二是主观条件，即有一大批有较高法律意识和司法艺术的司法人员。这两个条件在我国现阶段是初步具备的。加之，我国具有运用判例、适用判例法的悠久传统和丰富经验，可以为今天的法制建设所借鉴。因此，在我国现行法制中一般地运用判例和局部适用判例法，应该是可行的。当然，这还要经过慎重研究，并根据不同情况制定有关的原则性的统一规范，组织专门协调机构，以加强统一领导。

社会生活是不断发展变化的，要把新的变化和要求反映到法律上，需要一个过程；而把法律实施于社会生活，也需要一个过程。这是法制机器运转的两大程序。判例正是疏通立法、司法领域的特殊桥梁，是促进法制机器有效运转的一个"主动轮"。它的价值已被古今中外的法律活动所证明，在我国今天的法制建设中还将得到更充分的体现。如果说轻法时代是以"判例法"为特征的话，那么，今天我们已开始进入"成文法"时代了。但是，这还不够，只有建立古已有之的"混合法"体系，才符合我国法律文化建设的需要和世界法律文化发展的方向。

2. 第二个"眼位"：加强陪审制度

在世界法律文化进程中，陪审制度可以说是历史最久、适用最广的法律制度之一。不论是雅典、罗马、欧洲中世纪，还是近代、现代，也不论是资本主义国家还是社会主义国家，到处都给它保留一席之地。

中国新民主主义革命时期的红色政权和新中国都确认了人民陪审制度。但是，它毕竟不是老祖宗的遗产，它被移植在中国土地上也仅有半个世纪。在中国古代，官民界限势同泾渭，审判是衙门老爷的事，不容百姓与闻，百姓也干脆报之以冷漠和仇视。这种传统观念根深蒂固，并在新的历史条件下顽固地表现着自己。

从新中国成立以来颁布的《法院组织条例》（1951年）、《宪法》（1954年）、《法院组织法》（1954年）、《法院组织法》（1979年）、《刑事诉讼法》（1979年）、

《民事诉讼法》（1982 年）、《六届人大二次会议决议》（1983 年）等有关陪审制度的法律文件来看，陪审制度在实际执行中遇到某种困难，没有长足的发展，原来规定的：人民法院审判第一审案件，除简单的民事案件和轻微的刑事案件外，都由审判员和陪审员组织合议庭进行（《法院组织法》，1979 年），变成了人民法院审判第一审民事案件由审判员、人民陪审员共同组成合议庭或者由审判员组成合议庭审判（《民诉法试行》，1982 年）。人民法院审判第一审案件，由审判员组成合议庭或者由审判员和人民陪审员组成合议庭进行（《六届人大二次会议决议》，1983 年）。这种人民陪审员地位的递减使人们感觉到：人民陪审制度似乎处在徘徊状态中。

造成上述状况的原因主要有两个：

（1）缺乏两个积极性，即审判机关一方和人民陪审员一方（人大代表、机关、企业、学校、团体）的积极性。就前者而论，有的同志把审判视为机要工作不愿让"外人"接触；在遇到大量新的业务问题时胸无成竹，怕"家丑外扬"，影响威信；有个别人看不起人民陪审员，认为他们不懂法、水平低，可有可无，是聋子的耳朵，陪衬而已。因此，在开庭前既不向他们认真介绍案情，又不让他们阅读全部案卷，参与案件调查，更不能同他们平等地认真研究案情，交换意见。在审理过程中，只让他们按事先定好的公式，鹦鹉学舌地问上几句话，或出示物证，使陪审员成了"陪衬员"，有名无实，流于形式。还有的把陪审员当作多此一举的累赘。这种错误思想严重阻碍了人民陪审制度的贯彻、执行和发展。就人民陪审员一方而论，由于缺乏法律知识，而在法院中的陪衬地位也无法激励他们学习法律的热忱，缺少充足的办案时间，得不到所在单位的支持，等等，也对陪审工作没有多大积极性。

（2）在陪审制度方面尚缺乏科学民主的法律规定。法院组织法虽然规定人民陪审员在法院执行职务期间与审判员具有同等权利，包括了解他所参加审判的案件的案情，审阅案卷和证据，调查、认定案件事实；在审理案件时对诉讼当事人提问，对证人、鉴定人发问；对案件结论和处理提出意见，并付表决，在判决书上署名；等等。但是，在目前实际情况下，正因为法律规定陪审员与审判员具有"同等"权利，而没有更科学的分工，所以，陪审员的权利往往被审判员"同等"了过去。因此，应该把两者的职权分开，让陪审员承办案件的全过程，而审判员只负责：向陪审员解释法律和掌握诉讼程序。审判员和陪审员共同组成合议庭，以投票和少数服从多数的办法产生审判决议。一名审判员手中有 10 个案子，就可以指导由 20 个陪审员组成的班子，每 2 个陪审员负责一个案子。审判员好像一个球队的领队或场外技术指导，他有权利向队员们提出建议，但决不亲自冲锋陷阵。在法庭审理中，审判员就像是大会执行主席或晚会的司仪，但唱主角的是陪审员。

提高人民陪审员的法律地位与提高他们的法律技能是同步发展的，陪审员从"陪衬"转为主角这一事实本身就足以激发他们当家作主的责任感和刻苦学习专业知识的雄心。每一个法院都可以通过各种渠道预先公布人民陪审员候选名单，让他们有一年以上的时间去专门学习刑事、民事、经济诉讼的某一类诉讼知识，然后择优逐年聘任。

在人民陪审员唱主角的情况下如何保证办案质量？这个问题并不像人们想象的那么可怕，因为即使是审判员组成合议庭审理的案件也难保十全十美。当合议庭以多数票通过了错误的决议时，同级法院审判委员会可以解散合议庭。组成新的合议庭重审，原合议庭的陪审员有权向上一级法院的审判委员会申诉，由上级法院审判委员会裁决。在通常情况下，有了业务素质较高的一审法院审判委员会来把关，就基本上可以防止审判的太大出入。

人民国家人民管，人民法制人民建。健全人民陪审制度是保障人民参与国家管理的重要渠道，是提高审判效率的重要杠杆，也是提高全体人民社会主义法律意识的重大步骤。加强社会主义法制建设是个伟大的社会使命和全体人民的伟大事业，不可能排斥人民的参与，更不应忽视人民群众的首创精神。法律越体现民主精神，人民就越信赖法律。人民陪审员一旦成为被社会普遍尊重的光荣称号，在共和国 960 万平方公里国土上到处都会出现可靠的陪审员后备军。只要衙门与百姓是两张皮的古老观念一被打破，我国的审判工作必然会焕然一新。

3. 第三个"眼位"：健全律师制度

就国家人口与律师的比例而言，美国是 350：1，苏联是 10000：1，中国是 70000∶1。中国律师的奇缺说来也并不奇怪，因为我国潜在的巨大需求市场还没有完全成为现实。但是，随着经济体制改革的深入，社会对法律的日益关心和诉讼活动的增长，人们很快就会感觉到：没有律师的帮助是多么不便。

律师制度也是"舶来品"，它在中国的历史同陪审制度差不多。中国古代纠举式的审判制度和贱视诉讼的观念为律师制度的幼芽准备了一块盐碱地。以善辩著称的第一位诉讼师，春秋时的邓析被执政杀头示众了，后世那种不读圣贤书专以代写辞状和为他人提供法律帮助为业的人被称为"讼棍"，为官府切齿痛恨，他随时有被逮捕问罪的危险，因为他们僭越名分，竟伸手染指衙门的肉食，因为他们打乱了衙门老爷的部署，使容易的事变得复杂化了，他们的可恨不仅在于制造纠纷或赚了当事人的钱财，而是扰乱了社会的安宁，似乎"天下本无事，讼棍独扰之"。一句话，他们影响了官吏的前程。

新中国成立以来，我国律师制度几经波折。传统的贱讼意识常常和现实的政治思潮悄悄携起手来，给律师制度扣上种种污浊的小帽。今天，律师制度虽然得到空前的大发展，但它并没有得到全社会的普遍理解和重视。在贱讼残余观念的影响下，打官司的当事人尚且受到舆论的小视，专以诉讼为业的律师又怎能不遭到白眼呢！检察、审判机关个别工作人员居高临下的冷视、不合作态度，往往使律师陷于窘境，无法行使正当权利，在刑事辩护中，律师的价值似乎只是"顺乎潮流"、点缀一二。有时律师的意见是完全正确的，但得不到合议庭的采纳。因为合议庭早已成竹在胸，根本没有当庭听取各方意见的打算。这种情况，促成了"律师无用"的社会偏见，也使律师本人对律师的价值感到困惑。当事人的雇佣思想和过高要求，似乎花了钱就必须胜诉，这常常使律师的正常工作得不到正确对待。兼职律师的法律活动常常被本单位认为是不务正业。在物质待遇上，当律师工作是一种专业性脑力劳动的观念确立之前，社会主义按劳分配的原则便很难兑现。

当然，除了外部环境之外，律师工作本身也存在一些问题，有的只注意经济效益，对收入低的案件不愿承办，有的律师业务素质不高，对某些新领域的法律问题尚不熟悉；有个别律师行为不端，这些都直接影响了律师的整体形象。但这些问题是前进中的问题，只要认真抓一抓，并不难解决。

律师是社会的法律参谋，律师工作的发展与社会对法律的需求成正比。就目前的社会要求而言，律师工作状况可以说大体适应，小有不足。但是，我们应当清醒地意识到，随着经济体制改革的深入和立法、司法的发展，社会对律师的需求必将大幅度增长。为了迎接律师工作的大发展，我们应当作出相应的部署：①宏观控制与微观搞活相结合。在宏观上，国家司法机关对法律事务所的设立、律师资格的审批、律师业务的指导等实行统一管理；在微观上应赋予法律事务所以独立的业务活动权，使它们逐步由国家统包的事业单位转为向国家纳税的自负盈亏的企业单位，让它们随着社会需求市场的变化机动灵活地开展业务活动。②搞好专业化分工。各法律事务所应办出自己的特点，像名医院那样各有一技之长，改变小而全、"经营百货"的格局，逐渐向专业化发展，比如偏重涉外诉讼、民事诉讼、刑事诉讼、中外合资企业、技术合同、许可证贸易、国际税收、专利代理与诉讼等等。律师应在熟悉一般业务的基础上精通某一领域的业务，就好像医生分为内、外科、五官科一样。这样可以大大提高律师的业务素质。③扩大律师队伍。每个省、自治区应当有一个律师学院，专门培养律师人才。此外，每个企事业单位都应为自己培养法律工作者，他们经司法机关考核批准成为兼职律师，专门处理本单位有关法律事务。平时，他们是法律教员、宣传员，诉讼时，他们是本单位的代理会。他们不脱离实践，可以把法律知识同本单位日常工作有机结合起来，并为本单位的发展提供意见。一大批"土生土长"的律师加入律师队伍，必将对律师工作产生重大影响。

可以相信，随着社会对法律需求的增长，社会对律师工作的理解和重视，人民律师一定会成为被社会普遍尊敬的职业，他们也必将以自己的知识和辛勤劳动为维护国家、法人和公民合法权益作出更大贡献。

上述三个"眼位"的运用，实际上是对中国古代和外国法律文化优秀成果的继承和吸收。这些成果经过历史和现实的检验被证明是有价值的东西。我们不是法律虚无主义者，只要有利于今天的法制建设，就绝不应拒绝古今中外的好东西。

会下围棋的人都知道，有无"眼位"是决定棋的生死的关键，但是，活棋并不等于赢棋。因此，仅靠上述三个"眼位"还远远不能达到健全社会主义法制的宏伟目标。社会主义法律文化建设是一件伟大而艰苦的工作，既要物质基础，又要精神保障。社会主义法律文化建设不断完善的过程，正是社会主义物质与精神文明不断发展的过程。社会主义法律文化的大厦需要几代人的努力才能完成，而我们都应当无愧于这座大厦的奠基人。

（此文原系北京大学法律学系 1985 年五四科学研讨会论文，后被收入《北京大学法学论文集》，光明日报出版社 1987 年版。作者附记：关于古代"法"字的内涵，参见拙作：《寻找独角兽——古文字与中国古代法文化》，山东大学出版社 2015 年版）

比较法律文化研究的对象和方法

一、正名：法律文化与比较法律文化

任何具有相对独立性的学科无不以其独持的研究对象和方法为凭借。法律文化亦不例外。所谓法律文化，简言之，就是指支配法律实践活动(立法、司法和思维活动）的价值基础和这个价值基础社会化的过程或方式。前者即法律实践活动的总体精神，它来源于其民族的历史文化传统和民族心理，带有极强的民族性和稳定性；后者即法律实践活动的宏观样式，它是国家出于确立或维持某种社会秩序的目的，创制和实现法律规范的工作程序或方法。从某种角度而言，法律文化又是一种研究方式的代名词，它把人类法律实践活动视为统一的整体，着眼于人类法律实践活动表现在地域上和时间上的多样性和同一性及其社会历史原因，从而探索人类法律实践活动的内在规律，并为现实法律文化建设提供宏观的策略性意见。法律文化学并非将法律实践的各个方面纳入自己的研究领域，那样便无法有别于法学其他学科，而是着眼于体现法律实践活动本质特征的两个方面，即总体精神和宏观样式，它们是人类法律实践活动表现在地域上的多样性和历史发展的阶段性的集中体现。因此，法律文化学与宏观的比较的研究方法有着内在的天然联系，而比较法律文化学则是法律文化学的直接衍生物。

比较法律文化学的任务是紧紧围绕人类法律实践活动的典型特征，对人类法律实践活动的多样性、同一性及其原因进行宏观描述。这种描述当然会涉及某一民族或国家的历史文化传统和思想体系，因为法律文化传统不外是一般文化传统在法律实践领域的特殊表现而已。但是，这种描述必须通过法律实践活动的种种成果，比如法律思想、法律规范、法律设施、法律艺术（立法、司法和法律文献管理艺术）等，来探讨潜存于这些成果背后的价值基础，以及该价值基础被社会化的基本程序和方法。唯其如此，才能使法律文化学或比较法律文化学有别于文化学或法学其他学科。这种描述也会涉及具体的法律观点和法律制度，但其目的不在于罗列各个民族或国家表现在某一具体法律原则和法律制度上的差别性或共同性，而是通过典型的具体素材来论证不同国家在法律实践活动的总体精神和宏观样式的异同。换言之，比较法律文化学研究带有宏观的典型意义的具体法律问题。

比较法律文化学的价值，在于运用宏观的比较的方法，探讨人类法律实践活动的内在规律。它要回答的问题主要有：人类法律实践活动的总体精神和宏观样式有哪些种类？其本质特征是什么？它们是怎样形成的？不同的法律传统（总体精神和宏观样式）是怎样确立和继承的？它们在人类的古代、近代、现代的历程中各自发挥了怎样的作用？它们在不同地域之间是怎样传播交流（冲突、改造、消化）的？世界范围内的法律文化在各主要时代的总体风貌是怎样的？现代世界法律文化发展的总趋势表现在哪些方面？一个国家和民族怎样既发扬自身的法律文化传统，又吸取他人的优良成果，从而面向世界，面向未来，走与人类法律实践共同发展的道路？等等。当然，这些问题的探索和解决远不是比较法律文化学本身就能完成的，它不仅要仰仗法学其他学科的发展，更有赖于全民族的法律实践活动的进步。比较法律文化学所能作出的贡献，也许正是对历史的总结和对未来的预见。

二、"法统"与"法体"：比较法律文化研究的两把尺子

为了叙述的方便，这里把指导法律实践活动的价值基础和总体精神称为"法统"，把上述价值基础社会化的过程和法律实践活动的宏观样式称为"法

体"。"法统"是法律文化的内核，是法律文化中最深层最凝练因而也最稳定的部分。它来源于一个民族或国家的历史文化传统和民族心理，并经漫长的社会生活过程而形成。尽管伴随着社会生活的变化，"法统"的表现方式和特征也会相应变化，但是只要这个民族的历史文化传统未曾中断，那么它的精神内核也不会变更。"法体"是法律文化的外壳，是法律文化中次稳定的部分。它在很大程度上取决于政体。"法体"比"法统"较容易变更和传播。但是，相对于法律思想、法律规范、法律设施和法律艺术来说，"法统"、"法体"同样是稳定的因素。因此，"法统"、"法体"宜于充当横向和纵向划分人类法律实践活动的标准。

一个多世纪以来的众多比较法学者曾对世界领域的法律实践活动作出种种划分。这些研究成果对于比较法律文化研究无疑是大有裨益的。严格说来，对人类法律实践活动表现在地域上和时间上的差异性进行科学分类，与对这些差异性的笼统罗列还是不完全一样的。在这里，首先应选择合适的划分标准，这种标准是宏观的和稳定的，并注意不能同时使用两个或两个以上的标准，以避免逻辑上的混乱。道理很简单，当你对一群人进行分类时，同时使用性别和籍贯两个标准，是十分不妥的。在这里，笔者试图用"法统"和"法体"作标准，分别对人类法律实践活动进行分类。

以"法统"为标准，可以将世界范围的法律实践活动分为两大类型，即西方型法律文化和东方型法律文化。西方型法律文化的出发点是个人权利，法律的价值在于确认和维护个人经济、政治上的一系列权利，并在此基础上形成有利于个人生存发展的社会秩序。这种"法统"是较为发达的私有制度和商品交换关系以及与此相适应的文化传统的产物，并对社会存在施以反作用。东方型法律文化的出发点是社会整体利益，并以此为目标来塑造个人的形象，个人被视为集体的一员或缩影，个人与集体的关系被赋予鲜明的政治色彩。这种"法统"是个体私有制和商品交换关系发展不充分以及与此相适应的文化传统的产物。东方型法律文化大体上又可分为宗教本位的法律文化、伦理本位的法律文化两个种类。作为一种价值基础，它们曾长期支配了各自民族或地区的法律实践活动，并在现代生活中施以影响。它们的共通特点是，分别从宗教世界的稳定、宗法社会的安宁或国家的发展这一整体利益出发，来确定个人在社会生活中的位置。简言之，西方型法律文化是与东方集体本位相对应的个体本位的法律文化，东方型法律文化是与西方个体本位相对应的集体本位的法律文化。前者的出发点和归宿是个人，并以个人权利来塑造社会秩序；后者的出发点和归宿是社会整体，并以社会整体的形象来塑造个人。人类法律实践活动表现在价值基础上的差异性，是各民族不同的生产方式和历史文化传统造成的，仅以这种差别性为据，便作出孰高孰低、孰优孰劣的评判是不妥当的，因为它们都有其产生发展的历史必然性或历史的合理性，都在各自的领域发挥了长期的巨大的作用。同时，对"法统"的民族独立性估计不足，也是有害而无益的。

以"法体"为标准，可以将世界范围的法律实践活动分为三大类型，即判例法型法律文化、成文法型法律文化、混合法型法律文化。判例法型法律文化的主要特征是：被该民族认同的正义、公正精神或习惯不是以立法机关制定的法律为表现形式，而是通过法院对一系列具体案件作出的判例来体现的，法官从以往判例中抽象出某种法律原则并适用于现实案件，同时还用造制新判例的方式来调节正义精神同变化了的社会生活间的不和谐，法官实际上成了熔司法、立法于一炉的工程师。"英国法系"就属于这一类型。成文法型法律文化的主要特征是：法是由专门立法机关制定的法典、法律、法规等有文字形式的法律规范来体现的，它们尽量详细地规定法律行为的性质及其后果以及实施的程序。法官的作用是将法条中描述的抽象轮廓适用于适当的案件事实。他们不必参考以往判例，也不能抒发个人的见解，他们是一些熟悉法条的操作工匠。当成文法律明显不宜于现实生活之际，则由专门立法机关依法定程序废除旧法，制定新法。"大陆法系"就属于这一类型。混合法型法律文化的主要特征有两方面：首先是成文法和判例制度的某种方式的结合，在成文法典宜于时用之际，适用成文法典，在无成文法条的情况下则创制和适用判例，判例不断被汇集起来并被逐步抽象化为法条，最后作为新材料被成文法典所吸收，这种由成文法典到判例，再由判例到成文法典的循环运动，避免了成文法不可能包罗无遗又不能随机应变的缺欠，又避免了判例法过于复杂无序的不足，是一种较为合理的工作方法；其次是法律规范和半法律规范（或准法律规范）的某种方式的结合。半法律指靠自身道德观念的自我制约和道德舆论的调节来实现的伦理行为规范，它们在国家法律鞭长莫及的领域发挥着实际的作用。中国传统法律文化就属于这种混合法型的法律文化。

运用"法统"、"法体"两把尺子，除了对人类法律实践活动进行横向划分之外，还可以对某一民族、地区的法律实践活动进行历史的纵向划分。这种纵向划分可以弥补横向划分中常常带来的某种孤立性和静止性，从动态角度描述法律实践活动的历史发展轨迹，并揭示其中的规律。比如，运用这两把尺子，可以将中国数千年的法律实践活动分成：①"神本位·任意法"（商）；②"家族本位·判例法"（西周、春秋）；③"国家本位·成文法"（战国、秦）；④"国家家族本位·大混合法"（西汉至清末）；⑤"国家社会本位·小混合法"（中华民国1912—1949）等主要发展阶段，并看到中国法律文化的两大基本特征：集体本位与混合法。同样道理，使用这两把尺子也可以简洁地描述西方型法律文化，例如，西欧诸民族在"法统"上如何继承古希腊罗马的文化遗产，又怎样在吸收外来文化因素的基础上完成了"近代化"，而在"法体"上又怎样在不同地区形成了风格迥异的判例法和成文法。只有在运用横向划分方法的同时也运用纵向划分方法，才能够把人类法律实践活动的横向差异性同历史发展的阶段性结合起来，这种双管齐下的划分方法或研究方法，对于描述不同性质的法律文化的冲突、融合过程，显得尤为必要。

当然，不管是横向划分还是纵向划分，它们所得出的结果仅仅是相对的而非绝对的。这是因为，某一种类型（或阶段）的法律文化都程度不同地包含他种类型（或阶段）的法律文化成分，只不过程度不同而已。比如，英国法系国家同样重视制定法，而大陆法系国家也适用判例制度；再如，中国历史上各阶段的"法统"、"法体"也是先后承继的。可以说，横向划分着眼于差异，纵向划分着眼于继承，把这两种划分方法结合起来，对于探讨人类法律实践活动的地域差异性和历史连续性无疑是有益的。因为对法律实践活动的横向、纵向划分的目的，是辨其异而求其同，即探讨法律实践活动的规律。

运用"法统"、"法体"这两把尺子对人类法律实践进行划分和比较，我们可以探索人类法律实践活动的规律并预见未来。一个世纪以来，西方原先被称为神圣不可侵犯的个人权利，逐渐受到国家或社会集团的种种制约，而英国法系国家不断重视制定法，大陆法系国家不断重视判例制度，这一发展趋势就是个人本位与集体本位相结合的双向本位，和成文法与判例制度相结合的混合法。作为东方型法律文化的重要载体和社会主义国家代表的新中国，由于生产资料的公有制以及公民在政治生活中的主人翁地位，加之不断深入的经济政治体制改革，已经初步奠定了社会主义国家本位和公民本位相结合的双向本位格局，同时在法律实践活动中，在重视成文法的同时还逐步重视判例的辅助作用，而且，中国素有混合法的传统，在不远的将来，重新构筑和完善中国式的混合法机制，是完全可以期待的。当我们放眼人类法律实践活动的未来前景时，除了看到它们表现在本质上的差异性之外，还看到表现在形式上的共同性，那就是集体与个人相结合的双向本位，和成文法与判例法相结合的混合法。发扬自己的优良传统，吸收他人的合理成果，走人类法律实践活动共同发展的道路，这就是我们的结论。

三、比较法律文化研究的角度和方法

比较法律文化以本国和他国的法律实践活动为研究对象，研究者站在哪个立脚点上来作出评判，这就是研究的角度问题。如果仅仅站在本国法律文化的立场上，用自己的价值观和标准去衡量评价外国法律文化，那样往往会得出不客观不公正的结论。在当代比较法学研究中就存在着类似的现象。

盛行已久的"三个主要法系"（指民法法系、普通法系、苏联社会主义法系）的理论，将亚洲、非洲等国家的法律视为次要的依附性的法律。法国著名比较法学家勒内·达维德所著《当代主要法律体系》一书就持这一论点。① 如果在划分世界法律系时多少考虑到某国法律的历史地位和现实影响的话，那么，无论如何忽视在世界 1/4 人口中起作用的中国法律是不公平的。我国法学家沈宗灵先生在所著《比较法总论》中对"三个主要法系"说作了评判，他指出："当代中国的法律在比较法学中，应占有一个独立的地位，而不应属于依附于三大法系或其中任何之一的次要地位。"他提出了四种法系或法律的理论，即"民法法系、普通法系、苏维埃社会主义法律和当代中国社会主义法律"②。毋庸置疑，随着世界形势的变化，在当今世界法律文化的新格局中，中国现代法律显得更加重要。

比较法学研究的重点之一是当代各国法律特别是国际交往中出现的理论问题。而比较法律文化的研究对象是世界领域的古往今来的法律实践活动。因此，比较法律文化似乎少有"功利"的倾向，而采取一视同仁的态度，即国家不分大小，不以其法律在当今国际交往中的影响定取舍，同时注意将某国法律视为其民族性文化传统历史移动的缩影来加以研究。唯其如此，才能较全面地再现人类法律实践活动的全貌。当然，这并不意味着要求学者平均地研究每个国家的法律文化，而只是强调一种客观公正的出发点或态度。

客观的研究态度要求研究者在研究他国法律实践活动时，不要以自己的价值观强加于人。"事实上，有些西方比较法学家之所以坚持将当代中国法律列为'三个主要法系'之下的次要法系之一，其主要理论根据就是当代中国社会仍受儒家的轻视法律这种'远东人的法律观'所支配。"③ 须知，中国先哲对法这一社会现象自来有着独特的理解。在他们看来，强笑不乐，强哭不悲，只有发自内心真实感情的东西才是真的善的和有价值的。这一思想被《论语·为政》表述为："道之以政，齐之以刑，民免而无耻；道之以德，齐之以礼，有耻且格。"发自内心的道德伦理观念和行为规范，比靠外力推行的法律规范更真实、更合理因而也更有效。社会生活是复杂的多层次的，行为规范也是这样。在发生冲突时，人们不必非涌向诉讼的唯一大门不可。谁

① ［法］勒内·达维德：《当代主要法律体系》，漆竹生译，上海译文出版社 1984 年版。
② 沈宗灵：《比较法总论》，北京大学出版社 1987 年版，第 41、44 页。
③ 同上。

能断言，在人类的明天，这种注重道德感情和人际和谐的价值观不会成为指导法律实践活动的圭臬？

宏观的比较的方法是比较法律文化研究的基本方法。比较法律文化学的着眼点，不是一般的作为法律实践活动成果的法律思想、法律观点和法律规范，而是在这些成果背后的更深沉、更凝练、更稳定、更抽象的价值基础；也不是一般的法律制度、法律设施和法律艺术，而是通过它们实现的，上述价值基础演变成法律观点、法律政策、法律规范，并最后变成社会秩序的基本工作过程或方式。

但是，宏观的研究并非一般地拒绝研究微观的具体问题，而是经过选择之后，从最具有典型特征和一般理论价值的具体法律问题入手，发掘其中蕴含的带有普遍性的东西，并用这些素材来描述人类法律实践活动表现在总体精神和宏观样式上的差异性和同一性。总之，从宏观的视野出发，从典型的微观问题入手，得出具有一般意义的结论，并以此不断充实完善宏观研究的理论框架，这就是比较法律文化研究的基本方法。

这个从大到小，又从小见大的比较方法，具体表现为以下几个方面：

其一是横向比较。即通过法律思想的基本精神和法律规范的基本原则，以及立法机关、司法机关工作的基本过程，来描述不同国家的法律实践活动表现在"法统"和"法体"上的基本异同，并揭示其社会历史原因。

其二是纵向比较。即通过上述内容来描述同一国家或地区在不同时代的法律实践活动表现在"法统"和"法体"上的继承或演变，并探讨其社会历史原因。

其三是动态比较。即选择不同质的法律文化冲突、融合的特定时代和场合为研究对象，探讨各方"法统"、"法体"的传播或变革及其社会历史原因。

其四是因其同而辨其异。即以各国均有的某种法律制度、法律术语为对象，探讨它们各自的内涵、沿革及其社会原因。

其五是因其异而辨其同。即从各国不同的法律观点、法律制度、法律规范、法律艺术等入手，探讨它们共通性的东西。

（原载《中外法学》1992 年第 1 期）

论世界三大法律样式

世界范围的法律样式有三种：成文法型的法律样式、判例法型的法律样式、混合法型的法律样式。

一、成文法型的法律样式

成文法法律样式，即以创制和适用成文法典和法规为立法、司法实践活动主体内容的一种运行方式。这种形式的法律实践活动，实际上被划分为相对独立互不相扰的两个部分：一是国家的立法活动。即国家设置专门的立法机构，依一定法律程序创制出成文法典或法规；二是国家的审判活动。即国家设立专门的审判机构，严格依照成文法典或法规对具体案件作出裁判。在审判中法官既不能脱离法条，发挥个人的主观能动性，又不能参照以往的判例。遇到法无明文规定的情况，应依照法律的规定，或者不予受理，或者比照最相近似的法条来裁判，但是要报经上级审判机关审核。待到法律明显不适合社会实际情况时，国家立法机关再依法定程序对旧法律进行修订或制定新法。

从某种角度而言，采用成文法法律样式的国家主要是大陆法系国家。其中，最具代表性并对其他国家或地区影响较大的是法国和德国。但是，这只是个相对的命题。说大陆法系国家采用成文法法律样式，并不等于说，在这些国家或地区，成文法法律样式是唯一的法律样式，不包含一定程度的判例法因素。而只是说，在这些国家或地区，占支配地位的法律样式是成文法法律样式。与此同时，也不能排除某些别的国家或地区，在其历史发展的某一阶段，也曾经适用过成文法法律样式。事实上，无论从横向或纵向角度看问题，都不存在纯粹的唯一的法律样式。严格说来，说某国家采用成文法法律样式，只是说在那里形成了以成文法法律样式为主体、以其他因素辅助的法律实践方式。

某一国家或地区的成文法法律样式，是其民族文化历史传统和经济政治生活的共同产物，并与其国家政体和政治法律思想有着直接的联系。

成文法法律样式有其自身的优点，也有其不可逾越的局限性。一部成文法法律样式的发展史，正是其努力发扬优点、克服缺点以期适用于社会生活的历史。而自身缺点的完全克服，不得不借助自身以外的因素。

（一）成文法型法律样式的理论基础

某一国家或地区的成文法法律样式，是以其政体为依托，以相应的政治法律观念为先导逐渐形成的。这些政治法律观念构成了成文法法律样式的理论基础。

1. 国家主权说

国家主权说认为，国家是最高主权的代表者，也是法律的唯一派生者。法律的权威来自国家主权的权威，而后者又是为前者服务的。关于法的概念、定义、基本特征、法律渊源等理论，都与国家主权说有着密切联系。

古代罗马法的法律一词，拉丁语写作 Lex 或 jus。前者本指罗马古代国王所制定的法律；后者指主权者的具有约束力的要求人们必须服从的命令。可见，法律、法令都是以国家主权者为载体的特殊行为规范。当然，罗马法学家对法律一词的解释各不相同，更不必说它还含有权利、公平之义。无论如何，古代罗马法的法律一词所包含的文化内涵，都随着罗马法在欧洲大陆的传播而被人们接受。

中国古代的法字写作"灋"，其中的"廌"正是国家强制力的象征。在中国的"成文法"时代（战国、秦代），法家对法又作了精辟的诠释。《韩非子·定法》："法者，宪令著于官府，赏罚必于民心"；《管子·法法》："夫生法者君也，守法者臣也，法于法者民也"；《管子·重令》："令虽出自上，而论可与不可者在下，是威下系于民者也。"这些理论指出：法律是从国家最高主权代表者君主派生出来的，法律具有文字表述形式，法官必须严格依照法律审判案件，不能自论是非。

博丹宣称："主权和绝对权力的关键主要在于对臣民颁布法律而不需要他们的同意。"① 卢梭认为："社会公约也赋予了政治体以支配它的各个成员的绝对权力。正是这种权力，当其受公意所指导时，如上所述，就获得了主权这个名称。"② 这是君主主权和民主主权的典型论点。

国家主权需要法律来维护。正如查士丁尼所说："皇帝的威严光荣不但依靠武器，而且须用法律来巩固。"③ 他继位后立即编纂罗马法，其动机与他意欲恢复罗马帝国是相联系的。他的编纂工作所取得的成果，对后世影响十分深远。

成文法典的编纂运动常常服务于民族国家的形成或政治革命的需要。在中国的战国时代，各诸侯国都先后制定和颁布成文法典。它们连同各诸侯国的政治制度、礼俗文化一起，成为新式国家的象征。秦统一中国后，又制定大量成文法律，颁行天下，与民更始。19世纪欧洲大陆上兴起的法典编纂运动也是当时资产阶级革命和民族统一运动的产物。此间产生的各种法典成为大陆法系成文法典的基础。如果没有资产阶级革命和民族统一运动，这些法典的出现是难以想象的。

国家主权是产生法律的唯一源泉。这一命题排除了国家主权者以外的权力者创制法律的可能性，杜绝了审判机关或法官染指立法事务的途径，确立了国家立法机关创制的法律（成文法典和法规）在国家法律渊源中的优越主导地位。

---

① ［法］博丹：《国家论》，英文本，第98页，转引自沈宗灵：《比较法总论》，北京大学出版社1987年版，第134页。

② ［法］卢梭：《社会契约论》，商务印书馆1982年版，第41页。

③ ［古罗马］查士丁尼：《法学总论》，张企泰译，商务印书馆1989年版，第1页。

2. 理性主义

古典自然法学的理性主义认为，法律应当是人类理性或人性的体现。要用体现人类理性（自由、平等、博爱）的新法律来取代封建专制主义的旧法律。人类要求并且也有能力制定完备的法律。这种法律足以指导社会生活的各个方面。它们是人类理性的产物，又是人类理性的捍卫者。人们有能力用分类明确、结构严谨、合乎逻辑、表述清晰、内容详尽的文字形式即成文法典的形式，来表述法律。这些用文字表述的法条能够预见和概括社会生活的各个环节，并为法院和法官将要面临的一切法律问题预先提供了准确无误的答案。这些法条能够被一般社会成员所理解和掌握并用以指导自己的行为。"编纂法典正好符合了理性主义思潮对法律的要求。法国民法典的编纂者曾设想这一法典应该是像圣经一样放在每个家庭书架上的一部书籍。"① 19 世纪欧洲大陆的法典编纂运动就是在这种理性主义思潮的影响下形成的。它创造并确立了法典编纂的体系、结构、体裁、风格、词汇、概念、原则、立法技术等等。但是，由于民族文化传统和社会政治条件的差异，英国并没有产生这种法典编纂运动。

3. 分权说与立法至上

在西方，三权分立的分权是推行法治和宪政的前提。正如《人权宣言》所说："任何社会，如果在其中不能使权利获得保障或者不能确立权力分立，即无宪法可言。"1787 年美国宪法规定：立法权属于参议院和众议院组成的合众国国会；行政权属于合众国总统；司法权属于最高法院及下级法院。

分权说是近代西方资产阶级法治理论的重要内容。从博丹、洛克，乃至孟德斯鸠、杰佛逊，都曾对三权分立学说集中加以论述。孟德斯鸠认为，当立法权和行政权相结合时，它便可以制定和推行暴虐的法律，人民的自由就不复存在；当立法权和司法权结合在一起的时候，就产生了对人民的专断权力，因为法官就是立法者；当司法权同行政权相结合时，法官便握有压迫人

---

① 沈宗灵：《比较法总论》，北京大学出版社 1987 年版，第 85 页。

民的力量。如果三种权力合并在一处，那一切便都完了。① 可见权力分立的目的是为了使权力相互制衡，以保障人民的自由权利。

　　然而在欧洲大陆，分权说则与立法至上是相通的。"对于一个美国人来说，权力分立使他想到各自具有独立的宪法基础的三个并列的政府机构——立法、行政、司法——之间的制约与平衡。而对一个欧洲人来说，它却是一个更为僵硬的学说，并与立法至上的概念密不可分。"②

　　立法至上的真意是对司法权的控制。而这种想法似乎源于大革命时代的法国。当时旧法院对资产阶级革命的阻碍作用，使人们对法院和法官产生了普遍的不信任。立法至上的原则的实际价值在于，它不仅否认法院通过对法律条文的解释而具有实际的造法功能，否定判例作为法律渊源的地位和作用，还排除了法院对行政行为的合法性进行司法审查，以及由普通法院对政府机关之间的纷争进行裁判的可能性。此外，"法无明文规定不为罪"的罪刑法定原则，其含义除了限制法官司法擅断之外，也包含有法官必须服从立法机关制定的法律这一层意思。

（二）成文法型法律样式的总体特征

　　与判例法法律样式相比较，成文法法律样式具有很多不同之处。这里运用对比的方法简要概括成文法法律样式的最基本的特点。

1. 成文法典的地位

　　在成文法法律样式中，成文法典、法规（或曰制定法）是法律渊源的主体。它们由国家专门的立法机关制定并颁布，在指导社会生活上具有极高权威。它们用简明的文字并依一定体裁写出来，具有完整的形式。由于立法机关的不同和法律所调整的社会生活领域的不同，这些法典或法规又被分成不同类别，并共同组成一个完整的合乎逻辑的结构。成文法典法规所涉及的内容广泛而详细，它们由明白易知的文字组成，因此，为整个社会成员包括司

---

① ［法］孟德斯鸠：《论法的精神》上册，许明龙译，商务印书馆 2012 年版，第 203 页。
② ［美］格伦顿等：《比较法律传统》，中国政法大学出版社 1993 年版，第 37 页。

法人员提供了有效的行为准则。在成文法法律样式下，人们说某行为"合法"、"违法"或"犯罪"，都是基于成文法典法规中的具体法条。法官也是依照这些法条来审理案件的。

在中国的"成文法时代"（战国、秦），各诸侯国都相继制定和颁布成文法。及至秦代，社会生活的各个领域已"皆有法式"，"事皆决于法"（《史记·秦始皇本纪》）。19世纪欧洲大陆的法典编纂运动则留给后世一个完整的成文法典群，即包括实体法和程序法在内的六法体系。这些成文法在指导社会生活和审判活动上发挥着最基本的和广泛的作用。

2. 判例的价值

在采用成文法法律样式的国家，判例作为法律渊源的价值常常是被否定的。《查士丁尼法典》规定："案件应在法律基础上而不是在判例基础上进行判决"。①1804年《法国民法典》第5条规定："审判员对于其审理的条件，不得用确立一般规则的方式进行判决"。这就禁止法官通过司法来立法，同时也就排除了判例作为法律渊源的可能性。于是，判例对法官便失去约束力："大陆法的传统观念是，任何法院都不受其他法院判决的约束，至少从理论上说是这样要求的：即使最高法院已对同类案件所涉及的问题表示了意见，它的下级法院仍然可以作出与之不同的判决"。② 就是说，法官在审判案件时只能依照并援引成文法典，即使以前已经对同类案件作出过判决，但这些判决是不被考虑和参考的，因为在成文法法律样式中，根本不存在"遵循先例"的原则。更不必说"判例不是法律渊源"的传统见解了。但是，事实上判例也曾或多或少发挥其有限作用："判例是在立法者为法确立的框框之内活动，而立法者活动的目的正是为了确立这些框框。由于这个事实，判例法的影响是有限的"；"判例确立的法律规范没有立法者确立的法律规范那样的威力。它们是不稳定的规范，在审理新案件时随时可被否定或变更。判例不受它已提出过的规范的约束，一般说，它甚至不能引用这些规范为它即

---

① 沈宗灵：《比较法总论》，北京大学出版社1987年版，第142、143页。

② [美] 约翰·亨利·梅利曼：《大陆法系》，知识出版社1984年版，第52页。

将作出的判决辩解。"①

3. 法官的职能

在成文法法律样式下，法官的作用是有限的，他们的主观能动性受到种种限制。法官的作用仅仅是依照成文法条来审理案件，他们既无权表述自己的见解，也不得援引以往的判例，更不得通过司法来立法。甚至在法律解释上面也受到种种限制："立法权同司法权分立的原则不允许法官对立法机关制定的法规中有缺陷、互相冲突或者不明确的地方进行解释。这些问题总是留待立法者作权威性的解释。"法官审判要严格依照法条，其判决"很大程度上是照本宣科"。因此，"法官的形象就是立法者所设计和建造的机器的操作者，法官本身的作用也与机器无异"，大陆法系中的伟大人物不出于法官而是那些立法者和法学家。"在典型、正统的大陆法系国家中，法官被视为一个由法学家和立法者所设计、建造的法律机器的操作者，扮演着次要的或是无足轻重的角色。"②

4. 法学家的作用

在成文学法律样式下，由立法机关创制的成文法典法规构成了法律渊源的主体。这些法律不仅简洁有明确的文字和逻辑严谨的结构，而且还包含一系列言之成理的理论、原则和专门的法律术语。法律制定颁布之后，还要由立法机关加以解释并回答种种咨询。这就使法学家处于十分重要的优越地位。

在法国，"法典编纂的基础理论很大一部分来自法学和哲学思想，包括孟德斯鸠和卢梭这些人的思想。这些思想后来又支配着法国各种法典的解释和适用，并为大陆法系中那些以法国法典为模式编纂本国法典的国家所接受"；"法学家们把丰富的时代思想溶于法律概念，并建成一个系统化、概念化的法学结构。直至今天，这个法学结构还是大学法学院系的授课内容，并且它始终限制和支配着那些力求使这一结构永存不朽的法学家

① [法] 勒内·达维德：《当代主要法律体系》，上海译文出版社 1984 年版，第 127 页。
② [美] 约翰·亨利·梅利曼：《大陆法系》，知识出版社 1984 年版，第 29、41、40、53 页。

的思想，也为司法实践解释和适用法律、判例、法律行为等提供理论根据。总之，它支配着整个法律程序"；"法学家是大陆法系中的重要人物。立法者、检察官、司法行政官员、法官以及律师无一不受法学家思想的影响。法学家们把大陆法系的历史传统和形式上的法律条文溶于法律制度的模式之中，传授给学生们，并著书立说加以论证。立法者和法官接受了法学家的法律思想和概念，在立法和执行中加以运用。因此，尽管法学不是一个正式的法律渊源，但它却有巨大的权威性"；"法学家们不仅创造了近代民族国家理论、法律实证主义和权力分立学说，而且还创造了法典编纂的内容、形式和风格，提出了具有决定意义的关于审判职责的观点。于是，法学家成了大陆法系中真正的主角，大陆法也就成了法学家的法。"①

（三）成文法型法律样式的优劣

成文法法律样式作为人类法律实践活动的重要工作方式，拥有其优越之处，也有其不可逾越的局限性。

1.成文法法律样式的优点

成文法法律样式的优点主要表现在以下几个方面：

（1）成文法典、法规尽管是用抽象的文字和术语写成的，但它们总是简洁明确的，使一般民众读起来虽然不深谙其意，但总能得出与法条大致相同的粗略印象。这就使人们预先知道合法、违法、犯罪行为的大体界限，从而使法律带有普及性和预防性的作用。

（2）成文法是由国家立法机关统一制定的，这就使成文法在国家政权所及的范围内是一致的和同时有效的，从而实现法在地域上和时间上的统一。成文法的权威使它能够在国内各个法院得到同样的适用。

（3）成文立法的灵魂是法学家。法学家从社会最新思潮中汲取营养，并有机会把它们输入新法当中，从而推动社会的进步。更不必说成文法在社会

---

① ［美］约翰·亨利·梅利曼：《大陆法系》，知识出版社1984年版，第66、75、69、65页。

革命（废除旧政权建立新政权或推行新政策）中所起的巨大作用。

（4）成文法立法是统一的有组织的立法。法律被分门别类地制定出来，并分别调整一个个不同的社会生活领域，包括实体法和程序法。这就为立法者、司法者和民众提供了方便。甚至一般民众也可以运用成文法典的法条对国家司法活动实行监督。

2. 成文法法律样式的缺欠

成文法法律样式还有其无法克服的局限性，甚至可以说它的优越之处同时也含有不足之处。这主要表现在以下几个方面：

（1）成文法典或法规毕竟是用抽象的文字和术语写成的，藏在这些文字背后的真实立法意图或宗旨是不容易被人们准确把握的。特别是一些本身就模糊的概念，如"情节严重"、"数额较大"、"态度恶劣"、"正当理由"、"公共道德"等等，很难使人们得出准确的解释。

（2）法官依照成文法条的规定对案件事实作出评价并作出判决。在这种活动中，成文法条的抽象性，给法官的主观能动性留有极大的用武之地。在这种场合下，法官实际上是凭着他内心的标准（良心、正义、公平）来审判的。而不同的法官，其文化素质、个人阅历、道德观念等总是存在差别的，这样，很难保证同类案件在不同法官审理中达到同等的结果。

（3）成文立法是一种很正式的严肃的国家行为，它本身要依照一系列严格的程序才能进行。而且，成文法典、法规一经制定颁布，就不能在短时期内更改或废除，即使发现法典的毛病或不足之处，也不可能立即更改。即使法典已经不适于变化发展了的社会生活，为了维护法律的严肃性和威严，也只能将错就错，不能立即更改。

（4）成文法典的内容总是有限的，而社会生活的内容却是无比丰富的。法条再详细也不可能包揽社会生活的所有方面和各个细节。因此，法律的漏洞和真空总是存在的。在没有法律规定的地方和领域，由于"罪刑法定"原则，使应当保护或应当限制的行为不能有效地得到保护或限制。从而使相当一部分争议或纠纷被关在法院大门之外。

二、判例法型的法律样式

判例法法律样式，即以通过审判活动发现并适用法律原则为法律实践活动主体内容的一种运行方式。这种形式的法律实践活动，实际上把立法活动和审判活动融为一体。审判机关和法官处于十分重要的中枢地位。在审判活动中，法官依据某种共知的法律原则对某个案件作出裁判，是为判例。判例不仅对案件当事人具有约束力，而且对法官本身也具有约束力。以后，法官在审理同类案件时，必须以上述判例为法律依据。其方法是，从以往判例中概括出某种法律原则，并适用于当时正在审理的案件。一些典型的判例被依一定形式编纂出来，以便寻查。待到社会生活发生巨变，旧的判例不宜于时用之际，法官可以创制新的判例以取代旧的判例，以完成法律的更新。

从某种意义而言，采用判例法法律样式的国家主要是英美法系国家。其中，最具典型意义并对其他国家或地区施以较大影响的是英国和美国。但是，这只是个相对的说法。说英美法系国家采用判例法法律样式，并不等于说，在这些国家或地区，判例法法律样式是唯一的法律样式，不包含一定程度的成文法因素。而只是说，在这些国家的地区，占支配地位的法律样式是判例法样式。此外，也不能排除在该法系以外的国家或地区，在其历史发展的某一阶段，也曾经适用过判例法样式。事实上，与成文法法律样式同样，并不存在纯粹的唯一的判例法法律样式。无论从地域的横向还是历史的纵向角度看问题，都是如此。严格而言，说某处采用了判例法法律样式，不过是说，在那里形成了以判例法法律样式为主体、以其他因素为辅助的法律实践方式。

某个国家或地区的判例法法律样式，是其民族文化历史传统和经济政治生活的共同产物，并与一定的国家政体和政治法律思想紧密关联。

判例法法律样式也有其自身的优劣。一部判例法法律样式的沿革史，正是其努力扬长避短，以期适合于社会生活的历史。而其自身缺欠的完全克服，不得不从自身以外去寻找良方。

（一）判例法型法律样式的理论基础

某一国家或地区的判例法法律样式，是在一定的政体之下，并在一定的政治法律思想支配下逐渐形成的。这些政治法律观念或思想成为判例法法律样式的理论基础。

1. 遵循先例

遵循先例，其拉丁语的原意是：遵守先例，不要扰乱既定的原则。它是实行判例法的英国法系的最普遍的原则。也是判例法法律样式的理论基石。"遵循先例意味着，某个法律要点一经司法判决的确立，便构成了一个日后不应背离的先例。如果用另一种方式来表述，那就是说，一个恰好有关的先前案例，必须在日后的案件中得到遵循。"① 也就是说，法官在审理当前的案件时，必须考虑上级法院或本法院以前对同类案件所作出的判决，并依照这些判决中所体现的某种法律原则或规则，来对案件作出判断。简单说，判例具有约束力，判例是切实有效的法律。

英国在没有现成法律可以借鉴的情况下，在中世纪逐渐形成了判例法法律样式。直到 19 世纪才确立了遵循先例的原则。卡里顿·阿兰爵士在《论法律的制作》（1964 年第 7 版）中这样表述道："高级法院所作的现行判决，或者一般地说（虽然并非总是如此）同级法院所作的现行判决，如果它所规定的原则是清楚的、确定的，并且可以适用于眼前处理的案件事实的话，这些判决不论审判官们喜欢与否，都是具有拘束力的。"②

博登海默在他的著作中列举了遵循先例原则的五个优点：

"（1）该原则将少量的确定性与可预见性引入了私人活动与商业活动的计划之中。它能使人们在进行贸易和安排他们个人的事务时具有某种把握，即他们不会被卷入诉讼之中。它给予了他们预测社会其他成员可能会如何对待他们的某种根据（假定这些社会其他成员是遵守法律的）。没有这种可预

---

① ［美］博登海默：《法理学——法哲学及其方法》，华夏出版社 1987 年版，第 521 页。

② 转引自［英］克里夫·施米托夫：《英国依循判例理论与实践的新发展》，载《法学译丛》1983 年第 3 期。

见性要素，人们便无法确定他们的权利、义务和责任，从而也不能确定他们干什么事是不用担心会受到强制制裁的"。

"（2）遵循先例的那些给私人以咨询的律师进行法律推理和提供法律咨询提供了某种既定根据。如果一个律师不具有一些可以帮助他预测诉讼案可能会导致的结果的可以利用的有益工具，那么他对于他的当事人来讲便不会有什么用处"。

"（3）遵循先例原则有助于对法官的专断起到约束作用。它对于那种容易具有偏袒和偏见的既软弱而又动摇不定的法官来讲，可以起到后盾作用。通过迫使他遵循（作为一种规则）业已确立的先例，它减少了使他作出带有偏袒和偏见色彩的判决的诱惑"。

"（4）遵循先例的惯例可以促进办理司法业务的速度，从而促进有效的司法管理。遵循先例可以节约时间并保养法官的精力，与此同时还可以减少当事人的诉讼费用。它使法院在一个法律问题每次重新提出时就重新考察该问题的做法成为不必要"。

"（5）先例原则还得到了人类正义感的支持。用卡尔·卢埃林的话来讲，先例在法律中的效力得以提高，乃是通过'那种奇妙的几乎是普遍的正义感而实现的。这种正义感强烈要求，在相同的情形中，所有的人都完全应当得到同样的对待'。"①

总之，遵循先例原则不仅确立了判例作为法律渊源的统治地位，而且也为法院审判案件提供了得以依据的法律，同时还形成了相应的诉讼程序。

2. 司法至上

按照三权分立的原则，立法、行政、司法三权本来是相互平等而互相制衡的。然而，由于有了遵循先例的原则，法院作出的判决即判例成为主导性法律渊源，从而使司法机关兼理立法之事，不仅如此，司法机关还享有法律解释权和司法审查权（像美国那样）。这就使法院或司法权处于优先的地位。

---

① ［美］博登海默：《法理学——法哲学及其方法》，华夏出版社 1987 年版，第 522—524 页。

司法至上的思想就是这样产生的。

关于法院、法官的职能问题，在法学家中间曾引起长期的争论。英国法律史上有许多人比如科克、黑尔、培根、布莱克斯通都坚持认为：法官的职责是宣告和解释法律，而不是制定法律。其理由是，先例本身只是关于法律存在一种证明，法官适用先例时，只是通过先例来发现和宣告法律，而并非创造法律。当法官推翻了某个先例时，也只是宣告该先例是对法律的误解。到了19世纪，上述观点受到激烈抨击。英国法学家边沁、奥斯丁，美国法学家格雷宣称，"宣告说"是虚构的东西，法官在适用、修正、推翻先例时都在创造法律，而大部分衡平法原则都是法官通过判例创制的。格雷指出："法官们所立的法甚至要比立法者所立的法更具有决定性和权威性，因为法规是由法院解释的，而且这种解释决定了法规的真实含义，其重要意义要比其原文更大。"①

法院和法官的优先地位表现在以下三个方面：一是法律解释。一些成文法规则所要表述的真实含义，如不通过一系列具体判例来说明的话，那么它们的作用就等于零。"从历史上看，英国法官在解释制定法方面的权力是相当广泛的。当他们发现法律在实际生活中会导致不利时就不拘泥于文字"。②二是制定法律。法官在适用、修正、推翻先例时都在起着实际立法的功能。但是这种功能并不是毫无限制的。正如法官霍姆斯指出的："我毫不犹豫地承认，法官的确而且必须立法，但是他们只能在隙缝间进行立法"。③三是法院行使的"司法审查权"。自19世纪初开始，美国逐步形成了最高法院有权审查法律是否违宪的传统，而这些法律正是联邦或各州的立法机关制定的。最高法院通过受理并判决某些有关案件的形式，来宣告有关法律（包括各州的宪法）是否符合联邦宪法。这种判决一经公布，便作为先例对一切法院具有约束力，而被宣布为违宪的法律便失去效力。

---

① ［美］博登海默：《法理学——法哲学及其方法》，华夏出版社1987年版，第539页。

② 沈宗灵：《比较法总论》，北京大学出版社1987年版，第264页。

③ ［美］博登海默：《法理学——法哲学及其方法》，华夏出版社1987年版，第542页。

（二）判例法型法律样式的总体特征

与成文法法律样式相比较，判例法法律样式具有很多不同之处。这里运用对比的方法简要概括判例法法律样式的最基本的特点。

1. 判例的地位

在判例法法律样式中，由于奉行"遵循先例"的原则，使判例成为法律渊源的主体。这些判例被汇编成书，数量极为庞大，定期出版，以供人们特别是法官和律师援用。尽管也有法学家提出质疑："先例并不是一种法律渊源，而在判例中得到正确陈述的法律原则才可被视为法律渊源"；"并不是先例本身，而是隐藏于其后或超越于其上的某种东西赋予了判例以权威性和效力"；"法官通常都制定溯及既往的法律，而且他们在判决中所规定的规则不仅是法律渊源，而且就是法律本身。"① 不过这都无碍于判例作为主要法律渊源的优越地位。这种地位还可以从同成文法规的比较中表现出来。

2. 成文法典的价值

在判例法法律样式中，仍然给成文法典法规留有一席之地。但国家最重要的法律并不像成文法系国家那样采用成文法典的形式，"在大多数普通法法系国家，法典形式很少使用，甚至是罕见的。"即使产生了一些成文法典法规，它们也受到判例的影响："制定法也是在判例法的基础上制定的，因而制定法就不可避免地带有判例法的痕迹"。同时，制定法的实施也离不开法院通过判决来加以解释："制定法一般要通过法院的解释才能实现，而在这一过程中，判例法往往就在不同程度上改变了制定法。"② 因此，在英国，"法律的各项规定终于迅速地淹没在一大堆法院判决中，后者的权威取代了法律条文的权威。这些判决各有自己要解决的特点细节问题，在这众多的判决中，法律的总的精神和它原来力求达到的目标有被遗忘或掩盖的危险。由于在这个问题上接纳了先例规则，法院实施英国法律的方式一般说使新法律

---

① ［美］博登海默：《法理学——法哲学及其方法》，华夏出版社 1987 年版，第 416、417 页。

② 沈宗灵：《比较法总论》，北京大学出版社 1987 年版，第 257、266、261 页。

的倡导者感到失望。"在判例法法律样式中成文法因素受到种种限制。因此，对该样式中的成文法的作用既不能无视——因为制定法可以否定先例，同时也不能估计过高。"在今天的英国，法律所起的作用不低于判例。然而在现有的情况下，英国法仍然基本上是判例型的法，这有两点原因：判例在某些仍然非常重要的领域继续引导法的发展，另一方面英国法学家习惯于判例的多少个世纪的统治，直至现在未能摆脱传统。对于他们来说，只有透过一个案件的事实，并缩小到解决一项纠纷所必要的范围，才有真正的法律规范。这种对于传统的留恋构成制定法的不利条件，使我们对于英国法律与欧洲大陆的法典及法律不能等量齐观"。① 这些都说明成文法因素只充当了次要的配角。

3. 法官的职能

在判例法法律样式中，法院或法官处在十分关键和优越的地位。他们解释法律、创制法律，推动法律的发展。"在普通法历史的大部分时间中，法官们在经常而适当处理早期判决方面拥有巨大自由"；② 而且，"从历史上看，英国法官在发现法律在实际生活中会导致不利时就不拘泥于文字"。③ 在美国有一句家喻户晓的名言："法官所说的就是法"。"应该说，这句话并非全无道理。法官对于提交给他审理的案件，可以决定其性质，有权选择应适用的法律以及运用法律作出判决。无论他选择的法律规定来自立法机关的成文法规，还是来自司法判例，它们的实际意义只能存在于具体案件之中，而这些又必须通过法官加以运用才能确定。"④ 从这个意义上讲，把判例法称为"法官创造的法律"、"法官法"是有道理的。

4. 法学家的作用

在判例法法律样式中，就所起的作用来说，英国法系中法官与法学家的

---

① [法] 勒内·达维德：《当代主要法律体系》，漆竹生译，上海译文出版社1984年版，第357、361页。
② [美] 博登海默：《法理学——法哲学及其方法》，华夏出版社1987年版，第419页。
③ 沈宗灵：《比较法总论》，北京大学出版社1987年版，第264页。
④ [美] 约翰·亨利·梅利曼：《大陆法系》，知识出版社1984年版，第69页。

差别，比大陆法系中法官与法学家的差别要小得多。因为，在大陆法系，法学家是立法和法律解释的灵魂，而法官不过是成文法机器旁谨慎操作的司法工匠。在英国法系的人们看来，大陆法系的法学的价值是大可怀疑的："法学是法学家的创造物。是法学家们的辛劳的拙作，在我们法官起统率作用的普通法系来说，法学根本不屑一顾。普通法系的法官是实际问题的解决者，而不是理论家。大陆法系强调科学方法、系统结构和形式主义，并使之成为有效解决问题的方法。大陆法系还抑制法官在法律活动中的作用，抬高立法者和法学家的地位。与抽象化、形式主义和纯粹主义相对立的应用法学，以及同科学方法、系统化相对立的法律实在主义，都强调审判活动的重要性和复杂性，它们已在普通法系国家尤其是在美国得到繁荣和发展。"正因如此，在英国法系，法学家大都是出身法官拥有丰富司法经验的人物。他们的著作之所以具有影响也完全是因为其内容源于实践又有利于解决实际问题。像英国法学家、教授和法官布莱克斯东所著的《英国法释义》，美国法学家、教授和法官肯特所著的《美国法释义》，及美国法学研究所组织著名法学家编写的《法律重述》，等等。可以说，英国法系的法学家是与法官肩并肩为着解决一系列具体的司法问题而从事学术研究的。

（三）判例法型法律样式的优劣

判例法法律样式作为人类法律实践活动的工作方式之一，有其优点，也有其不可克服的缺欠。

1. 判例法法律样式的优点

判例法法律样式的优点主要有以下几个方面：

（1）以判例形式表述的法律规范具有具体、细致、明确的特点，可比性强，易于被人们理解和掌握，因此也更具有预测性，使人们可以预先知道何种行为是合法的或违法的以及又应承担何种法律责任。

（2）从判例的内容来看，它包含案件事实、对事实性质的评价、对当事人的处分以及理由，等等。法官在审理同类案件时可以迅速通过比较而得出结论，不必再一次耗费时间和精力，从而提高审判的效率。

（3）判例作为审判的依据，已给法官提供了事实、理由、处分等方面的明确具体的评价和意见，这就使法官很难背离判例所体现的客观标准去发挥个人的见解，从而有助于限制法官的专断与偏见。

（4）判例的详细内容和较强的可比性、可参照性，使律师能够较好地为当事人服务，预先评价案件的审判结果和理由，回答当事人提出的各种咨询，律师还可以通过查阅以往判例为当事人提供有利的建议。

（5）判例法的审判活动，是以过去的判例所体现的法律原则规则为依据，来审理新受理的案件。此后，这个新产生的判例又可能成为今后审理同类案件的依据。这样，有利于实现法律的平等精神，使同类案件不论过去、现在和将来，都得到同样的处理。

（6）法官用创制新判例的手段来修正或废除旧判例，用渐变的方式使法律适应变化了的形势。

2. 判例法法律样式的缺欠

判例法法律样式因其具有上述优点而获得极强的生命力并保持到今天。但是，任何事物总是包含正反两个方面的因素。也就是说，判例法还有其自身不可逾越的局限性。这主要表现在以下几个方面：

（1）判例法中的判例是法律渊源的主体。历史上积累的判例已经汗牛充栋，而现实生活中又产生大量的新的判例。这些判例虽然被编辑成册，标上分类和番号，但由于其内容庞杂，使一般非专业人员望而却步难以掌握。

（2）判例是法官对具体案件作出的具体判决，带有一定的独特性。世界上的事物是千差万别的。在生活中很难找出两个绝对相同的事件。因此，判例的可比性又是相对的大略的而非严谨的，这就使判例法带有片面性或不准确性。

（3）判例法的审判操作过程，似乎是沿着一个标准，自古及今乃至将来一气呵成不许走样的。这就使判例法带有僵化的保守倾向，使变化发展了的社会生活屈从古老的原则。这就不利于法律变革，尽管它具有自我更新局部量变的机制。

（4）判例法重视过去、现在、将来这种时间上的纵向平等，使同类案件不管它发生在什么时间都得到同等的处理，但是它忽视了地域的横向的平等，即保证同一时期发生的同类案件的同等处理。而且，由于平等、正义观念本身是随着时代变化的，这样，维持时间上的平等、公平也并非总是没有问题的。

（5）法官通过司法来立法这种做法，同立法机关的立法总还是存在着互相协调的问题。如果立法机关制定的不好的法律，被法官在具体司法中加以纠正，这总还是一件好事。但如果情况正相反的话，就不能不说是个问题了。

三、混合法型的法律样式

混合法法律样式，即将成文法和判例法两种法律样式在某种格局中有机熔为一体的一种法律实践运行方式。从不同角度可以概括混合法法律样式的主要特征。从动态角度来看，混合法法律样式是这样一种运行方式：在有成文法典法规且这些法律宜于时用之际，则依照成文法条来审理案件；在无成文法律或现存成文法律不宜于时用之际，则由法官依照某种法律政策创制判例，这种判例经国家权力机关的审核批准，对以后同类案件的审判具有约束力。这种判例被编集成汇编形式，成为国家正式颁行的法律渊源。而后，当国家大规模立法之际，这些判例又被抽象加工成为成文法条，被新的成文法典、法规所吸收；在国家前后两次立法活动中间，判例起着拾遗补缺和预备立法的独特作用。从静态角度来看，成文法法律样式与判例法法律样式各有其领域，两者互不干涉、并行不悖。往往是，在稳定的社会生活领域，成文法起着主导作用；而在变化较快的社会生活领域，判例法则起着主导作用。这种两种法律样式并行的状态，是初级状态的混合法，只有判例不断被成文法吸收的动态运行方式，才是高级状态的混合法。以上两个方面正概括了混合法法律样式的基本特征。

从某种意义而言，采用混合法法律样式的国家是中国。在中国数千年的法律文化史上，既有"判例法"时代，又有"成文法"时代，而占主体地位的则是两者有机结合的混合法法律样式。在中国混合法法律式中，在成文法、判例法的实际作用之间，很难再使用主和辅的字眼，因为它们各自的作用都是他方无法替代的。这是与其他国家法律样式最大的不同之所在。

中国的混合法法律样式，是中国民族文化传统和经济政治生活的共同产物，并与中国历史上形成的国家政体和政治法律思想有着直接的联系。

混合法法律样式吸收了成文法法律样式和判例法法律样式的优点，同时又排除了它们各自的缺欠和不足之处。它是人类法律实践活动自身规律性的体现。一个多世纪以来，西方两大法系的相互借鉴与靠拢的事实告诉人们，成文法法律样式和判例法法律样式各自的欠缺以及各自蕴含的混合法因素，为它们各自的完善提供了动力和机会，这就是中华民族经过数千年实践活动总结出来的混合法法律样式。走向混合法，这就是人类法律实践活动共同发展的道路。

（一）混合法型法律样式的理论基础

中国的混合法是在判例法和成立法样式的更迭和交融的基础上形成的。因此，在理论上也存在着判例法理论、成文法理论的更迭和交融的过程。

在"判例法"时代（西周、春秋），由于当时的政体是宗法贵族政体。贵族的爵位官职是世袭的。实际上贵族兼立法、司法、行政权于一身，从而使法官在司法中适用和创制法律成为可能。当时的理论是：①"议事以制"，即选择适当的判例作为依据来审判案件；②"仿上而动"，即依照以往的判例、先例来审判案件。这两个观点是相互联系的。"仿上而动"即"遵循先例"原则，它保证法律在时间前后上的一致性；"议事以制"则承认法官在运用判例上的主观能动性，以保证法律的适应性。

在"成文法"时代（战国、秦），由于当时的政体是中央集权的君主专制政体。法官同官吏一样都是国王委派并向国王负责的。当时的理论是：①"两权分立"，"君权至上"。即国家的立法权与司法权分别由君主和官吏执掌，两权是分开的，但法官的司法权要无条件服从君主的立法权。②"皆有法式"，"事皆决于法"。即国家制定无所不包的详细的成文法，法官在司法中严格依法律规定，不得援用判例，更不能自作主张。法官不能正确掌握法条之所谓的，或增损法条一字以上的，都要受到严惩。

西汉以后乃至清末，从政体上看，仍是中央集权的君主专制政权。但由于中国国土辽阔，使各地方官享有实际上的相对独立的行政权，而各地方官又兼行政、司法于一身；从思想上看，西汉以后，宗法家族日渐强大，儒家的礼治思想抬头并被奉为官方正宗学术。而原来主要体现法家思想的法律不得不渐渐儒家化。在这个过程中，使运用礼的原则指导司法成为可能。以上两方面原因，构成了封建社会中成文法与判例制度相互冲突、补充、并行不悖的格局，即混合法的格局。

至于混合法法律样式的理论，主要有以下几点：①"有法者以法行，无法者以类举"（《荀子·君道》）。②"大抵立法必有弊，未有无弊之法，其要只在得人。"（《朱子语类》卷一〇八）即，凡是成文法，都有其缺欠和不足，重要的是选用水平高的法官，以便灵活掌握。③"人法并重，律例并行"。即成文法典的作用和法官的能动作用相结合，成文法典和判例相结合，两者相互辅助、互补其短、不可偏废。

（二）混合法型法律样式的总体特征

中国的混合法是经历了"判例法"时代、"成文法"时代之后逐渐形成的。它一经形成便以其广泛的适应性的有效性被社会所接受。它不仅是中国封建社会占支配地位的法律样式，而且还极大地影响着中国近代、现代的法律实践活动。

1. 成文法典是基本的法律渊源

在中国封建社会的历朝历代，占统治地位的法律是成文法典。其原因很简单，那就是成文法典是皇帝主持编纂并批准颁行的。而且，一般来说，在同一朝代，先朝皇帝制定的法典还得到后辈皇帝的遵从。成文法典的制定或废除、修订，往往带有明显的政治色彩，并为达到政治目的而发挥作用。

2. 判例是实际有效的法律渊源

由于成文法典本身带有不可避免的局限性和缺欠，这就使判例得以发挥其独特作用。判例的创制和适用在不同情况下有不同表现形式。首先，在无成文法典或现行成文法典不宜于实际的情况下，法官得以依照国家法律原则或政策创制适用判例，以补成文法之不足；其次，用判例的形式注释成文法条之所谓，以指导法官的司法。

3. 法官兼有司法立法之职能

在封建时代，虽然君主之立法权与法官之司法职能是分开的。但事实上，不仅皇帝兼领最高司法之权，而且法官也具有局部的立法职能。这主要表现在创制和适用判例上面。这种做法有时是很普遍的和自由的，但后来受到一定程度的严格限制。

4. 法学家的作用

在中国的"成文法"时代，法家式的法学家同时还是改革家和立法家，他们的学术思想通过立法和司法表现出来。在封建时代，法学家只是法律注释学家。他们的私人注释经朝廷批准而具有约束力。虽然在封建时代从未形成与市民社会相联系的"法学家阶层"，但是具体司法活动中，法学家的理论曾经发挥重要影响。

5. 成文法典与判例相结合

在中国封建时代，成文法典和判例之所以能够并行不悖相辅相成，其重要原因是皇权对立法和司法的统一控制。在法无明文规定的情况下，创制和适用判例；判例积累到一定程度之后又上升为法条，被成文法典所吸收。

（三）混合法型法律样式的评价

从理论上说，成文法与判例法相结合的混合法同时排除了成文法和判例法的缺欠，又集中了两者的优点，是个理想的法律样式。而且中国数千年的法律实践也证明混合法是可行的和优越的。但是，应当注意，混合法是一个更高层次的法律实践样式，它不仅需要一个有力的理论作指导，以摒除以往的种种偏见；而且还需要一个集中的统一有序的指挥和协调机构；同时还需要一批素质优良的立法司法人员。可以说，混合法的构筑是一个庞大复杂的社会工程，在没有混合法传统只有单一法传统的国家或地方，混合法的实现就更为艰巨。

无论如何,中华民族以自己的经历告诉世界,中国式的混合法是成功的。它之所以成功倒不仅仅是因为中华民族的聪敏,而更重要的是它是人类法律实践内在规律性的反映。

(此文撰于 1995 年 8 月 29 日,后收入《武树臣法学文集》,中国政法大学出版社 2002 年版)

走出"法系"

——论世界主要法律样式

    所谓法律样式是指某一国家或地区法律实践活动的基本方式，即立法和司法的基本工作程序或方法。法律样式和"法系"都是比较法学的产物，两者存在诸多相同或重叠之处。但是，作为一种研究方法，法律样式似乎比"法系"更具科学性和实践性。"法系"的研究方法曾给人们以许多启迪。但是，由于其划分方法的缺欠，特别是长期以来世界各地法律实践活动的巨大变化，从而使得"法系"的研究方法显得日益陈旧。同时，由于法律样式的研究角度和方法是建立在科学划分和定量分析基础之上的，不仅与历史的，又与现实的法律实践活动息息相关，因此，法律样式的研究方法便显得很有生气。于是，让法律样式从"法系"的古老领域中独立出来，则不仅是可能的，而且是十分必要的。

一、"法系"的划分方法及其欠缺

    在世界领域，各个国家或地区的法律实践活动，由于各自政治、经济、文化、历史传统和民族心理等原因，在法律价值基础、法律规范的内容及表现形式、立法与司法的基本工作程序或方法、法律思维方式等方面，形成自己独特的传统和风格。一个多世纪以来，伴随着比较法学的兴起和发展，一些新的概念:"法系"、"法族"、"法圈"、"法律传统"、"法律类群"、"法律集团"等便应运而生了。

然而,当我们回顾百余年来比较法学家们关于"法系"的学说之际,却突然发现,最早提出"法系"的比较法学家实际上给自己并给其后继者提出了一个大难题,甚至可以说是一个"吃力不讨好"的大难题。他们留给我们的,尽管有许多有益的启示,但更多的是混乱,特别是由于没有使用明确的划分标准(或同时使用几个划分标准)所造成的逻辑混乱,以至于我们在读这些著作时不禁感觉到,他们除了历史根源之外,什么也没说清楚。因为在清楚的逻辑之下是很难把问题说清楚的。正如对一群人进行分类,同时使用性别、年龄、国籍、教育水平等标准,这个分类结果究竟有多少科学性,是大可打折扣的。事实已经告诉今天的比较法学者:再在"法系"上现下功夫是无益的事情。为了说明这个道理,有必要对"法系"的学说及其划分方法作一个历史性的回顾。

(1)民族差异划分法。日本法学家穗极陈重于1884年提出五大法系说。其标准是民族差异。五大法系即:印度法系、中国法系、回回法系、英国法系、罗马法系。①

(2)谱系划分法。穗极陈重于1904年对原来的主张加以修正,以一国的固有法与引进他国法而形成的系统关系为标准,提出七大法系说,即在原五大法系基础上增加日耳曼法系和斯拉夫法系。②

(3)种族与语言划分法。法国比较法学者埃斯曼于1905年提出,以种族和语言为标准将世界各国法律制度分为五个法系:罗马法系、日耳曼法系、盎格鲁-撒克逊法系、斯拉夫法系、伊斯兰法系。③

(4)文明程度划分法。瑞士比较法学者索尔·赫尔于1913年提出以民族的文明程度为标准,将世界法律分为三类:未开化民族的法律、半野蛮民

① 杨鸿烈:《中国法律在东亚诸国之影响》,商务印书馆1937年版,第10页。
② [日]穗极陈重:《法理学大纲》,商务印书馆1935年版,第72页。
③ [德]茨威格特、克茨:《比较法导论》,克拉伦敦出版公司1987年版,第64页。转引自高鸿钧:《论划分法系的方法与标准》,载《外国法译评》1993年第2期。

族的法律、文明民族的法律。他还以人种学为标准将世界法系分为印欧法系、闪米特法系、蒙古法系、未开化民族法系。① 与此相近的还有德国的柯勒尔和温格尔，他们在1914年也提出把民族的文明程度作为划分法系的标准。

（5）法律渊源划分法。法国比较法学者勒维·于尔芒于1922年提出，用法律渊源为标准将世界法系分为三类：大陆法系、英语国家法系、伊斯兰法系。②

（6）客观罗列划分法。美国比较法学者威格摩尔于1923年提出世界法系分为16类：埃及法系、巴比伦法系、中国法系、希伯来法系、印度法系、希腊法系、罗马法系、日本法系、日耳曼法系、凯尔特法系、斯拉夫法系、阿拉伯法系、海洋法系、欧洲大陆法系、教会法法系、英国法系。1928年他又把巴比伦法系和阿拉伯法系分别更名为美索不达尼亚法系和穆罕默德法系。③

（7）局部参照系划分法。西方法学者帕兹于1934年提出，以种种法律制度受万民法、罗马法、教会法、民主制度影响程度为标准，将世界法系分为四类：蛮族法系、蛮族—罗马法系、蛮族—罗马—教会法法系、蛮族—民主法系。西班牙法学者卡尼萨雷斯于1954年也提出了相似的划分方法，他以法律与宗教的关系为标准把世界法系分为三类：西方体系、苏联体系、宗教体系。第一类来自基督教思想，但其法律根源并非由宗教教条构成；第二类来自反宗教思想和集体主义；第三类的法律规范来自宗教原则。④

（8）法律实质划分法。欧洲比较法学者阿曼戎、诺尔德、沃尔夫于1950年提出，依据法律的实质（同时注意法律制度的来源和共同要素）将

---

① ［德］茨威格特、克茨：《比较法导论》，克拉伦敦出版公司1987年版，第64页。转引自高鸿钧：《论划分法系的方法与标准》，载《外国法译评》1993年第2期。

② 参见［德］K.茨威格特、H.克茨：《法系式样论》，潘汉典译，载《法学译丛》1985年第4期。

③ ［美］威格摩尔：《世界法律制度概览》，华盛顿法律图书公司1936年版，转引自高鸿钧：《论划分法系的方法与标准》，载《外国法译评》1993年第2期。

④ ［法］勒内·罗迪埃：《比较法导论》，徐百康译，上海译文出版社1989年版，第25页。

世界法律制度分为七类：法国法系、德国法系、斯堪的纳维亚法系、英国法系、俄国法系、伊斯兰法系、印度法系。①

（9）社会形态划分法。第二次世界大战以后苏联东欧社会主义国家的比较法学者否认西方学者对"法系"的划分，而主张按照社会形态划分四种类型：奴隶制法、封建制法、资本主义法、社会主义法。它们又被简化为两大类：剥削阶级的法和无产阶级的法，或者资本主义的法和社会主义的法。

（10）双重标准划分法。法国比较法学家勒内·达维德在他写的《比较民法原论》(1950)中提出，用意识形态(哲学与正义观)和法律技术为标准，将世界各国法律制度分为五类：西方法系、社会主义法系、伊斯兰法、印度法、中国法。后来他在《当代主要法律体系》（1964）中对原来的划分作了修正。提出三大法系说，即罗马日耳曼法系、普通法法系、社会主义法系。此外还有一个补充的法系（伊斯兰法系、印度法系、远东法系、以马达加斯加法为代表的非洲法系）。②

（11）样式划分法。德国的茨威格特和克茨在所著《比较法百科全书导论》（1969、1971）中提出用五种标准划分法律样式的划分方法，这五种标准是：法律体系的起源及其历史演变；法律论证的特殊方法；独特的法律制度；法律渊源的性质及其解释方法；思想意识因素。以此为标准他划分出八种法系：罗马法系、德国法系、北欧法系、普通法法系、社会主义法系、远东法系、伊斯兰法系、印度法系。③

（12）法律形式划分法。我国法学家李步云在《关于法系的几个问题——兼谈判例法在中国的运用》④一文中提出："法系是从法律形式的角度就世界范围内对法律所作的一种分类"，主张以法律的形式渊源为标准，把世界法

---

① 参见高鸿钧：《论划分法系的方法与标准》，载《外国法译评》1993 年第 2 期。

② 参见 [德] K.茨威格特、H.克茨：《法系式样论》，潘汉典译，载《法学译丛》1985 年第 4 期。

③ ·[法] 勒内·罗迪埃：《比较法导论》，徐百康译，上海译文出版社 1989 年版，第 25、26 页。又参见《法系式样论》，潘汉典译，载《法学译丛》1985 年第 4 期。

④ 载《中国法学》1980 年第 1 期。

律分为两大类：大陆法系、英美法系。把社会主义法归入大陆法系。

（13）法律文化划分法。我国法学者武树臣提出法律文化的分类方法。法律文化包括两个方面：一是法律活动的总体精神，二是法律活动的宏观样式，即创制和实现法律规范的工作程序和方法。以基本精神为标准可以将世界法律分为三种类型：宗教主义型、伦理主义型、现实主义型。其中现实主义型又分为"个人本位"和"国家本位"两种；以宏观样式为标准可以将世界法律分为三种类型：判例法型、成文法型、成文法与判例法相结合的混合法型。①

（14）复合划分法。我国法学者高鸿钧在《论划分法系的方法与标准》一文中提出"分别以不同标准进行多次划分，每次划分只使用一个标准"的"复分法"。这种划分方法有八个要素：要克服"咋分咋有理"的相对主义；不应过于笼统也不应过于细琐；着眼于决定和直接影响法律制度的重要因素；采用静态的分类法；以世界主要的法律制度为对象；不仅要考虑书本上的法律，更应注意实际上起作用的法律；应注意不同国家法律之间的因缘关系，要注意各国法律之间异中有同同中有异的"亦此亦彼"的复杂关系。作者认为有三个因素最重要：反映法律内容的阶级本质、经济基础和意识形态，反映法律外在形式的法律渊源和诉讼技术，直接影响法律的特定文化传统。运用第一个因素可以划分出社会主义法系和资本主义法系；使用第二个因素可以划分出大陆法系和英美法系；根据第三个因素可以划分出西方法系、伊斯兰法系、印度法系、犹太法系、东亚法系。②

除此之外，关于"法系"的划分方法还有许多，在此不能一一介绍。上述 14 种划分方法基本上是具有代表性的。严格说来，上述诸方法之间也有局部交叉和类似之处，只不过侧重点不同而已。

我们读比较法学的著述，不管这些成果是宏观比较还是微观比较，是立足于法律思想还是法律制度，都觉得获益匪浅。但是，一读到关于"法系"

---

① 武树臣：《中国法律文化的总体风貌与未来走向》，见《改革与法制建设》，光明日报出版社 1989 年版。

② 高鸿钧：《论划分法系的方法与标准》，载《外国法译评》1993 年第 2 期。

的划分问题，就觉得不得要领。究其原因，倒不是法学家们没把问题说清楚，而是因为"法系"这个问题本身就很难说清楚。因此，有必要更换一下观察问题的角度。这个角度就是"法律样式"。

二、从"法系"到"法律样式"

从上文可以看到，在"法系"这个问题，比较法学家们投入了多少精力而又造成了多少纷乱。比较法学家在各国法律的比较研究中所取得的光辉成果，一旦涉及"法系"领域便顿然失色。因此，继续在划分"法系"上面下功夫也许是不明智的。而正确的选择也许是走出"法系"的迷谷，去寻找新的研究视野，这就是"法律样式"。

在探讨"法系"问题的过程中，人们都已经研究了"法律样式"的问题，而且也给予了相当重视。然而，也许是因为出于"法系"的立足点，使"法律样式"只被视为划分"法系"的几个标准之一，没有引起充分的重视，这是很自然的事情。因为，"法律样式"一旦成为划分法律制度的唯一标准，其结果就必然否定关于"法系"的传统见解，使"法系"成为名存实亡的概念。无论如何，将"法系"与"法律样式"两者的概念和功用进行一番对比，是有意义的。

作为一种概念和研究方法，"法系"和"法律样式"有着重叠的方法。"法律样式"系指国家产生法律规范和实现法律规范的基本工作程序或方式。以往的比较法学家在划分世界法系时都程度不同地注意到"法律样式"的问题。比如，他们都注意到法律渊源的意义，而法律渊源则与"法律样式"有着直接的联系。再如，立法机关和司法机关在法律实践活动中的地位问题，法官的权力范围问题，判例的地位和效力问题，等等，这些问题都是划分"法系"时必然涉及的问题。而这些问题也正是"法律样式"本身必然关联的问题。但是，在以往的比较法学家们划分"法系"时，他们对"法律样式"的价值所持的态度是消极的。"法律样式"在他们眼睛中不过是一种操作的工具。简言之便是：把"法律样式"视为划分"法系"的标准之一，但并不把具有相同"法律样式"的国家合并为一个"法系"。比如，当今影响颇大的"三大法系"说（"成文法系"、"判例法系"、以苏联为代表的社会主义法系），就是这种含混逻辑的划分结果。这种方法，一方面运用"法律样式"的标准划分出"成文法系"和"判例法系"；另一方面又把意识形态标准搬出来，把"法律样式"这个标尺放到一边。话说回来，一旦坚持使用"法律样式"这个标准的话，"法系"的学说就会黯然失色了。

作为比较法学的一个范畴，"法律样式"比"法系"拥有许多长处。第一，"法系"是一个多国构成的概念，它包含具有某种共同特征的国家或地区。而这些国家或地区之间，由于政治、经济、文化等方面发展的不平衡，造成法律实践活动上的日益扩大的差异性，从而使"法系"的界限处于经常变动之中。而"法律样式"既可以衡量多国或地区，也可以衡量一个国家或地区，它不太看重多国多地区之间的共同性。因为一个国家的"法律样式"是怎么样就是怎么样的，不必牵连与他国的关系。

第二，"法系"本身就是一个模糊逻辑、直观判断的产物，它一经产生便一直影响着人们的思考。更为不幸的是，比较法学家们认认真真地提了一个又一个划分"法系"的标准，从历史传统到正义观念，从法律技术到法律渊源。然后又认认真真地用这些标准———一次使用这个或那个标准，或一次使用两个标准——去划分，从而得出了模糊的结论。当他们阐述划分标准时是异常清醒的，而一旦使用这些标准动手去操作时，便显得过于自信、过于苟且和急于求成。"法律样式"则不然，它本身只表明是一个标准，即立法司法活动的基本工作程序或方法。它是具体的，可以分析的，因而是可以操作的。用"法律样式"的标尺来判断某个国家法律活动的基本方式，不会产生逻辑上的混乱。即使某个国家的法律样式是多层次的也没关系。比如，某个国家既有"成文法"又有"判例法"，那么，完全可以对它们进行定量分析，看它们各自的比重或主从关系来确定。更不必说客观上还存在着"成文法"与"判例法"相结合的"混合法"样式。

第三，从某种意义上可以说，"法系"是个主观判断的产物。当比较法学家进行主观判断的时候，他们自觉或不自觉地要受他们所处的文化和意识形态的影响。而他们对遥远世界的不了解以及对其本土文明的偏爱，就难免产生"欧洲中心"论那样的偏见。"法律样式"则是一个客观存在的东西。对"法律样式"的分析和探讨则是对这一客观事物的客观描述。因此，在运用"法律样式"这一标准对世界各国法律进行划分时，就可以排除掉主观的意识形态和文明差异方面的因素，客观、冷静、平等地面对各国的法律实践活动。

第四，"法系"的划分只是把一些具有某些共同特征的国家法律并为一类，把另一些国家并为另一类。这些分类是比较法学家创造出来写在书上并为比较法学者阅读的。这种研究方法忽略了对某一国家法律实践基本程序及其历史源流，特别是未来发展趋势的描述，因而与某一国家的法律实践活动是脱节的。"法律样式"的研究方法不仅注意各国法律实践活动表现在宏观程序上的差异性，同时更注意某一国家"法律样式"的历史沿革和未来发展方向。这就使"法律样式"的研究方法与当前的法律实践活动保持着密切的联系。

以上诸点都说明，比较法学研究的进一步发展，要求研究者从"法系"的旧套路中跳出来，并加强"法律样式"的研究，这才是时代的选择。事实上，把某个国家的法律归为某个"法系"常常是靠不住的，因为各个国家的法律活动变化很大，而且将来还会更大。这些变化还涉及政治、经济、文化、意识形态等方面。如果用哲学正义观来划分"法系"的话，肯定会越分越混乱。今天，是到了走出"法系"的迷谷，结束公开的逻辑悖理，为比较法学寻找一个客观的划分标准，从而为比较法学指出新的发展方向的时候了。

三、世界主要"法律样式"

在涉及世界主要"法律样式"这个问题时，首先应当说明的是：第一，"法律样式"和"法系"既有重叠又有区别。"法律样式"是区分"法系"时借以充当标准的尺度之一，而在区分"法系"时至今尚无公认的统一标准。"法律样式"的区分则有着自己明确的可以操作的标准——立法、司法活动的基本工作程序或方法。另外,"法系"是包含几个国家或地区的较为广泛的概念,这些国家或地区的法律实践活动在某些方面具有共同性。而"法律样式"则不然,某一国家或地区都有自己的"法律样式"。而且,在这种"法律样式"当中,还可以兼容他种"法律样式"的某些因素或成分。第二,世界主要"法律样式"从其类型来看,主要有三种:"成文法"型的"法律样式"、"判例法"型的"法律样式"、"混合法"型的"法律样式"。三种"法律样式"不仅可以概括历史也可以概括当今法律实践活动的宏观工作程序或方法,因而带有"置之古今而皆准"的特点。第三,以"法律样式"的类型为标准,不仅可以区别各国之间各地区之间法律实践活动的差异性,而且还可以剖析同一国家或同一地区内立法、司法活动宏观程序的组成成分,借以进行定量和定性的分析。第四,世界"法律样式"划分的目的并不像"法系"的划分那样,把具有某种共同法律特征几个国家或地区合并为一类并称之为某某"法系",而是对一个国家或地区的立法、司法活动的基本程序加以剖析、定量、定性,并运用历史的纵向比较的方法讨其源流,意在揭示其未来发展方向,为现实法律实践活动提供宏观的策略和总体性方针。因此,对"法律样式"的研究,一方面与比较法学息息相关,另一方面又与现实法律实践活动密切联系。在这个意义上可以说,"法律样式"是一门实践性极强的法学分支领域。

与世界主要"法系"的概念不同,世界主要"法律样式"是运用具体明确的划分标准而得出的结果。而"法系"则在很大程度上是比较法学家主观判断的结果,以至于有多少比较法学家就有多少关于"法系"的学说。因此,世界主要"法律样式"是一个客观存在的东西。它所关心的不是某个国家或地区属于哪个"法系",或某个"法系"包括哪些国家或地区,而是某个国家或地区本身的立法、司法的基本程序属于哪个类型("成文法"型、"判例法"型、"混合法"型),在这个类型法中,不同"法律样式"的因素、成分又有多少,它们组成了怎样的运行机制,它们未来的发展趋向如何,等等。

据作者来看，世界主要"法律样式"是：①大陆法系（民法法系）国家的"成文法"；②英美法系国家的"判例法"；③中国的"混合法"。然而，当我们继续用"法律样式"的分析方法，对上述某一国家的立法、司法基本工作程序进行定量剖析的话，就可以发现，在某一国家的"法律样式"当中，还包含着其他"法律样式"的因素。而且这些不同属性的因素和成分是可以定量分析的。至此，我们不得不宣布，某一国家的"法律样式"只是个宏观的相对的概念。不仅如此，通过对某一国家或地区"法律样式"的剖析，就可以判断和预测其未来发展趋势。这个趋势就是"混合法"。

从"混合法"的角度来看，"成文法"和"判例法"仅是个相对的概念。众所周知，法国的行政法是由判例构成的，而英美的许多法律是用法典表述的。因此，严格来讲，它们的法正是"混合法"之下的"成文法"和"混合法"之下的"判例法"。世界法律实践活动的日趋混合，是一个多世纪以来的大趋势。而且，这种趋势今后还会加强。这种客观的巨大变革，使"法系"的研究方法难以应对。

"混合法"有两种类型。一种是并列式的"混合法"。即在同一国家或地区，在某些法律领域实行"成文法"，而在另外的法律领域实行"判例法"，两者并行，互不干扰。这一特征在先后受"大陆法系"和"英美法系"影响的国家和地区最为明显；另一种是循环式的"混合法"，即：成文法→判例→成文法。判例弥补成文法典之不足，在特定历史时期发挥独立作用。然后，通过立法机关的加工，判例被上升为法条，最后被成文法典吸收。中国历史上常常是这样操作的。从准确的角度而言，中国的"混合法"既包含并列式的"混合法"，又包含循环式的"混合法"。除此而外，在中国的社会生活中，实际发挥规范作用的行为准则，除了国家制定的法律规范之外，还有准法律规范和半法律规范。这也是一种"混合法"。

中国"混合法"型的"法律样式"，不论就并列的"混合法"、循环的"混合法"，还是法律规范与半法律规范相结合的"混合法"而言，都是人类法律实践活动内在规律的一种表述。从规律的科学价值来看，符合历史的，也便符合现实；符合一国的，也便符合他国。在中华民族为人类奉献的诸多礼物当中，应当包括中国式的"混合法"。比较法学者建造"法系"的楼群时常常无视中国法的存在，其原因不能简单地归结为"欧洲中心"论的影响，而是"法系"这一研究方法本身的局限性。因此，我们的结论便是：走出"法系"。

（原载《中外法学》1995 年第 2 期）

走向东方　走向"混合法"

——从中国法律传统的角度看判例法

1. 人类法律实践的规律性表现在法律样式上，即是以"立法至上"为理论支柱的"成文法"、以"司法至上"为理论支柱的"判例法"，和上述两者相结合的"混合法"。其代表便是英国法律传统、大陆法律传统和中国法律传统。

2. "成文法"的优点是统一和集中，便于理解和运用。其缺点是割裂了立法与司法间的内在联系，限制法官的主观能动精神，使法官形同一般官僚，成为依法操作的工匠。它既不可能包揽无遗，又难以随机应变，其可比性不强。

3. "判例法"的优点是详细具体，可比性强，易于随机应变。其缺点是过于庞杂，使人难以理解和运用。这一特点使法律失去民众的基础而成为法律专业人员的专用品。法官的优越地位使他能够选择他认为合适的判例，从而给法官的主观能动性留有太多的用武之地。

4. "混合法"是这样一种法律实践的样式：当成文法宜于社会生活时便运用成文法来裁决案件。当无成文法或现有成文法不宜于社会生活时便创制和适用判例。当立法时机成熟时将判例加工上升为成文法条。在成文法条后面附以若干判例（原始判例或经过加工的判例要旨）。"混合法"样式避免了"成文法"、"判例法"自身的欠缺而又集中了两者的长处，它体现了人类法律实践活动的内在规律性。

5. 中国法律传统的重要基石是"混合法"。古代先民从更为宏观的视野来认识法。古代的"法"字，正是法官决断争讼所形成的行为规范之义。古人既没有视法为神圣之物而顶礼膜拜，也没有轻视"判例法"的偏见。在"人"与"法"这个古老而普遍的法哲学命题上，古人的结论是"人法并行"，这就使"成文法"的权威——皇权和"判例法"的精髓——法官的主观能动性，有机地结合在一起。

6. 中国的"混合法"是以"成文法"和"判例法"的相互结合和转化来实现的。在数千年的法律实践中，中国法律传统既经历了"判例法"时代（西周、春秋），即"议事以制"（选择合适的先例来断案），"不为刑辟"（不制定成文法典）；又经历了"成文法"时代（战国、秦朝），即"诸产得宜，皆有法式"，"事皆决于法"。此后便是"混合法"时代（汉至清末），即"有法者以法行，无法者以类举"（荀子语，类即判例及判例所体现的原则）。

7. 在"混合法"中，"判例法"起着重要作用。从西汉的"春秋决狱"，"决事比"，晋朝的"法比都目"、"辞讼比"，唐代的"法例"，宋元的"断例"，明清的"例"以及至民国初期大理院的判例，法官用创制和适用判例的方法弥补成文法典之不足，填充其空白，并用判例具体详细可比性强之长，助成文法之短，并为成文立法创造了前提条件。

8. "成文法"和"判例法"本来是对立的东西。在中国的"混合法"时代，两者之所以能够相安无事、并行不悖，主要原因是：①皇权至上的集权政体协调两者的矛盾，使两者围绕皇权这一核心来运转；②封建王朝地广人众，导致政治上的集权，而在法律上则是既需要集权又难于集权，其结果是既需要成文法典又需要各级法官（地方行政官吏兼理司法）因地因时制宜，在法律实践上实际上是"人法"并重、"君臣共治"；③在法律观念上，古人没有只承认成文法而无视判例的偏见，加之，重要的判例常常经过朝廷的审核和御批，判例的价值反而高于成文法典。

9. 中国法律的近代化是在救亡图存的民族斗争中进行的。由于历史条件的限制，使得当时的法律家们不能全面地面向外国法律文化成果，从容不迫地加以评判和选择。从而使中国法律的近代化实际上成了"大陆成文法系化"。在"三权分立"、"司法机关不得染指立法事务"等理论的影响下，主持"清末修律"的法律家们在引进西方进步法律原理的同时，抛掉了中国固有的"判例法"（比附援引）传统，开启了向"大陆法系"（成文法）一边倒的风气。

10.但是，法律传统是不能中断的。与清末法律家的愿望和设计相反，在民国初期，在封建法律不能用，清末移植的外国法律不便用的特殊社会条件下，大理院的法官们在"司法独立"的旗帜下勇敢地创制和适用判例，把"判例法"搞得有声有色。

11.国民党政府时期，"混合法"理论再度出现并影响着当时的法律实践活动。司法院长居正曾指出：成文法与判例只有形式之别而无本质的差异，中国历来就是判例法国家，与英美法系差不多。其间，编纂、研究判例、判例要旨、解释判例要旨的成果层出不穷，关于判例的效力和适用等，已有明文规定。

12.新中国初期，在无成文法典的情况下，司法审判是在有关政策（民事政策、刑事政策）的指导下进行的。这就使得法官的主观能动性和判例发挥着实际的作用。1956年、1962年全国两次司法审判工作会议都强调：要注重编纂典型判例，经审定后发给各级法院比照援引。从而使"判例法"获得发展的机会。

13.改革开放以后，中国迎来了法制建设的黄金时代。而法制的恢复与繁荣是以成文立法的加强为标志的。在短短的时期内，大量的成文法典、法规问世了，从而告别了"无法可依"的时代。但是，社会生活的复杂化和生活节奏的加快，暴露了"成文法"的固有缺欠。因为它既不可能包揽无遗，又不可能随机应变。1985年，《最高人民法院公报》开始刊登典型案例，这是一个伟大的选择和尝试。它向世人宣告：用判例来弥补成文法之不足是一个有效的方法。与此同时，法学界开始重视判例的研究，此间，不少学者提出在我国设立判例制度的主张。这一切活动，不论是立法司法，还是研究探讨，都自觉或不自觉地朝着共同的方向前进，这个方向就是中国固有的"混合法"。

14. 一个世纪以来，西方两大法系各自都发生了方向性的变革，它们打破自己传统理论的束缚，不断向对方靠拢。比较法学者清楚地发现了这一变革。但是，比较法学者的缺欠是草率地宣布中国法系为死亡的法系。事实上，中国法系或中国法律传统是由两大基因构成的：一是"集体本位"（与西方个人本位相对应），二是"混合法"（与西方两大法系相对应）。这两大基因至今未绝。可以说中国法律传统历经数千年一气呵成至今犹存。不仅如此，中国的"混合法"是中华民族聪明才智的结晶，也是人类法律实践活动内在规律性的反映。西方两大法系在法律样式（立法司法活动的基本工作方式）上的共同发展趋势是"混合法"。这种趋势与其说是向别人学习，不如说是自身发展的内在需要。在法律样式上可以说，世界的大趋势是走向东方，走向"混合法"。

15. 在今天的法制现代化建设中，我们既不应拒绝学习外国，又不应割裂历史传统，而应向规律学习。今天法制建设的使命之一是，自觉重构与完善"混合法"体制。完善"混合法"的关键是完善判例制度。这是需要一代甚至几代人为之奋斗的伟大目标。

16. 完善判例制度是一个巨大的法制工程。它需要：①纠正轻视判例的传统偏见，借鉴英国判例法和中国历史上判例法的优秀成果；②树立与社会主义市场经济相适应的普遍的正义原则，作为立法司法活动的指导原则；③形成高水平的操作能力强的法官群；④使人民法院真正成为评判是非并予制裁的社会正义的崇高代表；⑤一个行之有效的不断自我更新的成文法典群；⑥统一的选择、审定判例和编纂判例的机构和相应的咨询研究机构；⑦与此相适应的法律教育、法学研究工作；⑧一个允许判例制度生存发展的政治条件。

17. 在今天特殊历史条件下，从事判例研究具有战略意义。一切有志于此的法律工作者，应当自觉意识到这一历史使命——因为它艰巨，所以才光荣。

（原载《判例与研究》1995 年第 2 期）

中国的"混合法"

——兼及中国法系在世界的地位

"混合法"作为基本特征使中国法律文化标新立异于世界法律文化之林。揭示"混合法"的特征，并运用"混合法"的观念或方法来研究中国法律文化，对于探索中国法律实践活动的历史规律并预测其未来发展趋势，以及重新划分世界主要"法系"，都有着十分重要的价值。

一、"混合法"的四个基本特征

中国的"混合法"是中华民族数千年法律实践活动的产物，也是中国传统文化的有机组成部分之一。它作为一种思维方式和立法、司法的工作方式，构成了与世界其他文明民族风格迥异的法律实践活动。

（一）法观念的广括性

在中国古代，人们的法观念一直处于模糊含混的状态之中。就是说，在人们心目中，"法"作为一种社会现象或一种特殊的行为规范，远非仅限于国家专门机关所创制，或司法机关所施行。在社会生活的广阔领域当中，凡是实际上起着规范作用的，不论它是否被国家机关所染指，也不论它来自非国家的权力与风俗习惯，或仰仗道德舆论，便都成了与"法"毫无二致的东西。西周、春秋贵族政体之下的"礼"观念正是当时的"法"观念。"礼"作为一种行为准则，其中的一部分被国家所确认并经司法机关所维护，而其中的大部分则没有纳入国家行为的轨道。它们散落于民间，铭刻于钟鼎简册，溶化于人们的思想之中，极大地支配着人们的行为与思维方式。

被称作"成文法时代"的战国特别是秦朝，可以说是一个例外。此间，一种较为严谨的"法"观念被确立起来。新兴地主阶级高举"以法治国"的旗帜，用土地私有制和郡县官僚制冲决宗法贵族政体的根基，作为一种客观后果，个人从宗法家族的狭小栅栏中走向社会，并同国家建立新型的权利义务关系。表明这种关系的就是由国家制定的由官府执行的有文字形式并公之于众的"法"。正如《韩非子·难三》所谓"法者，编著之图籍，设之于官府而布之于百姓者也，"和《定法》所谓"法者，宪令著于官府，赏刑必于民心。赏存乎慎法，而罚加乎奸令者也。"无论从内容和形式而言，当时"以法治国"和"君臣上下贵贱皆从法"的"法"，都是对以往传统行为规范的革命。睡虎地秦墓竹简使我们对秦朝"诸户得宜，皆有法式"和"事皆决于法"有了感性认识。而"偶语诗书者族"、"以法为教"、"以吏为师"的文化专制主义政策，尽管造成了思想凝滞和文化典籍的佚失，但作为一种客观后果，它毕竟在短短的时期里培育了人们的确切意义的"法"的观念。

在西汉以降的封建社会，集权专制政体和宗法家族携起手来，使"礼"重归大地。一方面，封建法律不断吸收"礼"的内容，如"十恶"、"八议"、"以服制论罪"等等，完成着"礼"的法典化；另一方面，"礼"还在司法中起着高于法律的支配作用。西汉开始的"春秋决狱"便是证明。与此同时，在国家立法、司法活动未曾染指的广泛的生活领域，"礼"作为一种具有巨大传统力量的习俗和惯例，仍发挥着实际的规范作用。

总之，在古代的中国人看来，"法"远远不限于经过国家认可和审判活动加以确认的特殊行为规范，那些在生活中实际发挥作用的客观行为准则也被纳入"法"的范围甚至成为最有权威的"法"。正因如此，能够表述"法"

这一社会现象或行为规范的文字也是多种多样的，比如：法、刑、礼、律、范、辟、则、彝、度、制、典、事，等等。不了解中国的"混合法"观念，就不容易弄清古代的"法"与"礼"的关系，也不容易弄清今天的"法"与"政策"的关系。

（二）法律规范的多样性

在中国历史上，法律规范的表现方式是多种多样。在西周、春秋的"判例法时代"，法律规范的编纂方式是五种刑罚（墨劓宫大辟）分别统领众多判例（五刑之属三千条）。在审判中，法官依据案情并援引以往判例来作出裁判，这种裁判方式被《左传·昭公六年》称作"议事以制，不为刑辟"。一般民众对自己行为的性质及其法律责任是无法预先明晓的，这就使当时的法律带有"刑不可知，威不可测"的秘密性。战国、秦朝，"成文法"空前发达，相对成型的律条、法条及国王临时颁布的法令，构成当时法律规范的主体。在西汉至清的封建社会，法律规范主要分为三种。一是稳定的法律规范，这主要是历朝制定的成文法典；二是半稳定的法律规范，这主要是朝廷根据需要而制定颁行的法令和单项法规；三是非稳定的法律规范，这主要是因时制宜而产生的判例。这些判例或者只适用于该案件本身，或者作为一种法律依据而被以后的法官所援引，那些有价值的判例经过核准被编成判例集，在司法中发挥拾遗补缺的作用。其中，有的被抽象成为成文法条并被成文法典所吸收。在皇权的支配之下，任何形式的法律规范都有可能成为最有效力的法律规范。就是说，只要被皇权所首肯，"以经决狱"、"以敕代律"、"以诏行法"、"以例破条"等是完全正当的事情。而法律规范的权威取决于皇权的这种格局，降低了法律规范的整体权威。

（三）成文法与判例的循环互补性

在西周、春秋的"判例法时代"，成文法条逐渐完善起来；在战国、秦朝的"成文法时代"，判例（廷行事）也发挥着有限的作用；在西汉至清末的封建社会，在立法、司法工作方式上，逐渐形成了成文法典与判例制度相结合的格局。就是说，在有成文法或成文法宜于时用之际，则适用成文法；在无成文法或成文法不宜于时用之际，便创制和适用判例。西汉"春秋决狱"，既是儒家思想染指司法的开端，又是对古老"判例法"的回顾。尔后，历朝的决事比、故事、法例、断例、例等，都标志着"判例法"一脉相传、经久不衰的独特地位。从而实践了《荀子·君道》的名言："有法者以法行，无法者以类举"和《大学衍义补·定律令之制》所谓"法所不载，然后用例"。判例经朝廷核准后成为与成文法典并行的法律渊源。有价值的判例则被抽象成为成文法条并被成文法典所吸收。成文法典本身的欠缺（不可能包揽无遗，也不可能随时变更）使判例制度得以存在和发展。而朝廷对判例的集中管理（审核、批准、选择、编纂）又避免了判例庞杂无序的缺点。而成文法典对判例的吸收，则既避免了双方的短处，又综合了双方的长处。"成文法"与判例的相辅相成、互为因果、并行不悖、循环往复的动态联系，构成了中国"混合法"的独特样式。

（四）半法律规范的实用性

半法律规范是相对法律规范而言的，指未经国家认可和司法审判活动的确认，而在社会生活中发挥实际规范作用的行为准则。在西周、春秋的"礼治"时代，"礼"是衡量人们言论行为是非曲直的最高标准。当时的"礼"与"法"是整体重迭的关系，故无所谓法律规范与半法律规范之别。在战国、秦朝的"法治"时代，"法"是衡量人们言行的最高标准，以往的"礼"如果不经国家的正式确认，便等于被宣布废除。当时以法条律条为形式的法同"法"也是整体重迭的，亦无所谓法律规范与半法律规范之别。而在西汉至清末的"礼法合治"的封建时代，由于宗法家族成为封建王朝的社会基础，"家"的安宁对于"国"的治理具有直接的价值。因此，国家一方面通过立法、司法来确立和维护封建性的政治秩序；另一方面又委托家族首长在国家法律鞭长莫及的领域协助国家共同治理臣民。于是，朝廷以确认家族首长的一系列特权为手段，换取了家族首长的效忠。而家族首长完成这一使命的重要措施就是制定和实行家法族规。这种家法族规，不论是具有文字形式，还是以惯例形式存在的，都得到国家法律的认可，并在古代社会发挥着实际的规范作用。可以说，家族法规是效忠王朝、监督守法、制止犯罪、扼制诉讼的一道天然屏障。在某种意义上可以说，在宗法家族社会，用不着国家法律的特殊光顾，历来的习俗和惯例把一切都调整好了。

以上四点，基本上概括了中国法律思维活动和法律实践（立法、司法）活动的主要特征。这些特征不仅在历史上发挥着重要作用，而且在今天仍有潜在影响。不正视和了解这些客观存在，就不可能对中国法律实践活动的过去、现在和未来作出正确的判断。

二、"混合法"的历史成因

中国的"混合法"并非偶然的产物，它是中国古代经济、政治、文化的必然结果，具有历史的非如此不可的合理性。

第一，从生产方式来看，自给自足的农耕生产方式一直居于古代社会的主导地位。由于农业生产周期长，生产经验的积累和传递不能在短时间内完成，而且农业生产的时令性极强，需要一种权威把所有劳动力集中起来以从事播种、收获、兴修水利或抵御自然灾害。这就使男性家长、族长处于优越地位。父系家族就是适应着这种生产方式而存在和发展的。它是物质生产、人口自身再生产和"社会保险"的基本细胞。在缺乏交往的封闭式村社里，个人不可能脱离家族而生存。在这种农耕式的宗法家族社会中，私有财产制度艰于萌发，而交换的不发达又极大地束缚着财产私有制。因此，私有观念、交换观念、平等观念、权利观念等等，都因为缺乏适宜的土壤气候而无法问世和正常生长。当着人们离开家族首长的权威就不能从事正常的农业生产时，当着个人离开家族便无安身之所时，确认和服从家族首长的权威便是唯一有利的选择。于是，家族首长便以家庭整体利益代表的身份来发号施令了。这种命令是必须无条件服从的，因为服从了它便是维护了自己的切身利益。这种与社会权威性携手而来并以人们的普遍服从（义务）为条件的行为规范，不管称之为"礼"还是"刑"，都是中国古代人们心目中的"法"。它一开始便与私有、权利、平等、正义等观念断绝了内在的必然的联系，而与政治权威形影不离。

第二，从社会组织结构来看，宗法家族一直构成中国古代社会的基础。漫长的宗法家族制度形成了一整套与之相适应的行为规范，这就是"礼"。在西周初期，宗法血缘纽带不仅成为划分统治与被统治阶级的标准，而且还成为统治阶级内部实行权利再分配的尺度。在中国古代，与其说是按地域来划分居民，毋宁说是依血缘来区别阶级。这就使"礼"一方面上升为政治行为规范，所谓"为国以礼"；另一方面又深深植入人们的观念之中。在这种观念看来，人一降生于人世，便与身边的人建立了一种"契约"，而这种"契约"是事先被血缘关系所确定了的。作为儿子，你应当"孝"，并得到父母的"慈"；作为丈夫，你应当"宜"，并得到妻子的"顺"；作为弟弟，你应当"悌"，并得到兄的"良"；作为臣子，你应当"忠"，并得到君的"仁"。总之，身份低的一方用服从和尽义务的方式来得到身份高的一方的爱抚或关照。当着这种"契约"被深深印在人们头脑中的时候，它不必被刻在书简上，也不必非经过法官的宣布，因为它们多少个世纪以来就是这样被无条件遵从的。这种"契约"不论是否经过国家机关的加工或描述，它们本来就是人们心目中的"法"。

第三，从政治结构来看，中央集权的官僚政体支配着整个封建社会。皇权要凌驾一切、支配一切。但是，这种支配是靠法律和官吏来实现的。因此，从皇权的角度看来，唯一有效的方法是把法律规定得详细明确，使法官执行起来像做加减法一样准确而不走样，但是，实际上这只是个愿望而已。一方面，成文法典不可能包罗无遗、毫无欠缺，也不可能随时更订修补；另一方面，中国地域辽阔，各地政治、经济、文化发展不平衡，不可能一切照搬法律条文。在这种情况下，一些善于思考的法官便在法无明文或法不适宜的特殊情况下创制和适用判例。这种判例经过朝廷或皇帝的批准，以先例或法令的形式颁行全国，具有与法律同等或高于法律的地位。于是，在皇权与官权的谐调运动中，我们也看到了成文法与判例的谐调运动。

三、"混合法"的现代历程和发展方向

　　新中国建立至"文化大革命"结束二十余年间的法律实践活动，可以说是在党的政策、国家政策和法律政策支配下成文法规与判例相结合的"混合法"。党和政府为开展一系列中心工作而制定了一系列政策，这些政策在法律实践领域的特殊反映就是法律政策，如刑事政策、民事政策。这些政策的一小部分被制定成为成文法规、条例。在审判中，有成文法规、条例的，依成文法规、条例；没有成文法规、条例的，依法律政策。于是便创制出大量判例。这些判例在审判中发挥着实际的作用。1956年和1962年全国审判工作会议先后强调判例的作用，并计划编纂判例发给各级法院援引。可以说，在当时的"混合法"当中，并存着"成文法"和"判例法"两种内在发展趋势，可惜，由于种种原因，这两种趋势都没有得到正常发展。

　　由于政策在法律实践活动中的支配地位，使当时的法律规范表现形式十分丰富。上至法典（宪法）、法律（婚姻法），中至法规、条例，下至命令、通知、决议、答复、意见等等，不胜枚举。在当时人们的心目中，"法"除了刑法之外，还包括上述具有实际支配意义的法律文件。其中，最有权威的当然是政策。依照当时的法学理论："政策是法律的灵魂，法律是政策的条文化具体化。"可以说是完全符合实际情况的。

　　1978年实施改革开放以来的十余年，社会主义法制建设空前发展。大规模的经久不息的成文立法活动一反以往"无法可依"的状态，社会生活的主要方面已"皆有法式"。然而，一方面，成文立法本身是有条件的，一旦制定颁行，就不能随意更改；另一方面，中国社会经济、政治、文化诸方面都处于变动发展之中，成文法律难于制定，即使制定了也可能会落后于变化了的形势。能够弥补这一缺欠的莫过于创制和适用判例。1985年《最高人民法院公报》开始公布典型案例，在这方面作了有益的尝试。由于社会上存在着偏爱成文法、轻视判例制度的成见，这一成见既与中国历来重视成文法典的倾向合拍，又与近代"三权分立"（司法不得干预立法）的理论暗合，因此，重建判例机制远非想象的那样容易。但是，应当看到，中国历来具有创制适用判例的传统，新中国成立以后在无成文法的情况下，判例起着描述法律政策的作用。因此，重建判例机制也并非不可能的。

随着改革开放的深入，社会主义商品经济和社会主义民主政治必然会持续发展。这一客观存在反映到人们头脑之中，必然引起传统法观念的变革。这种变革主要表现在：从立法者享受权利、守法者承担义务的权威性的"法"观念，转向因承担了义务必然享有权利的平行式的"法"观念；从凡是社会权威的指令均具有"法"的效力的庞杂广阔的"法"观念，转向只有经过国家立法、司法机关确认的行为规范才是"法"的单纯的"法"观念。

但是，这种观念的变革，并不意味着将一切领域的行为规范都纳入法律的轨道。恰恰相反，社会生活是复杂多样的，调节人们行为的标准也应当是多样的。因此，当人们之间发生纠纷之际，不必蜂涌于诉讼之门。在这里，传统习俗、惯例和社会团体的行为准则仍然大有用武之地。然而，最高的原则还是"法"。

至此，中国的"混合法"又面临着新的前景：首先，是重建成文法与判例制度并行不悖、相辅相成、循环往复的"混合法"工作程序；其次，是树立单纯的"法"观念以确立"法"的绝对权威；再次，是建立国家法律支配之下的法律规范与多种非法律规范相配套的行为规范结构。

四、中国的"混合法"与世界法系

世界法系的划分是对人类法律实践活动表现在时间、空间上的多样性的科学描述，其目的在于揭示人类法律实践活动表现在地域上的差异性和历史发展阶段性，从而探讨其内在规律。

随着比较法学的诞生和发展，许多学者对世界法系的划分提出很有价值的意见。现简述如下：日本法学家穗积陈重提出世界五大法系说，即：印度法、中国法、伊斯兰法、英国法、罗马法；① 德国法学家柯勒尔、温格尔提出三分法，即：原始民族法、东方民族法、希腊民族法；② 美国法学家韦格摩尔提出十六分法，即：埃及法、巴比伦法、中国法、希伯来法、印度法、希腊法、罗马法、日本法、日耳曼法、斯拉夫法、伊斯兰法、海洋法、大陆法、寺院法、英美法、爱尔兰法；③ 法国法学家格拉松提出三分法：全面接受罗马法影响的国家（意大利、西班牙）；部分接受罗马法影响的国家（斯堪得纳维亚国家、俄国）；同时接受罗马法和日耳曼法影响的国家（法国、德国、瑞士）。法国学者卡尼萨雷斯提出三分法，即：来自基督教文明的西方体系，来自反宗教和集体主义的苏联体系，来自宗教原则的体系（无主教会法、伊斯兰法、印度法），来自哲学和道德的中国法是例外。法国学者茨威格特、科茨提出八分法，即：罗马法、德国法、北欧法、普通法、社会主义法、远东法、伊斯兰法、印度法。法国比较法学者勒内·达维德开始持五分说，即：西方法系、苏联法系、伊斯兰法系、印度法系、中国法系，其中西方法系中包括法国法和英美法；后来改为三分说，即：罗马日耳曼法系、社会主义法系、普通法系。此外，伊斯兰法、印度法、远东（中国、日本）法、非洲和马达加斯加法，是补充的法系。④

可以说，有多少个比较法学者，就有多少种分类方法。但是，这里有两个问题值得注意：①世界法系的划分是个科学的概念，它不简单地等同于对世界主要法律体系的直观罗列，既然是分类，首先就应当解决分类的标准问题，而且在分类时只能使用一个标准。而不能同时使用两个或两个以上的标准，正如同对一群人分类时不能同时使用性别和年龄两个标准一样，否则就会发生逻辑矛盾；②能够充当划分标准的，应当具备宏观性、稳定性并有利于揭示人类法律实践活动的历史规律性。否则，为分类而分类，既不能总结历史、描述当今，也不能预示未来。

---

① 杨鸿烈：《中国法律在东亚诸国之影响》，上海商务印书馆 1937 年版。

② ［法］勒内·罗迪埃：《比较法导论》，徐百康译，上海译文出版社 1989 年版。

③ 李钟声：《中国法系》上册，台湾华欣文化事业中心 1985 年版。

④ ［法］勒内·罗迪埃：《比较法导论》，徐百康译，上海译文出版社 1989 年版。

人类的法律实践活动依据支配法律实践的价值基础来划分，可以分为三类：宗教主义的法律体系（教会法、印度法、伊斯兰法）、伦理主义的法律体系（中国法系）和没有宗教、伦理色彩的现实主义的法律体系。前两者体现历史，而后者体现当今。其中，现实主义的法律体系又分为两种：个人主义的法律体系（以个人权利出发塑造有利于个人发展的社会秩序）和群体主义的法律体系（从维护社会整体利益出发来塑造个人的形象）。

人类的法律实践活动依据立法、司法的工作程序或方式来划分，也可以分为三类：判例法（英国法系）、成文法（大陆法系）、混合法（中国法律体系）。单纯的判例法和单纯的成文法已逐渐成为历史，而分别代之以混合型的法，或者以判例法为主、以成文法为辅，或者以成文法为主，以判例制度为辅。一个世纪以来西方两大法系的相互靠拢，其共同的发展趋势就是成文法与判例法相结合的"混合法"。而这种"混合法"的工作方式在中国的西汉就已确立。

中国的"混合法"不仅包含有上述成文法与判例制度相结合这一层意思，还包含有成文法与判例互相循环、互为补充的一种工作状态，在中国，判例经常因为被抽象为法条而消失其原型，法官创制判例实际上是国家制定成文法的第一步。此外，中国的"混合法"还包含法律规范与非法律规范相结合这一含义。在生动复杂的社会生活当中，国家法律的调节作用并非处处时时事事都能奏效。那么，在法的支配下，好的法律规范再配上好的非法律规范总是一件好事而不是一件坏事。在这方面，中国"混合法"的价值是不以国度为限的。

但是，遗憾的是，中国法系的这一独特的体现中华民族智慧和人类法律实践活动规律性的特征被长期忽视了。"混合法"作为一种观点或方式，应当受到中国法学工作者的重视，因为它告诉人们这样一个道理：在吸收国外先进法律文化财产时切不要因妄自菲薄而忘记自己的长处。因此，即使是从纯学术的比较法学研究的角度而言，也应该给中国的"混合法"以应有的世界地位。更不必说中国的"混合法"包含着现实的规律性东西了。

（原载《政治与法律》1993 年第 2 期）

现代中国的法律样式

　　自 1949 年 10 月 1 日中华人民共和国建立开始，中国法律样式便踏上了"现代"历程。然而这里所谓"现代"，只是一个时间的概念。就中国法律样式自身发展的历史而言，它还处在向"现代"进军的起跑线上。但无论如何，这个时期的法律样式毕竟发生在中国大地之上。它不能摆脱其作为中国法律样式的历史惯性力。因此，它表现出来的一系列特征都能够从历史上找到其原型，尽管从理论上宣布社会主义法律与以往剥削阶级的法律实行最为彻底的决裂。对国民党政府"六法"的全盘排斥，为新中国法律文化建设提供了一张白纸，以便写上最新的文字和绘上最美的画图。新中国成立伊始的剧烈变动和而后社会生活的飞速发展，造成了成文立法的艰难局面。加之，人们普遍忽视法律对于指导社会生活的价值。从而使国家生活中一系列最基本的法律长期未能制定出来。在这种情况下，立法和司法活动便整体地受到执政党和国家的政策的支配。这种由政策来支配立法、司法活动的状态，就是"政策法"。这种"政策法"产生于国内革命战争的岁月，红色政权在这方面不仅积累了丰富的经验，还培养了一大批干部。当革命完成了由农村转入城市的使命之际，把根据地的"政策法"推向全国，则是顺理成章的事情。"文化大革命"的劫难促进了中华民族法律观念的觉醒。尔后，随着工作中心转向经济建设，便开始了空前规模的成文立法活动。一系列重要的法律法规都先后出台。至此，中国人民可以自豪地宣布："无法可依的时代一去不复返了。"但是，应该清醒地看到，成文立法的目的是调整社会生活，而此刻的社会生活正处在剧变之中。政治、经济、文化、社会等领域的日新月异的飞速发展和由此带来的巨大的变化，使一大批从安定环境中成长起来的人们感到头昏目眩。于是，法律又一次徘徊起来：不立法就是一个无序的社会；立了法而又不切时用，则又是一个无法的社会。而成文立法在时机上程序上的限制，使它疲于奔命却吃力不讨好。在这种情况下，最高人民法院除了运用司法解释之外开始重视判例的作用，以定期颁布典型案例的方式来指导全国的司法活动。毫不夸张地说：这是一个划时代的伟大开端。我们似乎隐隐约约地感受到：今天的法律样式正在走向成熟之中返回传统，在返回传统之中走向成熟。此间，对判例制度的反思便直接通向"混合法"。一个走向世界的中国从外界获取许多营养，而她送给人类的礼品之中就有"混合法"这块瑰宝。

一、"政策法"型的法律样式

从新中国成立至"文化大革命"结束的近三十年间，中国的法律样式是"政策法"。所谓"政策法"，是指这样一种不稳定的法律实践状态，即在管理国家和社会生活的过程中，重视党和国家的政策，相对轻视法律的职能；视政策为法律的灵魂，以法律为政策的表现形式和辅助手段；以政策为最高的行为准则，以法律为次要的行为准则；当法律与政策发生矛盾与冲突时，则完全依政策办事；在执法的过程中还要参照一系列政策。由于政策是党的领导机关所创制的，又是靠党和国家的各级干部来施行的。因此，在实践中形成了"人"的作用高于"法"的普遍见解。

（一）"政策法"型法律样式的总体风貌

"政策法"是由法律政策以及与法律政策相配套的一系列法律、法令、条例、决定、通知、批复、解释、判例等法律文件组成的。它们之间的外部联系，就构成了法律实践活动的运行状态。

1."政策法"时代法律规范的表现形式

（1）法律政策。所谓法律政策是指导国家立法、司法活动的一系列方针、原则和尺度，它既不同于国家的其他政策，又比法律具体条文来得抽象而富有弹性。法律政策分为一般性法律政策和具体法律政策。前者指国家立法、司法活动都要遵循的原则，后者指司法活动中必须遵循的原则，又分刑事法律政策和民事法律政策。

（2）与法律政策配套的法律文件。为了贯彻执行党和国家的有关政策，国家权力机关、行政机关和司法机关曾制订了大量的法律文件，包括法律、法令、条例、解释、决议、通知，等等。

1）法律。中华人民共和国成立以后，制定了许多重要的法律，如宪法、工会法、土地改革法、选举法、婚姻法、兵役法、人民法院组织法、人民检察院组织法，等等。

2）条例。条例的比重很大，如：惩治反革命条例、劳动改造条例、惩治贪污条例、妨害国家货币治罪暂行条例、逮捕拘留条例、保守国家机密暂行条例，等等。

3）通知、批复。国家司法机关在审判过程中对一些具体的法律适用问题做了大量的法律解释工作，产生了相应的法律文件。如：最高人民法院、最高人民检察院、公安部《关于对少年儿童一般犯罪不予逮捕判刑的联合通知》（1960年4月21日），最高人民法院《关于已满16周岁的强奸犯应否负刑事责任问题的批复》、《关于处理贪污盗窃、投机倒把案件中几个问题的批复》，等等。

4）案例。人民法院在审判活动中，曾经注意用判例的形式来指导审判工作。最高人民法院曾经选编了一些典型的案件，经审判委员会讨论批准后，下发各级人民法院比照援用。

2."政策法"型法律样式的运行状态。

"政策法"在实际运行中，在不同的法律实践领域，呈现出不同的状态。区分这些状态的标准是：法律政策与其他法律文件（法律、法规、条例、司法解释文件、判例等）是否成龙配套，是否形成有效的良性循环。

（1）最佳运行状态：全配套系统。"政策法"的最佳运行状态，即法律政策与其他法律文件整体配套。即，法律政策确定之后，在一定的时期内较快地变成了法律、法规、条例等比较详细而稳定的法律规范；这些法律规范很可能还有种种漏洞和不足之处，在司法实践中会出现种种问题。当这些问题一经出现，最高司法机关便立即作出反应，用司法解释的渠道弥补遗缺，纠正偏向；有了法律政策、法律规范、法律解释文件，可以大幅度地统一全国的司法，避免出现大的失误。但是，由于上述文件一般来说总是抽象性的原则性的文字，不可能十分详尽、明确、包罗无遗。而且由于各地区具体情况有差别，司法人员主观见解和思想方法也不尽一致。这就给司法的质量带来问题。当这种现象出现的时候，最高司法机关便立即着手审查和选编判例，发给各级人民法院，以保证司法质量和司法统一。经过一定时期的司法实践，又会发现新问题，促使产生新的法律政策。这样，法律政策、法律规范、判例三者互为始终，相辅相成，运行通畅，是"政策法"的最佳运行状态；

（2）次佳运行状态：准配套系统。"政策法"的次佳运行状态，即法律政策与其他法律文件局部配套而非全部配套。这又包括两种情况：一是法律政策与法律规范（包括司法解释文件）配套；二是法律政策与判例配套。两种情况分别存在于不同的法律实践领域，比如前者表现于刑事法律部门，后者表现于民事法律部门。两者基本上并行不悖，但在微观上又有某些交叉。上述两种状态虽然可以较长时间地维持下去，但各自包含着一些弊病。比如，前者往往由于法律政策和法律规范过于抽象和富于弹性，而造成司法不平衡；后者常常因为判例繁多而莫衷一是。因此，这种运行状态是次佳的。

（3）不佳运行状态：不配套系统。"政策法"的不佳运行状态，即法律政策与其他法律文件不配套。这表现在，当法律政策确定之后，由于种种原因，既没有通过立法渠道及时制定相应的法律、法规、条例，也没有通过司法渠道形成判例法体系。这就使国家的司法活动仅仅以十分抽象、笼统的法律政策、法律原则、法律精神做依据，从而给法官的个人主观因素留下广阔的用武之地。加之司法人员政治、业务素质差别较大，不可避免地造成司法混乱。这种法律实践状态实际上使法律实践完全处于党和国家的政策和政治中心工作的绝对支配之下，而政策和政治中心工作是经常变动的，又常常受到领导人个人言论、讲话以及舆论的影响。这就使按法律实践活动的内在规律办事成为十分困难的事情。在这种状态下，国家法制是难于健全起来的。

（二）"政策法"型法律样式的两个发展趋势

"政策法"是一种不稳定的欠完善的法律实践状态。但它具有一种"法治"的内在趋向。这主要表现在两个方面：一是法律政策的法律化，即在法律政策的指导下，制定和颁行与之配套的法律、法规、条例等稳定的具有普遍约束力的法律文件，从而完成国家法律政策的标准化、成文化、规范化和具体化，使法律政策从具体的法律实践活动中超脱出来，居于宏观指导者的位置。

另一种"法治"趋势就是"判例法"的形成和发展。从某种意义上来说，"政策法"为"判例法"预备了良好的土壤和环境。在法律政策未能经过国家立法渠道及时地变成法律、法规、条例时，真正指导法官进行审判活动的，莫过于判例了。判例成为法律的重要渊源，"判例法"以一种法律样式促进"法治"的发展。

在"政策法"时代，"判例法"获得了两次长足发展的机会，但由于种种原因，"判例法"体系终究未能确立起来，这恐怕同人们偏爱"成文法"的传统心理有关。

"判例法"获得发展的第一次机会是 1956 年。当时肃清反革命分子的斗争已告一段落，司法部门对前一段以肃反为中心的审判工作进行总结。为此，最高人民法院和司法部写出了《1955 年肃清反革命分子斗争审判工作经验初步总结》，此文件在 1956 年 2 月 20 日至 3 月 7 日召开的第三届全国司法工作会议上经过讨论并获一致同意。该文件指出："及时研究、总结处理案件的政策界限，对于克服审判案件中敌我不分、轻重倒置、犯罪与非犯罪混淆不清的错误，提高审判工作质量，具有重大的意义，对国家立法机关也可以提供重要的参考资料。各高级人民法院应该会同司法厅（局）迅速制定这项工作的规划，首先就有关中心工作的刑、民案件（如反革命案件、有关农业合作化和资本主义工商业改造的案件等），分类、分批选择典型案件，进行排队研究，划清处理案件的政策界限，编成案例汇编，及时指导工作，教育审判工作人员运用分别对待的方法正确地论罪科刑"。①

"判例法"获得发展的第二次机会是在 1962 年。1962 年 3 月 22 日，毛泽东针对当时法制建设的情况，指出："不仅刑法要，民法也需要，现在是无法无天。没有法律不行。刑法、民法一定要搞。不仅要制定法律，还要编案例。"② 同年 12 月 10 日最高人民法院制定的《关于人民法院工作若干问题的规定》明确指出："总结审判工作经验，选择案例，指导工作"。现摘录如下：

"总结审判经验，是提高审判工作的一个重要方法，各级人民法院应当十分重视。总结的内容，除年度或季度的定期总结之外，对某一时期执行政策和适用法律的情况，执行审判制度、程序和法制宣传的经验、类型、典型案件的专题总结等，要有计划地进行。总结经验要从实际出发，务求通过各种总结提高干部的政策思想水平，改进工作方法，改进审判作风。各级人民法院的院长要亲自抓这一工作。"

"在总结审判工作经验的基础上运用案例的形式指导审判工作，也是一种好的领导方法。"

"对于案例的选择，一般要求具有下列条件：①有代表性，即：各种类型案件中各种情况的典型案件，如性质容易混淆的案件，刑期难以掌握的案件，政策界限容易模糊的案件，在某种新情况下发生的特殊案件等；②判决正确的案件，个别有教育意义的错案也可以选用；③判决书事实叙述清楚，理由阐明充分，论点确切，有示范作用的。"

"选定案例的工作由最高人民法院和高级人民法院来做，中级人民法院

---

① 北京大学法律系刑法教研室编内部教材：《对敌斗争路线和政策参考资料选编》。

② 俞建平、赵昆坡：《新中国成立以来法制建设记事》，河北人民出版社 1986 年版。

和基层人民法院要积极提供材料和意见。高级人民法院在选用案例时，必须反复研究，经审判委员会讨论决定后，发给下级人民法院参考，同时上报最高人民法院备查。最高人民法院应当选定其中在全国范围内有典型意义的案例，报中央政法小组批准后，以最高人民法院审判委员会决定的形式，发给地方各级人民法院比照援用。"

"案例一般地只在一定时期内起指导工作的作用。当阶级斗争形势发生变化，党的政策相应的转变的时候，参考、援用案例就必须考虑这种变化。高级人民法院和最高人民法院要根据新的形势和政策精神，选择新的案例来代替旧的案例。"①

可见，判例的价值已在相当的程度上受到重视。尽管判例仅仅被视为"一种好的领导方法"，"只在一定时期内起指导工作的作用"；但是，毕竟确定了创制判例、适用判例的初步工作程序。按照这一程序发展下去，"判例法"就一定会立住脚跟。

二、"法律成文化"时期的法律样式

党的十一届三中全会以后的二十余年间，我国在法律实践活动方面的最大成就之一，就是结束了"政策法"，并在继承其合理因素的基础上初步确立了"成文法"的法律样式。

（一）成文立法活动及其成果

此间，我国的立法活动空前繁荣，并取得辉煌成果。国家立法机关制定大量的法律、法规、条例等，从而结束了"无法可依"的状态。其重要法律涉及国家政治、经济、文化生活的各个领域。

除了国家立法机关制定颁布的重要法律之外，还有以下几种法律规范：一是国务院系统的行政法规、条例、规定、办法、实施细则、命令等，涉及

---

① 北京大学法律系刑法教研室编：《对敌斗争路线和政策参考资料选编》，内部教材。

公安、民政、行政法制、财政、税务、金融、商业、物价、对外经济贸易和技术合作、海关、农业、林业、工业、能源与资源、交通、民航、劳动人事、科学技术、文化教育、广播电视、旅游、卫生医药、工商行政管理、统计、计量、机关工作等各个领域；二是内容广泛的地方性法规和民族自治地方自治条例等；三是人民法院、人民检察院制定的法规、条例、决议、解释、通知、命令等。这就从根本上改变了原先的"政策法"状态，逐渐形成了新型的"成文法"样式。这一动向是中国法律文化现代化由探索阶段过渡到实施阶段的重要标志。也是中国现代法律文化的一次飞跃。

（二）"成文法"的运行状态

此间，法律实践活动的宏观样式是"成文法"。人民法院严格依照法律并依法定程序对案件作出裁判。法官的活动被成文法典预先精确地设计好了，他们的主观能动性被牢牢地限制在理解法条和选择法条的狭窄范围内，一旦越出这一范围则将一事无成。遇到法无明文规定的特殊情况，则采取两种办法：一是适用"类推"。如《中华人民共和国刑法》第79条："本法分则没有明文规定的犯罪，可以比照本法分则最相类似的条文定罪判刑，但是应当报请最高人民法院核准。"这就是"类推"制度；二是向最高人民法院或最高人民检察院请示。但是由于它们是国家的审判和检察机关而非国家立法机关，所以，实际上有许多案件因无法可依而被关在诉讼大门之外。这说明我国社会生活的许多领域还没有真正被纳入法制轨道。同时，由于社会生活发展速度加快，又出现许多前所未有的新情况，从而使原先的法律明显不宜于时用。而成文立法由于种种限制不可能在短期内搞出来，于是，"成文法"即使是在方兴未艾之际也显露出难以自我调整的欠缺。这一欠缺正好给一个新因素提供了好时机。

（三）"判例法"因素的出现与增长

"成文法"自身的欠缺程度不同地造成了法律与现实生活局部脱节的现象。在这种情况下，按照正常渠道和程序立法、修法、废法，已显得力不从心了。于是，"判例法"又一次走到前台，显示自己顽强的生命力。其重大标志就是《中华人民共和国最高人民法院公报》开始公布具有典型意义的案例。

通过这些判例，我们可以看到判例至少在以下几个方面发挥独特的功用：

第一是创制新的罪名以及量刑尺度。最突出的例子是"以制造、贩卖有毒酒的危险方法致人伤亡案"和"劫持飞机案"。这两条罪名都是《刑法》分则中所未有者。前案的社会危害是非常严重的，如果援引《刑法》第164条："以营利为目的，制造、贩卖假药危害人民健康的，处2年以下有期徒刑、拘役或者管制，可以并处或者单处罚金；造成严重后果的，处2年以上7年以下有期徒刑，可以并处罚金"，显然失之太轻；如果援引第105条："放火、决水、爆炸、投毒或者以其他危险方法致人重伤、死亡或者使公私财产遭受重大损失的，处10年以上有期徒刑、无期徒刑或者死刑"，刑罚虽然妥当，而实施犯罪的动机、目的又不一致。该案例索性兼二者之义，创制了"以制造、贩卖有毒酒的危险方法致人伤亡罪"和刑罚标准。以后凡制造有毒汽水、可口可乐、果汁、药品、食物而致人伤亡的，均可照此判决。"劫持飞机罪"也是通过判例创制的，而《刑法》分则中第107条只有"破坏飞机罪"，其侵害的对象是国家财产，而"劫持飞机罪"侵害的对象是国家财产和人民生命安全。通过判例创制新罪名和量刑标准，不仅比制定成文法来得及时，而且也很具体，便于审判人员掌握。

第二是充当部门法之间的桥梁。比如，《刑法》中有这样的规定：违犯税收法规（第121条）、商标管理法规（第127条）、保护森林法规（第128条）、保护水产资源法规（第129条）、狩猎法规（第130条）等等，处以何种刑罚。而有些法律，如《海洋环境保护法》第44条规定："凡违反本法，污染损害海洋环境，造成公私财产重大损失或者致人伤亡的，对直接责任人员可以由司法机关依法追究刑事责任"。那么，既根据《刑法》的规定，又根据其他法律的规定来对案件作出裁决，实质上使两个法律有机地谐调起来，这个桥梁就是判例。

第三是修订制裁的幅度。比如，按《刑法》第171条规定："制造、贩卖、运输鸦片、海洛因、吗啡或者其他毒品的，处5年以下有期徒刑或者拘役，可以并处罚金。一贯或者大量制造、贩卖、运输前款毒品的，处5年以上有期徒刑，可以并处没收财产。"显然，法律规定的刑罚幅度太轻，这是因为立法时还无法预见这一罪行的巨大危害性。实际审判中将犯罪者处以死刑，这就等于修订了刑法的刑罚尺度。后来的同类案件均可照此办理。

第四是协助司法人员准确把握案件的性质。《最高人民法院公报》1985年第2号公布的孙明亮故意伤害案，如实反映了案情，法院、检察院在审理过程中的不同见解和最后结局，这就为司法人员如何划分故意伤害、故意杀人、防卫过当的界限，提供具体感性的参照物。

第五是指导诉讼新领域的审判活动。有许多重要法律是晚出的。比如，我国是先有《民事诉讼法》后有《民法通则》，后来又颁布了《行政诉讼法》。这就不断扩大审判活动的范围，增加审判机关的工作量。而审判人员熟习新领域的工作尚须一个过程。判例则可以起到样板的作用，从而以点带面推动新的审判活动。涉及肖像权、名誉权和行政处罚的判例，就属于这一类。

总之，判例因素自它一登上法律舞台便显示了独有的价值。今天，人们逐渐认识到它的意义，并从陌生转向熟悉。照此趋势发展下去，判例总有一天羽翼丰满，与"成文法"并驾齐驱、一领风骚。

三、自觉完善"混合法"型法律样式

"成文法"与"判例法"相结合的"混合法"样式，不仅是中国法律文化的成果，而且还标志着人类法律实践活动的共同趋向。为了促进中国法律文化建设，必须自觉完善"混合法"样式。为此，应当作好如下工作。

（一）正视"判例法"的合理性，澄清误解与偏见

要完善"混合法"样式，关键在于引进"判例法"机制。为此，必须清

除那种认为"法制＝成文法"、"判例法＝破坏法制"的误解与偏见，重新认识"判例法"的价值，使之为完善法制建设服务。

人类法律实践活动的样式即创制和实现法律规范的基本程序和方式，基本上有两种：一是"成文法"型，二是"判例法"型。"判例法"与"成文法"相比，具有明显的长处：第一，"成文法"在创制上和修订上往往受到组织上、技术上和程序上的限制，它一经形成就要求稳定，不能轻易更动；判例是法官在国家法律政策、法律意识指导下对具体案件做出的判决，在创制上来得比较方便，可以适应社会生活的复杂性和多变性，主动与社会发展同步运行；第二，"成文法"是对以往实践活动的阶段性总结，又是对未来生活规范的预先设计。因此，它不可能包揽无余，也不可能未来先知。"成文法"一经出现就伴随着这一缺欠。正是在这个意义上，南宋思想家朱熹说："大抵立法必有弊，未有无弊之法，其要只在得人。"（《朱子语类》卷一〇八）"判例法"则是在微观角度运用国家法律政策、法律意识，对不断产生的新案件作出新的判决，并指导新的审判活动，从而在宏观上发挥立法的作用；第三，"成文法"是立法者对社会生活规范的抽象描述，由于立法者主观条件和表达方式的原因，这种描述的全面性和准确性并不总是无懈可击的。同时，由于法官个人素质的差异性，使他们在理解法律条文和评价案件性质上，不可避免地产生质与量上的差距，使同等案件不能得到同等的裁判。这就有碍于国家法律的统一性和严肃性。判例是法官对具体案件事实的评价与裁判，其内容、性质、程序都是具体而感性的，较易于把握，可比性强，有利于保证使同等案件得到同等裁判。当然，"判例法"也有明显的不足之处。比如，判例数量巨大，给编纂和援引带来一定困难；再如，法官总是援引他认为最妥当的判例，这也可能造成司法审判的不统一；最后，判例使司法成为法官和律师的专有物，群众常常视判例为畏途，从而在一定程度上隔膜了民众与法律的联系。但是，这些弱点并非不可克服的。在"混合法"体系中，它不仅可以避其短，而且还可以扬其长。

（二）重视"判例法"在现实司法中的特殊作用

随着经济体制改革和政治体制改革的深入开展，社会生活发生日新月异的变化。法制建设大发展，已经初步具备了"成文法"的运行机制。但是，一方面，"成文法"还不完备，还有许多领域的立法有待加强；另一方面，已有的法律规定还只是原则性的，缺乏周密性；再有，成文立法不可能一蹴而就，还需要总结经验。这就使"判例法"大有用武之处。

从今天的具体情况来看，引入"判例法"有以下几点好处：一是弥补成文法的空白。在实际生活需要法律调整而成文法又不可能在比较短的时间内制定出来的情况下，经全国立法机关授权最高人民法院，并在最高人民法院统一指导下，有计划有步骤地扩大某些领域的收案范围，依据我国现行法律政策、法律意识，并参照类似的审判程序，对案件做出裁判，经最高人民法院审判委员会核准并报国家最高立法机关备案，下发各级人民法院援引，逐渐形成该领域的判例群，从而在局部领域确立判例法体制；二是提高法律条文的精确度和可比度。法律条文总是比较抽象的原则性的规定，这就给法官、检察官、律师等留有相当大的选择空间。由于司法人员主观因素的差异性，常常使同样的案件得到不同的处理。甚至是对同一案件也不例外。《最高人民法院公报》1985 年第 2 号公布的孙明亮故意伤害案中，一审法院判处被告有期徒刑 15 年，同级人民检察院以量刑失轻而抗诉，省检察院又以失重撤诉，省高级人民法院则撤销原判，改判有期徒刑 2 年，缓刑 3 年。可见成文法的确给司法人员留有相当宽阔的用武之地。如果最高人民法院在全面核准的前提下，颁布各类典型判例，使审判官在适用成文法条的同时，有一个具体的感性的参考标准，并得以一并援引，这无疑有利于审判质量的提高和维护法制的统一和严肃性；三是为成文法创造条件。当判例积累了一定数量之后，可以根据需要和可能，从判例中抽象出某些实体性的或程序性的原则规定来，并在此基础上制定相应的实体的和程序的成文法，或弥补、修订现行的实体法和程序法。

总之，从当今法制建设的实际情况出发，适时引进判例法学机制，不仅是有利的，也是可行的。

（三）加强判例法学的研究

为了科学地引进判例法机制，有必要对判例法进行全面的研究。我们的法学不仅应当把着眼点放在理论法学（法理学、法律史学）和实践法学（即部门法学）上面，而且还应当超越这种传统界限，关注那些对法律实践活动具有宏观指导意义和实践价值的新问题。判例法学就属于这一类。

判例法学研究的对象应当是：判例法在法律实践活动中的价值和运行技术。具体说来应当包括：判例法的定义、判例法的基本特征、判例法的产生与演进、判例法的条件、判例法的运行与技术、判例法的比较研究、判例法与成文法的差异及其融合，等等。

为了加强判例法学的研究，法律教育部门应适时开设相应课程；法学研究部门和法律实践部门的理论研究机关应重视对判例法的研究；人民法院应组织人力对以往判例进行整理、分类、比较，探讨其内在规律性；注意研究国外判例法实践经验，扩大学术交流；可以考虑成立判例法学会，以协调各方面的研究工作。

（四）创造有利于引进判例法机制的客观条件

就中国历史来看，判例法作为国家法律实践活动的一种方式，总是有条件的。这主要是：

（1）社会上必须存在一种被人们普遍公认的占统治地位的法律意识，这种法律意识与社会的统治思想一起极大地支配着人们的思考行为。这是成立判例法的重要条件之一。在中国古代，占统治地位的法律意识是宗法意识，即所谓"礼"。根据"礼"的原则，"父子无狱"，"君臣无狱"，"子女无私财"，"同姓不婚"，"兄弟之怨，不征于他"，等等。西周、春秋时的法官正是依据"礼"的原则来裁判的。在西汉以降的封建社会，"礼"对法律实践活动的支配最初是通过判例法来实现的。最突出的例子是"春秋决狱"，即依照《春秋》等儒家经典中记载的古老判例、故事或某种原则，来裁决当时的案件，并形成新的判例，以此来指导全国性的审判活动，从而使儒家经义占据司法领域。后来，这类判例不断增加，经过国家立法机关的整理、加工，逐渐变成法条，终于完成了"礼"的法典化进程。占统治地位的法律意识是法官创制适用判例的思想前提。有了这个前提，无论有无成文法，均可以建立独立的判例法体系或辅助型的判例群。而占统治地位的法律意识常常是无形的、潜在的，深深植根于人们的风俗习惯之中。正如英国前首相温斯顿·丘吉尔所说："英国人的自由并不依靠国家颁布的法律，而是依靠长期逐渐形成的习惯"；"法律早就存在于国内的习惯之中，关键是需要通过潜心研究去发现它，把见诸史集的判例加以比较，并在法庭上把它应用于具体争端。"①

（2）一个有权有识的法官群体。要建立判例法，必须使法官具有审判活动的相对独立的主宰权，以便充分发挥其主观能动性。秦朝的成文法，正是靠着把法官变成不会独立思考只会照章操作的执法工匠来维持的。无论是西周、春秋，还是封建社会以及近现代，判例法的存在总是以容忍法官相对独立的司法权为前提的。封建王朝虽然竭力将判例法纳入集权专制政体的轨道，但并非一般地否定法官的主观能动性。一打开古代判牍，你就会深切感受到古代法官鲜明的个性及其对法理人情的独到见解。因此可以说，哪里允许法官独立思考，哪里就存在判例法。从某种意义上来说，判例法对法官业务素质的要求比成文法更高些。因为，法官必须全面掌握国家的法律政策和法律原则，从而对变化无穷的各种案件的性质作出正确评价，果断地创制新的判例，得心应手地选择最为妥当的判例。实际上，判例法所要求的法官，不仅是善于司法而且还善于通过司法来立法的法律活动专家。

（3）成文法的欠缺。照理来说，如果成文法制定得非常详备而又经常根据变化了的社会生活及时修订增补，那必然会极大地抑制判例法的生存发

---

① 〔英〕温斯顿·丘吉尔：《英语国家史略》（上），薛力敏、林林译，新华出版社 1985 年版，第 208 页。

展。但是，事实上成文法既不可能面面俱到，也不可能立即随机应变。这就使判例法的存在与发展成了天经地义的事情。毫无疑问，要使成文法涉及社会生活的各个领域，必须经历长期的实践过程；要使法条详而备之，同样需要实践经验的积累。而成文法的制定须经一定的程序，一旦颁行就本能地要求稳定性与严肃性。这些正是成文法自身很难克服的致命弱点。可以说，哪些领域还没有建立成文法条，哪些领域的成文法条还仅仅是一些抽象原则，哪些领域的成文法条显然已经陈旧而又难于立即修订，那么，那些领域就不可避免地成为判例法的阵地。从宏观而言，成文法的欠缺越是严重，判例法的活力便越是旺盛。

（五）搞好成文法与判例法的宏观调节

我们的目的不仅是引入判例法，而是创立并完善成文法与判例法相结合的"混合法"样式。因此，必须高度重视成文法与判例法的调节，使两者相辅相成、并行不悖。为此，应当从以下几个方面入手：①由国家最高立法机关、最高审判机关、最高检察机关和司法行政管理机关依一定原则共同组成调节机构，并在全国范围内形成相应的运行网络，专职处理立法与司法、成文法与判例法的调节工作；②由上述机构起草并经国家立法机关批准，形成创制与适用判例的工作程序，并以法律的形式确立下来；③成立判例审核委员会，专门负责判例的审核、整理、编纂工作。判例的审核、整理包括三类：一是辅助型的判例，如将故意杀人罪分解成若干种类，每一类选择若干定性准确量刑适当的案例，编辑成书、公布全国，供法官在审判中参考；二是独立型的判例，即在无成文法的某些领域，或成文法中的空白方面，核准一些判例，以定期或不定期公告的形式公布全国，让法官援引；三是对法官援引判例而裁判的案件，亦行使审核权和监督权。

宏观控制的一般原则是：不偏不倚，积极发挥成文法与判例法各自的长处，弥补其短处；重在动态平衡，既不"毕其功于一役"，又不放任自流，把成文法的稳定性和判例法的灵活性有机地结合起来。作好适时的转化工作，判例法一旦成熟，可以转变为成文法的，就及时转化之；形式多样化，既可以用判例来注释成文法条，也可以用成文法条来论证判例；在判决书中既可以援引成文法条，也可以援引判例，以加强说服力；既注意培养创制与适用判例的专门性法官，又注意提高法官全体的业务素质。这样，才能形成合理的"混合法"运行状态。这一状态不仅有利于当今的法律文化建设，而且还具有不可估量的深远意义。

（原载《中国研究》1996 年 7 月号）

中　篇
历史回顾：中国的混合法与判例制度

从"判例法"时代到"成文法"时代

——对春秋法制改革的再探索

春秋战国是我国奴隶制社会向封建社会过渡的变革时代。就国家形态和法律制度而言，它又是由松散的贵族政体向集权的专制政体、由以血缘划分阶级向以地域划分居民、由"属人法"向"属地法"、由"礼治"向"法治"过渡的时代。春秋晚期出现的以公布新式成文法典为形式的法制改革浪潮，正是这一社会变革在法律领域的集中反映。本文试以郑子产"铸刑书"、晋赵鞅"铸刑鼎"为例，探讨这一变革的形式。

一、西周的法是贵族性的"判例法"

西周法律在继承商代法律的基础上又有很大发展，但远未达到后世封建法律那样完备的程度。这表现在立法、司法的分散性以及司法官吏的主观任意性。这里姑且用"判例法"来概括当时法律的基本特征。

（一）西周法律的种族性与贵族性

继商而立的周族显贵集团保留了大量的父系家长制传统，并把它和国家政权结构合而为一。周天子依血缘亲疏逐级分封亲属，让他们享有封域内土地使用权及对封域居民的统治权。并依照"立嫡以长不以贤，立子以贵不以长"的原则世袭下去。在"同姓不婚"的原则下，同姓贵族与异姓贵族结成姻亲联盟。从而形成以周天子为核心的宗法政治制度。被统治的主要是前殷诸族，他们被剥夺了权利，整族整族地迁至异地、沦为奴隶。这就是所谓"种族奴隶制"。血缘成了区分统治与被统治阶级以及确定统治阶级内部不同特权的标准。

西周法律就建立在这种政体之上。正如同血缘决定着人们的不同社会地位一样，法律也规定着人们不同的权利义务。奴隶不具备法律人格，他们被视为财产而投入交换领域，并在民事诉讼中充当诉讼标的物和清偿手段。统治阶级内部的贵贱分野使平民无法恃仗同族身份与贵族平起平坐。贵族享有的种种特权，平民是无法染指的。贵族违犯法律一般不受刑罚制裁而只受舆论谴责，即使犯罪也享有种种减免刑罚的特权。刑法的矛头主要是针对平民的。此即《礼记·曲礼》所谓"礼不下庶人，刑不上大夫"。贵族内部的等级色彩也是很浓的，周礼禁止"父子相狱"、"君臣相狱"，同级贵族争讼则由上级贵族裁决。这实质上是不许卑幼臣属与尊长君主争讼。在西周，即按血缘来划分阶级、等级，又按地域来划分居民。在分封与世袭制度下，人们的身份世代不愆，血缘标准与地域标准合而为一。如果说，西周法的种族性决定着民法的基本形象的话，其贵族性则决定着刑法的基本特征。而这种因人而异的法律则可称之为特殊的"属人法"。

（二）西周立法的基本特征——"单项立法"

西周立法的最大特点是"单项立法"，即分别规定关于违法犯罪的概念和刑罚制度（刑罚常常成为民法的后盾）。前者近似于后来封建法典的"名例"或现代刑法典的"总则"，这里暂且名之为"名例项"。如《左传·文公十八年》所追述的："先君周公制周礼……作誓命曰：毁则为贼，掩贼为藏，窃贿为盗，盗器为奸，主藏之名，赖奸之用，为大凶德，有常无赦，在九刑不忘"。刑罚制度如《逸周书·尝麦》所记："受大正书乃降太史策刑书九篇"，及《尚书·吕刑》所载墨、劓、制、宫、大辟五刑。实际上刑罚种类还不止此。这可称之为"刑罚项"。

但是，"名例项"不涉及刑罚，概谓"有常无赦"。如《尚书·费誓》："马牛其风，臣妾逋逃，无敢越逐……汝则有常刑"；"无敢寇攘逾墙窃马牛诱臣妾，汝则有常刑"；"无敢伤牿，牿之伤，汝则有常刑"。又《兮甲盘铭》："毋敢或入蛮宄布，则亦刑"。但均不明示当处何种刑罚，以便使司法官得以"议事以制"。

（三）西周司法的最大特点——适用判例

"单项立法"给司法带来的直接后果是使司法官处于核心地位。他们把"名例项"、"刑罚项"适用于具体案件，作出判决，是为判例。这种审判方式即《左传》昭公六年叔向所言"议事以制，不为刑辟"，和杜预所注"临事制刑，不豫设法"。在"单项立法"的情况下，判例的价值是很高的。它不仅适用于本案当事人，而且对后来同类案件的审理具有指导作用，成为审判的直接法律依据。这样，案件的审理结果，在很大程度上取决于法官对两项及案件事实的理解与评价，这就给法官的主观任意性留下了很大余地。各诸侯国相对独立的客观环境与法官素质不一的主观条件，造成西周立法、司法在整体上的分散性。

判例是审判的结果，又是一种局部立法，它是司法和立法的合一。法官根据社会情况的变化，以统治阶级的法律意识为指导，不断创制新的判例。就微观角度而言，判例在某一具体案件的范围内，将具体的"名例项"、"刑罚项"结合起来。两项在宏观上的结合就意味着新形法律即成文法的诞生，而这种成文法将以集权统一的政体为前提。

西周重视判例，故有铸器的习惯。在贵族诉讼中，往往由败诉一方出资铸器，载有争讼过程与判辞的文字内容，如《鼎铭》、《矢人盘铭》、《训匜铭》等。也有贵族因违逆上级命令受罚而铸器的，如《师旅鼎铭》。这种载有判例的器皿被称为"礼器"、"刑器"，且被置于庙堂之内，以示威严与长久。只能由贵族特别是法官掌握，平民是"恃手而食者，不得立于宗庙"，自然无由"观鼎"。故有"国之利器不可以示人"之谓。平民对某一具体行为是否违法犯罪又应处何种刑罚，是无法预先知晓的。因此，当时的法律对平民

来说可谓 "刑不可知则威不可测" 的 "秘密法"。

西周的贵族政体和判例法在法律思想上的投影，就是 "人治" 理论：统治者的德行与才能状况是封地治乱、立法审判当否的基本前提。法官的个人素质尤被重视，如《吕刑》所谓 "惟良折狱"，"择吉人观于五刑之中"。春秋时人们对此认识更为深刻。概括为 "直" 与 "博"："直能端辨之，博能上下比之"。"直" 是道德品质，即秉公执法；"博" 是业务标准，即通晓历来的判例。"上下比之" 即《吕刑》的 "上下比罪"，亦《礼记·王制》所谓 "必察小大之比以成之"，是全面参考判例的意思。战国末的荀况在 "有法者以法行，无法者以类举" 的命题下，对以往的 "人治" 思想进行了更为理论化的阐述。

二、郑、晋公布的法律是新式法典

鲁昭公六年（公元前 536 年）郑国执政子产 "铸刑书"，二十九年（公元前 513 年）晋国赵鞅、荀寅 "铸刑鼎"，鲁定公九年（公元前 501 年）左右郑国大夫邓析 "作竹刑"。终于酿成法制改革浪潮。

（一）郑、晋法律的共同特点

从叔向对子产 "铸刑书"、孔子对赵鞅 "铸刑鼎"，以及时人对邓析 "作竹刑" 的批评中，我们不难体味到这些法律在形式上的共同特征，即改变了西周 "单项立法" 的传统，将 "名例项"、"刑罚项" 结合起来，成为 "二项合一" 的新式法典。

叔向云："昔先王议事以制，不为刑辟，惧民之有争心也"。是说过去审理案件根据具体的案件事实和情节，不预先制定关于什么是违法犯罪以及应处何种惩罚两项内容合一的法律，以免平民据法争辩。子产恰恰就制定颁布了这种法典。于是，"民知有辟则不忌于上，并有争心，以征于书，而徼幸以成之"，"民知争端矣，将弃礼而征于书，锥刀之末，将尽争之"。所谓 "书" 即指 "名例项"；"锥刀" 指 "刑罚项"。一般平民不仅知道某一行为是否违法犯罪，而且还知道应如何处罚，自然可以"弃礼而征于收"，向法官据法力争。

孔子云"贵贱不愆，所谓度也。……今弃是度也，而为刑鼎，民在鼎矣，何以尊贵？贵何业之守？贵贱无序，何以为国？且夫宣子之刑，夷之也，晋国之乱制也，若之何以为法。"是说，按礼的规定，审判是贵族和司法官独揽的事，铸有判例文字的鼎是不向平民公开的。现在把这种鼎陈列在公共场合，让百姓观看，这是违礼的做法。而且"刑书"的内容也不好，是夷之法。关于夷之法，《左传·文公六年》载有四项内容，第一项就是"正法罪，辟狱刑"，即治罪以法，罪名不当、法条不明者修订之，并依此重新审理罪犯、科处刑罚。可见，夷之法是兼有罪名和刑罚两方面内容的新式法典。

主张"事断于法"的邓析做了"竹刑"。人们批评他"不法先王，不是礼义"，"以非为是，以是为非"，并以法律知识帮人打官司，搞得"郑国大乱，民口欢哗"。邓析的"竹刑"如果不是两项合一的新式法典，那是不可思议的。

（二）郑、晋法律内容之比较

子产是由奴隶主转化而来的封建贵族的代表，又是当时开明的改革家。他的"铸刑书"是继"作封洫"（重新划分田界，确认各家的土地所有权）、"作丘赋"（以丘为单位向土地所有者征收军赋）之后的一项改革措施。这些措施借助"取其田畴而伍之"、"泰侈者因而毙之"等强制手段，改革郑国"族大宠多"的局面，并以加强宗室权力的方式打击、限制奴隶主贵族的特权，巩固封建贵族的统治。有了"二项合一"的新式法典，就可以有力制约奴隶主贵族在司法上的特权，以加强国君的权力。"刑书"既是改革措施之一，又是对改革成果的总结和记录。但是，子产是个矛盾的人物：除了改革的一面，他还具有守旧的一面。这就是"重礼"。他以"先安大以待以所归"为治国的一项原则，还坚持"举不逾等"，强调"直均，幼贱有罪"（争讼双方曲直相等，则辈分低的一方有罪），这些都表明他的贵族立场。其目的是在封建生产关系基础上继续维持贵族政体。因此，他的"刑书"虽在形式上是创新的，但在内容上仍有很大的守旧性。邓析是郑国新兴地主阶级的代表，他对子产"刑书"不满，曾"数难子产之法"，并与当权者分庭抗礼，私作"竹刑"。邓析的"以是为非，以非为是"和"不法先王，不是礼义"，都表明了他的"竹刑"与子产的"刑书"之间，除了形式相同之外，还在质上存在很大差别。

赵鞅是晋国实力人物。当时，晋国封建贵族已掌握政权。但在诸卿的权力角逐中，新兴地主阶级已登上了历史舞台，并显示了自己的力量。因此，赵鞅所铸刑鼎的内容，除维护封建贵族利益外，还或多或少反映了新兴地主阶级的要求。其中最突出的是"续常职，出滞淹"，即健全政府机构，任用贤能，汰除庸吏。晋国宗室衰绝，受礼的影响相对小一些。故有"尚能"的习惯。这不仅违背"亲亲"的原则，且与子产"举不逾等"大异其旨。"续常职，出滞淹"是"尚能"政策的法律化，它提高了非贵族出身的平民地位。这同赵鞅后来在铁之誓中公布的"克敌者上大夫受县，下大夫受郡，士田十万，庶人工商遂，人臣隶圉免"的精神是完全一致的。

可见，由于立法者的阶级属性和政治背景的不同，即使是形式上一致的法典，其内容也会有很大差异。同时，这些法典在很大程度上依旧保留了旧时代法律传统的某些遗迹。

三、春秋法制改革的历史评价

春秋晚期以公布新形式的成文法为中心的法制改革，是中国法律史上的创举，也是当时上层建筑领域内的一场革命。这一变革是当时经济发展、阶级矛盾和政治斗争的必然结果。

（一）春秋法制改革的社会原因

春秋末法制改革的社会原因是多方面的，主要为以下几点：

（1）法制改革是封建经济取代奴隶制经济的产物。随着生产力的提高，一部分奴隶主通过开垦荒地而获得土地所有权，并采用封建地租剥削的方法，于是转化为封建贵族。他们要求用法律来确认其土地私有权。但当时的法律仍体现西周土地王有"田里不鬻"的精神。这些精神又集中体现在有关土地争讼的旧判例中。为了改变这一状况，不能设想用新的判例来取代旧的判例，而只能用新的立法来排除旧的"判例法"的习惯势力。封建贵族一旦获得立法权，便立即采用了这种明快简捷的方法。

（2）法制改革是当时阶级矛盾和政治斗争的产物。封建贵族为夺取、巩固政权，必须打击奴隶主贵族的旧势力。这就必须采用立法手段，确认新的违法犯罪的定义、刑罚措施和司法原则，借以剥夺奴隶主贵族享有的传统特权，并使之处于动辄得咎的境地，不敢组织反攻。同时，封建贵族为避免因内部权力角逐而同归于尽，也需要制定新的法律，以便互相制约。平民是反对奴隶主贵族的激进力量，封建贵族在打击奴隶主贵族或维护内部权力平衡时，常常借用平民的力量，因此，新的法律在一定程度上对平民利益有所关照，以取得平民的继续支持。这也是公布新式成文法的原因之一。

（3）法制改革是由"属人法"向"属地法"过渡的产物。西周法律是以血缘身份为标准的"属人法"。春秋以降，周礼崩坏，宗法制度衰落。政治动乱使贵族"亡其氏姓，踣毙不振，绝后无主，湮替隶圉"（《国语·周语下》）；战争导致疆土易主："疆场之邑，一彼一此，何常之有"（《左传·昭公元年》）；买卖交换使土田易姓；"贵货易土，土可贾焉"（《左传·襄公九年》）；暴政使人民逃亡，天灾使民众迁徙……这一切都使原来的"属人法"失去价值。同时，统治阶级为维持国力和增加税收，加强以地域来划分居民。从齐国管仲的家、轨、连、乡的行政组织，到郑国子产的"都鄙有章"、"庐井有伍"，再到晋国的县郡制度。无一不标志着地域色彩的增长。这就使按地域来确定人们权利义务关系成为必须和可能的事情。

（4）法制改革是新政体和司法制度的产物。随着新兴地主阶级的增长，当时政体发生新的变化，即官僚制和县郡制的诞生。西周只有封土赐爵之制，春秋末才出现谷禄官俸之事。如孔子弟子当邑宰、家臣皆取谷禄为俸而不世袭。县郡制的发展以晋国最为突出。就在赵鞅"铸刑鼎"的前一年，晋国灭了两家旧贵族，将其封地划为十个县，任命县大夫去主管境内政务，直接对执政负责。这无疑加强了君主的权力。司法成了国家官吏的专业性工作，各级贵族不得染指。晋梗阳县有大宗、小宗两家贵族争讼，梗阳大夫解决不了，上报晋执政魏献子。大宗为胜诉不惜以"女乐"贿赂魏献子。亲戚互相打官司，本来就违背"父子无狱"、"君臣无狱"、"兄弟之怨，不征于他"（《国语·周语中》）的周礼，而大宗不得不靠走后门来胜诉，这正好说明贵族的司法特权确实受到一定程度的抑制。在这种情况下，制定和公布新式成文法是势所必然的。

（二）春秋法制改革的历史意义

春秋末法制改革对当时社会变革及后世的法律制度均有巨大影响，这主要体现在如下几方面：

（1）这一改革限制和削弱了奴隶主贵族的势力，促进了封建经济的发展，巩固了封建政权。同时，有利于平民获得法律知识和向统治阶级"据法力争"，客观上助长了新兴地主阶级势力的增长；

（2）这一改革促进了封建官僚制的发展，加强了君主的地位和权威，冲击了传统的贵族政体和地主割据，有利于国家的统一；

（3）这一改革开创了"二项合一"的新成文法的模式，成为后来新兴地主阶级立法的样板。它标志着我国古代立法与司法经验的日臻纯熟，并为立法、司法的专业化和立法、司法技术的发展创造了条件。

但是，由于当时封建经济发展得还不充分，旧的传统势力还顽固存在，新兴地主阶级还刚刚登上政治舞台，因此，当时的成文法还在相当大的程度上保留了旧时代的痕迹。仅以"夷之法"为例，其中"董逋逃，由质要"，尽管主要针对逃亡平民，但仍具有奴隶制法律的残余影响。"治旧洿，本秩礼"，则在处理田讼、水讼时仍沿用过去的裁判原则。赵鞅的铁之誓还体现着对不同身份的"克敌者"的同功异赏原则，严格说来还不同于战国法家的"能得甲首一名者，赏爵一级，益田一顷，益宅九亩，除庶子一人，乃得入兵官之吏"（《商君书·境内》）的精神。

战国以后及至秦朝，中国古代法律进入了"成文法"时代。其主要特征是：①形成了中央集权的君主专制政体，国君掌握立法、司法大权；②制定并公布大量成文法，明示什么行为是违法犯罪行为，以及应处何种刑罚，以便让臣民有所遵循，使"吏不敢以非法遇民，民不敢犯法以干法官"。到秦代，社会生活的各个领域已"皆有法式"，从而"天下事无大小皆决于法"；③司法官吏必须依法进行审判，既不得援引以往的判例，又不得主观臆断，创制判例，遇疑难案件，只能报请上级以至皇帝终裁。如果说，西周的贵族政体和"判例法"造就了一批善于思考和立法的司法官的话，秦朝则培养了一批博闻强记、长于操作的执法工匠。

春秋末法制改革与战国法制变革是以封建贵族、新兴地主阶级先后取得政权为背景的重大历史事件。如果说前者是"换药不换汤"，即提出新的法律形式却保留相当多的旧法律精神的话，那么，后者是"既换汤又换药"，即沿用新的法律形式并确立新的法律内容。经过这个层次的改革，中国古代法律便完成了由"判例法"向"成文法"的过渡。春秋末的法制改革标志着旧的贵族政体与"判例法"时代的终结和新的集权政体与"成文法"时代的诞生，这就是它的历史价值之所在。

（原载《自修大学》1987 年第 3 期）

孔子与铸刑鼎

鲁昭公六年(公元前 536 年) 郑国执政子产"铸刑书"。又过了二十三年,即鲁昭公二十九年(公元前 513 年),晋国赵鞅、荀寅又"铸刑鼎",孔子对此提出批评。把法律条文铸于金属器具之上并颁之于众,这是春秋时代法律制度上的大事件,也是中国古代法律文化进一步发展的重要标志。因此,弄清刑书、刑鼎在形式上、内容上的一般情况,并在此基础上剖析孔子对"铸刑书"、"铸刑鼎"事件的态度的真实动因,对于深入了解孔子的法律思想,都具有十分重要的意义。由于这个问题比较复杂,故多用些笔墨,并企教于大方之家。

一、关于公布成文法问题

众所周知,孔子反对晋国"铸刑鼎"。但仅仅据此一例便得出孔子反对公布成文法的笼统结论,似觉未妥。因此,我们应当把晋"铸刑鼎"事件置于"宏观"的视野之中,从纵的(历史流变)、横的(地域联系)两种角度进行综合分析,才能得出近乎客观实际的结论。

(一)西周公布什么样的法律——兼及西周的立法形式与司法特点

有这样一种意见,认为"铸刑鼎本来是奴隶制全盛时期奴隶主阶级一条重要的法律章则,""铸刑书在西周时期是很普遍的。孔丘反对铸刑鼎,与《周礼》的规定是背道而驰的，这是没落奴隶主走向反面时虚弱的表现"。① 看来，为了弄清孔子对铸刑鼎的态度，不能不谈谈西周的立法和司法了。

我国古代成文法律的制定，由来久矣。春秋时的叔向就曾提到"禹刑"、"汤刑"、"九刑"（《左传·昭公六年》）。西周的立法较前代更为发达。当时不仅有"周文王之法"（《左传·昭公六年》），而且周王还"命大正（司寇）正刑书"，"众臣咸兴，受大正书，乃降太史生策刑书九篇"（《周逸书·尝麦》）。

"刑"是诸法合体的法律文件的统称。近似于今"型"（型范、模型）。古代法律文件多铸之于金属礼器，《周礼·秋官·司约》："凡大约剂书于宗彝"。即所谓"器以藏礼"（《左传·成公二年》），以示威严与长久。铸器须先制模具，即"型"。通过"型"而浇铸的具有法律的内容的礼器，又叫作"刑器"，如"使乐遄庀刑器"（《左传·襄公九年》）。铸"刑器"不仅是立法而且也是司法的结果。在贵族诉讼中，往往由败诉的一方出资铸器，记载争讼的过程及法官的判辞，如《铭》。也有受罚的贵族铸器的，如《师旅鼎》就是"师旅受罚遂铸器以纪其梗概"的产物，"受罚而铭器，此例仅见"。② 这些都是"大伐小，取其所得以作彝器"的战争惯例在司法中的反映。其目的在于"昭明德而惩无礼。"（《左传·襄公十九年》）这实际上又是一种判例。"刑器"是用来规范人们行为的，具有不可违犯的权威。正如同"型"（模型）规范熔化的金属一样。故而《礼记·王制》云："刑者侀也，侀者成也，一成而不可变。"而这些载有法律和判例内容的"刑器"是贵族统治权和司法权的象征。它们被置于贵族的庙堂之中，只能由贵族特别是司法官员内容掌握，不向平民公开。即所谓"国之利器不可以示人"（《老子》三十六章）。

西周统治者也向平民公布法律，这主要分两类：定期的和临时的法令。

定期的法令即"象魏"之法。《周礼·天官·大宰》："正月之吉，始和，

---

① 林乃燊：《关于孔丘的几个问题》，载《北京师院学报》1979 年第 1 期。
② 郭沫若：《两周全文辞大系图录考释》释文部，科学出版社 1957 年版，第 41、131 页。

布治于邦国都鄙。乃县治象之法象魏，使万民观治象，挟日而敛之"。"魏"是天子、诸侯宫门外一对高的建筑物。"象"是刑典之意。悬"象"于"魏"，故称"魏"为"象魏"。由于"象魏"是统治者颁布法律的地方，久而久之，它就成了法律的代名词。《左传》哀公三年："司铎火。季桓子至，御公立于象魏之外。……命藏象魏，曰：旧章不可亡也。""象魏"可以收而藏之，似当属法律文件之类。"象魏"之法的内容是规定人们应当和不应当作什么，否则"吾则有常刑"。但具体应当施加什么刑罚是不预先明示的，由司法官根据具体情节量定。

临时的法令。如《兮甲盘铭》："毋敢或入蛮宄布，则亦刑"，"敢不用令则即井（刑）扑伐"；《尚书·费誓》："马牛其风，……乃越逐不复，汝则有常刑"；"无敢寇攘，……汝则有常刑。"又如《左传》哀公三年："命宰人出礼书，以待命，命不共，有常刑"。这种临时的法令虽然因一时一事而发，但对以后仍有效力。这种法令对违法者也没明示处以何种刑罚。

西周立法形式的最大特点是"单项立法"。即分别规定关于违法犯罪的概念、司法的一般原则，和以刑统罪的刑罚制度。前者类似于后来封建刑律中的《名例》和现代刑法典中的"总则"，我们姑且称之为"名例项"。比如"先君周公制周礼……作誓命曰：毁则为贼，掩贼为藏，窃贿为盗，盗器为奸，主藏之名，赖奸之用，为大凶德，有常无赦，在九刑不忘"（《左传·文公十八年》）以及"周文王之法"中的"有亡荒阅"。《尚书·吕刑》亦属此类。后者有似于今刑法典的"刑罚"部分，姑且称之为"刑罚项"。如《尚书·吕刑》："墨罚之属千，劓罚之属千，剕罚之属五百，宫罚之属三百，大辟之罚其属二百，五刑之属三千"。可见，"名例项"不涉及具体的刑罚，概谓"有常无赦"这个"常"的具体内容是不并列的。而"刑罚项"又不涉及犯罪的概念，两者是分离的，因为前者变化大而后者变化小，所以把两者结合为一典，尚需要长期的法律实践。

"单项立法"给司法带来的必然结果首先是判例（姑称为"判例项"）地位的提高。司法官以"名例项"和"刑罚项"施用于具体案件，作出判决。所谓"临事制刑，不豫设法"（《左传·昭公六年》杜预注）这种判决既适用本案当事人，又对未来的同类案件具有指导和参考作用。实际上成为司法的法律依据之一。其次是使法官处于关键地位。由于"名例项"、"刑罚项"、"判例项"是"三项分离"的，所以法官对某具体案件的裁决便完全取决于他对"三项"的理解和对案件事实的评价，即叔向所谓"议事以制"。因此古代人们异常重视法官的品质与才能。如《尚书·吕刑》所说："惟良折狱"，"择吉人观于五刑之中"。春秋时人们对法官的品质与才能的重要性认识得更为深刻，称之为"直"和"博"："直能端辨之，博能上下比之"。訾柘就是春秋时能够"端刑法、缉训典"的德才兼备的优秀司法官（《国语·晋语八》）。"上下比之"即《吕刑》所谓"上下比罪"和《礼记·王制》所谓"凡听五刑之讼""必察小大之比以成之"，是全面审度"名例"、"刑罚"和参考"判例"的意思。秦代亦强调判例的作用，所谓"行事比焉"。①

正因为西周实行"单项立法"和"三项分离"的司法，所以对一般平民来说，除了简单的政令和刑罚手段之外，作为整体意义上的"名例项"、"刑罚项"、"判例项"，是无从知晓的。同时，对某一具体的行为是否系违法犯罪，又应当处何种刑罚，平民自然也是不知道的。对平民来说，西周的法律可以说是"刑不可知则威不可测"的"秘密法"。

如果说西周是种族奴隶制的话，那么它的法律也是"种族法"。这种法律所规定的权利义务取决于人们的血缘身份，可以说这是一种特殊的"属人法"。在以血缘划分阶级等于以地域区分居民的情况下，这种"属人法"处处体现着公开的等级差别。就是，西周以降，奴隶主贵族的礼制日趋崩坏，战争导致疆土易主；"疆场之邑，一彼一此，何常之有"（《左传·昭公元年》），天灾迫使人们迁徙，政治动乱使贵族"亡其氏姓，踣毙不振，绝后无主，湮替隶圉"（《国语·周语下》）。新的统治者不得不以地域为标准来划分居民、征收赋税。于是西周"属人法"过时了，代之而起的是一种新形式的法律。

---

① 《睡虎地秦墓竹简》，文物出版社 1978 年版，第 220 页。

（二）郑、晋公布了什么形式的法律

从叔向对子产"铸刑书"、孔子对赵鞅"铸刑鼎"的雷同的斥责中间，我们不难体味到郑刑书、晋刑鼎在法律形式上具有共同的特点——改变了西周"单项立法"的传统，将"名例项"和"刑罚项"结合起来，成为"二项合一"的新式法典。

叔向云："昔先王议事以制，不以刑辟，惧民之有争心也"。是说过去审判案件只是遵照"名例项"、"刑罚项"并参考"判例项"，不曾预先制定什么行为是违法犯罪和应处何种刑罚两项内容合一的刑典，以免老百姓据法争辩。子产恰恰制定并颁布了这种刑典。于是，"民知有辟，则不忌于上，并有争心，以征于书，而徼幸以成之"；"民知争端矣，将弃礼而征于书，锥刀之末，将尽争之。"（《左传·昭公六年》）其中"征于书"的"书"即传统的"名例项"，"锥刀之末"即"刑罚项"。老百姓连犯罪的概念、司法原则以及刑罚措施都一清二楚了，自然可以就是否构成犯罪、应处何种刑罚等问题向法官和贵族据理力争。那么谁还去遵守礼，尊敬贵族？

孔子云："晋其亡乎，失其度矣。夫晋国将守唐叔之所受法度以经纬其民，卿大夫以序守之。民是以能尊其贵，贵是以能守其业。贵贱不愆，所谓度也。……今弃是度也，而为刑鼎。民在鼎矣，何以尊贵？贵何业之守？贵贱无序，何以为国？且夫宣子之刑，夷之蒐也，晋国之乱制也，若之何以为法。"（《左传·昭公二十九年》）孔子所说"卿大夫以序守之"与"民在鼎矣"，是说过去的法律由贵族内部掌握，现在却公布于百姓，是"贵贱无序"。"宣子之刑，夷之蒐也"，是说"刑书"内容不当为法。考"夷蒐之法"可知亦"二项合一"之法也，不过当时恐未颁之于国民。

郑刑书、晋刑鼎向国内全体臣民颁布了"二项合一"的新式法典，是中国法律史上的伟大创举。也是当时经济发展、阶级矛盾和统治集团内部角逐的必然结果。西周的"名例项"和"刑罚项"对后来的剥削阶级仍有广泛的适用性。但是，由于"判例"在适用中具有局限性，比如，西周的"土地王有制"显然已不适用于春秋的实际。这种"判例项"便逐渐被淘汰掉了。这

样，在去掉"判例项"之后，只有将"名例项"与"刑罚项"结合起来。当时，掌握政权的封建贵族，一方面畏惧奴隶主贵族对政权的觊觎，当他们感到奴隶主贵族是他们的最大威胁时，便急于用法律形式确认自己的既得利益并限制奴隶主贵族的传统特权。为此，他们不惜讨好平民，对平民的利益适当加以"照顾"；另一方面，当封建贵族内部诸派势为斗争激烈之际，为了避免"同归于尽"，经过妥协之后将过去的法律赋以新的内容并予以公布。这种新式法律的颁布，在客观上有利于平民对统治者的"合法"斗争，有利于限制贵族的特权和法官的擅断。这种做法被后来的新兴地主阶级所继承和发扬。

二、从晋刑鼎的内容看孔子反对晋刑鼎的理由

孔子不仅从公布成文法的形式而且从成文法的内容上反对晋刑鼎。因此，我们有必要对晋刑鼎的内容进行初步的探讨。

赵鞅、荀寅铸于鼎上的法律是"范宣子所为刑书"。史料未得范宣子制定刑书的行迹。因此，杜预所释"所为刑书"即"所用刑书"，是可取的。孔子则更明确指出"宣子之刑，夷之蒐也"。孔子一定得知"宣子之刑"和"夷之法"的内容，所以才敢于下此断语。不论"宣子之刑"是"夷蒐之法"的翻版，还是在性质、特点上属于"夷之法"的那一类型，总之，两者有着密切的联系，这是可以确定的。因此，我们通过"夷之法"来了解"宣子之刑"的内容，大体上也是不会错的。

"夷蒐之法"是什么性质的法律？这直接关系到孔子对晋铸刑鼎的态度问题。有一种意见认为："夷之法是镇压奴隶，维护奴隶主阶级利益的法律"；"在春秋末年，荀寅还将'董逋逃'的奴隶法铸之于鼎"[1] 以"董逋逃"来证明"夷之法"带有奴隶制法的色彩是可以的，但以"董逋逃"来断言晋所铸刑鼎是奴隶法恐有武断之意。

关于"夷蒐之法"，《左传》文公六年记载："春，晋于夷，舍二军。使

---

① 钟肇鹏：《孔子研究》，中国社会科学出版社 1965 年版，第 50—51 页。

狐射姑将中军，赵盾佐之。阳处父至自温，改于董，易中军。阳子，成季之属也，故党于赵氏，且谓赵盾能，曰：'使能，国之利也'。是以上之。宣子于是乎始为国政，制事典……既成，以授大傅阳子与大师贾佗，使行诸晋国，以为常法"。

关于赵盾所作的"夷蒐之法"，一般都被概以"九事"；"宣子于是乎始为国政，制事典；正法罪，辟狱刑，董逋逃，由质要，治旧，本秩礼，续常职，出滞淹"。我以为当断句如下：赵盾"始为国政，制事典：正法罪，辟狱刑；董逋逃，由质要；治旧，本秩礼；继常职，出滞淹。"文中"制事典"与"以为常法"首尾呼应，讲的是自草拟法律到被确立为国法的全过程。至于法律的内容实际上分四个方面。

（一）关于刑事立法、司法——"正法罪、辟狱刑"

"正法罪、辟狱刑"，即治罪以法，罪名不当、法条不明者修订之，并以修订完善的刑律审理狱中专决因犯，以法科刑。可见赵盾所制定的法律有两个特点：一是兼有罪名和刑罚两方面的内容；二是在罪名和刑罚方面均与以往不同。其具体情况由于文献不足，不能详知。

（二）关于动产诉讼——"董逋逃，由质要"

这里所说的动产只指奴隶、牛、马、羊等财产。在这些财产脱离主人控制而在其归属问题上发生纠纷时，以"质要"为证据而断之。质，即质剂、券契，是买卖奴隶、牛、马、羊时制作的券书。如《周礼·地官·质人》："大市以质，小市以剂"。郑玄注：大市，人民牛马之属，用长券；小市，兵器珍异之物，用短券。《麦尊铭》载：天子赏赐井候"臣二百家，剂。"郭沫若谓："此语可证古有奴券"（郭沫若：《两周金文辞大系考释》第41页。）要，证券，官方文件。《矢人盘》（即《散氏盘》）记载一宗田讼的判例，详记田界的方位与标志。落款有："左执要史正仲农"，似指专门掌管"要"的官吏。郭沫若同志解释："谓其左执券乃史正之官名仲农者所书也。"能够书写判辞的，应当是官方仲裁者。"券"分左右，如《睡虎地秦墓竹简》有："亡校券右为害"（第228页）；《史记·平原君列传》有："操右券以责"；《商君书·定分》有"左券"、"右券"。恐"左券"为正本而存于官府者。故《白虎通义》说："质尊左"。《周礼·地官·小司徒》："大比（校）则受邦国之比要"。"要"即有关户籍、财产的文书。《荀子·王霸》有："官人失要则死，公族失礼则幽"。"要"即官方法律文书。

"董逋逃，由质要"在西周是一条奴隶制性质的民事诉讼原则。《尚书·费誓》："马牛其风，臣妾逋逃，无敢越逐，祇复之，我商赉汝。乃越逐不复，汝则有常刑。无敢寇攘，逾垣墙，窃马牛，诱臣妾，汝则有常刑"。意思是，得到散失的马牛和逃跑的奴隶要报官或归还原主，这样可以得到一定偿金。否则就是违法行为。《周礼·秋官·朝士》："凡得获货贿、人民，六畜者，委于朝，告于士。旬而举之，大者公之，小者庶民私之"。这里的"人民"即指逃跑的奴隶。《汉谟拉比法典》第17条规定：某人在野外捕获逃奴并送还原主，则主人应给此人两西克勒银子；第16条规定：某人将逃奴藏匿在家而不交出，这家的主人应处死，可见视奴隶为财产乃世界各国奴隶制法的共同特征。

《易经》是了解西周社会生活的宝贵著作。其中记载了大量的关于动产转移和诉讼的情况。如"无妄之灾，或系之牛，行人之得，邑人之灾"（《无妄》）；"丧马，勿逐，自复"（《睽》）；"无亨，利牝马之贞，君子有攸往，先迷后得主，利"（《坤》）；"妇丧其茀，勿逐，七日得"（《既济》），"畜臣妾，言"；得臣无家"（《损》）；"得妾以其子，无咎"（《鼎》）；"得童仆"、"丧其童仆；"（《旅》）"不克讼，归其逋，其邑，人三百户无眚"（《讼》）；等等。可见当时的动产包括臣妾童仆，牛马羊及生活日用品。其中"勿逐"与《费誓》所谓"无敢越逐"的原则是一致的。而"先迷后得主"、"七日得"、"归"又可与《费誓》的"祇复之"相印证。

"董逋逃，由质要"这一原则有着广泛的适用性。因为"逋逃"者可以包括奴隶、牛马，也可以包括罪犯、逃民；而"质要"则既包括买卖契券，又包括官方法律文书。当"逋逃"者是罪犯时，它又可以成为刑事诉讼原则；而当"逋逃"者是逃亡平民时，它又可以成为行政、户籍管理方面的原则。

如秦代所谓"逋事";"吏典以令,即亡弗会,为逋事"。①

赵盾重申这一原则并不是简单地恢复奴隶制法律。春秋以后,奴隶主贵族不断封建化的重要标志,是其领地内的生产奴隶逐渐转变为向政府纳赋交租的农民。他们被政府编入册籍,形成一种封建性的法律关系。这种户籍之册又叫作"版"。孔子"式负版者"(《论语·乡党》),就因为"版"上载有老百姓的名字。由于农民较奴隶有更高的生产积极性,故比较稳定地被束缚于土地上,不轻易逃离故土。当时逃亡的奴隶还是有的,但主要是家内奴隶。鲁昭公六年(公元前536年),楚国贵族陈无宇的守门奴隶逃到楚王领地,陈无宇费了许多口舌才把那个奴隶领了回去(《左传·昭公六年》)。各封建贵族为了扩充实力,往往以种种手段招徕其他地方的奴隶或农民开垦荒地。这样,在奴隶主贵族与封建贵族之间,以及封建贵族之间,往往由于奴隶、农民的归属问题产生纠纷。赵盾重申这一原则,其目的不仅在于用诉讼手段来取代西周"有亡荒阅"的大清查,更重要的在于调和奴隶主贵族与封建贵族之间,特别是封建贵族之间的矛盾,意在加强整个封建贵族的统治。

到了范宣子和赵鞅的时代,晋国的封建化又取得了很大进展。当时"逋逃"者主要是逃亡的平民,如叔向所言"民闻公命如逃寇仇"(《左传·昭公三年》)。而"董逋逃"的人是代表国家的官僚,其目的在于保障国家赋税。"质要"则成了官方文书(如户籍、税簿)。春秋晚期晋国侯马盟书中有"委质",即臣民与君主建立的新的封建依附关系。这说明当时晋国社会结构已经较远地脱离了宗法血缘纽带的桎梏。同时,牛马在农业生产中的使用价值不断提高,所以在牛马作为动产的诉讼中,原来的原则依然适用。法律所适用的对象和条件改变了,那么法律本身的内容也会改变。所以,赵鞅颁布这条法律,与其说是恢复奴隶制法,毋宁说是在旧的外壳下面创制封建制法。所以不能仅以"董逋逃"三字便认定"夷之法"为奴隶制法,正如同不能因为两汉法律中有保护奴隶买卖的条文,便说两汉法律是奴隶制法律一样。

---

① 《睡虎地秦墓竹简》,文物出版社1978年版,第221页。

（三）关于不动产诉讼——"治旧洿，本秩礼"

这里的不动产主要指土地。西周土地国有，天子可以把土地和土地之上的生产奴隶分封给贵族、功臣，也可以下令收回重新分配；"解有罪之地以分诸侯"（《国语·鲁语上》）。受封的贵族对于土地只有使用权，没有所有权，所谓"田里不粥（鬻）。"（《礼记·王制》）但即使是在西周，由于生产力的提高，各级贵族不断开垦荒地，也产生了少量的"私田"。《鼎铭》、《矢人盘铭》所记用于赔偿的"五田"、"二田"，就是在边沿地带开垦的"私田"。春秋时，土地所有权由天子所有递降为诸侯、卿大夫、陪臣所有。晋国则出现了土地买卖："贵货易土，土可贾焉"（《左传·襄公九年》）。土地纠纷是土地私有的必然结果。春秋以后，某族之间"争土田"、"以田诉"、"夺田"之事史不绝书。洿，"浊水不流也"（《说文解字》）。土田的经界多以沟渠为标记。如《周礼·地官·遂人》："掌邦之野，以土地之图经田野，造县鄙形体之法。……皆有地域，沟树之"。又《大司徒》："制其地域而封沟之"。"浊水不流"乃沟渠阻塞所致。何以阻塞？原因有二：一是"田讼"，一方开新渠以为田界，故掩填旧渠使之干涸；二是"水讼"，由于田地易主，使原灌溉系统紊乱。各方争水，阻塞他人之渠使之不通。如"子驷为田洫，司氏、堵氏、侯氏、子师氏皆丧田焉。"（《左传·襄公十年》）春秋时的"水讼"不限于国内，诸侯国之间也因治水、用水发生争战。故齐桓公大会诸侯于葵丘的盟誓中特别有一条"无曲防"，即不得以邻为壑（《孟子·告子下》）。"治旧洿，本秩礼"，意谓处理"田讼"、"水讼"案件要按照过去的传统习惯，如《周礼·地官·小司徒》所说的"地诉以图正之"和《矢人盘铭》所记的损害赔偿之类。这种原则是维护土地所有者利益的，从整体上看，当时的封建贵族比奴隶主贵族的土地要多。

（四）关于官吏任免——"续常职、出滞淹"

"续常职，出滞淹"，意思是恢复和健全政府机构，任用贤能，汰除无能的官吏。晋国的确有一种"尚能"的传统，这无疑是与"亲亲"原则相违背的。魏献子任命十位县大夫，其中的魏戊是他的庶子，因此他十分不安，唯恐别人说他任用私人。"续常职、出滞淹"这项法律是晋国"尚能"政策的法律化、条文化。赵盾制定这项法律，目的在于削弱奴隶主贵族的势力，任用大批非宗室的卿大夫，从组织上巩固封建贵族的统治。在后来长期的诸卿间的斗争中，这条法律往往成为执政者安排私人，加强自己实力的借口。但总的看来，这条法律是与传统的"亲亲"原则相违背的，对增强晋国的实力有一定促进作用，对后来的法家也有一定影响。

孔子为什么说"宣子之刑，夷之蒐也，晋国之乱制也"？

第一，夷之蒐"一而三易中军"，朝令夕改，引起动乱，夷之的结果是赵盾执政，六卿专权的局面自此始。赵鞅、荀寅铸宣子之刑于鼎上，也是诸卿之间既联合又斗争的结果。当时的执政是魏献子。赵鞅、荀寅以下卿而干上令，"擅作刑器"，颁布"范宣子所为刑书"，可能意在拉拢范氏而抑制魏献子。但赵、荀之间也是貌合神离，互相利用。诸卿之间不讲"礼让"而互相争夺，所以不得不公布成文法以相互约制。晋铸刑鼎是这种权力角逐的产物。这种为国以权谋、利害而不以礼的治国方法，自然为孔子所不取。

第二，"夷蒐之法"只讲刑罚、狱讼，不讲礼治？教化，这在孔子看来是本末倒置。

第三，"董逋逃"含有督责逃亡奴隶和平民之义。不论是把奴隶当作牲畜来处理，还是用强制力禁止人民流动，都与孔子的思想相矛盾。因为在孔子看来奴隶也是人，这自然与视奴隶为财产的奴隶主法律意识格格不入。而且孔子实际上主张人民有权利背离暴虐之君而归顺仁义之君："远人不服，则修文德以来之。既来之，则安之"（《论语·季氏》）。

第四，"出滞淹"专以"贤能"为标准，违背了孔子在"亲亲"前提下"举贤才"的用人路线。孔子赞扬魏献子"近不失亲，远不失举"，实际上是强调"近不失亲"的基本精神，因为这个精神在晋国是显得异常宝贵的。与"出滞淹"精神相联系的就是任用有能、有功之人。赵鞅的铁之誓云："克敌者上大夫受县，下大夫受郡，士田十万，庶人工商遂，人臣隶圉免。"（《左传·哀公二年》）这就使非贵族出身的平民地位不断提高，从政治上经济上逐渐成为封建贵族的竞争者。赵鞅的法令虽然带有以身份定赏赐的旧的痕迹，严格说来还不同于后来新兴地主阶级主张的无论何人"能得甲首一者，赏爵一级，益田一顷，益宅九亩，除庶子一人，乃得入兵官之吏。"（《商君书·境内》）但毕竟与后来法家奖励耕战政策的精神相一致。这种精神在晋国较为明显，自然为孔子所察觉。因此，他对"出滞淹"持否定态度是不奇怪的。

三、从孔子对铸刑鼎事件的态度看他的政治立场

孔子不是一般地否定法律和刑罚的作用。在他看来，"君子怀刑"是遵守礼制的基本前提。而且"导之以政，齐之以刑"，毕竟可以使人民免于犯罪、受罚。这是问题的第一层。第二层，孔子主张对人民施行教化。教化的内容很多，大致有：①道德伦理观念；②战争技术："以不教民战是谓弃之"，"善人教民七年，亦可以即戎矣"（《论语·子路》）；③法令和法律知识："不教而杀谓之虐，不戒视成谓之暴，慢令致期谓之贼。"（《论语·尧曰》）第三层，孔子主张庶人议政："天下有道则庶人不议"（《论语·季氏》），又盛赞子产不毁乡校，并因此而许子产以"仁"，其中自然包含有允许庶人议论法律、政令的意思。因此仅仅就公布新式成文法这一事件来弄清孔子的思想动机也已十分困难。但是，当我们把这个问题置于比较开阔的背景上面，问题就豁然开朗了。

公布成文法在任何时代任何国度都不是孤立的偶然事件，而是与当时当地的国体、政体、国内阶级力量对比关系，统治集团的统治艺术等项因素密切相联的。如果我们把公布新式成文法问题置于上述诸因素的背景上面来分析，就不难看出，孔子之所以不批判郑铸刑书，而深恶晋铸刑鼎，原因在于：郑国当时封建贵族稳定地执掌政权，而且实行一种贵族政体。在这种政体下面，平民不得犯上作乱而封建贵族享受着种种特权，这是一种"贵贱不愆"的美好政治局面。同时，贵族还可以限制执政的权力，孔子就是惧于"众怒"而烧掉"丹书"的（《左传·襄公十年》）。当时掌权的封建贵族实行

一种宽、惠的治民方针，"不毁乡校"的政策就是证明。因此在君民关系上往往表现出和谐的一面来。这种政体正是孔子所希望建立的开明贵族政体。在这种情况下，即使颁布了新式的成文法，但因为立法权、司法权比较稳固地掌握在封建贵族手中，这种法律也只能起到维护封建贵族统治的作用。晋国是几家封建贵族集团边打边和的联合专政，统治层常常处于权力转移的动乱之中。他们为了扩充实力和削弱对方，不惜对平民采取最大的宽容政策，给平民参与政治活动的机会，以致使平民的势力不断壮大。早期郡县制的发展，使国家权力逐渐集中于执政手中，从而酿成了中央集权政体的最初雏形，地方各级封建贵族的特权却受到一定程度的抑制。在统治艺术上晋国也不同于郑国。赵盾推荐韩献子为司马，却又"使人以其乘车干行"来考验他。韩献子则毫不客气地依法斩了赵盾的车仆。可见晋国已经形成既讲术又重法的风气（《国语·晋语五》）。范宣子不仅亲自"与和大夫争田"，而且下过"不从君者为大戮"的命令（《国语·晋语八》）。颇有一点"惟其言莫予违"（《论语·子路》）的气度。晋国统治者不大讲德、礼。而偏重功利。子产就曾经批评范宣子："子为晋国，四邻诸侯不闻令德，而闻重币。"（《左传·襄公二十四年》）赵鞅不大懂礼，问子大叔（子产的继承人）"揖让周旋之礼"，子大叔便对赵鞅说："是仪也，非礼也"（《左传·昭公二十五年》）。接着讲了一篇关于礼的大道理。

因此，在这种情况下公布新式成文法，其社会效果便与郑国大不一样。这说明，法律的制定与颁布并不等于法律在社会中的实现，而法律在社会中实现的程度取决于社会生活的各方面因素。孔子既目睹了郑子产"铸刑书"所产生的社会效果，又预见到晋"铸刑鼎"所带来的影响，因此对两者采取了不同的态度。

孔子对郑铸刑书、晋铸刑鼎的态度正好说明了他的封建贵族的政治立场。这主要表现在如下几点：

首先，孔子主张用法律手段（包括颁布新式法律）来对奴隶主贵族的政治进行改革，但政权（包括立法权和司法权）必须稳固地把握在封建贵族手中。这样才能既削弱奴隶主贵族的力量，又能扼制平民的势力。孔子的贵族偏见使他每每对平民抱以深深的戒心。

其次，孔子主张一种贵族政体。认为只有贵族政体才能确保封建贵族继续享有奴隶主贵族的那些特权。而且可以通过对平民作些让步和教化来稳定整个"贵贱不愆"的社会秩序。因此他反对初步发展起来的郡县制。这是因为，郡县制发展的直接后果，是贵族作为其领地统治者和土地主人的双重身份的改变。在这种形势下，封建贵族的特权就很难保障。而且郡县制必然导致君主权力的无限加强，其结果必然使封建贵族在君主面前的发言权，不断被削弱。可见孔子没有就法律问题而论法律问题，而是把法律问题置于政体等诸方面因素之中来加以分析的。

（原载《孔子法律思想研究》，山东人民出版社 1986 年版）

从"以刑统例"到"以罪统刑"

——春秋战国时期的法律变革

春秋战国是中国古代社会发生巨变的历史时期。社会变革的结果是封建制取代奴隶制,官僚制取代贵族制。表现在法律上的变化则是成文法制度确立,判例法制度衰亡;法律样式也从西周时的"以刑统例"演变为战国时的"以罪统刑"。

一、"判例法"与"以刑统例"

晋卿叔向言:"昔先王议事以制,不为刑辟。"(《左传·昭公六年》)此处的"事",意为判例;议,则含有选择、评判、研讨之义。叔向认为,西周法律制度的特点在于参酌引用以往的案例量刑,不预先制定罪与非罪及何种罪行应受何种刑罚的法律条款。这是对西周时期所实行的判例法制度的高度概括。

判例法的实施有其特定的历史环境。在西周宗法贵族政体下,政治权力连同从事政治法律活动的知识、习惯、常规、技能、艺术等一律按照"嫡长子继承制"的链条传递,祖先的行为、言论、典章、旧例对后辈具有巨大的影响。"议事以制,不为刑辟"的判例法正是这种"敬天法祖"、"帅型先考"时代的产物,判例法的传统也一直延续到春秋时期。从古籍和出土的文物中，我们可以看到大量的西周春秋时的审判实例。这些实例或被铸于鼎、盘等青铜器上，或载于典册之中，对当时及后世的审判起着指导性作用。下面略举几例：

（1）西周中期的鼎铭文记载了一起不履行合同而引起的诉讼案和另一起侵犯他人财产而引起的诉讼案。第一起大意是：某年月日，法官某受理诉讼，原告某申明诉由，法官某做出判决，被告某服从判决。第二起审判的经过大致与第一起相同。

（2）西周晚期的矢人盘铭文记述了一宗因侵犯土地所有权而引起的诉讼案。其大意为被告矢氏侵占了原告散氏的领地，散氏告到有司，有司判决矢氏用两处田地作为赔偿，被告发誓服从判决。

（3）《左传·昭公元年》记载了郑国子产判决的一宗伤人案。大意是：从兄弟公孙黑与公孙楚因争聘同一女子而结怨，公孙黑欲杀公孙楚，结果反被公孙楚用戈击伤。子产认为，两者"曲直相等"，而礼制要求人们事奉长者，所以年幼的一方有罪。

类似的判例在先秦典籍文物中可以说比比皆是，如、师旅鼎等青铜器的铭文，都是案例的记载，可见当时对判例的重视。

判例法的致命弱点是缺乏准确性而伸缩性过大，《吕刑》言其"上下比罪"。定罪没有固定的法律条款作为依据，而是要比照以前的判例"集人来定。"（《左传·襄公五年》）"罪"与"非罪"没有客观的标准，全凭审判者对以往判案的理解和运用。因此，西周春秋之际，罪名杂乱而缺少规范。与罪名之制不完善相反，判例法制度下，刑罚制度格外发达。传说作于尧、舜时期的《五刑》，至西周时已日臻完善。从铜器铭文及文献中可以看出，西周对犯罪者的处罚大都用墨、劓、刖、宫、辟五种刑罚。此外，鞭、扑、流、赎的使用亦较为广泛。这种刑罚制度的整齐划一，弥补了罪名之制不发达的缺陷，为判例的编纂提供了便利。"刑极则雠，雠至乃别。"（《逸周书·王权》）其意是：将判例集中在一起，以刑名为目而分别排列。于是，"以刑统例"的刑书便出现了。

刑书的原始样式已无法窥见。但从史料的记载中可以推测，判例法制度下的刑书样式是以刑名为篇目，以处以同一种刑罚的案例为类别而分类编辑的。《左传·昭公六年》及《文公十八年》记周初有《九刑》，据清人沈家本考证，《九刑》是以辟、宫、刖、劓、墨、流、鞭、扑、赎为篇目的。《吕刑》又言："墨罚之属千、劓罚之属千、刖罚之属五百、宫罚之属三百，大辟之罚，其属二百。五刑之属三千。"据此可以推测在墨刑、劓刑的篇目中各有判例一千，在刖刑篇中有判例五百，宫刑篇中有判例三百，大辟篇中有判例二百。刑罚的轻重也就表示了罪行的轻重。刑名是固定的，而判例则可随时增删或改换。这种刑书的体例适合于"罪名随时议定"的判例法制度，便于审判者在"上下比罪"时查阅案例。但是，这一样式及体例，有着自身无法克服的矛盾，即在同一刑罚之下，判例的性质常常是截然不同的；在同一篇目中，杀伤、盗窃、乱伦、谋反等混为一体，同时，罪名的不规范也给审判者定罪量刑带来了极大的不便。所以，当抽象的罪名概念从同一性质的判例基础上产生时，"以刑统例"的法律样式便开始动摇瓦解了。

二、成文法的诞生与"以罪统刑"的法律样式

春秋末期开始的社会大变革是由经济的发展而引起的。随着经济的发展，导致了新兴阶级与阶层的出现；而社会等级结构的变迁，又使传统的判例法显得过于陈旧。由判例法制度产生的以"议"定罪的审判方式，对这些新兴的阶级或阶层来说，显然有失公道。与此同时，判例法的整个体系也无法应付剧烈变化着的社会。在这种形势下，一种新兴的法律制度开始萌芽了，这就是将"罪名"与"刑名"合为一体的成文法的出现，其中最为典型的事例便是郑国与晋国将刑书铸于鼎上，公之于众。晋国的叔向对郑国将刑书铸于鼎上的做法进行了激烈的抨击，他认为这不合古制，使"民知争端矣。将弃礼而征于书，锥刀之末，将尽争之"（《左传·昭公六年》）。但事隔二十余年，叔向的故乡晋国亦效法郑国的做法，铸刑鼎而使"贵贱无序"。孔子哀叹："晋其亡乎，失其度矣"（《左传·昭公二十九年》）。虽然郑国与晋国所铸刑鼎的内容已不得而知，但从叔向与孔子的言谈中可以肯定：判例法制

度下"议"而定罪的审判方式已经动摇；人们的言行究竟是否属于犯罪，何种犯罪应受何种刑罚的规定已逐渐形成。西周时不甚发达的罪名之制开始发展。

战国时新兴的封建地主阶级已掌握了国家政权。为了合法地剥夺奴隶主贵族在判例法制度下所享有的特权，也为了在与奴隶主贵族的角逐中能争取到平民的支持，封建统治者对判例法进行了大刀阔斧的变革。春秋时出现的成文法制度在此时已得到普遍的承认，罪名之制日趋完善。法律条款的日趋规范化，使罪名与刑名"二项合一"的成文法具备了取代判例法的条件。此时，几乎各国的统治者都不失时机地进行了"变法"活动，成文法制度的地位在各国的变法中得到了确立。这种语言准确、条款规范、罪名与刑名兼顾的成文法制度，既符合以法家为代表的新兴统治阶级"一断于法"的"法治"要求，也部分地满足了平民及富人祈望"公平"的愿望。

随着成文法的逐步确立，"以刑统例"的法律样式被逐渐淘汰。首先，"以刑统例"的刑书体例是罪名之制不甚发达的产物，它缺少便于引用的、准确规范的罪名作为审判的依据，与成文法要求的罪、刑合一，准确、"公平"的精神相抵牾。其次，"以刑统例"的法律样式与判例法制度相辅相成，判例法被成文法取代后，这一法律样式便失去了存在的基础，也失去了存在的价值，它既不可能也没必要在成文法体系中继续存在。再次，如前所述，"以刑统例"的法律样式有着自身无法克服的缺陷，即同一刑罚的篇目之下，有着不同性质的犯罪案例。当罪名之制出现并完善之后，这一缺陷所造成的矛盾便迎刃而解，"以刑统例"的法律样式也就随着自身矛盾的解决而消亡。

随着时代的演进和司法实践经验的不断积累，为克服"以刑统例"的法律样式对法律变革的限制，一些颇有创造性的司法官吏开始对判例进行新的排列组合。他们先是将犯罪性质相同的判例集中起来，排衍出"以例属刑"的新格式，如：

判例 A——盗羊，处墨刑。

判例 B——盗牛，处劓刑。

判例 C——盗马，处刖刑。

判例 D——盗兵器，处宫刑。

判例 E——盗礼器，处大辟。

以上五个判例属同一类性质，即"盗窃"。以盗窃不同的东西来区别罪行的轻重，使犯罪的性质与程度同时体现出来，为审判者提供了方便。这样排列的结果，使一系列从同类判例中引申抽象出来的罪名相继产生，如盗窃罪，伤人罪，不从王命罪……罪名制度的出现，使刑书中冗长的案例变为抽象准确的罪名，于是又产生"以刑统罪"的法律样式，如下所示：

墨刑——盗窃罪 A，伤人罪 A，不从王命罪 A……

劓刑——盗窃罪 B，伤人罪 B，不从王命罪 B……

刖刑——盗窃罪 C，伤人罪 C，不从王命罪 C……

宫刑——盗窃罪 D，伤人罪 D，不从王命罪 D……

大辟——盗窃罪 E，伤人罪 E，不从王命罪 E……

当司法者将罪名与刑名进一步重新排列组合，打破以刑名为篇目的体例时，"以罪统刑"的法律新样式便出现了。如李悝所著的《法经》，其中《盗法》、《贼法》、《杂法》便是采用了"以罪统刑"的体例。"以刑统例"经过"以例属刑"、"以刑统罪"的过渡格式，终于演变成为"以罪统刑"。随着这一新样式的确立，春秋战国时期的法律终于完成了从内容到形式的变革。这一变革的成果为后世所继承光大，如《秦律》中的《捕盗律》、《犯令律》、《田律》、《仓律》、《军爵律》等等，都是"以罪统刑"样式的继续和发展。

三、"以罪统刑"法律样式确立的历史意义

"以罪统刑"的确立，不仅促进了春秋战国时期法律变革的最终完成，使新生的法律制度在形式上得到完满的体现，而且也为后世法典的编纂提供了经验，并奠定了"以刑为主，诸法合体"法典体例的基础。自李悝《法经》以来，一直到清末，历代主要法典无不采用"以罪统刑"的样式而编纂，即同一性质的犯罪，辑于同一篇目中；同一性质不同程度的犯罪，则以不同的刑罚处置。法典中含刑法、民法、行政法、诉讼法等各方面的内容。如《唐

律》共十二篇，《名例律》居首，规定刑罚原则，其余十一篇则将不同领域中的犯罪分别辑录，并明确规定了每一犯罪行为所应受到的刑罚。

"以罪统刑"的法律样式具有如此顽强的生命力，决不是偶然的。体例的相对科学，是其长盛不衰的原因所在。"以罪统刑"的科学性表现在以下几个方面：

第一，"以罪统刑"的法律样式使罪名之制日益完善。法律条款规范准确，比"议"而定罪具有更强的客观性。它便于做到"明白易知"，使民众清楚何为犯罪，何为非罪。"万民皆知所避就"，从而达到"避祸就福，而皆以自治"的目的（《商君书·定分》）。

第二，其编辑经过立法者的反复斟酌，抽象、规范、准确的条款既有高度的概括性，又有较强的针对性，比"以刑统例"样式下的判例简明准确，如《睡虎地秦墓竹简·法律答问》中记："擅杀子，黥为城旦春。其子新生而有怪物其及不全而杀之，勿罪。"只要自己所杀婴儿是健康的，无论以何种理由、何种方式、在何地点、于何时杀害，都属于犯罪，罪名为"擅杀子"。这种措辞简明扼要的条款具有很高的概括性与准确性，显然比记述冗长的判例更为科学。

第三，"以罪统刑"的法律样式，使立法活动与司法活动有了较为明确的划分。在判例法制度下，法官既是司法者，又是立法者，司法活动中的判例经过挑选便直接成为法律规范。除制定重大的法律政策、原则及法令之外，立法与司法几乎混为一体。同时，"以刑统例"使立法活动局限于将司法活动中产生的判例换来换去，或增或删，难以有更广阔的活动领域。而"以罪统刑"则改变了这一状况。在成文法制度占据主导地位的时代，立法活动成为法律建设中经常的、不可缺少的重要组成部分。立法并不完全依赖于司法活动中的判例，而是以对整体局势的分析及对以往法典优劣得失的比较总结为依据来制定的。在"以罪统刑"样式下，立法者与司法者可能同为一人，但立法活动与司法活动却是两个分离的过程。法律一旦颁行后，便不可随意更动，从而限制了审判者随意轻重，出入人罪的行为。

第四，"以罪统刑"的法律样式便于执法者查阅，为有法可依提供了便利条件。在"以刑统罪"的样式下，法官往往为弄清犯罪的性质而绞尽脑汁，因而在定罪时常常"议"而不决。而在"以罪统刑"的样式下，对犯罪行为作了一目了然的规定，法官只要熟记法律条款，便可按律典的规定给予同一性质、同一程度的犯罪以相应的处罚，不会产生太大的偏差。因此，"以罪统刑"使法律具有了可操作性，避免了"同罪异罚"。

春秋战国时代所确立的"以罪统刑"的样式，开中国封建社会法律样式之先河，在中国法律制度发展史上具有划时代的意义。

（原载《文史知识》1991年第2期）

贵族精神与判例法传统

中国古代社会曾经历了西周春秋的宗法贵族政体的时代。它不仅酿造了沁人心骨的贵族精神，还培育了生命力极强的判例法。两者互为因果，相辅相成。而后，虽经世代变迁、王朝更迭，先秦的贵族精神因深深融入君子士大夫的为人品格和处事方式，始终发挥着潜在的支配作用，从而为中国古代几度兴盛、连绵不绝的判例法，提供了无形的精神源泉。也正是这种贵族精神和判例法传统，不断拯救了法，完善了法，推动了法，使中国古代法律实践活动在世界法律文化之林中别具特色、灿烂多彩。

一、贵族精神的社会土壤："世卿世禄"的宗法
贵族政体和"议事以制"的判例法

西周新中国成立伊始，便确立了以"任人唯亲"为原则的、以"立嫡以长不以贤，立子以贵不以长"为程序的、以"世卿世禄"制土地分封制为基础的宗法贵族政体。在贵族领域内，贵族不仅拥有土地的永久使用权，还拥有对土地之上的居民的无限支配权。同时，血缘网络把贵族内部上下级及贵族与平民之间紧紧地联结在一起。贵族享有相对独立的政治、经济、军事、法律等方面的权力，因此，贵族之间是平等的，他们在上级贵族面前拥有相当大的发言权。一个领地治理的好坏，在很大程度上取决于贵族领袖的个人素质。在政治舞台上，贵族个人的性格、品行、文化涵养等，都直接产生政

治效果并得以表现得淋漓尽致。正如《礼记·中庸》所谓"为政在人，其人存则其政举，其人亡则其政息。"

判例法是宗法贵族政体的产物。法官与其他官吏一样是世袭的。在敬宗孝祖、"帅型先考"观念的支配下，按照父兄先辈的故事办，是最自然不过的事情。于是便形成"遵循先例"的原则。当时的审判方式是"议事以制，不为刑辟"，"临事制刑，不豫设法。"（《左传·昭公六年》及孔颖达疏）"事"是判例故事，即选择以往的判例来审判裁决，不制定包括什么是违法犯罪又当如何处分这些内容的成文法典。判例是立法的产物，又是司法的结果。这就使得法官处于十分关键的地位。优秀法官的标准是"直"和"博"："直能端辨之，博能上下比之。"（《国语·晋语八》）"上下比之"即全面参酌以往判例之义。即《礼记·王制》所谓"必察小大之比以成文。"判例法的条件是：社会上存在着普遍公认的法律原则，这在当时就是"礼"；有一批善于在司法中立法的高水平法官；一个允许法官独立进行立法司法活动的政治法制环境，这在当时就是宗法贵族政体。

宗法贵族政体和判例法为当时的政治家和法律家提供了肥沃的土壤和广阔的舞台。它们培育演员、设计角色、编导剧目，为后世留下一曲无韵的贵族之歌。

二、贵族精神的定位：权格定位·人格定位·法格定位·素格定位

西周春秋时代贵族精神的主要特征是充分肯定个人（统治阶级成员）的人格力量和首创精神。当然，它不可避免地带有历史的和阶级的局限性。这主要是狭隘的宗族血缘意识和一定程度的宗教鬼神观念。这些因素在战国时期得到较彻底的清理。

（一）贵族精神的权格定位

权格指政治权力的来源及其特性。在宗法贵族政体下，贵族的政治权力

即对领域的统治权，在政治上来源于国家最高权力，在时间上靠嫡长继承制得以延续，在空间上靠其他贵族的承认和平共处得以维系，在内部靠贵族集体的合作得以实现。在形式上看，贵族的权力是从祖先那里凭借血缘标志继承而来的。这种权力是稳定的，无约制的，得到社会的普遍认可和尊重。掌握权力的贵族的心态是从容的，没有危机感。他没有必要刻意地说什么和做什么以保住自己的权力。他关心的是如何才能不辱父辈之命，并为后世留下好的范例。因此，一个有一定觉悟的贵族领袖必须立足于自身，不断提高个人修养和施政能力，唤起臣僚的敬佩，赢得部下的效法，获取百姓的赞誉。从而把领地治理得更好。

（二）贵族精神的人格定位

人格指人的尊严、品格及其社会效果。在宗法贵族政体下，贵族领袖与生俱来的身份，因为得到神权和血缘意识的确认而带有无尚尊严。从而使贵族个人的品行、好恶、举止、言行无不带有政治性和权威性。楚王好细腰，国中多饿人；吴王好剑客，百姓多创疤；齐王喜衣紫，上下无异色；其身正，不令而行；其身不正，虽令不行。贵族个人人格的巨大政治效应，产生三种社会效果：一是使贵族领袖个人十分重视个人品行的修养，避免产生"望之不似人君"的现象；二是使贵族统治集团非常重视贵族领袖个人人格的作用，从少年开始进行文化素质方面的训练，并且用贵族集体的力量对贵族领袖人物的个人品格施加影响、匡正其弊；三是在贵族集团中形成了公认的人格道德观，它成为贵族集团的内部法律。

（三）贵族精神的法格定位

法格指法律规范的表现形式和实施程序。贵族精神既然崇尚个人的主观能动性和首创精神，就本能地拒绝接受固定、刻板、统一的行为规范的制约。这就使贵族精神天然地喜欢判例法而讨厌成文法。在贵族法官心中，人是法的主人而不是法的奴仆。一个具有独立判断能力和创造性精神的贵族法官，宁愿运用自己的良心智慧和经验，经过苦心熟虑对哪怕是十分疑难的案件作出令人信服的裁断，而不愿意像成文法时代的执法之吏那样，把案情和法条排在一起，像做加法一样容易地得出结论。不仅如此，贵族法官还随时根据变化了的社会情况，创制新的判例，用司法来实现立法。在贵族法官看来，正如同贵族有权利匡正君主之弊一样，也有权利纠正君主颁布的法。当然，他们仍然恪守遵循先例的原则。可是，在选择以往判例，从中引伸出具体法律原则，并将它运用到现实案件的审判中，这一过程本身就容纳和体现着法官的机智、敏锐和果断。这一过程，与其说是遵循先例，毋宁说是裁判历史和发现法律。此间，贵族法官对历史和习俗的谙熟与理解，对现实生活的通晓与把握，使他成了一位头戴法冠的社会活动家和政治家。这一社会角色是后世只明白"法令之所谓"的执法之吏远远不能比拟的。

（四）贵族精神的素格定位

素格指个人所具备的综合人文素质及其程度。优秀贵族执政者的标准是由两方面构成的：一是德行操守，称作"直"，正直无私，不偏不倚，公平无颇；二是知识广、阅历演化，称作"博"，熟知历史与现实。一个真正的贵族执政者，不仅能够做到出入合矩、进退合礼，更重要的是满腹经纶。在外交场合，他能够恰如其分地将雅颂之诗信手拈来、击节吟诵；在誓师动员之际，他能够如数家珍地追溯祖先的足迹和武功，催人奋进；在司法审判中，他能够在无数先例故事之中探囊取物般择其最宜于时者，画龙点睛，一语破的，令人折服。为达到这个目标，最为有效的手段是学习。而"学在官府"的庠序之教便完成着干部培训学校的职能。这些通晓历史、熟读"春秋"的贵族一旦执政之后，便一身而二任：既是社会生活的管理者，又是文化的传播者；既是裁判官，又是教育官；既是民之长吏，又是民之父母；既读有文之简，又写无字之书。总之，他们所具备的综合人文素质本能地使他们始终成为一个真正的贵族。

三、贵族精神的大敌:"事皆决于上"的集权政体 和"事皆决于法"的成文法

　　战国时代的社会变革,对贵族政体和贵族精神而言,也许是一场劫难。"君使臣以礼,臣事君以忠"(《论语·八俏》)的贵族式的君臣关系,被尊君卑臣、君权独尚的官僚式的主仆关系所取代。君主拥有至高无尚的权威,他独揽立法大权,并使成文法典成了君权的延伸之物。臣僚对君主负责,并受君主支配。臣下对君主的忠诚是通过恪守君主制定的法律来实现的。先前贵族政体中下级贵族在上级贵族面前的相对独立的身份和发言权已经荡然无存。为了保证司法活动在时间上和空间上的统一性,最有效的方法是把法律制定得越详细越好,把社会生活的各个领域和各个细节都统统纳入法律轨道。并将法律公之于众,使家喻户晓、互相监督。在司法审判活动中,法官不能违背法律规定凭借个人的判断来审理案件,不能援引以往的判例,更不能背离法律而创制判例。详而备之、密如凝脂的法条,使司法审判就像做加减法一样简便易行、准确无误,而众多官僚式的法官究其实不过成了国家司法大机器上的无数个尺寸一致、功能同一的齿轮或螺丝钉,他们的千篇一律、平庸无奇和没有个性,是保证国家司法机器正常运转的必备条件。

　　新兴地主阶级用血与火的政治革命摧毁了贵族政权及其根基,用文化革命清扫了"礼"的世界,用司法变革涤荡了判例法,确立了成文法,用官僚法官取代了贵族法官。在这种严峻的形势下,贵族政治没落了,贵族精神黯然无色。它们只能借助文化典册留住自己的根,等待来日生根发芽。

四、从贵族精神到"大儒风范"

　　战国时期的社会变革和思想革命,使贵族精神得到深刻改造。这主要是儒家近人远神、"爱人"的"仁"和法家"刑无等级"的"法"。两者充当着文化革命的"批判的武器"和"武器的批判"的角色。经过"仁"、"法"的

冲洗和过滤，贵族精神中包含的鬼神观念和狭隘的种族血缘意识所剩无几了。特别是经过以孔子、孟子、荀子为代表的几代儒家大师们的改造，原先的贵族精神变得更具有普遍性、适应性，更贴近生活和寻常百姓，因而更具有感召力。于是，在儒家辞典里，原先的贵族精神更名为："君子之风"、"士大夫之气"和"大儒风范"。

从贵族精神到"大儒风范"，是具有局部质变的一个过程。这一过程不仅摈弃了原先贵族精神所具有的鬼神观念和狭隘血缘意识，更为重要的是，一方面，把贵族精神从原先的宗法贵族政体上面剥离出来，使它逐渐和新出现的具有生命力的官僚政体挂上钩。这种新的政体，正由于为优秀平民提供了步入政治舞台的平等机会而具有广泛的民众基础；另一方面，经过改造的贵族精神即"大儒风范"，又作为一种清洁剂和润滑剂，清除官僚政体内部的消极因素，这主要是否定和限制个人首创精神的形式主义和机械式的法制管理模式，从而使新的官僚机器运行得更为合理、更为有效。

在从旧式的贵族精神到"大儒风范"的改造过程中，先秦儒家大师所起的作用是有差别的。总的来看，孔子、孟子的作用主要是改造，即克服旧贵族精神的鬼神意识和狭隘的宗法血缘观念，使它更具有"全民性"和"现实性"。孔子、孟子还通过亲身的民间教育培养了一大批具有儒者风范的优秀知识分子，为贵族精神的改革和发展提供了组织上和理论上的保障；荀子的作用则主要是使经过孔、孟改造过的贵族精神，同旧的贵族政体彻底"断乳"，并把它和新的官僚政体结合起来。荀子亲眼看到缺乏个性和个人首创精神的官僚政体的弊端，决心用新的贵族精神来加以改良。与孔、孟不同的是，孔、孟是站在"精神贵族"的立场上来改良贵族精神，而荀子则是站在官僚政体的立场上来运用"大儒风范"。

在孔子、孟子、荀子的眼光中，执政者或知识分子都是有层次之分的，如"君子儒"与"小人儒"，"雅儒"与"俗儒"，"雅士"与"俗士"，"大儒"与"小儒"。从对"君子儒"、"雅儒"、"雅士"、"大儒"的界定之中，我们不仅看到了古老贵族精神的传承，还看到了古老贵族精神的蜕变。而全面为"大儒风范"作出诠释并力主推而广之的，就是荀子。

五、"大儒风范"与"混合法"理论

荀子的"大儒风范"之说具有鲜明的时代气息和实践色彩，并与司法审判活动紧密结合，形成了立意深远的"混合法"理论。

（一）"大儒风范"的时代特征

荀子的"大儒风范"之说具有鲜明的时代特征。这主要表现在以下几个方面：

首先，荀子的"大儒风范"之说，已经将"大儒"从旧的宗法贵族政体上面剥离下来，使之失去原有鬼神意识和狭隘宗法血缘观念的束缚，成为寻常百姓均可通过后天学习和自我改造而能够达到的境界；

其次，荀子的"大儒"非在野之儒，而是在朝之儒。因此，他们既不具有与当权者的隔膜和不合作精神，也不具有不着边际的、好听不好用的理想主义色彩。荀子从实际的施政和司法的角度来概括"大儒"的政治品格和业务素质；

第三，荀子的"大儒风范"已经和当时新兴地主阶级的官僚政体相融合。并用"大儒风范"，充当官僚队伍的最高标准和行为典范，要求新式官僚们努力学习，提高道德水准和业务能力，以担当治理未来统一的泱泱大国的重任；

第四，荀子的"大儒风范"之说与当时司法审判活动相结合，旨在指导司法审判活动。实际上"大儒"正是荀子心目中的优秀法官的代表，他们所具有的高水平的道德操守和业务能力，足以担当全国立法和司法的大业。

第五，荀子的"大儒风范"之论，又是针对当时片面重视成文法，严格限制和束缚法官的个性与首创精神的司法状况，和法官队伍素质不高的现实情况提出来的。他所要求的法官不是只懂"法数"而不懂"法义"的执法工匠，而是能够既创制法律又实现法律、熔司法与立法于一炉的法律大家。

（二）"大儒风范"与"人治"说

不论是原先的贵族精神，还是荀子的"大儒风范"，其共同之处是重视作为统治者个人的素质和作用。但仔细分析，就可以发现，孔子、孟子主要是重视统治者个人在治理国家或领地的全局性的作用，既以身作则的道德感召作用，和自我修养、自我约束的意义；而荀子则主要是在法律实践活动的背景下，强调统治者法官的主导的关键性地位。就这一点而言，荀子第一次提出了堪称法哲学领域中永恒主题之一的"人法"关系的著名论断。

荀子认为，人是社会的主宰。人类社会的所有文明，都是人类社会实践活动的产物。为了共同生存和发展，就需要社会分工，即"明分使群"，组成社会。而"君子"作为社会的管理者担负着立法和司法的使命。"君子"的作用便是创造法和实现法。他说："君子者，法之原也，""君子"是产生法的本原。"有治人，无治法"（《荀子·君道》），即有尽善尽美的人而无尽善尽美的法，法总是有毛病的。正如南宋朱熹所说："大抵立法必有弊，未有无弊之法，其要只在得人"（《朱子语类》卷一〇八）。因此，治理国家不能靠有毛病的"法"，而只能靠尽善尽美的"人"。荀子认为，"法"的毛病是不可能包揽无余，又不能随机应变，因此，全靠"君子"的拾遗补缺和临事权宜。即使"法"在一时是完备的，也全靠"人"的创造性的执行，才不致走样。

（三）兼收并蓄的"混合法"理论

生活在战国末期的荀子，有机会对西周春秋"议事以制"的"判例法"，和战国"事皆决于法"的"成文法"，进行观察、比较，有条件对诸子百家的法律学说进行研究、分析，并针对当时盛行的成文法所体现出来的弊端，提出全局性的宏观策略。这个策略就是兼取"成文法"和"判例法"之长的"混合法"。

荀子说："礼者，法之大分，类之纲纪也。"（《荀子·劝学》）礼是法、类的根本性指导原则。这句话包含以下几层含义：①礼是国家治理社会所依据的包含道德、论理、习俗在内的总体原则；②法是指国家制定的，具有文字和体裁等表现形式的，予以公布使百姓皆知的，规定何为违法犯罪又当如何处分的成文法典或成文法规；③类是判例，故事或判例、故事所体现出来的具体法律原则。在战国时代，还未形成像一个多世纪以前的欧洲大陆法系那样绝对的只承认成文法而不承认判例法的观念。起码在齐国是这样。如《方言》卷七所载："齐人谓法为类。"明确视判例为法的渊源。这种将成文法典与判例等量齐观、一视同仁的见解，正是"混合法"的理论支柱。

荀子提出"混合法"操作的基本方式，即："有法者以法行，无法者以类举，听之尽也。"（《荀子·君道》）是说，在审判中，有法律明文规定的，就比照法律规定加以裁判；在没有法律明文规定或现行法律明显落后社会生活而不再适用之际，就援引以往的判例、故事，从中引伸出某种具体法律原则来裁判案件。

在荀子看来，"有法者以法行"的"成文法"样式，在当时已被各国的新兴地主阶级发挥得淋漓尽致了，而"以类举"即"议事以制"的"判例法"样式却得到严厉的制约。因此，问题的关键是复兴"判例法"。其中，最重要的有两条：一是确认"礼"的最高法源的地位；二是重新正视"人"的个性和首创精神。只要确立"与天地同理，与万世同久"的无所不包的"礼"的指导地位，又承认"人"的机动灵活性，就能推行科学合理的"混合法"样式。这就是荀子"隆礼重法"主张"人治"的深义之所在。

从上述角度来分析荀子的"大儒风范"之说，就不难领会其真谛了。他说："法不能独立，类不能自行，得其人则存，失其人则亡。"（《荀子·君道》）意思是说，法律条文不会自行产生和实施，判例、故事也不会自行创制和适用，关键在于有贤能的法官来运作，否则，法条、判例再完美也形同虚设，毫无价值。"得其人"中的"人"，就是"大儒"。

荀子在《儒效》中提出儒有三等：俗儒、雅儒、大儒。

俗儒是略晓学问以求衣食，却不懂学问之大义、毫无个性的人："略法先王而足乱世"，"不知法后王而一制度，不知隆礼义而杀诗书"，"呼先王以欺愚者而求衣食"，"若终身之虏而不敢有他志，是俗儒者也"。

雅儒是谨守成法而不知法之所不及的人："法后王，一制度，隆礼义而杀诗书，其言行已有大法矣，然而明不能齐法教之所不及、闻见之所未至，则知不能类也，知之曰知之，不知曰不知，内不自以诬，外不自以欺，以是尊贤畏法而不敢怠傲，是雅儒者也"。

大儒是深明古今之大义、法律之宗旨，能够以不变应万变的人："法先王，统礼义，一制度，以浅持博，以古持今，以一持万，苟仁义之类也，虽在鸟兽之中，若别白黑，奇物怪变，所未尝闻也，所未尝见也，猝然起一方，则举统类而应之，无所疑作，张法而度之，则奄然若合符节，是大儒者也"。

可见，雅儒与大儒的差别就在于是否能够精熟地运用"法"和"类"，前者只会用"法"而不明其"类"，后者则既明"法"又明"类"。雅儒与大儒之别，近似于劲士与圣人之别："行法志坚，不以私欲乱所闻，如是，则可谓劲士矣"；"修百王之法，若辨白黑，应当时之变，若数一二，……如是，则可谓圣人矣。"

荀子认为，大儒和圣人并非高不可攀，只要努力学习就能够达到："积贩货而为商贾，积礼义而为君子"，"涂之人百姓，积善而全尽，谓之圣人"，"故圣人者，人之所积也。"（《荀子·儒效》，以上同）

要成为大儒式的法官，就必须学习"法教"、"法义"，特别是"统类"。荀子说："不知法之义而正法之数者，虽博，临事必乱。"（《荀子·君道》）"法数"是指成文法条或法言法语之所谓。"法义"是指法律原理或立法宗旨。只知法条而不知法律原理是不能审好案件的。他还说："人无法则伥伥然，有法而无志（知）其义则渠渠然，依乎法而又深其类，然后温温然"（《荀子·王制》）。"类"是高于"法义"的法律原则或法律意识，也是创制和适用判例的指导方针："类不博，虽久同理，"（《荀子·解蔽》）"以类度类"（《荀子·不苟》），"以类行杂，以一行万"（《荀子·王制》），"推类接誉，以待无方。"（《荀子·君道》）在"类"之上还有"统类"，这是国家支配政治法律实践活动的总政策，或曰"法律传统"。"以圣王之制为法，法其法以求其统类"（《荀子·解蔽》）。"卒然起一方，则举统类而应之。"（《荀子·儒效》，以上同）这样便能无往而不胜。

五、"大儒风范"与判例法实践

在西周春秋的判例法时代，贵族精神直接影响着当时的判例法实践活动。熟读《春秋》（泛指史书）、谙悉典故的叔向、子产等贵族代表，都是以学者的姿态旁征博引裁判案件的。重要的案例常常被铸之鼎上，置之庙堂，以示威严与长久。今天，我们读一读西周出土礼器上的案例铭文，也许会体味到，就是这些古代贵族法官，凭着他们的阅历与敏锐，从习俗中寻找法律，将传统付诸于现实，把现实又变成传统。

战国、秦朝，集权政体与成文法的大潮将贵族精神与判例法冲得体无完肤。但是，西汉以后，儒家思想入居正宗，秦式旧法与之不协，加上成文立法难于一气呵成。在这种特定背景下，判例法又复兴了。这就是汉代大儒董仲舒始作俑的"春秋决狱"。其历史意义不仅在于使儒家经义高居于法律之上，还在于恢复了古已有之的判例法。

在司法解释方面，汉代既读经又习律的大师们，肩负着用儒学精义注释法律的使命，使枯燥无味的法条贴近民间并洋溢着义理的气息。同时，大量的"决事比"（判例）既体现着几代法官的集体智慧，又弥补着法条的空白或欠缺；既成为法官培训的有效教材，又为后来的成文立法创造条件。

在整个封建社会，大凡在无成文法典或成文法典不宜于时用之际，优秀的法官便会悄悄打起判例法的旗帜。他们或则宣扬"议事以制"的合理性，或则强调"人"的主观能动性，或则论证判例的重要价值，或则一言不发，把判例结集印行。从汉代的董仲舒到民国初年大理院的法官们，他们都没有拜倒在现行法律面前缄口不语，他们没有片面推崇成文法、贬抑判例法的偏见，而是立足于人类前行的历史之上，勇敢地从传统习俗当中去寻找法源。正是仰仗着各朝各代一批又一批具有贵族精神和"大儒风范"

的仁人志士们的努力实践，才使得中国传统法律文化沿革史，由于充满着人与法的碰撞、律与例的磨擦，而显得丰满、和谐、优美。这一首由成文法和判例法双重演奏的古歌，正是人类法律实践领域中独有的中国式的"混合法"的主旋律。

（原载《中外法学》1998 年第 5 期）

劲士精神与成文法传统

战国、秦朝是我国中央集权官僚政体确立的时代。它酿造了"尊君尚法"的劲士精神和"事皆决于法"的成文法传统。这两者互为因果相辅相成。尔后，虽经世代变迁、王朝更迭，劲士精神因深深植入忠君敬上的为人之道的行为模式，而始终发挥着支配作用。劲士精神是中国古代一气呵成的成文法的精神支柱。正是仰仗着这种劲士精神，中国古代成文法传统才得以维系和发展，进而维护着统一的泱泱大国的生存与发展。

一、劲士精神及其社会文化土壤

（一）什么是劲士精神

所谓劲士精神，是指执法守职之吏心存法律，严格依法办事，不畏权贵，不徇私情，不记个人得失，忠于职守的风格和情操。其内涵是：忠于国家，忠于君主，忠于法律，依法办事，敢于同违法行为做斗争。劲士又称"端直之士"、"能法之士"、"智术之士"、"法术之士"。先秦古籍对此论述颇多。如《商君书·修权》："君好法则端直之士在前"；《庄子·天下》："以法为分，以名为表，以参为验，以稽为决，其数一二三四是也，百官以此相齿"；《管子·君臣下》："据法而不阿，上以匡主之过，下以振民之病者，忠臣之所行也"；《韩非子·孤愤》："能法之士必强毅而劲直，不劲直不能矫奸";"智术之士明察,且烛重人之阴情;能法之士劲直,且矫重人之奸行";《诡使》:"据法直言,名刑相当,循绳墨,诛奸人,所以为上治也";《荀子·儒效》:"行法志坚,不以私欲乱所闻,如是,则可谓劲士矣"。

(二)劲士精神的社会文化土壤

劲士精神的形成有其历史文化和现实的原因。主要有以下几方面:

1. 祭祀与"直史"精神

《左传·成公十三年》:"国之大事,在祀与戎。"古人把祭祀和战争视为国家最重要的活动。祭祀的价值,一方面将族人、国人凝聚在一起,另一方面是通过占卜占筮求得祖先神的启示。最早的史官是占卜之官,他们既要忠实于神的征兆,又要恪于职守,从而养成了"忠"和"直"的职业道德。《国语·晋语》载春秋晋国占卜之史史苏所谓"兆有之,臣不敢蔽,蔽兆之纪,失臣之官,有二罪焉,何以事君?"这种品质和精神为"诸史"所继承,故历史上不乏直言犯上、忠于史实、"书法不隐"、"以死奋笔"的"古人良史"(《左传》宣公二年)。《左传·襄公二十五年》载:"大史书曰:崔杼弑其君。崔子杀之。其弟嗣书,而死者二人。其弟又书,乃舍之。南史氏闻大史尽死,执简以往。闻既书矣,乃还"。一副坚贞不渝的史官风范跃然纸上。

2. 战争与尚法精神

在古代,战争是关系民族生死存亡的大事。为了赢得战争,必须把民众集中起来,统一调动。于是,最早的军法、军令就产生了。《易·师》:"师出以律",意即军队行动要遵从号令。律指乐律,即钟鼓发出的高低不同、频率各异的声音,如后世"击鼓进军,鸣金收兵"之类。《周礼·春官·大师》载:"大师执同律以听军声而诏吉凶。"这些号令具有极大权威,任何人不得违犯,否则便施以刑罚。如《尚书·甘誓》所谓:"用命赏于祖,弗用命,戮于社,予则孥戮汝"。"尚法"的派生物是"尚能"、"尚功"、"尚贤"。《国语·晋语》说:"晋人之数,因材授官","称其仇，不为谄；告其子，不为比。"《左传·襄公九年》说："晋君类能而使之，其卿让于善，其大夫不失守，其士竞于教……君明、臣忠、上让、下竞。当是时也，晋不可敌。""尚法"精神的形成本身就意味着宗法礼治观念的削弱。

3. 集权与忠君思想

在春秋后期，以官僚为基础的集权政体问世了。这种政体是在古老的宗法血缘为纽带的贵族政体的废墟上建立起来的。集权政体的核心是君主，他掌握最高权力，所有官僚由君主委派，并向君主直接负责。这种政体要求臣民对君主无条件服从和效忠。《国语·晋语》说："委质为臣，无有二心"，"事君以死，事主以勤"，"事君不避难，有罪不逃刑"，"委质而策死，古之法也"，"无私，忠也，尊君，敏也"，"报生以死，报赐以力，人之道也"。这是忠君的一面。作为君主则集大权一身："不图（商议）而杀者，君也"，"不从君者为大戮"。这种以集权君主为对象的"忠君"思想是在"亲亲"的宗法礼治思想的废墟上确立并发展起来的。"忠君"思想在社会生活领域的折射，便是"士为知己者死"的侠义精神。

二、劲士精神与法治理论

战国时期法家"以法治国"的"法治"口号，是打破旧世界、缔造新国家的战斗旗帜，也是劲士精神的理论源泉。

法家的"法治"理论由以下几个观点所组成。

（一）"不法古，不循今"的进化史观

法家认为人类社会是发展变化的，而且今胜于昔。法律制度因时而立。上古之世，"人民少而财货有余，故民不争"，当时用"德政"、"礼治"就能治理天下。现在情况不同了，"人民众而货财寡，事力劳而供养薄，故民争"。而且"强国事兼并，弱国务力守。"（《韩非子·五蠹》）要生存和发展，必须富国强兵，实行"法治"。

（二）"好利恶害"的人性论

法家认为，人性都是自私自利、趋利避害的，两害相权取其小，两利相权取其大。这种本性自古就如此，不可改变。这种本性也并非什么坏事，"人性有好恶，故赏罚可用"。因此，治理国家决不可行"德政"、"仁政"，不能靠道德教育，只能用赏去投其所好，用罚去投其所恶，这就是"法治"。

（三）"废私立公"的正义观

法家把"法"和"礼"对立起来，认为"法"代表社会共同利益，"礼"代表贵族的一己之私。行"礼治"的结果是私人富裕而国家贫弱，私人众多而公民减少。因此，为了兴"公利"、行"公义"，必须行"公法"，即推行"以法治国"的"法治"。

（四）"民富国强"的功利主义

法家把"好利恶害"的人性论同国家富强的目标结合起来，主张用赏赐的一手诱使人民努力耕战和告奸，用罚的一手禁止人民违法犯罪。不管什么人，只要努力按国家法令去做，就能获得良田美宅、高官厚禄，这样，国家也就富强起来了。

三、"法治"的蓝图与成文法理论

法家的"法治"理想和"君臣上下贵贱皆从法"的蓝图的实现，不仅靠着至高无上的君权和庞大的官僚机器，更重要的是靠着成文法。

战国、秦代，是新兴地主阶级通过各诸侯国的变法运动登上政治舞台，并进而通过兼并战争实现中国统一的时代。此间，新兴地主阶级的政治法律代表法家提出了"以法治国"的"法治"理论。这种理论表现在立法司法领域就是"二权分立"（"二权分立"仅指立法权与司法权分离，没有相互制约的意思）和"缘法而治"的学说。这些思想和主张是中央集权君主专制政体的反映，也是当时"成文法"法律样式的理论基础。

作为"成文法"法律样式理论支柱的是"二权分立"学说。并由此演化出"君权独尚"、"君权独制"和"事断于法"、"缘法而治"的观点。

（一）"生法者君也，守法者臣也"

《管子·任法》说："有生法，有守法，有法于法。夫生法者君也，守法者臣也，法于法者民也。"明确提出君权与臣权、君主立法与臣下司法的分离即"二权分立"的基本原则。

"二权分立"首先是一个政治口号。它指的是君权与臣权的分离。这一学说是批判旧的贵族政体的武器，也是确立中央集权的君主专制政体的理论依据。其基本内容是，把各级贵族在其各自领地的各种相对独立的权力，都收缴上来集中在国君一人手里，同时把他们变成被君主雇佣、受君主指使、对君主负责的官僚。如果说，在西周春秋时代，国君与各级贵族之间是靠着无形而脆弱的血缘纽带来维系的话，那么，在战国和秦代，君主与臣下之间便早已撕掉了温情脉脉的血缘薄纱，完全是靠着两者之间冷冰冰的交换关系（"君臣相市"）或权利义务关系来维持的。而且在这种关系中，处处表现着"君尊臣卑"的等级差异精神和赏罚的功利色彩。其次，"二权分立"又是一个法律原则。它指的是君主的立法权与臣下的司法权相分离。它要求君主独揽立法权，使经过君主御批而产生的成文法律和君主随时发布的法令都具有绝对权威；它要求臣下无条件服从法律法令并依据法律法令审判案件；它还要求君主"无为"即不必参与司法事务，更宣布法官不得以任何形式染指立法事务。

（二）"势在上则臣制于君，势在下则君制于臣"

法家特别重视"势"即国家政权的作用。他们把"势"看作推行法治的前提和区分君权与臣权的重大标志。在法家看来，"势"是决定君主成为真正君主的必要条件。它像一枚重要的砝码，把它放在君主一边君主就是真正的君主，放在臣子一边臣子便上升为君主。正如《管子·法法》所言："势在上则臣制于君，势在下则君制于臣"；"君之所以为君者，势也"；"君主之所操者六：生之、杀之、富之、贫之、贵之、贱之。此六柄者主之所操也。主之所处者四：一曰文、二曰武、三曰威、四曰德。此四者主之所处也。籍人以其所操，命曰夺柄，籍人以其所处，命曰失位。夺柄失位而求令之行，不可得也"。又如《韩非子·难势》："贤人而屈于不肖者，则权轻位卑也；不肖而能服贤者，则权重位尊也。"韩非是个专制主义的积极鼓吹者，他强调君主必须"擅权"。他说："势重者，人主之渊也"（《韩非子·内储说下》）；"势重者，人主之爪牙也"（《韩非子·人主》）；"主所以尊者，权也"（《韩非子·心度》）。君主绝对不可以和臣下"共权"，因为"权势""在君则制臣，在臣则胜君"（《韩非子·二柄》）。

（三）"明君不尚贤"，"任法不任智"

法家认为，治理国家全靠法治，而不靠臣下的贤能智慧。他们说："君之智未必最贤于众"（《慎子·民杂》）。如果"尚贤"反倒抬高了臣子的地位，降低了君主的权威。只要把法律制定得详尽完备，让臣下严格按法律办事，不管臣下贤智与否，都可以治理好国家。在国家法律面前，臣子的贤智不是好事反倒是坏事。因此，法家反对民间教育和思想传播活动，认为那样一来，人们便会运用自己的知识和见解对国家法律横加议论批评，就直接损害了国家法律的权威。法家禁止"议法"，主张"作议者尽诛"（《管子·明法》），禁绝"私学"，其目的就在于此。

（四）"君设其本，臣操其末"（《申子·大体》）

法家认为，君主的职能是立法和役使臣下，而臣下的职能是"守法"和施行君主的指令。司法活动和行政事务是臣子做的事，君主不要亲自去做。因为君主事必躬亲，臣下就不敢争着去做，不肯出力。如果君主把事情搞错了，臣下反而会看笑话，这就损害了君主的权威。因此，君主亲自参与司法和行政是有百害无一利的事情。故"君臣之道，臣事事而君无事"

（《慎子·民杂》）。

（五）"动无非法"，"以死守法"

法家认为，法官的职责是"守法"即司法。因此，在司法过程中，法官要严格依法办事，不得夹杂个人的判断："不淫意于法之外，不为惠于法之内，动无非法"（《管子·明法》）。绝不允许稍微变更法令，曲解法条的原意："亏令者死，益令者死，不行令者死，留令者死，不从令者死。五者死而无赦，惟令是视。"（《管子·重令》）《睡虎地秦墓竹简·语书》也指出，"喜争书"（用自己的观点来解释法条）是"恶吏"的表现之一。法家主张，法令一旦公布就禁止臣民"议法"，"作议者尽诛"（《管子·法法》）。甚至发展到"燔诗书而明法令"（《韩非子·和氏》）。因为"令虽出自上而论可与不可者在下，是威下系于民者也。"（《管子·重令》）因此，对法官不依法办事甚至损益法令的都严惩不贷："守法守职之吏有不行王法者，罪死不赦，刑及三族"；（《商君书·开塞》）"有敢列定法令，损益一字以上，罪死不赦。"（《商君书·定分》）目的就在于维护国君和法律的绝对权威，杜绝法官背离法律，自作主张。

（六）"法莫如一而固"

法家认为，法律应当统一而且稳定。为此，立法权必须由君主独揽，不允许政出多门、朝令夕改。如果"号令已出又易之，刑法已措又移之"，那么"则庆赏虽重，民不劝也，杀戮虽繁，民不畏也"（《管子·法法》）。因此强调"法莫如一而固"，"治大国而数变法，则民苦之。"（《韩非子·解老》）法家注意到维护法律在地域上和时间上的统一性问题。比如韩非就总结申不害在韩国主持变法时"不擅其法，不一其宪令"，颁布了新法而未废除旧法，使"新旧相反，前后相悖"（《韩非子·定法》），终于失败的历史教训。在法律效力上还提出不溯及既往的原则："令未布而民或为之，而赏从之，则是上妄予也；令未布而罚及之，则是上妄诛也。"（《管子·明法》）

（七）"为法必使之明白易知"

法家主张公布成文法，使法律成为衡量人们言行是非曲直的标准。而法家所理解的法律就是成文法："法者，编著之图籍，设之于官府，而布之于百姓者也。"（《韩非子·八说》）公布成文法的好处是使"万民皆知所避就"，这样，"吏不敢以非法遇民，民不敢犯法以干法官"。既然法律是公布的让百姓了解的东西，那么在制定法律时，就应当作到"为法必使之明白易知"（《商君书·定分》）。使家喻户晓，人人皆知。事实上新兴地主阶级在变法革新中的确实现了法律的普及。《韩非子·五蠹》载："今境内之民皆言治，藏商管之法者家有之"；《战国策·秦策一》载："妇人婴儿皆言商君之法"，就是证明。这就彻底打破了以往"判例法"时代那种"刑不可知则威不可测"（《左传·昭公六年》注）的神秘色彩。

（八）"天下之事无小大皆决于上"

法家不仅强调君主持有最高立法权（"生法者君也"），而且还主张君主拥有最高司法权。他们反复说明君主应当"独断"、"独听"、"独制"、"独行"、"独视"、"独擅"等等，就包含这一层意思。"独"的要害是使君主独享一切权力，使臣民不敢染指分毫："明主圣王之所以能久处尊位，长执重势而独擅天下之利者，非有异道也，能独断而审督责、必深罚，故天下不敢犯也"；"是故主独制于天下而无所制也"；"独操主术以制听从之臣，而修其明法，故身尊而势重也"；"明君独断，故权不在臣也，然后能灭仁义之涂，掩驰说之口，困烈士之行"，"故能荦然独行恣睢之心而莫之敢逆"（《史记·李斯列传》）。秦始皇便是这个"独制"主义的实践者，他"躬操文墨，昼断狱，夜理书"，乃至"天下之事无小大皆决于上"（《汉书·刑法志》）。这种"独制"是皇权对司法权的独揽。通过这种"独揽"，一方面维护了司法统一，另一方面又加强了对臣下的控制。然而，"独断"有时也会派生出"成文法"的异己因素——判例。这些判例由于是御批的产物，故尔具有与成文法律同等甚至更高的效力。在后来的封建社会，"成文法"和"判例法"之所以能够相互并行、循环往复，正是仰仗着皇帝的权威，因为两者都是围绕着皇权运转的。

四、劲士精神与古代法律实践

先秦时代形成的劲士精神和"法治"理想以及成文法理论，对后世的法律实践活动发生了重大影响。这主要表现在以下几个方面。

（一）立法与变革

在整个封建社会，大凡新的王朝诞生，或经历重要的社会变革（即"变法"），总会伴以重要的立法活动，经过审慎的立法程序，制定法典，颁行天下"与民更始"，或除旧制，行新政，励精图治。在这种情况下，成文法起着不可替代的巨大作用。其突出的事例如：西汉初期刘邦的废秦苛法，"约法三章"；唐高祖李渊的"约法十二条"；北魏孝文帝拓跋宏参酌中原法律改定律令；北宋王安石变法；等等。

（二）法律研究

重视成文法的结果之一是对法律研究的青睐。

由于成文法是用专门术语（法言法语）写成的，而严格依法办事的前提是正确理解"法律之所谓"。因此，从秦朝开始，统治者十分重视对成文法的研究和注释。《睡虎地秦墓竹简》中的《法律答问》，便是对法律术语的官方注解。晋张斐的《律表》（律序），以及唐长孙无忌的《唐律疏议》等，都是杰出的律学成果。而整个封建社会不绝如缕的律学，正是成文法的孪生兄弟。

不仅如此，由于对审判活动的重视，经过长期的总结与研究，还形成了具有中国特色的法医学。秦简中的《封诊式》，宋朝宋慈的《洗冤集录》就是典型的代表。

（三）严肃执法

在封建时代，由于对成文法的崇尚，在司法活动中曾涌现出许多不计私利、执法如山、不畏权贵甚至敢于犯上的正直法官。如西汉廷尉张释之严格依法断案，两次触怒汉文帝（《汉书·张释之传》）；东汉洛阳令董宣执法不阿，被称为"强项令"（《后汉书·董宣传》）；东汉冀州刺史苏章执法不私其友（《后汉书·苏章传》）；东汉太尉桥玄因执法而牺牲爱子（《后汉书·桥玄传》）；三国汝南郡阳安都尉李勇以枉法者仇，以执法者亲（《三国志·魏书·李通传》）；司马芝执法不受太后令（《三国志·魏书·司马芝传》）；隋朝大理寺少卿执法屡犯帝颜（《隋书·赵绰传》）；唐朝大理寺少卿戴胄执法无私、力抗帝旨（《旧唐书·戴胄传》）；更不必说宋代包拯、海瑞了。

总之，正是靠着"尊君尚法"的劲士精神和"事皆决于法"的成文法传统，才有效地维系了封建时代的泱泱大国，保障了封建社会的生存和发展。

（原载《法律科学》1998 年第 5 期）

二千年来之法，荀法也

——荀子与中国封建法律文化

对两千年封建法律实践活动影响最大的，并不是孔孟而是荀子。荀子的"隆礼重法"和"混合法"理论，正是封建时代"国家家族"主义"法统"和"成文法"与"判例法"相结合的"混合法"、"法体"的理论源泉。正是在这个意义上不仅可以说："二千年来之学，荀学也"，[①] 可以说："二千年来之法，荀法也"。

一、"隆礼重法"的"国家家族"主义"法统"

先秦孔孟儒家坚持"为国以礼"的"礼治"，商韩法家则主张"以法治国"的"法治"。荀子则将"礼"与"法"加以修正，并使二者统一起来。他是儒法合流、礼法统一的先行者。

（一）从孔孟之"礼"到荀子之"礼"

孔孟所主张的"礼治"是纳国家政治与宗法家庭生活于一炉的"全面礼治"，即"为国以礼"、"为家以礼"。西周、春秋是"全面礼治"时代。

---

① 谭嗣同：《仁学》二九，见《谭嗣同全集》，中华书局 1981 年版，第 337 页。

"礼"作为宗法性的行为规范的道德伦理观念，全面支配着社会生活的总体面貌。

"礼"在国家政治生活中的体现是"亲贵合一"的宗法贵族政体。在这种政体下，政治等级与宗法等级相互重迭，政治上的"尊尊"与宗法上的"亲亲"毫无二致，服从长上与孝顺父祖无实质差别。孔孟所坚持的"君君、臣臣、父父、子子"的名分，实质上是既维护世袭的世卿世禄的贵族政体，又维护该政体的社会基础——宗法家庭社会。

荀子对"礼"的改造主要表现在：第一，吸收了法家"尚贤使能"的官僚集权政体；第二，把"礼"仅仅局限在宗法家族领域内。这样一来，就把孔孟的国家与家庭一元化的礼，改造成国家与家庭相分的二元化的新礼。他认为，"任人唯亲"而不"尚贤使能"是国家危亡的主要原因。《荀子·君道》说："古有万国，今有十数焉，是无他故，莫不失之是也。"他在《君道》中宣布："贤能不待次而举，罢不能不待须而废。"在"贤能"与否的标准面前，王公大夫之子孙应"归之庶人"，而庶人之子孙，可以"归之卿相士大夫"。其目标是建立非血缘身份的、依人们后天行为而确立的上贤为三公、次贤为诸侯、下贤为士大夫的官僚政体。而在家庭生活领域，荀子则鲜明地坚持"礼"的精神。他在《非相》中强调："人之所以为人者，非特以二足而无毛也，以其有辨也"。"辨"即"礼"。因此，荀子始终主张对人们进行教化。他说："人之性恶，其善者伪（人为）也。"只有后天的自我改造才能使人去恶向善并成为君子。在荀子看来，宗法家族社会是"人之所以为人"的必备环境，坚持"礼"就必须维护宗法家庭秩序。对破坏这种秩序的"元恶"，他主张严厉制裁："不待教而诛"。

经过这番改造，孔孟的全面之"礼"变成局部之"礼"。"礼"已经从国家政体上面滑落下来，仅仅在宗法家庭社会发挥其功用。"礼"作为人们的生活准则和思维方式仍发挥巨大作用。荀子同周公、孔孟、商韩一样，都主张用法律的形式和力量去维护"礼"的差异性精神。

（二）从商韩之法到荀子之法

荀子坚持"隆一而治"的官僚集权政体，这是荀子同于商韩法家的重要方面。同时，荀子对商韩法家的"法治"进行无情的批评和改造。

荀子认为，人们"好利恶害"的本性是可以通过后天的教化和自我修养来加以改造的，故而重视教化的作用。商韩法家则认为人们的这一本性不能改变，故而否定教化而专任刑罚。荀子批评商韩的"赏罚二柄"、"严令繁刑"是"佣徒鬻卖之道"、"唯权势之嗜"，是"不求之于本而索之于末"。这样一来，荀子对商韩的"法治"进行了改造，一方面排除了"赏罚"、"重刑"的内容，另一方保留了官僚集权政体的主张，从而使原先的全面的"法治"变成局部的"法治"、从全面的"法"变成局部的"法"。

（三）"礼法"："礼"与"法"名异而实同

梁启超在《先秦政治思想史》中说："荀子所谓礼，与当时法家所谓法者，其性质极相逼近。"[①] 诚如此言。荀子不仅视"礼"与"法"为同一物，而且还创造了新名词："礼法"。如《劝学》："非礼，是无法也"，"学也者，礼法也"；《王霸》："是百王之所同而礼法之大分也。"

荀子从文明起源的历史出发，论述"礼"与"法"都是适应组成社会，"明分使群"，制止纷争的共同需要而产生的。他还从人性论的角度指出，"礼"与"法"都是为着"化性起伪"而发挥作用的。荀子用绳墨规矩比喻"礼"，如同法家用角量权衡比喻"法"。这说明，荀子之"礼"，已经从纯主观的感情和观念，变成客观的、稳定的、可以衡量和操作的、靠国家强制力维系的法律规范。这样一来，就使"礼"的实现途径，从孔孟的一味教化的理想主义方针，变成立法司法的法律实践活动。于是，作为人们行为规范的"礼"终于依托在"法"上面，使两者合而为一了。荀子的"礼法"观的社会价值不在于提出了新名词、新概念，而在于暗示了法律实践活动的总体趋势——

① 梁启超：《先秦政治思想史》，江苏广陵古籍刻印社 1980 年影印版，第 96 页。

给"礼"披上"法"的外衣。

（四）从"以德去刑"、"以刑去刑"到"德刑并用"

孔孟主张"以德去刑"、"以德服人"的"德治"、"仁政"，商韩主张"以刑去刑"、"以力服人"的"刑治"、"法治"。荀子则基本站在"德治"立场上，批判商韩的霸道，同时也纠正了某些不切实际的理想主义和过分否认法律刑政的偏见，从而首次提出了"德礼政刑"相互为用的观点。《荀子·议兵》集中反映了这一思想："厚德音以先之，明礼义以道之，致忠信以爱之，尚贤使能以次之，爵服庆赏以申之"；"有离俗不顺其上"，"然后刑于是起矣"；民努力为善，"然后赏于是起矣。""赏刑"虽然不是根本之策，但其作用不可低估："悬贵爵重赏于其前，悬明刑大辱于其后，虽欲无化，能乎哉！"

（五）从"家族主义"、"国家主义"到"国家家族主义"

孔孟的全方位"礼治"即"家族主义"，旨在主张用宗法家族的道德伦理观念来支配社会生活的各个方面。商韩的"法治"即"国家主义"，旨在确立和捍卫中央集权的君主专制政体。从法律实践活动的价值基础来看，前者指向族权，后者指向皇权。荀子的"隆礼重法"实际上给"礼"和"法"重新安排了座位——"法"捍卫集权政体，"礼"维护家族社会。这样一来，既结束了孔孟主张的单一的"家族主义"，又改造了商韩主张的单一的"国家主义"，从而形成各司其职、并行不悖、相互支持的二元的价值基础——"国家家族主义"。

"法统"即法律实践活动的价值指针或所欲实现的总体目标。一般来说，一个国家的法律实践活动应只有一个目标，或者说"法统"是单一的。但是，由于具体国情所决定，有时"法统"表现出多层次或多元性。荀子的"法统"理论便是二元的，即"国家主义"与"家族主义"。这主要是因为，荀子即看到集权政体的历史合理性——个人从家族挣脱出来与国家、社会建立简洁的权利义务关系，使社会由于个人的普遍介入而充满生机；同时又看到宗法家族继续存在的必然性——宗法家族作为集权政体的社会基础有其存在的必要性，而且，没有任何一种力量能够根除宗法家族的基础。在这个问题上，荀子的眼光既超越先辈的孔孟，又超越同时代的韩非。他的理论被后来的封建社会悄悄地遵奉并逐步加以社会化。

二、"法类并行"的"混合法""法体"

如果说，荀子的"隆礼"是使他被纳入儒家的重要原因的话，那么其"重法"却使他足以同法家为伍了。事实了，每个思想家的思想并不属于他个人，而属他生活的时代和环境。从思想的内容和特征来看，荀子既不属于鲁国文化，又不属于晋秦文化，而属于齐国文化。因此，称荀学为齐儒家、齐法家都无不妥，或干脆称之为儒法家。

（一）"重法"兼"重人"

荀子的"变法"思想既是对法家的改造也是对儒家的修正。他的国家法律起源论把法律同"贵贱之等、长幼之差、智愚能不能之分"连结起来；他在推行法律时则时刻不忘"君执要、臣执详"的官僚政体；他同法家一样主张制定和公布成文法；在司法上同样主张："信赏必罚"，却强调"罪刑相称"、反对"以族论罪"。

由于荀子重视"法"，使他关心立法、司法的实践问题，并提出很有价值的主张。在司法方面，他针对战国时片面强调成文法律的作用而轻视"人"的作用的问题，提出"人治"思想，他的"人治"思想与贵族政体无关，只是强调"人"在法律实践中的主导作用。《荀子·王制》集中论述了这一问题。他看到成文法律的缺点，主张"法而议"，反对"法而不议"，要求发挥"人"的主观能动性，以弥补成文法之不足。

（二）"有法者以法行，无法者以类举"

《荀子·王制》及《大略》说："有法者以法行，无法者以类举，听之尽也"；"有法者以法行，无法者以类举，以其本知其末，以其左知其右，凡百事异理而相守也，庆赏刑罚，通类而后应。"在这里，荀子提出了"成文法"与"判例法"相结合的"法体"理论，姑且名之为"混合法"。其大意是：有成文法律且宜于时用之际，便适用成文法律来裁判案件；无成文法律或虽有成文法律而不宜于时用之际，便援引以往的判例或依照判例所体现的法律原则来裁判案件，这是司法审判的全部方法（"听之尽也"）。

（三）荀子的"类"

战国时，新旧更替，名实相左，摧动着名辩之学的繁荣。"类"即应运而生。《墨经》言"类"、"故"，《商君书·修权》："皆不知类者也"；《孟子·告子上》："此之谓不知类也"；《韩非子·难势》："此不知类之患也。"可见，"类"之使用是很广泛的。《荀子》言"类"约七十余处（"统类"八见，"伦类"二见）。其中有"物类"之"类"，如《荀子·劝学》："物类之起，必有所始"；有"族类"之"类"，如《荀子·礼论》："先祖者，类之本也"；有"形名"之"类"，如《荀子·非十二子》："僻违而无类"，《解蔽》："类不可两也"。但更多见的是法律之"类"。

（1）与"法"并行之"类"。与"法"并行之"类"，即判例或判例所体现的法律原则。如《荀子·劝学》："礼者法之大分，类之纲纪也"；《修身》："依乎法而又深其类"；《君道》："法不能独立，类不能自行"；《王制》："有法者以法行，无法者以类举，听之尽也。"

（2）高于"法"、"类"的"统类"。荀子把"法"分解成两个层次："法义"和"法数"。"法义"是成文法律的宗旨，"法数"是法条之所谓。法官的水准也依此而定。低水平的法官"不知其义，谨守其数"（《荣辱》），"不知法之义而正法之数者，虽博，临事必乱"（《君道》）。商鞅就强调法官"通数"、"以数治"、"以数相举"（《商君书》之《靳令》、《禁使》、《慎法》）。《庄子·天下》则谓之："以法为分，以名为表，以参为验，以稽为决，其数一二三四是也，百官以此相齿。"《荀子·非十二子》批评慎到"终日言成文典，仅循察之，则偶然无所归宿"。高水平的法官不仅知"法数"而且深明"法义"。

荀子把"类"剖析成两个层次:"类"和"统类"。"法"与"类"居于大致相同的平面上,而"统类"则高于"法"和"类"。《荀子·修身》:"人无法则伥伥然,有法而无志其义则渠渠然,依乎法而又深其类然后温温然";《解蔽》:"法其法以求其统类";《儒效》:"卒然起一方,则举统类而应之";《性恶》:"言之千举万变,其统类一也"。"统类"有时又同于"律贯"(《成相》)、"道贯"(《天论》)。《天论》说:"百王之无变,足以为道贯。一废一起,应之以贯,理贯不乱。不知贯,不知应变。贯之大体未尝亡也。"可见"统类"是统治阶级最根本的大法。

(四)俗吏与儒臣

《荀子·儒效》把官僚分为四种:俗人、俗儒、雅儒、大儒。前两种为俗吏,后两种为儒臣。俗人:"不学问,无正义,以富利为隆,是俗人也";俗儒:"不知法后王而一制度,不知隆礼义而杀诗书,……是俗儒也";雅儒:"明不能齐法教之所不及,闻见之所未至,则智不能类也,……尊贤畏法而不敢怠傲,是雅儒者也";大儒:"以古持今,以一持万,苟仁义之类也,虽在鸟兽之中,若辨白黑,倚物怪变,所未尝闻也,所未尝见也,卒然起一方,则举统类而应之,无所疑怍;张法而度之,则奄然若合符节,是大儒者也。"荀子把能否掌握"统类"看作划分俗吏和儒臣的重要标准。汉代关于"文吏"和"儒生"的辩论,盖源于此。

(五)"混合法"四要素:人·统类·法·类

在荀子"混合法"理论中包含四个要素:①"人"。即深谙法律根本原则又通晓法条、判例的法官。他们在正常情况下可以依法断案,在无法的情况下可以创制和适用判例,他们是善于在司法中立法的法律大家;②"统类"。即法律的根本原则,它具体表现为成文法条和判例,其形式虽多样,但其实质是统一而稳定的;③"法"。即成文法典、法条;④"类"。判例及由判例表现的法律原则。"法"是立法的产物,"类"是司法的产物。"混合法"的正常运转,全靠以上四要素的相互配合。

（六）"判例法"诸原则

荀子提出"判例法"的重要原则：

其一，"有法者以法行，无法者以类举"。即有成文法或成文法宜于时用之际，一定要依法审判，在相反的条件下才可以创制适用判例。这样，既维护了成文法的权威性，又发挥了判例的优点；

其二，"听断以类"，"以类度类"。大意是，在适用判例时应认真选择妥当的先例（《王制》、《非相》）；

其三，"立法施令莫不顺比。"（《议兵》）即立法、司法均要认真参考以往的先例；

其四，"有循于旧名，有作于新名。"（《正名》）即根据案件具体情况，可以援用旧判例，也可以创制新判例；

其五，"稽实定数"，同则同之，异则异之"，"使异实者莫不异名也"，"使同实者莫不同名也"（《正名》）。适用和创制判例要注意案件性质和罪名的一致性；

其六，"是非疑则度之以远事，验之以近物，参之以平心。"（《大略》）审理疑难案件时，既要全面参照过去的判例，又要作到内心的平静，既不欺人，又不欺己。

（七）归纳与演绎

"判例法"的思维方式是归纳推理。法官在审理案件时，从以往判例故事中寻找法律依据。"成文法"的思维方式是演绎推理，法官在断案时，从抽象的法条中寻找法律依据。胡适在《中国哲学史大纲》中指出：法家的方法"根本上只是一种演绎的理论"；冯友兰在《中国哲学史新编》中指出，名家的出现是当时"公布法令所引起的一个后果"。① 可见，战国时"成文法"取代"判例法"还引起逻辑学的繁荣。

---

① 冯友兰：《中国哲学史新编》第一册，人民出版社 1962 年版，第 307、309 页。

荀子把"成文法"与"判例法"结合起来，也必然要把演绎推理和归纳推理结合起来。《荀子·正名》："有兼听之明"，"辨异而不过，推类而不悖，听则合文，辨则尽故"；《致士》："临事接民而以义，变应宽裕而多容，恭敬以先之，政之始也；然后中和察断以补之，政之隆也；然后进退诛赏之，政之终也。"所谓"兼听之明"，"听"即听讼之义；"兼听"即兼而运用"成文法"和"判例法"。"合文"即符合法条之义；"尽故"即符合判例之义。《王制》说："中和者，听之绳也。其有法者以法行，无法者以类举，听之尽也"。"中和"即"兼听"，即把"成文法"的稳定性和"判例法"的灵活性结合起来。

三、荀子学术与封建法律文化

荀子的法律思想的价值在于总结历史和开启未来，尔后两千年的封建法律实践活动自觉或不自觉地遵循了荀子的思路。

（一）"国家家族"主义"法统"与封建法律

西汉以后，儒学被定为一尊。但此时之儒学，已非孔孟之纯儒学，而是兼鲁国文化、秦晋文化的齐国之学，即荀学。在法律实践领域，通过引经决狱、经义注律、纳礼入律，儒家的礼不断法典化，封建法律不断儒家化。至"一准乎礼"的唐律诞生，这一运动才告完成。

封建法律是"国家家族"主义"法统"的具体表现。仅以"十恶"为例，十条"常赦所不原"的重罪之中，有四条半是维护皇权的，另有四条半是维护宗法族权的，法家的"法治"和儒家的"礼治"在这里结合得天衣无缝。

（二）"混合法"的"法体"与封建法制

荀子的"混合法"理论成为封建立法司法工作样式的指南。在封建各朝代，当成文法典宜于时用之际，便以成文法典作为审判的依据；当无成文法典或成文法典不宜于时用之际，便果敢地创制和适用判例。当判例积累到一定程度时，或者编之成册，令法官比照援引；或者被加工抽象成法条，最终被成文法典所吸收。从西汉的"决事比"、"故事"，到后世的"断事"、"断例"，勾画出"判例法"经久不衰的足迹。在古代先民看来，成文法典和判例故事同样是法律规范，具有同等效力。他们既没有承认一方而否认另一方，又没有生产出西方两大法系那样的理论——关于法律渊源的截然相对的理论，和立法与司法截然相分的理论。在中国封建时代的法律活动中，成文法典作为皇权支配一切的工具和象征，具有最高权威；但由于地广人众，"山高皇帝远"，封建地方官吏的行政权强有力地支持着他们的司法权，从而使成文法典不可能发挥高度的效力。加之成文法典的固有缺欠，使判例法总有用武之地。事实上判例法的运行也是在皇权支配下进行的。经过皇帝首肯的判例同样获得最高权威，如明代的《大诰》之类。这就是有时"用例而置其律"的原因。

封建成文法典以其独有的风格、严谨的结构、精练的辞句，表现出法的艺术之美和集体的智慧，判例则以其千姿百态的个性、独特的思维和文笔，表现出法的真实之美和个体的风采。在皇权的支配之下，"成文法"与"判例法"这对本来矛盾的"法体"竟并行不悖、相辅相成、互相因果、相互转化，谱写了一曲无声之乐、无韵之诗。这首由"混合法"弹奏的中国古曲，生自中华故土，显出古我先民之灵气，道出人类法律实践活动的内在规律。

当西方两大法系的法学家相互诟病的时候，当比较法学家描述一个多世纪以来西方两大法系相互靠拢的时候，当今日中国努力进行法制建设的时候，是否读过《荀子》，是否注意一下中国固有的"混合法"？

（原载《儒家义利观与市场经济》，上海社会科学出版社 1996 年版）

春秋决狱新论

"春秋决狱"作为中国古代刑法史的重大事件，是汉代一系列社会条件下的特殊产物。"春秋决狱"的价值方向是既维护集权君主制度又维护父系家庭秩序。"春秋决狱"所取得的成果不仅标志着古代刑法理论的进步，更重要的是开拓了成文法与适用判例相结合的中国混合法的雏形。

一、"春秋决狱"的生成

西汉以后，儒学进居统治地位并发挥了实际作用，皇帝下诏、大臣奏章无不据引儒家经典，以儒家经义为最高指导思想。儒生不断涌入官吏队伍，经过长期的施政实践，他们逐渐熟习政事与法律，自然以儒学精神来改造现行法律。完成这一历史使命的首先是经义决狱，由于多援引春秋之义，故称"春秋决狱"。

"春秋决狱"是儒学在法律领域构筑的第一座桥头堡，由汉武帝时治公羊学的名儒董仲舒开其端。所谓引经决狱（或春秋决狱），是指遇到义关伦常而法律无明文律定，或虽有明文却有碍纲常情理的疑难事件，则引用儒家经典中所记载的古老判例故事，或从判例故事中引申出某项原则来，用以对该疑难事件作出裁决。这实际上等于确认儒家经义具有高于现行法律的特殊地位，从而为儒学向司法领域的渗透打开一条通道。从法律样式的角度来看，西汉开始的引经决狱（或春秋决狱）是对西周春秋"议事以制"审判方式的一次历史重温。

"春秋决狱"是汉武帝时集中出现的重大刑事司法事件或方式，它不仅对古代刑事法律的价值取向——维护集权王朝和宗法家庭秩序，而且对古代刑事司法的样式——成文法与"判例"制度相结合——的形成，均施以重大的开创性和可持续性的影响。

"春秋决狱"产生的原因有六：第一，被奉为正宗的儒家思想特别是其中的伦理之礼和"以德服人"的精神，与当时汉承秦制之严酷刑律尚处于不协调、两张皮的状态，需要进行调整完善。第二，由于法律实践经验积累之不足，当时的刑律在维护集权王朝和家庭秩序两方面都显得很不充分，在立法条件尚不成熟之际，急需通过司法渠道率先加以强化。第三，当时刑事司法制度本身就存在缺欠，司法中又往往失之于严酷，加之法官的业务素质有限，在司法中常常机械地照章办案，不注意区别对待，甚至实行简单化的"客观归罪"。[①] 这种情况需要及时修正。第四，儒家经典特别是其中的《春秋》，虽然是一部史书，但是蕴含了丰富的治国经验和教训，记录了众多的先例、故事、格言、遗训，涵盖了君臣父子不可违犯的行为准则。《春秋》以记事之方法，批评暴乱之君父，鞭笞叛逆之臣子，明辨是非曲直，伸张礼义，其目的就在于恢复正当的社会秩序。《史记·太史公自序》谓："夫《春秋》，上明三王之道，下辨人事之纪，别嫌疑，明是非，定犹豫，善善恶恶，贤贤贱不肖，存亡国，继绝世，补弊起废，王道之大者也"；"《春秋》辨是非，故长于治人"；"《春秋》以道义，拨乱世，反之正，莫近于《春秋》。《春秋》文成数万，其旨数千。万物之散聚皆在《春秋》。《春秋》之中，弑君三十六，亡国五十二，诸侯奔走不得保其社稷者不可胜数。察其所以，皆失其本已。故《易》曰：失之毫厘，差以千里。故曰：臣弑君，子弑父，非一旦一夕之故也，其渐久矣。故有国者不可不知《春秋》，前有谗而弗见，后有贼而不知。为人臣者不可不知《春秋》，守经事而不知其宜，遭变事而不知其权。为人君父而不通于《春秋》之义者，必蒙首恶之名。为人臣子而不

---

① 武树臣等：《中国传统法律文化》，北京大学出版社1994年版，第415页。

通于《春秋》之义者，必餚篡弑之诛死罪之名。……夫君不君则犯，臣不臣则诛，父不父则无道，子不子则不孝。此四行者，天下之大过也。以天下之大过予之，则受而弗敢辞。故《春秋》者，礼义之大宗也。"故后世学者以《春秋》为"孔子之刑书"、"儒家之法经"、"法律之断例"。范罕说："邵子曰，《春秋》，孔子之刑书也。程子曰，五经之有《春秋》，犹法律之有断例也。唐陈商立曰，《春秋》者，儒家之法经也"；"《春秋》之为法经，为刑书，为断例，可以见其梗概矣。"[1] 皮锡瑞称："《春秋》近于法家。"[2] 因此，在治国理政司法等方面，《春秋》比起那些注重理论阐释而忽视具体操作的儒家经典来，无疑具有更为具体更为直接的使用价值。第五，在战国成文法确立之前，特别是在贵族政体下，其审判方式是"议事以制"，从而形成了"帅型先考"、遵从先例的习惯。只是在变法改制的战国时代，由于集权官僚政体和成文法的兴起，法官判案只遵从成文法，特别是前代先例故事所维护的社会关系已经过时，前代的先例故事从内容到形式均被政体搁置了。但是，"议事以制"、遵从先例的习惯和传统意识并未泯灭，一旦条件成熟，便可复燃。第六，"学而优则仕，"当一代精研或熟悉儒家经典特别是《春秋》之旨的学者们有机会参与国家政治法律事务时，自然将儒家经义与现实司法结合起来。"春秋决狱"就是为适应当时的社会需要，且在主观客观条件基本具备的条件下登上历史舞台的。

二、"春秋决狱"的价值取向

"春秋决狱"的价值是什么？如果说荀子首倡"隆礼重法"的二元法律价值观的话，那么，汉代的"春秋决狱"正是实现二元的法律价值观：既维护集权君主政体的君臣之序，又维护父系家庭的父子之序。

"春秋决狱"以维护集权君主政体的政治秩序为首务。维护以君臣关系

① 范罕：《法论四篇》，见程波点校：《法意发凡：清末民国法理学著作九种》，清华大学出版社 2013 年版，第 20、21 页，初版于宣统二年十月。
② 皮锡瑞：《经学通论》，见《春秋》，中华书局 1959 年版，第 6 页。

为核心的国家秩序本来就是《春秋》之要义。故孟子曰:"孔子成春秋而乱臣贼子惧。"(《孟子·藤文公下》)春秋之义正是以此为首要目的。其具体表现如下:

第一,在处理统治阶级与被统治阶级的关系方面。春秋决事的做法可以追溯到秦。秦末陈胜起义,秦二世咨询对策,博士曰:"人臣无将,将即反,罪死无赦,愿陛下急发兵击之。"(《史记·刘敬叔孙通列传》)

第二,在确立皇位王位继承人方面。秦亡与其无确定的嗣君制度不无关系。"汉既初兴,继嗣不明。"(《史记·太史公自序》)"非刘氏而王者天下共诛之"的誓言并没有解决全部问题,而动乱常常起于萧墙之内。终汉之世,往往因王位继承而发生血腥变乱。皇族、贵戚、诸王无不卷入其中。究其实皆因未确立有效的继承秩序。汉景帝立嗣,犹豫于立子立弟之间。大臣以《春秋》之义"大居正,宋之祸宣公为之","《春秋》所以非宣公",(宋宣公不立子而立弟,故国乱祸不绝)"方今汉家法周,周道不得立弟,当立子"为谏,终立子(《史记·梁孝王世家》)。"子以母贵,母以子贵",即在皇族内部,母子之间因对方的尊贵身份而尊贵。该原则与"立适以长不以贤,立子以贵不以长"(《春秋公羊传·隐公元年》)原则在理论上可以避免因王位继承而引起的内乱。汉和帝针对"下邳王被病沈滞之疾,昏乱不明,家用不宁,姬妾适庶,诸子分争,纷纷至今"的情况,专门下诏,强调"《礼》重适庶之序,《春秋》之义大居正"的原则(《东观汉记·下邳惠王衍》)。在诸侯王位继承方面还有一个原则是"诛君之子不宜立"。"诛君"即有罪被诛的君主。《汉书·景十三王传》载:"缪王元嗣,二十五年薨。大鸿胪禹奏:'元前以刃贼杀奴婢,子男杀谒者,为刺史所举奏,罪名明白。病先令,令能为乐奴婢从死,追胁自杀者凡十六人,暴虐不道。故《春秋》之义,诛君之子不宜立。元虽未伏诛,不宜立嗣。'奏可,国除。"在皇位继承上,上述原则所起的作用不是必然的,它们常常受到各种复杂政治因素的影响,而皇帝的最高决策权仍然占据着重要地位。

第三,维护尊君卑臣之序是刑法的首要任务。在汉代很长一段时间里,尊君卑臣之序尚未完全确立:"间者辅臣颛政,贵戚太盛,君臣之分不明。"

（《史记·张敞传》）中央朝廷的权威受到来自旁系皇亲的挑战。《春秋》之义有"君亲无将，将而必诛。""将"即谋逆之心。臣子或君主的亲属有叛乱谋反之心，即使没有采取行动也要诛杀。最突出的一例是淮南王案。《史记·淮南王安传》载：（众臣）"皆曰：淮南王安，大逆无道，谋反明白，当伏诛。胶西王瑞议曰：安废法度，行邪僻，有诈伪心，以乱天下，营惑百姓，背畔宗庙，妄作妖言。《春秋》曰：臣毋将，将而诛。安罪重于将，谋反形已定，当伏法。"广陵王刘荆亦以此获刑。《后汉书·樊宏阴识列传》载："其后广陵王荆有罪，帝以至亲悼伤之，诏儵于羽林监南阳任隗杂理其狱。事竟，奏请诛荆。引见宣明殿，帝怒曰：'诸卿以我弟故，欲诛之，即我子，卿等敢而邪！'儵仰而对曰：'天下高帝天下，非陛下之天下也。《春秋》之义，君亲无将，将而诛焉。是以周公诛弟，季友鸩兄，经传大之。臣等以荆属托母弟，陛下留圣心，加恻隐，故敢请耳。如令陛下子，臣等专诛而已。'"曹爽不仅以此伏诛，且被夷三族。《魏志·曹爽传》载，公卿朝臣廷议："《春秋》之义，君亲无将，将而必诛。爽以支属，世蒙殊宠，亲受先帝握手遗诏托以天下，而包藏祸心，蔑弃顾命，乃与晏、飏、及当等谋图神器。范党同罪人，皆为大逆不道。"

第四，规范臣子的合法权限。依《春秋》之义："大夫受命，不受辞。出竟有可以安社稷利国家者，则专之可也。"（《春秋公羊传·庄公十九年》）意为外出官员出于维护社稷利益的考虑，在无法获得君主批准的情形下，可擅自采取应变措施。但是，秦汉统一王朝成立之后，这一古老原则就必须以"王者无外"的新原则重新加以诠释。《汉书·严朱吾丘主父徐严终王贾传下》载："元鼎中，博士徐偃使行风俗。偃矫制，使胶东、鲁国鼓铸盐铁，还，奏事，徙为太常丞。御史大夫张汤劾偃矫制大害，法至死。偃以为《春秋》之义，大夫出疆，有可以安社稷，存万民，颛之可也。汤以致其法，不能诎其义。有诏下军问状，军诘偃曰：'古者诸侯国异俗分，百里不通，时有聘会之事，安危之势，呼吸成变，故有不受辞造命颛己之宜；今天下为一，万里同风，故《春秋》'王者无外'。偃巡封域之中，称以出疆何也？且盐铁，郡有余臧，正二国废，国家不足以为利害，而以安社稷存万民为辞，何也？"……偃穷诎，服罪当死。军奏"偃矫制颛行，非奉使体，请下御史征偃即罪。奏可。"

"春秋决狱"以维护父系家庭的秩序为宗旨。其具体表现如下：

首先是褒扬复仇。《春秋公羊传》赞许复仇："君弑，臣不讨贼，非臣也。子不复仇，非子也。"（《春秋公羊传·隐公十一年》）"九世犹可以复仇乎？虽百世可也。"（《春秋公羊传·庄公四年》）但是，复仇是有条件的："父不受诛，子复仇可也。父受诛，子复仇，此推刃之道也。"（《春秋公羊传·定公四年》）在这种观念影响下，汉代司法对复仇案的处理比较犹豫，《轻侮法》即其例。《后汉书·邓张徐张胡列传》载："建初中，有人侮辱人父者，而其子杀之，肃宗贳其死刑而降宥之，自后因以为比。是时遂定其议，以为《轻侮法》。敏驳议曰：'夫《轻侮》之法，先帝一切之恩，不有成科班之律令也。夫死生之决，宜从上下，犹天之四时，有生有杀。若开相容恕，著为定法者，则是故设奸萌，生长罪隙。孔子曰：民可使由之，不可使知之。《春秋》之义，子不报仇，非子也。而法令不为之减者，以相杀之路不可开故也。今托义者得减，妄杀者有差，使执宪之吏得设巧诈，非所以导在丑不争之义。'"虽然《轻侮法》被废止，但是终汉之世，复仇并未得到法律的严格禁止，司法中往往对复仇者予以宽宥，而民间舆论则赞颂复仇。

其次是主张亲亲相隐。《春秋公羊传》提倡亲属相隐："父母之于子，虽有罪，犹若其不欲服罪然。"（《春秋公羊传·文公十五年》何休注引孔子"父为子隐，子为父隐，直在其中矣"。）汉时有疑狱："甲无子，拾道旁弃儿乙养之以为子。及乙长，有罪杀人，以状语甲，甲藏匿乙。甲当何论？仲舒断曰：'甲无子，振活养乙，虽非所生，谁与易之！《诗》云：螟蛉有子，蜾蠃负之。《春秋》之义，父为子隐，甲宜匿乙。诏不当坐。'"[1] 在司法实践中，只要不是谋反不敬等重罪，亲属得相隐匿。

最后是"妇人无专制擅恣之行"。时有疑狱："甲夫乙将船，会海风盛，船没，溺流死亡，不得葬四月。甲母丙即嫁甲。欲当何论。或曰：'甲夫死

---

① 程树德：《春秋决狱考》，见《九朝律考》，商务印书馆 2010 年版，第 213 页。

未葬，法无许嫁。以私为人妻，当弃市。'议曰：'臣愚以为《春秋》之义，言夫人归于齐，言夫死无男，有更嫁之道也。妇人无专制擅恣之行，听从为顺。嫁之者归也。甲又尊者所嫁，无淫衍之心，非私为人妻也。明于决事，皆无罪名。不当坐。'"①"夫死未葬"，"私为人妻"，竟当处以弃市，旨在维护夫权。而"尊者所嫁"、"听从为顺"，旨在维护尊长之支配权。若夫死有男，则无更嫁之道，旨在提倡贞妇之行。以上春秋决狱的两个价值取向，二者不矛盾：孝悌就不犯上作乱，故"求忠臣必于孝子之门"（《后汉书·韦彪传》）。如果矛盾，就"不以亲亲害尊尊，"（《春秋穀梁传·文公二年》）"不以父命辞王父命"，"不以家事辞王事"（《春秋公羊传·哀公三年》）。

三、"春秋决狱"的历史地位

"春秋决狱"在古代法律文化史中具有十分重要的意义。主要表现为以下三点：

第一，"春秋决狱"是古代刑法学理论的一大进步。在以《春秋》为儒家经典的视野里，将春秋决狱视为法律"儒家化"是很自然的。但是，如果从古代刑法实践历史的角度来看问题，其结论就不同了。如果回顾一下荀子的意见，或许可以得到启发。生活在战国成文法时代的荀子，在支持成文法的同时，敏锐地发现了司法中存在的不足，即机械地照搬法律条文。正如商鞅片面强调法官"通数"、"以数治"、"以数相举"（《商君书》之《靳令》、《禁使》、《慎法》）。而忽视了对法律宗旨的掌握。正如《庄子·天下》所谓："以法为分，以名为表，以参为验，以稽为决，其数一二三四是也，百官以此相齿。"因此荀子批评慎到"终日言成文典，仅循察之，则倜然无所归宿。"（《荀子·非十二子》）荀子认为法官不仅要掌握法律条文——"法数"，更要深谙法律条文背后的宗旨——"法义"。低水平的法官只能做到"不知其义，谨守其数"（《荣辱》），其结果是"不知法之义而正法之数者，虽博，临事必乱"

①　程树德：《春秋决狱考》，见《九朝律考》，商务印书馆2010年版，第213页。

（《君道》）。"人无法则伥伥然，有法而无志其义则渠渠然，依乎法而又深其类然后温温然"（《修身》）；只有大儒不仅明知"法数"而且更深谙"法义"。因此荀子提倡"议"即学习研究讨论："法而不议，则法之所不至者必废。……有法者以法行，无法者以类举，听之尽也。"（《王制》）只有做到"有兼听之明"，才能够"辨异而不过，推类而不悖，听则合文，辨则尽故"（《正名》）。荀子的"法而议"有似汉代的驳议奏谳制度。"以类举"的"类"有似汉代的故事、决事比。而"不知其义，谨守其数"，则有似汉代司法中的"客观归罪"。①

汉代的"客观归罪"，有二例："甲父乙与丙争言相斗，丙以佩刀刺乙，甲即以仗击丙，误伤乙。甲当何论？或曰：'殴父也，当枭首'。论曰：'臣愚以为父子，至亲也，闻其斗，莫不有怵怅之心，扶伏而救之，非所以欲诟父也。《春秋》之义，许止父病，进药于其父而卒。君子原心，赦而不诛。甲非律所谓殴父也，不当坐'"；"甲夫乙将船，会海风盛，船没，溺流死亡，不得葬四月。甲母丙即嫁甲。欲当何论。或曰：'甲夫死未葬，法无许嫁。以私为人妻，当弃市。'议曰：'臣愚以为《春秋》之义，言夫人归于齐，言夫死无男，有更嫁之道也。妇人无专制擅恣之行，听从为顺。嫁之者归也。甲又尊者所嫁，无淫衍之心，非私为人妻也。明于决事，皆无罪名。不当坐。'"②"殴父也，当枭首"，"夫死未葬法无许嫁，以私为人妻，当弃市，"正是不管行为人主观状态的客观归罪。原心定罪的本质是在考察犯罪所造成的客观后果的同时，注意分析犯罪行为人实施犯罪时的主观心理状态——是故意还是过失，然后做出裁判。这无疑是古代刑法理论的一大进步。这种刑法理论或源于前代的司法实践，或源于前代的刑法思想，如《尚书》所谓"眚"（故意）"非眚"（过失）"终"（累犯）"非终"（偶犯）之类。《春秋繁露·精华》说："春秋之听狱也，必本其事而原其志，志邪者不待成，首恶者罪特重，本直者其论轻。"而《盐铁论·刑德》则谓："春秋之治狱，论心定罪，志善而违

---

① 武树臣等：《中国传统法律文化》，北京大学出版社1994年版，第415页。
② 程树德：《春秋决狱考》，见《九朝律考》，商务印书馆2010年版，第213页。

于法者免，志恶而合于法者诛。"

法史学界对原心定罪似有扩大化的诠释——原心定罪为统治阶级罪刑擅断提供依据。其实并不符合其本来的意义。应当指出，当统治阶级的罪刑擅断与残酷的政治斗争结合在一起的时候，那已经远远超越了刑法理论的范畴了。而前例所谓"甲又尊者所嫁，无淫衍之心，非私为人妻也"，实际上同时开创了依情（特殊情节）论罪的先河。"以情断狱"之法盖源于春秋时代，如鲁庄公曾自谓"余听狱虽不能察，必以情断之。"（《国语·鲁语上》）可以说从"原心论罪"到"依情断罪"，是古代刑法理论的又一次提升。《唐律疏议·名例》有"原其本情，议其犯罪"，"临时科断，须究本情"① 的规定，盖源于此。

第二，"春秋决狱"是古代刑事司法程序中驳议奏谳的一个重要环节和侧面，儒家经义借此法定程序进入司法领域并发挥指导作用。秦简秦律有《法律答问》，系上级回答下级司法官吏咨询的记录。其中也反映了对适用具体成文法条的不同理解。汉代刑事司法程序中有驳议奏谳之制："县道官疑狱者，各谳所属二千石官，二千石官以其罪名当报之。所不能决者，皆移廷尉，廷尉亦当报之。廷尉所不能决，谨具为奏，傅所当比律令以闻。"（《汉书·刑法志》）此制为汉后诸朝所延续。如《晋书·刑法志》："凡为驳议者，若违律令节度，当合经传及前比故事，不得任情以破成法"。《魏书·刑法志》："（太平真君）六年春，以有司断法不平，诏诸疑狱皆付中书，依古经义决之。"春秋决狱属于驳议奏谳程序中出现的一个事物，只不过所发表的意见出于儒家经典特别是《春秋》而已。其中，那些就事论事的意见，诸如"殴父也，当枭首"，"甲夫死未葬，法无许嫁。以私为人妻，当弃市"之类，反映了忠于成文法条、只注重客观事实的法家思维方式。而注意行为人主观心理状态，又善于从历史典故先例中寻找法律原则的意见，则反映了儒家综合全面的思维方式。

第三，"春秋决狱"为古代刑法典的完善提供条件。春秋决狱的实行程

① （唐）长孙无忌：《唐律疏议》，刘俊文点校，中华书局1983年版，第32、85页。

度与刑法典的完善程度成反比——刑法典越不完善则春秋决狱越盛行，刑法典越趋于完善则春秋决狱越趋于萎缩。在刑法典不断完善的过程中，春秋决事比和众多决事比不仅为司法裁判提供了参考和借鉴，而且为刑法典的修订和完善提供了新鲜材料。

第四，"春秋决狱"从内容、形式、程序诸方面在一定程度上对皇权有所制约。汉武帝以后，"春秋决狱"并非孤独一枝，而是随着官僚队伍的职业化，法律知识的成熟化，朝廷议事的程序化共同发展的。春秋之义多种多样，其中有些原则对皇帝依个人好恶独断专行具有一定制约作用。比如，"春秋之义，君子大居正"，"春秋之义，以功覆过"，"春秋之义，善善及子孙，恶恶止其身"，"春秋之义，功在元帅，罪止首恶"，"春秋之义，原情定过"，"春秋之义，尊上公谓之宰，海内无不统焉"，"春秋之诛，不避亲戚"，"春秋之诛，大义灭亲"，"礼云：公族有罪，虽曰宥之，有司执宪不从"。①

第五，"春秋决狱"是对前代"议事以制""判例法"传统的一次局部复兴，又是以"议事以制"的传统方式弥补成文法不足的积极尝试。"春秋决事比"与汉代众"多决事比"一起，奠定了成文法与"判例"共同组成的"混合法"的最初格局。西周春秋审判方式是"议事以制"。"事"即故事、先例，"议"即"度"，分析、选择。王念孙《议事以制》："'昔先王议事以制，不为刑辟'。李奇曰：'先议其犯事，议定然后乃断其罪。不为一成之刑铸于鼎也。'引之曰：议读为仪，仪度也。谓度事之轻重以断其罪，不豫设为定法也。古字多以议为仪，说见《经义述闻·左传》。"② 其大意为，在审判案件时，先从以往的故事中选择一个最相类似的先例，从中概括出一个法律原则，作为裁判的依据，然后作出判决。叔向断邢侯、雍子、叔鱼案时谓："夏书曰：昏墨贼杀，皋陶之刑也，"（《左传·昭公十四年》）子产断公孙楚、公孙黑互伤案时谓："直钧则幼贱有罪，"（《左传·昭公元年》）都是适用先例当中所

---

① 程树德：《春秋决狱考》，见《九朝律考》，商务印书馆 2010 年版，第 211—227 页。
② （清）王念孙：《读书杂志》二，上海古籍出版社 2014 年版，第 566 页。

蕴含的法律原则。这种审判方式是世袭贵族政体的产物，也与"帅型先考"的观念相契合。在战国成文法时代，一是实行国家制定的成文法，"诸产得宜，皆有法式"，司法官吏判案只能依照法律，不得参照以往的先例；二是以往的先例故事所维系的社会关系已经大大改变了，失去适用的可能性。因此，"议事以制"的审判方式被迫退出历史舞台。但是，由于成文法天然的缺欠——既不可能包揽无遗，又不可能随机应变，就需要一种成文法之外的方式来加以补救。于是春秋决狱就应运而生了。

"春秋决狱"的结果是形成先例故事。在后来的司法当中，该先例故事一经被援引即成为"春秋决事比。"从审理"甲误伤父乙"案的过程来看，首先从《春秋》史书当中找出"许止弑父"案的先例，该先例的判决是"赦而不诛"，判决理由是"许止无弑父之心"，从该先例当中引申出"原心"以论罪的法律原则。然后，以"原心"以论罪的法律原则适用于此案，以为甲无殴父之心，故不构成殴父罪，最后得出"不当坐"的判决。这种审判方式就是中国古代的"判例法"。《论语·为政》："温故而知新，可以为师矣。"古代士师正是通过研究以往的故事来寻找解决现实问题的钥匙。它和英国的判例法有没有形似之处？梅因说："英国法律中任何一条规则，必须首先从印成的许多判决先例所记录的事实中清理出来，然后再由特定法官根据其不同的风格、精确度以及知识而表现于不同的文字形式中，最后再把它运用于审判的案件。"① 丘吉尔说："英国人的自由并不依靠国家颁布的法律，而是依靠长期逐渐形成的习惯"；"法律早就存在于国内的习惯之中，关键是需要通过潜心研究去发现它，把见诸史籍的判例加以比较，并在法庭上把它应用于具体争端。"② 经义亦源于习俗："经义折狱，世人每以为怪，其实，事之厌于众心者，即成习惯，经义折狱，亦犹之据习俗，援法理耳，绝无足异也。"③ 读了《春秋决狱》的文字，就可以发现，中国古代的判例

---

① [英]梅因：《古代法》，沈景一译，商务印书馆2010年版，第9页。

② [英]温斯顿·丘吉尔：《英语国家史略》（上），薛力敏、林林译，新华出版社1985年版，第208页。

③ 吕思勉：《秦汉史》，商务印书馆2010年版，第725页。

法和英国的判例法在操作程序上没有天壤之别。这证明人类法律实践活动具有共通性。

《荀子·王制》说："有法者以法行，无法者以类举。"此处之"法"当即成文法。此处之"类"当即《礼记·王制》所谓"比"。汉代有"比"。《礼记·王制》："众疑赦之，必察小大之比以成之。"郑玄注："小大犹轻重，已行故事曰比"。《周官·秋官司寇·大司寇》："凡庶民之狱讼，以邦成弊之"。郑玄注："邦成，谓若今时决事比也。弊之，断其狱讼也"。又《汉书·刑法志》载武帝时"死罪决事比万三千四百七十二事"。

"春秋决事比"是汉代"比"的组成部分之一。《汉书·刑法志》载高祖诏："自今以来，县道官狱疑者，各谳所属二千石官，二千石官以其罪名当报之。所不能决者，皆移廷尉，廷尉亦当报之。廷尉所不能决，谨具为奏，傅所当比律令以闻。""当比律令"即最相类似的律令。《晋书·刑法志》："凡为驳议者，若违律令节度，当合经传及前比故事，不得任情以破成法"。"前比故事"当指先例故事。适用"当比律令"与适用"前比故事"的差别在于，前者是比附律令——成文法，后者是援引判例——判例法。即陈顾远所谓"比系以律文之比附为重，例则以已有之成事为主，是其所异。"① 从适用"当比律令"到适用"前比故事"，反映出一种社会现象，即在成文法典不适合发展变化的社会生活之际，创制适用判例是非常明智的选择。陈顾远指出，"两汉至南北朝，有司依《春秋》经义而断狱，系比已行之故事为法，后世例所创始，此固不失为一种渊源，而汉代之比则更然也"。②"已行之故事"又称"行事"。王充《论衡·别通》："法令之家，不见行事，议罪不审。章句之生，不鉴古今，论事不实"；"百家之言，古今行事"。王念孙《行事》："行事者，言已行之事，旧例成法也。汉世人作文言行事、成事者意皆同。"又《视已成事》："鄙谚曰：'不习为吏，视已成事'。……言不习为吏，则当视已事以为法也。……三代之所以长久者，其已事可知也。"③ 陈顾远又指

---

① 陈顾远：《中国法制史概论》，台北三民书局 1964 年版，第 90 页。
② 陈顾远：《汉之决事比及其源流》，载《复旦学报》1947 年第 3 期。
③ （清）王念孙：《读书杂志》二，上海古籍出版社 2014 年版，第 865、763 页。

出:"汉科之外,又有比,比之为义固繁,但汉之所谓比,不外以例相比况也。易词以言,律无专条,取其相近者比拟用之耳。后世之所谓比附,即汉之比,故与例同而又异也";"例之为义,比也类也颇似于比。但比系以律文之比附为重,例则以已有之成事为主,是其所异。然皆不外据彼事以为此事之标准,得互训之,此或汉重视比,而后世重视例,两名不并立之故也与。"①

中国古代刑法的表现形式是多元的,基本上由稳定的刑法典、法令和非稳定的比、例等共同组成。由于朝廷对全国司法活动的统一而严厉的控制,其中的比、例常常被迅速提升为成文法条,纳入成文法的序列,从而失去原始判例的形式。诚如陈顾远在分析中国古代法律的特点时所说的:"说它是成文法系,却因临时设制,有例,有比,有指挥,有断案,殊难为比;谓其近于英美法系,仍因常法俱在,有律,有令,有刑统,有会典,更难并论。总括起来,是成文而不成文,不成文而成文,兼具欧陆法系与英美法系的优点。"② 其实,这种法就是中国古代所独有的"混合法"。

第六,"春秋决狱"有利于提高法官的逻辑思维水平,实现法官群体的职业化。战国的逻辑学即"形名之学"是与成文法的产生携手同行的,邓析、商鞅等均以"形名之学"见长。正如冯友兰先生所指出的:"中国古代诡辩思想的产生,是和成文法的公布,法治思想的发展有密切的联系。从某种意义说,它们是对法治的一种反应";"所谓名家,也是和诡辩思想联系在一起的,而诡辩思想的产生,就其社会根源说,是春秋战国时期各国公布法令所引起的一个后果。"③ 依照法家的逻辑,立法活动的逻辑方法是"归纳",即由具体到一般,罪名的产生过程近似于"归纳",比如从盗窃各种财物的违法行为当中抽象出"盗窃"罪。其司法过程则近似于"演绎",即从一般的罪名到具体的犯罪事实,亦即所谓"循名责实"。正如《庄子·天下》所谓:"以法为分,以名为表,以参为验,以稽为决,其数一二三四是也,百官以

---

① 陈顾远:《中国法制史概论》,台北三民书局 1964 年版,第 88、90 页。
② 陈顾远:《中国文化与中国法系法》,中国政法大学出版社 2006 年版,第 54 页。
③ 冯友兰:《中国哲学史新编》第一册,人民出版社 1962 年版,第 307、309 页。

此相齿。"故胡适总结道："中国古代以来的法理学只是一个刑名之学"；"刑名之学只是一个控名则实"。①"判例法"的操作过程则是这样的：首先是选择一个最相类似的先例，然后从中引申出一种法律原则，这个过程近似于"归纳"。其次，在适用判例时，由一般原理推演出适用于特殊情况的结论，这个过程又近似于"演绎"。春秋时代的法官善于适用判例。当时法官的标准是"直"和"博"："直能端辨之，博能上下比之。"（《国语·晋语八》）当时不乏子产、叔向那样"帅志博闻"、"习于春秋"（《国语·晋语七》）、"心率旧典""能道训典"（《国语·楚语下》）的学者型法官。由于社会原因所致，法家式的法官只偏面熟知成文法条，而不谙历史典故包括儒家经典。因此，"春秋决狱"无疑是对法官群体的一场考验或法理培训。程树德先生曾指出："《礼乐志》叔孙通所撰礼仪与律同录藏于理官。《说文》引汉律祠宗庙丹书告，《和帝纪》注引汉律春曰朝秋曰请，是可证朝觐宗庙之仪，吉凶丧祭之典，后世以之入礼者，而汉时则多属律也。"②那些只知道死背条文的法吏显然已经跟不上时代的发展而终将被淘汰。"春秋决狱"实践的结果，不仅促进了当时的刑法制度的完善，而且还促进了法官群体的职业化，使法官成为既谙熟法条又"习于春秋"的新式法官。

"春秋决狱"只是汉代司法当中的一个侧面，其另一个侧面是以法决狱，两者并行不悖。马小红谓："无论法家对律的阐释，与儒家思想有着怎样的冲突，律制在现实国家与社会的治理中都是无法废除的。"③且以汉代法律文书为例："律曰：不孝，弃市。有生父而弗食三日，吏且何以论子？廷尉縠等曰：当弃市。有曰：有死父，不祠其家三日，子当何论？廷尉縠等曰：不当论。有子不听生父教，谁与不听死父教罪重？縠等曰：不听死父教，毋罪。"④很明显，"不听死父教，毋罪"，"死父，不祠其家三日，不当论"与

---

① 胡适：《中国哲学史大纲》，中国言实出版社 2014 年版，第 396 页。
② 程树德：《九朝律考》，中华书局 2006 年版，第 11 页。
③ 马小红：《律、律义与中华法系关系之研究》，见高明士主编：《中华法系与儒家思想》，台北台湾大学出版中心 2014 年版，第 195 页。
④ 彭浩、陈伟、工藤元男：《二年律令与奏谳书》，上海古籍出版社 2007 年版，第 374 页。

儒家所谓"三年无改于父之道，可谓孝矣"（《论语·学而》）和"丧毕则祭"（《礼记·祭统》）是相违背的。这说明儒家有儒家的一套理论体系，刑法有刑法的一套理论体系，两者不可能完全合一，儒家提倡的礼不可能完全上升为国家刑法典。

"春秋决狱"仍是依律而行，不曾破坏当时的法律。诚如《论衡·程材》所云："文吏治事必问法家，县官事务莫大法令"；"夫五经亦汉家之所立，儒生善政大义皆出其中。董仲舒表《春秋》之义，稽合于律，无乖异者"。而法律的地位未因"春秋决狱"而动摇。有些春秋之义如"君亲无将"其本身就包括维护君权的宗旨，与法家本来一致。"从史事观察，汉代经与律均具崇高的地位，经义与律令乃构成汉代政治的两大依据；""他（董仲舒）并没有明显地排斥法律明文，大都只是引经以济法条的不足"。①"法吏求之于律令而不持其平者，儒生求之经术，尤其是《春秋》，而得其情与理"。②

"春秋决狱"和法律注释不能完全解决所有司法中的问题："张斐杜预同注一章，而生杀永殊。"③ 相反，"春秋决狱"还很可能制造同案不同判，更不必说它还可能充当徇私枉法和政治斗争排除异己的借口。如梅因所谓"从合理的惯例产生出不合理的惯例。类比，这是法律学成熟时期中最有价值的工具，但在法律学的初生时代却是最危险的陷阱"④。刑法注释是刑法理论和实践本身的问题，伦理观念可以浸润之而不能解决所有问题。正如今天的司法不一，不能简单地归结为法官政治觉悟和业务水平问题，究其实是成文法法条过于笼统，缺乏一系列判例加以明确仔细的诠释，从而造成法官自由裁量权过大而造成的弊端。

陈顾远说："中国法系之体躯，法家所创造也，中国法系之生命，儒所

① 黄源盛：《汉唐法制与儒家传统》，台北元照出版有限公司2009年版，第18、115页。
② 陶希圣：《中国法制之社会史的考察》，台北食货出版社1979年版，第155页。
③ 《南北朝刑法志》，见《历代刑法志》，群众出版社1988年版，第255页。
④ [英]梅因：《古代法》，沈景一译，商务印书馆2010年版，第13页。

赋与也"。① 汉代的"春秋决狱"无疑向我们展示了古代法的体躯和生命。中国法系之生命不仅包括宗法伦理精神，而且还包括崇尚人之主观能动性的"判例法"。

（原载《人大法律评论》2018 年第 1 辑）

---

① 陈顾远：《中国法制史概论》，台北三民书局 1964 年版，第 3 页。

中国古代的"人治"与"法治"之争

前一阶段，中国法学界，尤其是法律史学界关于"人治"与"法治"的争论颇为热烈，引起了社会的关注。然而，历史上的"人治"与"法治"究竟指哪些内容？在没有充分地、严谨地给"人治"与"法治"的内容界定范围以前，将"人治"与"法治"的概念简单化，如将"人治"简单地理解为"权大于法"，或"以言代法"，将"法治"简单地解释为"法大于权"，并由此而产生出许多不合逻辑、无法作进一步探讨的问题，诸如："权大还是法大?""以权治国，还是以法治国?"等等，以至争论搁浅。因而，有必要对这一问题再进行一番探讨。

一、"人治"与"法治"的含义

封建社会中的"人治"与"法治"有其特定的内容。

（一）"人治"思想的起源及内容

先秦儒家所主张的"人治"，是西周宗法贵族政体及附着于贵族政体的法律制度下的产物。周人灭商后，由于生产力发展相对不足等因素的影响，采取了贵族分封制。天子一统天下与各分封国相对独立同时并存。这一政治格局，决定了不论是周王室还是封国，都不可能而且也不必要制定统一而详备的法律规范。在政权所及的范围内，法律实践活动按照各自的传统和习惯进行，以习惯为法的司法特征便是"议事以制，不为刑辟"（《左传·昭公六年》）。即在决狱时依据习惯"议"而定罪。贵族政体与习惯法自然而然地将"人"置于至关重要的地位。法律运用的恰当与否，社会效果的优劣都取决于断狱者"议事"的水平，得人则狱直，失人则狱冤。正因为"人"的重要，西周统治者才格外强调"唯良折狱"（《尚书·吕刑》）。主张损益西周典章制度而为现实服务的儒家创始人孔子，在总结西周统治经验时提出"为政在人"。"为政在人"主要有两个内容：第一，"人存政举"。在政治领域，"为政在人"的含义是：强调统治者的榜样作用。"其身正，不令而行，其身不正，虽令不从。"（《论语·子路》）统治者如果能够以身作则，严于律己，百姓会自觉地效法。相反，国家虽然制定了法律，但统治者带头不执行法令，破坏法制，那么法律制定得再好也无济于事。"其人存则其政举，其人亡则其政息。"（《礼记·中庸》）政治的得失，关键在于用人的得失。第二，人良法行。在法律领域，"为政在人"的含义是：在立法、司法过程中，作为断狱者的"人"的作用是第一位的，法律条文的作用是第二位的。因为：首先，法律是由人制定的，人的善恶直接决定了法的优劣。最后，法律是靠人来执行的。人的德才直接决定了法在实践中的得失。再次，法律条款毕竟有限，它不可能包罗万象，更不可能自己随机应变去适应变化的现实，法律条款的疏漏之处，只有靠断狱者凭借法律意识灵活掌握。正因如此，在法律条文与断狱者两者的比较中，断狱者则置于首位。断狱者是否具备"直"与"博"（《国语·晋语》）的素质，直接决定着审判的质量及整个立法、司法的状况和方向。

以上是儒家"人治"思想的内容。这种"人治"思想与其说是重视人的作用，不如说是重视将人置于重要地位的"法"。这个法，便是贵族政体和习惯法。在这个意义上，我们同意梁启超的断语："儒家固甚尊人治者也，而其所以尊者，非以其人，仍以其法""凡儒家之尊圣人，皆尊其法，非尊其人也"（《中国法理学发达史论》）。

（二）"法治"思想的诞生

春秋以降，随着生产力的提高和生产关系的变革，贵族政体不断衰落。代之而起的是官僚集权政体。以贵族政体为依托的习惯法也走到了尽头，它逐渐被一种新的法律制度所取代，这就是"成文法"。郑国子产"铸刑书"，晋国赵鞅"铸刑鼎"，正是成文法兴起的典型事件。与习惯法相比较，成文法有两个显著的特点：一是"罪名"与"刑名"二项合一，明确地规定了各类罪行的客观标准及相应的惩罚，在此，断狱者"议"的权力被大大削减。二是法典由一定数量和一定形式的法律规范群构成，单项立法大大减少，法律体系日益完善，使依法定罪量刑成为可能。

与君主集权政体及成文法携手而来的，便是"法治"的思潮。这一思潮的主要内容，便在于对新确立的君主集权制政体及成文法作出理论上的解释，并对反对"法治"的政治、学术观点进行抨击。

主张"以法治国"的法家认为，在时代的变革面前，在"竞于气力"的时代，贵族政体及习惯法已经过时，建立君主集权制及公布成文法，是在竞争中立于不败之地的唯一出路。君主集权制使国家可以在更广泛的范围内选拔官吏，以便于能者尽能，力者尽力，这较之于贵族政体下的世卿世禄制更为合理。成文法体系严密，条款规范，使人知其可为与不可为，在量刑定罪时，断狱者有法可依，这较之于"议"而定罪更为公正合理。因此，法家认为，加强君主权力，完善成文法是最好的治国方法。它能维系社会的长期稳定。完善的制度与法律使"圣人不必加，凡主不必废"（《商君书·赏刑》）。社会秩序不会因统治者的变更而动荡。而儒家的"人治"则难以达到这种效果。法家认为，在君主世袭制的制度下，君主不可能个个都如尧舜那样圣明，"人治"与"法治"的优劣便由此而显示出来，《韩非子·难势》中言：大凡君主，以中庸之材居多，圣明之主与昏暴之君千世一出，若"废势背法"，则"尧舜至乃治，是千世乱而一治也"。相反，若"抱法处势"，则"桀纣至乃乱，是千世治而一乱也"。故"废常（法）尚贤则乱，舍法任智则危，故曰：'尚法而不尚贤'。"（《韩非子·忠孝》）这便是"法治"思想的含义所在。

二、封建社会中"人治"与"法治"之争

中国封建社会"人治"与"法治"之争经历了两个阶段,第一阶段是先秦儒法之争,其不仅涉及法律制度,而且涉及了政体的争论。这场争论最终导致了秦王朝的君主专制及"事皆决于法"(《史记·秦始皇本纪》)的产生。第二阶段是从汉至清末,这一阶段君主集权制已经确立,争论只限于法律制度的范围。即,是健全成文法体系,还是沿用传统的习惯法。争论的结果是二者的合流,形成了以成文法为主、习惯法为辅的法律体系。我们姑且称之为"混合法体系"。下面分段论之:

(一)春秋至秦——"人治"与"法治"全面对立时期

在法律实践活动中,"人"与"法"是两个不可或缺的因素,两者相辅相成,互为补充。但是,在春秋战国的特殊历史时期,在"成文法"取代"议事以制"、集权政体取代贵族政体、"法治"取代"礼治"的特定背景之下,却演成了"重人"与"重法"两种截然对立的观点。前者认为,在法律实践活动中,作为统治阶级成员的"人"是第一位的,"法"是第二位。只要有了得力的"人",就能治理好天下。后者认为,在法律实践活动中,作为统治阶级整体意志的"法"的作用是第一位的,人是第二位的。有了完备的"法",即使"人"不太精明贤良,也能够依法治理好国家。

"人治"与"法治"的对立,此时并不局限于法律范围内。这种对立是全面的对立:在政体方面,对立表现为贵族政体与集权政体之争。在统治方法上,对立表现为王道与霸道之争。在价值观念上,对立表现为道德伦理观念与功利主义,即义与利之争。全面对立的结果,是"法治"思想完全占据了上风,赢得了统治者的赏识,秦王朝便是一个在法家理论指导下建立起来的统一王朝。在"法治"思想的指导下,秦政、秦法具有以下特点:

第一,秦政,严而少恩。君主的权威至高无上。秦始皇为政以专断而著称,他所具有的权威是周天子远远不能比拟的。大权集于中央,中央听命于

皇帝，天下安危系于皇帝一身。高度的政治统一，产生了统一的法令。成文法的推行不仅成为必要，而且成为可能。

第二，秦法，广、详、确、严。诸事"皆有法式。"（同上）秦统治者为使各级司法官吏明确无误地依法办事，以实现司法的统一及体现中央的立法精神，故将法律条款制定得十分详细，内容广泛，语言确切。这些特点在《秦简》中得到充分的反映。此外，为了体现法的威严，秦法以严酷为宗旨，如盗采别人的桑叶，赃值不盈一钱者，竟处以"赀徭三旬"的重罚。

秦政、秦法在当时虽不失为进步之举，促进了中国古代政治、经济的发展，但也给当时人民带来了深重的苦难，先秦及秦"法治"思想的实践，所取得的成果并不尽如人意。

（二）汉至清："人治"与"法治"的局部对立

秦政、秦法的缺陷，使汉统治者对先秦"人治"与"法治"之争重新进行了评价。汉统治者对秦迅速灭亡教训的总结基本上是成功的。在肯定君主集权制政体的前提下，汉对秦法进行了修订，"人治"与"法治"之争被局限于法律领域中，即在法律实践中是重人还是重法，是继续完善成文法，还是以习惯法为重。

鉴于秦苛法暴刑而亡的教训，汉统治者对"繁于秋荼"、"密于凝脂"（《盐铁论·刑德》）的秦法进行了删改。《汉书·刑法志》记："相国萧何，捃摭秦法，取其宜于时者，作律九章。"律文不足之处，则以经义议而决狱。于是古老的习惯法及"议"而定罪的司法审判方式部分复活。汉武帝时的"春秋决狱"，引经论狱，实际上是以传统的道德伦理观念论是非。汉朝对成文法的完善及司法实践中的"引经决狱"，开中国两千余年"混合法"之先河。"人治"与"法治"之争由此出现了新局面。即：在社会稳定，成文法较为完善时，"法治"思想便占上风，当社会动荡，成文法已经过时，无力应付局势时，"人治"思想便占上风。唐代以后，成文法完备，统治阶级已积累了近千年的实践经验，在法律思想上逐渐形成"人法并重"的观点。其表现形式是兼重"法"的威严性与"人"的灵活性。

宋代欧阳修说："已有正法则依法，无正法则原情。"（《欧阳文忠全集·论韩纲弃城乞依法札子》）王安石称："盖夫天下至大器也，非大明法度不足以维持，非众建贤才不足以保守。"（《王文公文集·上时政书》）苏轼云"任法而不任人，则法有不通，无以尽万变之情。任人而不任法，人各有意，无以定一成之论。"（《东坡续集·王振大理少卿》）自宋以来，这种"人治"与"法治"兼重的思想一直发展。清末沈家本总结道："有其法犹贵有其人。"（《历代刑法考·刑制总考·唐》）

总之，在"混合法"时代，当"成文法"详备而宜于时用之时，统治者往往强调"法"的作用，强调严格依法办事。当"成文法"由于落后现实生活而不太宜于时用之际，则常常突出"人"的作用。先秦时代，"人治"与"法治"截然对立的状况已经过去，"法"与"人"的作用被置于同等重要的不可或缺的地位。"人法并行"、"人法兼重"正是"人"、"法"之辩的归宿。

（三）"人治"与"法治"之争的尾声

经历了长期的法律实践之后，封建统治者逐渐认识到"人"与"法"各有其长处和局限性，应使两者结合起来，取长补短。正如宋人苏轼所总结的那样："任人而不任法，则法简而人重；任法而不任人，则法繁而人轻。法简而人重，其弊也请竭公行而威势下移；法繁而人轻，其弊也人得苟免而贤不肖均。"（《东坡续集·私试策问》）正确的办法是："人与法并行而相胜，则无不安。"（《东坡奏议·应制举上两制书》）中庸的方法使"人治"与"法治"的争论得到比较圆满的解决。"混合法"由此成为中国古代社会的法律传统。然而在近代，这一传统却受到了挑战。在西方文化的冲击下，在法律领域中，"人治"与"法治"之争再度兴起。

由于只看到西方"以法而兴"的表面现象及中西方国力强弱悬殊的对比，清末某些开明的封建士大夫一改中国传统的谈经不谈法的学风，将变革法律作为中国图强的首要任务。但遗憾的是，在当时的情况下，这些人没有也来不及对西方法律作全面深入的考察。受日本变法而强的影响，他们决定效法日本的法律制度。而当时的日本所引进的西方法律基本上是大陆成文法法系。以日本为目标的法律变革，将中国传统法律中的习惯法及"援引比附"的原则当作了"糟粕"。这便是中国近代法律变革失败的重要原因。其一，在这场变革中，人们忽视了西方"法治"与中国传统"法治"的根本区别。没有抓住西方"法治"中的近代民主精神，而只是将其形式——"罪刑法定"原则法典化，将完善成文法的条款作为目的，其结果不仅没有使中国借助法律摆脱君主专制的桎梏，反而使传统法律中的积极因素消失殆尽，造成社会规范的空缺。其二，清末法律变革将人们重新引向"人治"与"法治"的争执之中，不仅割裂了传统，而且对西方的法律观也是各取所需，尽管在这场"人治"与"法治"之争中，添加进了一些西学的名词和内容，但是，最终的结局仍然是两者重新"混合"。历史似乎在此重演。

虽然如此，我们对清末法律变革的功绩仍然要给予充分的肯定。因为通过对"人治"与"法治"的再次争论，及法律变革的失利，使人们注意到应该冷静地对待传统，冷静地对待西学。辩争促使中国传统法律走向现代化。我们既不能因清末法律变革的失败而贬低它的进步意义，也不能因它的进步性而不切实际地抬高其成果。实事求是地说，清末的法律变革是一次颇有意义的尝试。这一尝试的成败都给后人提供了宝贵的借鉴。就"人治"与"法治"来说，清末的争论使人们认识到两者的结合是历史发展的必然趋势。它为几千年的"人治"与"法治"之争作了小结。

三、"人治"与"法治"之争的启示

通过对"人治"、"法治"之争这一问题的历史考察，我们认为有以下几点应该引起注意：

首先，中国先秦法家及秦汉以后的一些封建思想家所提出的"法治"与西方古希腊亚里士多德及近代资产阶级理论家所宣扬的"法治"在内容上有着很大的差别。法家与封建思想家笔下的"法治"是与专制主义的中央集权制相联系的。"为国以法"的本质在于用法律来维护君权与皇权。因此，在中国古代社会提倡"法治"的政治家、思想家的眼中，决不存在着"法大还是权大"的问题。法律服务于君主的意志在封建中央集权制下，尤其在提倡"法治"的法家理论中是天经地义的事情。封建"法治"观与民主是水火不相容的，如果认为中国传统的"法治"在历史上曾起到过进步作用，便将其视为精华而加以继承，并企图通过提倡传统意义上的"法治"而健全民主，结果恰恰是缘木求鱼。

其次，先秦儒家及封建社会的一些思想家提出的"人治"可部分地与西方柏拉图的"贤人政治"相比较。但是，无论是中国传统观念的"人治"，还是西方古代思想家提出的"贤人政治"，都与"以人代法""以言代法"或"长官意志"毫不相关。将"人治"简单地解释为"权大于法"完全是以今人之心度古人之腹。其实，传统的"人治"思想所强调的恰恰是任人须选择一些能够贯彻执行制度、遵法守纪的"贤人"或"良人"。它提醒君主必须检点言行，不可"一言丧邦"，提醒官吏克己奉公，屈己从法。对传统"人治"思想不加分析加以贬斥，其结果是阻碍优秀的文化传统的弘扬。

最后，中国古代社会中的"人治"与"法治"之争至清末已经结束，这一争论是特定历史阶段的产物。因此，在今天的法学研究及法律实践中应该避免空泛地或不加辨别地使用这一概念，以免引起不必要的误会。

（原载《文史知识》1991 年第 11 期，与中国人民大学法学院马小红教授合作）

中国传统法律意识探索

一、法律意识与法律文化

法律意识是法律文化结构中最积极活跃的因素。法律文化是人类文化的组成部分之一。它是社会上层建筑中法律思想、法律规范、法律设施等一系列法律实践活动及其成果的总和。它既是以往人类法律实践活动的凝结物，又标志着某一时代法律实践活动的状态或发展程度。

法律文化由法律思想、法律规范、法律设施、法律艺术四要素组成。法律思想是人们关于法律的见解、评价的通称；法律规范是社会权威机构制定并保障实现的特殊行为规则；法律设施是社会权威机构建立的一系列专门工作机构的总和，它是实现法制的客观条件；法律艺术是人们从事法律专门活动的能力、技术和方法，包括立法艺术和司法艺术，这是实现法制的主观条件。以上四要素的自身发展和相互作用，决定着法律文化状态及其发展方向。

法律思想是法律文化中最能动的因素。这是因为，法律实践活动是人们有意识有目的的活动。居于统治地位的法律思想对整个法律实践活动施以巨大影响。

法律思想由核心和外围两部分组成。核心部分是法理学或谓法学基本理论，它是从宏观角色将法律视为一种特殊的社会现象加以思考和认识的一种理论评述。它要回答的问题是：法律是什么？它是怎样产生的？它的前途、作用、价值如何？它和社会经济、政治、宗教、哲学、道德、人性、人口、社会环境等因素的关系怎样？等等一般性理论问题。外围部分是法律意识，它是从微观角度对法律实践活动的某一具体方面的一种评价或要求。这种评价或要求往往以一种特定的现实利益（个人、集团、阶层、阶级、社会的利益）为基础。法理学与法律意识之间并无截然鸿沟，亦无高下雅俗之别，它们都是对法律的一种评价，只不过看问题的角度及评判者主观状态不同而已。法理学总以一定量的法律意识的积累为前提，才能完成理论升华；而法律意识只有在法理学的指导下才能更透辟地评价法律问题。应该注意，法律意识在所涉范围、活动频率、反应速度等方面要优于法理学。因此，它在法律文化中的能动作用也就更显得突出。法律意识实际上成了联结社会物质生活与法律实践活动之间、社会思想与法律思想之间、法律文化诸要素之间的最为积极能动的纽带。它的形象往往决定着法律思想乃至整个法律文化的形象。

二、中国传统法律意识及其社会基础

中国传统法律意识，指在中国数千年历史上形成的、具有独特体系的、占统治地位从而对整个法律实践活动具有指导作用的一种观念。

中国传统法律意识的最大特征就是注重人际的差异性，这种差异性被称作"礼"。"礼"是社会差异性的理论述语，是人们政治等级（君臣上下贵贱）和生理等级（亲疏长幼男女）的集合体。"礼"像一张巨大的立体网络，为社会中的每一个人预备了一个确定的"点"。这个"点"面向六方，又被六方拱卫；既有权利，又有义务；它忍受屈辱，而又炮制不平；它制造愤怒、反叛，而又归于合谐、宁静；它似乎一无所有，却又能支配一切。几千年来，"礼"支配着法律实践活动的内容和形式，它不仅被法典化、制度化，使古代法律制度的每一个关节都散发着公开的等级不平等的气息，而且还支配着人们的思维形式，使古代的人们，无论贵族、地主，还是奴隶、农民，都不能跳出它的藩篱。漫长的中国古代法律文化史，正是一部"礼治"的盛衰史。

"礼"的社会基础，与其说是源于政治差别（贵族）和经济差别（贫富），毋宁说是源于血缘差别，即宗法等级差别。任何经历过父系家长制阶段的民族，都曾产生过以维护父系家长特权为内容的宗法等级观念。但是，由于步入"文明"社会的途径不同，宗法等级观念在不同的民族又有不同的命运。古希腊、罗马是在广泛使用铁制工具，私有制比较发达，氏族内部贫富分化、对立日益激烈的背景下，终于冲破氏族血缘纽带进入阶级社会的，因此，以贫富为基础的贵贱等级基本取代了原来的宗法血缘等级。古代中国曾经经历了漫长的父系家长制时代，形成了浓烈的宗法级的传统势力。况且又是在"手无寸铁"的情况下进入阶级社会的。由于生产力低下，私有制不发达，贫富分化极为有限，还远没有达到冲破氏族血缘纽带的程度。当国家出现时，宗法血缘观念不仅没有被清除，反而披上了政治的阶级的外衣。在古希腊、罗马，国家按地域划分居民；在中国古代，既按地域来划分居民，又依血缘来划分阶级。血缘的价值被大大提高了，它不仅成了区分统治阶级和被统治阶级的标准，还成了统治阶级内部权力再分配的标尺。

宗法等级观念被国家、法律所强化，如西周的嫡长继承制、世卿世禄制；封建法律的同罪异罚，维护贵贱、尊卑、男女之间的不平等。但是，宗法等级观念的最根本的社会基础是自然经济。

中国古代社会是以自然经济为主体的农业社会。如果说西周是土地国有的自然经济，那么，秦汉以后的封建社会便是土地私有的自然经济。自然经济是宗法等级观念的最好土壤。在自然经济的环境中，人们彼此隔离，鲜有交往，安土重迁，世世累居，使家族组织不断完善，成为国家的最基本的社会细胞，即孟子所谓"国之本在家"。统治阶级为了统治一个由无数个彼此独立的村落组成的汪洋大国，不得不维护家长、族长的特权，使他们在族内有一定的立法权和司法权，共同治理天下。家长、族长成了国家的半官僚、半法官，和民事活动的唯一代表。

在家族制度下，个人没有独立的价值。婚姻不是基于性爱和个人自由的行为，而是"合二姓之好"，因此必须听从"父母之命"，女子嫁到男家，似乎是充当了本家族长的"长驻代表"，两族反目，便可以"义绝"而召回。"儿女无私财"，父母在别籍异财是违法行为，在推行"民有二男不分异者倍其赋"政策的秦国，仍不忘规定"父盗子，不为盗"。子孙违犯父母、祖父母的命令，父母、祖父母可以送官纠治，亦可暴力制裁，子孙不得实行"正当防卫"，只有在"小杖则受，大杖则走"之间选择的权利。总之，个人的存在，他的价值和权利，都被披上血亲的温情薄纱的家长族长特权吞食淹没了。

商品经济是自然经济的死对头。中国历代统治者自觉不自觉地意识到这点。他们一方面用法律的行政的手段去"重农抑商"、"强本除末"，另一方面用"重义轻利"的道德教化去扼杀人们心里的物质欲望。封建社会后期，第一种手法越来越难以奏效，于是便更加重视第二种手法，这正是宋明理学产生并上升为官方学术的原因。

自然经济使人们难于交往，而没有平等的物与物的交易，人们很难体现个人的价值和平等权利。只有社会化的商品经济，才促成了人们之间的联系，使他们由于所处地位不同而具有各自不同的特殊利益，从而促进与此相适应的立法和司法的发展。当商品经济长足发展的近代，以自由、平等、博爱为旗帜，以个人为本位的资产阶级法律观，同中国传统的以家族为本位的宗法观念，不可避免地冲突起来，酿成了清末修律中的"礼法之争"，宣告"礼"一统天下的中国法系迈进了近代化的艰难历程。今天，只有大力发展社会主义商品经济，大大提高社会生产力，才能根除宗法等级观念和崇拜权力的风俗习惯，代之以科学民主的社会主义法律意识。

三、中国传统法律意识的构成

构成中国传统法律意识的因素很多，它们同中国传统意识密不可分，对数千年法律实践活动具有直接或间接的指导作用。

（一）泛神主义的等差意识

中国古代社会是农业社会，农业生产的特点是靠天吃饭。因此，古人非常重视"天道"。"天"，不论是鬼神之天、义理之天，还是自然之天，它的精神总是由宇宙万物体现出来。这种精神就是普遍而统一的差异性。大自然有天、地、昼、夜、山、泽、高、下、阴、阳、寒暑；动物界有牡、牝、雌、雄；人类有男、女，长、幼，等等。唯其有差别，才构成一个统一体。荀况把这规律概括为"不同而一"。

正如人们依照自然规律从事农业生产一样，治理人类社会也要遵从"天道"，即所谓"承天之道以治人之情"。既然"物之不齐，物之情也"，那么"人之不齐"便成了"人之道也"。于是，人类社会的贵贱、富贫、长幼、尊卑、男女、贤不肖、智愚等差别，就是天经地义的合理的了。国家法律应确认和维护人间的种种差异，针对不同身份的人规定不同的权利义务。只有如此，才"上合天道，下顺人情"。

这种等差意识扭曲了原始的平等观念，把它割成等差序列，即同等身份的人之间的平等，皇权面前的平等。社会上不存在普遍适用的客观的行为规范，人们的权利、义务和道德准则因自己的身份和对象的身份而异：你是君的臣民，对君要忠；你又是父的子，对父要孝；你还是子的父，对子要慈……不同的身份和行为准则在硕大的等级网络中实现了宏观的统一。同是一个人，他既有被其长辈凌侮斥责的遭遇，又有对其幼辈大施淫威的机会。因此，人们既习惯于用差异性的态度去对待周围身份不同的人，也习惯于接受别人的不平待遇。人们不相信社会上存在普遍的正义，故而缺乏平等待人的同情心，人类的良知在差异性的道德的麻痹下枯萎了：既然"天"的精神是差异性，那么，人类又怎能平等地站在同一个地平线上？这种差异观念支配人们达数千年之久，即使劳动人民也不能摆脱其影响。从质问"王侯将相宁有种乎"的陈胜，到高呼"苍天已死黄天当立"的黄巢，再到宣布"政教皆本天法"的洪秀全，无一能跳出差异性的等级模式。近代资产阶级改良主义领袖康有为借"大同"之梦所宣传的"人人皆有天与之体，即有自主之权"

的"天赋人权"说和自由、平等、博爱的理论，对传统的等差意识的抨击和震撼，的确是一次"地球大地震"。

（二）"亲亲"的宗法意识

家族是从事农业生产活动的基本单位。为了维护族内秩序，首先要"亲亲"，即亲爱自己的亲人。在亲人中，最亲的莫过父亲，即"亲亲父为首"。对别的亲属要按宗法等级区别对待。人们的宗法关系被"五服"（服制）明确规定下来。

法律就其特征来说应当是普遍适用的行为规范。但它被强大的宗法意识改变了形象。比如，法律允许"亲属相隐"，即允许亲属间互相隐瞒包庇违法犯罪事实。一个人如果揭发其父的盗窃行为不仅要受法律制裁，还为社会舆论所斥责：他对生父尚且如此忘恩负义，况对他人呢？再如，法律与私人复仇本是对立的，但在司法中对为父兄复仇杀人者，往往采取宽容的态度，说是"不许复仇则伤孝子之心"；又如，族诛制度，即一人犯罪，株连亲属。用这种无情惩罚的手段使亲属间互要制约规劝，以预防犯罪。"亲属相隐"与族诛本本是矛盾的，但封建统治者用小罪可隐、告者有罪和大罪不能隐、隐者同罪的办法把两者统一起来。"亲亲"的结果，使人们只爱其亲、其家、其族，无视他人和社会的利益。古代有这样一个故事：一个士兵每次打仗都逃跑，原因是家有父母无人供养，这个逃兵成了"孝"的典型。封建官吏在职时拼命往家里搞钱，他们对国家虽有贪官污吏浊臣，对家族却是慈父孝子贤孙。

"亲亲"美化了统治者的形象。他们是"民主"，"民之主"，"民之父母"，"父母官"。他们对人民的压迫剥削被披上一层温情的油彩。人民痛恨贪官污吏，却渴望清官大老爷。人民与统治者之间的阶级对立被搞得模模糊糊了。

"亲亲"特重男系，姓氏以男为标志。因此本来还比较科学的"同姓不婚"变得不伦不类。一方面，男女同姓虽非同宗亦不可婚；另一方面，男女非同姓虽同宗亦可婚，使中表婚成为习俗。

"亲亲"重男轻女、尊男卑女。男有"七出"特权，女子在家从父、出嫁从夫，夫死从子，从一而终。重男轻女还酿成溺婴陋习："产男则相贺，产女则杀之"。数千年之九州大地，郁结多少冤魂。

"亲亲"把个人的价值权利淹没在父亲家长特权的淫威之下，家长以抚养为条件换取了对子女的无限支配权。"亲亲"隔绝了个人与社会、国家的联系，使人们对自己的权益和社会整体的利益均抱着麻木的态度，他们看着一个王朝的兴衰如同看待四季更替一样无动于衷。人们的热情、智慧和勇气被"亲亲"分割、抹杀了。国家如同坐落在分散的茫茫的原野之上，难以得到奋发向上的新鲜气息。

（三）"尊尊"的权力意识

如果说"亲亲"是宗法等级，那么"尊尊"就是政治等级。"尊尊"，即尊敬服从尊贵的人。最尊贵的人是君主，故"尊尊君为首"。一个人之所以应该被他人尊敬服从，不在于他的智慧和品德，而在于他有权势。一个人只要有了权势，自然有才有德，正如《庄子》所谓"诸侯之门而仁义存焉"。既然权势与才、德实为一体，那么，真理也就永远站在有权势者一边。因此，服从有权势的人，便等于服从真理。正如《墨子》所要求的："上之所是，必皆是之；上之所非，必皆非之"；"天子之所是，必亦是之；天子之所非，必亦非之"。于是，政治地位不同的人们平等讨论问题是不可思议的事。谁要想使自己的主张成为真理，就必须先获得权势，或得到有权势者的首肯。国家大事成了"肉食者谋之"垄断物，平民不得染指、与闻。

"尊尊"要求人民绝对服从统治者。一个君主即使再坏也是君主，人民不得反叛。正如韩非说："冠虽贱，头必戴之；屦虽贵，足必履之。"再旧的帽子也要戴在头上，再新的鞋也要穿在脚上，上下首末不得异位。

"尊尊"使法律成为等级的特权的法律。有权势者在法律上处于特殊地位，享受一系列法律特权。如西周的"八辟"之法（八种具有特殊身份的人犯罪得减免刑罚），"王之同族有罪不即市"，"命夫命妇不躬坐狱讼"，等等。曾经高喊过"刑无等级"口号的法家，并非一般地否定等级制度，他们只是反对贵族世袭特权，要求新兴地主阶级与贵族平起平坐。商鞅制定廿军功爵，有爵者犯罪可以爵抵罪，正是维护军功地主的特权。地主阶级掌握政权后，迫不及待地重整等级秩序。自贾谊以后，不少封建思想家公开赞颂"刑不上大夫"。从汉至唐，议、请、官当、八议、十恶等制度纷纷入律，标志着"尊尊"精神的法典化。

"尊尊"培育驯服，酿造暴政。人们服从权力，崇拜权力，权力成为换取金钱、荣誉、学识、道德等物的一般等价物。有为的青年不惜历尽寒窗之苦去作"人上之人"。"尊尊"建造了统治阶级内部的森严等级，使"尊君卑臣"成为天理。天子至尊无上、口含天宪、一贯正确。天子办错了事，自有臣下承担，叫作"天王圣明，为臣该死"。中央集权的君主专制政体扼死了统治阶级内部的一丝活力，使天下治乱安危系于一人一身之优劣，它有时也造成盛世，但更多地演成暴政。

（四）静止的私有权意识

在农业社会，最重要的财产莫过于土地。因此，在整个封建社会，人们的土地私有权观念异常浓烈。

人们的土地私有权观念是在春秋战国伴随着土地私有制而产生的。当时，法家用"公作则迟，分作则速"的实例，儒家用"五口之家"、"八口之家"的田园诗般的憧憬，来歌颂土地私有制。在法家看来，法律正是适应私有制的发展，为保护"土地货财男女之分"而产生的。他们还用"一兔走，百人逐之"；"积兔满市，贫盗不取"的比喻，来渲染私有权的威力。数千年来，中国传统的土地私有权观念非常深厚。以宣布土地国有、废除土地买卖为重要内容的王莽改制之所以失败，一个重要的原因就是违背了中国这一传统观念，使地主和农民都觉得难以接受。除了起义造反的农民之外，不论是封建思想家，还是资产阶级启蒙思想家、改良派、革命派，都不大主张无偿剥夺地主的土地实行平均分配。

为了维护土地私有制度，封建法律禁止"别籍异财"，使土地的完整与宗法家族的完整统一起来。封建法律还"禁民二业"，规定商贾不得兼为官吏，以巩固地主与官僚的天然联盟。更重要的是，封建统治者用法律手段

"重农抑商"、"强本除末"。

按照传统的土地私有权意识，只有土地才是真正的财产，土地交易才是真正的交易。货币虽然也是财富的象征，但它只不过是进行土地交换的一个中间形态。在战国时代的秦国，人们虽然手无分文，但凭着战功和揭发犯罪，仍可获得大宗田宅。在整个封建社会，没有土地的都努力获得土地，有了土地的都拼命扩大土地，经商致富的商贾也纷纷购买田产。民间工商业活动不仅受到法律的种种限制，还受到舆论的轻贱。地主阶级感到工商活动特别是高利贷对自然经济的威胁——它可以剥夺土地所有者的土地，还迫使劳动力离开土地，于是，地主阶级一方面限制民间工商业活动，另一方面又使工商业活动官僚化，或地主阶级工商化，把工商业与土地紧紧拴在一起，使工商业活动成为自然经济的必要补充。这一措施加强了封建人身依附关系，扼制了工商业活动的正常发展。于是，土地私有权意识吞并了商品经济意识，使建立的商品经济基础上的民事法律关系十分薄弱，造成了《清史稿·刑法志》所谓"民律艰于成书"的历史性悲剧。

（五）轻法贱讼意识

轻视法律作用的传统观点主要有两个。一是"重德轻刑（法律）"。孔子说过："道之以政，齐之以刑，民免而无耻；道之以德，齐之以礼，有耻且格"。意思是说：用政令来束缚人们，用刑罚来驱使人们，人们可以服从你，以避免惩罚，但他们并不知道违法犯罪是可耻的事。相反，用恩惠去感化人们，用道德伦理去教育人们，他们会出于感激而效法你、服从你，出于内心的道德评判自觉制约自己的言行。可见，发自内心的道德规范要高于暴力保障的法律规范，即《盐铁论·申韩》所谓"法能刑人而不能使人廉，能杀人而不能使人仁"。为使人们获得道德观念，必须对人们进行教化。为此必须改善人们的物质生活条件，这叫作"富而扣教"。这一思想成为儒家的传统主张。它在一定程度上有利于缓和社会矛盾，有利于促进生产的发展，但却产生了轻视法律的副作用。整个封建社会都存在着轻视法律的偏见，以研讨法学为非圣贤之学，以执法之吏为左道旁门。这种偏见被纪昀概括为："刑为盛世所不能废，而亦盛世所不尚。"

二是"人治优于法治"。荀况说过，在治理国家中，作为统治者的人的作用要高于法的作用。只要统治者特别是最高统治者个人品质好，臣民自然效法，"一人善，一国皆善"。孔子也说过："其身正，不令则行；其身不正，虽令不行。"这就形成了儒家的"人治"思想："为政在人"，"其人存则其政举，其人亡则其政息"。在法律实践活动中，人的作用也是第一位的。因为法律是人制定和实施的，有了好的人才能制定和实施好的法律，没有好的人，法再好，也是徒然。

贱讼是轻法的直接产物。在传统观点看来，"无讼"是"以德去刑"的结果，争讼是重利轻义的表现。争讼当事人被舆论藐视，帮人出主意打官司的人更被斥为"讼棍"，似乎"天下本无事，讼棍独扰之"。春秋末那位专门帮人打官司的第一位诉讼师邓析，不是被当权者杀了头吗！既然争讼是无德之举，那么当事人的无德便与统治者的教化不力联在一起。历史上不乏这样的事例：民间有母子、兄弟、邻里争财而诉讼的，县官和则赠以儒家经典劝其自悟，或则以无德自责悬印欲去，致使众使、乡绅、父老跑哭相留，终于使争讼双方"自觉自悟"、撤回诉状、叩头谢罪。于是，是非顿无，权利烟销，只剩下宁静与和谐。

轻法贱讼意识是自然经济与宗法社会的产物，又反过来扼制了人们私有观念、权利观念、平等观念的正常发展，阻碍了商品经济和与此相适应的立法、司法的发展。

（六）"混合法"意识

轻法并不是绝对的。治理一个泱泱大国，没有完备的法制是绝对办不到的。事实上，历代王朝都十分重视法制建设，并经过长期的法律实践，形成了独特的"混合法"意识。

"混合法"意识包括两方面内容。第一，成文法与判例法相混合。这一主张被荀况概括为这样两句话："礼者法之大分而类之纲纪"，"有法者以法行，无法者以类举"。意思是说，成文法和判例都要体现礼的精神，有法律明文规定的，依法律条文定罪量刑；没有明文规定的，适用判例。整个封建社会的法律活动都在实践荀况的这一主张。《睡虎地秦墓竹简·语书》说："法律未足，民多诈巧，故后有间令下者"；《隋书·刑法志》说："三尺律令，未穷画一之道"；《晋书·刑法志》说："刑书之文有限，而舛违之故无方，故有临时议处之制，诚不能皆得循常也"。在特殊情况下，统治者总是运用自己的法律意识，针对具体案情，做出新的判决，而不为法条所拘束。这种判例成为以后审判的法律依据。如果统治者认为需要，还可以把上述判例抽象为"令"，颁布全国。而当时机成熟时，这种"令"就被纳入法典，成为法条。相对稳定的"律"，随时而发的"令"，应变而生的判例，三者各有用途，互相补充，相互转化，形成完整的"混合法"体系。这种中国独特的体系兼含资产阶级大陆法系和英美法系的优点，并指出了世界法律发展的方向。

第二是法律规范与非法律规范相结合。非法律规范是指未经国家制定并保障实施的行为规范。这在民间主要表现为适用于一家一族的家法族规。它们由父系家长族长制定，并对家族成员具有约束力。家法族规与封建法律在本质、作用上是一致的，直接维护自然经济和宗法社会。死于国法者，人或知之；死于家法者，谁其怜之！但家法、族法也有一点可取之处，比如有的规定禁止溺婴的，此乃九牛一毛尔。非法律规范在行政法中的表现是"官箴"。这是对为官者规劝、教诲、勉励之辞，教导官吏在政事中如何奉公守法、忠于职守、谨慎处事等等。人们在初入宦海时首先要接触这些东西，因此，"官箴"的作用是不能忽视的。《尚书》中有的篇章，《睡虎地秦墓竹简》的《语书》都属于这一类体裁。封建历朝的"官箴"更是多得不胜枚举。非法律规范当然还应包括道德信条。但是，在封建社会中，封建道德信条不断变成法律条文，因此，它的独立作用显得不那么突出。

社会生活是复杂的多层次的，人们的行为也是如此。因此，需要多种类多层次的行为规范加以调整。我们的古人没有法律万能的见解，因而总是试图用一种混合的多样性的行为规范来求得社会的安定。这种见解和意识自有其合理的因素。封建王朝能够长久地治理一个泱泱大国，少不了"混合法"意识的一份功劳。

四、中国传统法律意识的历史命运

与自然经济基础上的宗法社会相适应的传统法律意识，既不能适用于资本主义初步发展的近代，也不能适用于今天现代社会主义社会。因此，它的衰落和死亡是必然的。但是，在我们今天的社会里，由于缺少一个资本主义发展阶段，由于生产的社会化程度还不高，社会主义商品经济还刚刚起步，在广大农村，家庭仍作为生产和消费的基本单位发挥着很大作用，因此，传统的法律意识仍然在今天的政治生活中悄悄地发生影响。批判传统法律意识仍是摆在我们全体人民面前的一个历史任务。这种批判决非一朝一夕所能奏效的，它必须借助于两个战场的胜利：一是社会主义商品经济的高度发展，借以消除自然经济的残余影响；二是社会主义政治体制改革，或曰政治体制的民主化科学化，借以清扫宗法意识的残余影响。破字当头，立在其中。只要上述两个战场取得胜利，中国传统法律意识便最终为科学民主的社会主义法律意识所取代。

对待中国传统法律意识既不应当采取盲目歌颂、保留的态度，也不应当采取简单的全盘否定的态度。任何一种行之既久的思想和观念，总有其产生发展的客观规律性和"合理性"。从这一角度出发，我们仍然可以从传统法律意识中发现科学的因素。"混合法"意识就是其中较为科学合理的东西。它把法律规范置于人类行为规范整体中加以评价，无疑比法律万能论来得更为高明；用法律、法令、判例三种主要法律规范形式来实现法律稳定性与灵活性的统一，无疑更具有科学性。今天，我们应当改造和利用"混合法"意识的合理模式，充分发挥法律规范与非法律规范的综合谐调作用，充分发挥法律、法令、判例的综合谐调作用，从而促进社会主义法制建设事业的发展。

（原载《自修大学》1987 年第 5 期）

中国法系的特征及其价值

　　归纳中国法系的特征首先应明确两点：一是中国法系的特征仅指其他法系所没有而中国法系所独有者；二是中国法系的特征应从中国法律实践活动的总体精神与宏观样式中概括出来。基于以上两点，我认为，中国法系的特征有二，即：伦理主义精神与"混合法"样式。

　　伦理主义是西周至明清数千年法律实践活动的基本精神。其间虽有战国、秦朝"法治"思想的冲击和封建社会后期游牧少数民族入主中原，但这一精神始终未曾断绝。

　　伦理主义对法律实践活动的影响主要表现在：第一，法律的差异性精神。伦理主义的思想形式是"礼"，而"礼"的最大特征是"亲亲、尊尊、长长、男女有别"的差异性。它在西周、春秋表现为具有习惯法意义的"礼仪"，在封建社会开始后，它不断走向法典化，"一准乎礼"的唐律出现，标志着这一进程的完成。而在法无明文规定的情况下，儒家经义实际上成为创制适用判例的最高法源。第二，刑罚的酷烈性。严重违背伦理规范的行为不仅被视为十恶不赦的重罪，还要加上悖逆"天理"的朱批，即使施行族诛、凌迟，也毫不值得怜惜。第三，司法的温情主义。温情主义表现在对轻罪的"宽容"之上，如慎刑恤狱（秋审、热审、朝审之制）、注重教育（以德去刑、先教后刑）、赦、赎、犯罪存留养亲，等等。这种温情主义，表现上出于"父母官"对"子民"的同情怜悯，实质上是为缓和阶级矛盾而达到长治久安。它作为一种文化传统又可以远溯到宗法血缘意识。温情主义的价值不仅在于充当法律差异性、酷烈性的润滑剂，抵消一点不利因素，而且还在于客观上充当了促进中国法律从野蛮走向文明的文化杠杆。

中国特有的"混合法"特点，经历了漫长的形成过程。大体上是：一是西周、春秋"议事以制，不断刑辟"（《左传·昭公 6 年》）的"判例法"，这是宗法贵族政体在法律领域的产物。二是战国、秦朝"皆有法式"、"天下事无小大皆决于法"（《史记·始皇本纪》）的"成文法"，这是集权专制政体的产物。如果说西周、春秋的"判例法"造就了一批善于思考和立法的法官的话，那么，战国、秦朝的"成文法"则培养了一批博闻强记、长于操作的执法工匠。三是西汉以后，历朝均编制诸法合体、以刑为重的成文法典，同时，在社会大变动、社会生活节奏加快而成文法不适时宜的特殊情况下，则放手创制和适用判例，以此指导新的司法活动。西汉初期董仲舒始作俑的"春秋决狱"，与其说是儒家经典首次登上司法舞台，毋宁说这是对古代判例法的一次回顾，和旨在创制一种新法律样式的果敢试验！尔后，历代的决事比、故事、法例、断例、例等，都显示了判例法顽强的生命力。元代法律则更是纳成文法与判例为一典。近代以后，北洋政府大理院在司法独立的庇护下，在创制适用判例上曾经一领风骚；国民党政府时期，也是判例、解释例与六法全书并存。"混合法"的含义不仅指成文法与判例法并存，而且还意味着两者的互相依存、相互转化，这主要指判例成熟之后经过立法机关的加工而上升为法条。从而使成文法的稳定性、判例法的灵活性得以结合，同时克服成文法"反应迟钝"、判例法庞杂无序的弱点。

中国法系的伦理主义已作为人类遗产之一送进了"历史博物馆"，但其合理内核并非毫无借鉴价值。伦理主义的道德行为规范不是"单向"而是"双向"的，如，父慈与子孝、夫义与妇顺、兄友与弟悌等两方面之间都是互为条件的。一个人的权利、义务与他人的义务、权利是对等的，这一精神就是孔子的"仁"。《说文解字》曰："仁，从人从二"，讲的就是这种对等关系。如果说欧洲中世纪的人文主义是通过神来发现人的存在的话，那么，孔子的"仁"是通过对方的瞳孔发现自己的存在。"仁"不是利己的而是利他的，它含有"舍生取义、杀身成仁"的奉献精神。这与西方"个人本身就是目的，具有最高价值，社会只是达到了个人目的的手段"① 的"个人主义"，是大异其旨的。"仁"还要求统治者以身作则、仁民爱物，通过教育感化使人民提高道德觉悟，从而缓和社会矛盾以维持社会安宁。这一见解并非没有合理因素。

中国法系固有的"混合法"样式，是人类法律实践活动内在规律性的表现。它不仅是中华民族数千年法律实践活动的智慧结晶，而且还标示着世界法律文化发展的共同趋势。自 20 世纪以来，西方两大法系（大陆成文法系和英美判例法系）出现日益靠拢的新动向，大陆法系国家实际上承认判例的法律价值，而英美法系国家也越来越重视判例的成文化。这一共同的趋向就是成文法与判例法相结合的"混合法"。而这一科学样式在中国的西汉初期就已初步奠定了。今天，我们更加强社会主义法制建设，就应当借鉴古代优秀的法律文化遗产，自觉完善"混合法"样式。值得高兴的是，我们从近年《最高人民法院公报》公布的判例中日益清晰地看到：一个创制和适用判例的新的机制正在成长之中。

（原载《人民日报》1990 年 1 月 15 日第 6 版）

---

① 《简明不列颠百科全书》第 3 卷，第 406 页。

中国古代法律样式的理论诠释

　　法律样式是法律实践活动的宏观程序，有判例法、成文法、混合法三种类型。中国的法律样式经历了由判例法发展为成文法，再由成文法发展为混合法的"否定之否定"式的漫长历程。自西汉到清末，中国法律样式的总体面貌是成文法与判例法相结合的混合法。与这一发展历程相适应，历史上的思想家曾用中国式的理论对这三种类型的法律样式加以诠释。判例法样式基本上能够适应宗法贵族政体的要求，它的理论支柱是"人治"和"仿上而动"的观点；成文法样式基本上能够适应中央集权君主专制政体的要求，它的理论支柱是"两权分立"学说以及"君权独尚"、"缘法而治"的观点。特别值得重视的是，生活在成文法时代的思想家荀子发现了成文法的弊端，提出了"法类并行"的主张和迥异于西周春秋时流行的"人治"理论的另一种"人治"观点，为行将出现的大一统王朝贡献了礼法结合的治国理论，为未来的立法、司法活动设计了一整套方案，勾画出了混合法的蓝图。后世思想家对"议事以制"的反思，对人法之辨的归纳，都是沿着荀子的思路而展开的。在混合法时代，"法"与"人"的作用在理论上已经被置于同等重要的地位，截然对立的人法之争已不复见。

　　法律样式是法律实践活动的宏观程序，即立法和司法活动的基本工作方式。作为人类文明的成果之一，它不但集中反映了某一社会或国家的法律实践活动之主要特点，保障着法律价值社会化的实现，维系着有利于社会整体生存和发展的基本秩序，而且还从某种角度上塑造着人们的行为和思想，有力地促进着社会的变革。中国法律样式是中华民族数千年法律实践活动的结晶，它形成于中国这块独特的土壤，洋溢着浓厚的民族气息，经历了顺乎自然而又生机勃勃的发展过程。笔者认为，从一定意义上讲，中国法律样式所具有的特征实际上体现了人类法律实践活动的某种共同规律。中国法律样式的重心是混合法，它可以与西方两大法律样式（判例法样式、成文法样式）并称为世界三大法律样式。研究中国法律样式，不仅有利于总结历史、策划当今，而且对于认识人类社会法律实践的共同发展道路也将有所裨益。

一

迄今为止，人类社会中的法律样式大体上可以划分为三个类型：

首先是判例法型——国家一般不制定成文法典，审判机关在审判时，依据有关法律政策和法律原则，并结合具体事实，对案件作出判决，于是产生判例；下级审判机关必须服从上级审判机关的判例，上级审判机关也必须服从本机关以前的判例（即"遵循先例"的原则）。这里，法官首先要从以往的判例中选择一个他认为最适宜于本案援用的判例，并从中概括出某项法律原则作为审判的依据。法官的主观能动性可以得到充分发挥，他可以根据变化了的社会情况和新的法律政策作出新的判决来取代旧的判例。英国美国法就属于这一类型。

其次是成文法型——国家指定专门立法机关按照法定程序制定统一的实体法和程序法，并以法典的形式加以颁布；审判机关根据成文法律审判案件，法官既不能随意发挥，也不能参照以往的判例。遇到法无明文的特殊情况，或者遵循"罪刑法定"原则而不予追究，或者依据"类推"制度而适用最相近的法律条文。待到法律明显不宜适用之际，再依法定程序修订旧法或制定新法。欧洲大陆法就属于这种类型。

最后是混合法型——国家一方面按照法定程序由专门立法机关制定成文法典作为审判的依据，另一方面也允许法官在法无明文和现行法律不宜时用之际创制、适用判例，并将这些判例加以选择、核准，纂辑成判例汇编，一俟时机成熟，便通过立法渠道将判例所体现的法律原则加工上升为法条并纳入法典；这种成文法典与判例之间既并行又融汇的状态即混合法状态。中国法就属于这一类型。

中国法律样式的发展过程十分漫长。这一过程呈现了丰富多彩的内容并表现出明显的阶段性，而首尾相接的诸阶段之间又具有内在的对立性和继承性。正是这一系列的对立与继承，为我们勾勒出了中国法律样式的总体面貌。这一过程大致可以分为如下几个阶段：

（一）"判例法"否定"任意法"

商代的法律样式是"任意法"。这里的"意"是"神意"和"人意"（即统治阶级意志）的合一。当时的立法、司法活动是经过占卜的宗教仪式来完成的。甲骨卜辞就是这一过程的真实记录。这种立法、司法方式最初带有偶然性和随意性。后来，随着法律实践经验的积累，一些基本的法律原则逐步形成，有价值的判例也越来越多。在这种条件下，人们的主观能动性提高了。"疑则问卜"，反之，"不疑则不必问卜"。于是，既成的法律原则和判例作为"任意法"内部的"异己"因素不断发展起来，终于成为"任意法"的否定物。

西周、春秋的法律样式是"判例法"。它在继承商代某些基本的法律原则和大量判例之后而形成，并在宗法贵族政体的基础上得到空前的发展。当时的法律样式被概括为"议事以制，不为刑辟"（《左传·昭公六年》），即选择适宜的判例来指导审判，而不制定包括何种行为是违法犯罪，又应该承担何种法律责任这两项内容的成文法典。在法律文献编纂方式上则是"以刑统例"，即在五种刑罚后面分别排列一系列判例。

"判例法"取代"任意法"无疑是一个历史性的进步。它标志着"人"对"神"的胜利，也标志着社会按照法律本身规律来进行法律实践活动的开始。与此同时，在"判例法"样式内部，又一个"异己"因素悄悄成长起来，它预示着一个新的历史时期的开始。

（二）"成文法"取代"判例法"

在战国和秦代，以郡县制为基础的集权式官僚政体取代了宗法贵族政体。与此同步，"成文法"也取代了"判例法"。在"生法者君也，守法者臣也"（《管子·任法》）的"两权分立"原则支配下，法律由以君主为首的国家机关依一定程序制定出来并予以公布，法官在审判中只能依照成文法律，不能发挥主观能动性，也不得援引以往的判例，否则要受到严厉追究。当时，"议法"、增损法条文字都是重罪。到了秦代，社会生活的各个领域都已做到"皆有法式"，"事皆决于法"（《史记·秦始皇本纪》）。

"成文法"取代"判例法"是春秋战国时代政治、经济、社会大变革的必然产物。从某种意义上讲，这种法律样式的变革带有进步色彩。因为在这种制度下，法律被全体人民所知晓，致使"吏不敢以非法遇民"（《商君书·定分》）。人民有可能依据法律来维护自己的利益。

但是，毋庸讳言，"成文法"样式也有其自身的缺欠。第一，它不能包揽无遗，囊括社会生活的所有方面和所有细节；第二，它一经制定便要求稳定，不可能随时变更。因此，在法无明文规定的情况下，法官只能将案情逐级上报、请示，从而形成新的判例。（秦律的"廷行事"）尽管当时的判例数量极少，作用也十分有限，但是，它作为"成文法"样式的"异己"因素毕竟顽强地表现着自己的价值。在后世的法律实践中，判例终于为自己争得了应有的地位。

（三）"混合法"的一统天下

在自西汉至清末的封建时代，中国法律样式的总体面貌是"混合法"。"混合法"的含义是"成文法"与判例制度相结合。

在封建社会，历代王朝的统治者都十分重视成文法的作用，每一朝代都制定了具有一定代表性的法典。但是，由于成文法典自身存在着不可克服的缺欠，判例制度也始终发挥着特殊的作用。从西汉开始并延续到唐代的"春秋决狱"就是最为明显的例子。此外，在无成文法典或成文法典中的条文与实际生活状况明显扞格不合时，历代统治者还有组织地创制和适用判例，并编纂成集。在创制适用判例的过程中，封建统治阶级的法律政策起着指导作用，其中最重要的就是"礼"。当判例积累到一定程度，其反复表达的某些法律原则便通过立法上升为法条，或者融进成文法典，或者成为法规的组成部分，或者索性分门别类地附在有关法条后面，使成文法条与判例合为一典，像《元典章》那样。成文法典与判例之间相互依存、相辅相成、循环往复的关系，便构成了"混合法"的基本运作形态。这种法律样式对中国近现代社会的影响是十分巨大的。

二

中国古代的法律样式经历了"判例法"、"成文法"、"混合法"这样三个发展阶段。与此相适应，三种类型的法律样式理论也先后形成。

（一）判例法型法律样式的理论

西周春秋时代中国社会的基本特征是自然经济、宗法家族、贵族政体的"三合一"。在宗法贵族政体下，诸侯国国君以及各级领地的封君享有相当独立的政治、经济、军事、法律等权力。各级贵族所专有的这些权力又按照嫡长继承的世袭制度代代相传。这样，一个诸侯国或领地治理得好坏，在很大程度上就取决于国君或封君。在司法领域，法官也是世袭的。后世法官按照前世法官的范例去审判案件，不仅是恪守职掌的客观要求，也是"帅型先考"的"孝"的主观愿望。正是在这样的基础上，形成了"判例法"的两个基本理论支柱——"人治"和"仿上而动"。

1. "人治"

"人治"思想的主要内容是：在国家政治法律实践活动中，统治阶级，特别是其中的最高代表"人"所起的作用是第一位的，决定一切的。"人治"思想又包含两个方面：

首先是"为政在人"，即"其人存则其政举，其人亡则其政息"（《礼记·中庸》)。在政治实践活动中，只有出现了贤明的统治者，才能导致政治清明、国家昌盛，否则便不可收拾。

其次是"为法在人"，即强调作为法官的"人"在司法活动中的决定性作用。《尚书·吕刑》说："非佞折狱，惟良折狱，罔非在中。"大意是，好的法官是保障案件正确审理的先决条件。战国末期的思想家荀子发现了当时"成文法"的局限性，从而提出了"有治人，无治法"的著名论断，特别强调"人"的作用。他认为，法是人制定的，法的好坏取决于人："君子者，法之原也。"法又是靠人来执行的："法不能独立，类不能自行。得其人则存，失其人则亡"；"有良法而乱者，有之矣；有君子而乱者，自古及今未尝闻也。"(《荀子·君道》、《荀子·王制》)荀子虽然生活在"成文法"已占上风的时代，虽然没有明确表示赞成西周春秋"议事以制"的"判例法"，但他的"人治"思想与"判例法"是相通的，他在"成文法"一统天下时努力强调着人的作用。

2."帅型先考"、"仿上而动"

"帅型先考"、"仿上而动"即遵循先例的原则。如《国语》："夫谋必素见成事焉，而后履之，而可以授命"，"启先王之遗训，省其典图刑法，而观其废兴者，皆可知也"，"赋事行刑，必问于遗训，而咨于故实，不干所问，不犯所咨"，"宾之礼事，仿上而动"，"纂修其绪，修其训典，朝夕恪勤，守以敦笃"；《左传》："执事顺成为臧"；《尚书》："率作兴事，慎乃宪……屡省乃成"，"明启刑书胥占，咸庶中正"；《荀子》："守职循业不敢损益，可传世也而不可使侵夺"，"立法施令，莫不顺比"；等等。它们都强调以先前的故事成例作为处理当今案件的准则。

"判例法"样式理论的确立是有条件的，这主要是：

第一，一个允许和保障法官发挥其主观能动性的政体，是"判例法"理论得以确立的重要前提。"判例法"的基本特征是法官主宰国家的立法和司法活动，法官是通过司法来立法的法律家，又是通过创制、适用判例来指导国家司法活动的指挥员，因此必须确认法官的这一独立地位，否则"判例法"就不能实现。在西周、春秋的宗法贵族政体下，法官作为贵族统治阶级的重要成员，实际上拥有相对独立的立法权与司法权，法官的身份和权力也是按照世卿世禄的原则传递下去的，这是当时"判例法"样式及有关理论得以产生和确立的重要条件之一。

第二，一种被人们普遍接受的占统治地位的法律意识的存在，是"判例法"理论得以确立的重要条件之一。"判例法"的运作过程，实际上就是法官将占统治地位的法律意识施用于具体案件的审理之中，进而作出具有法律意义的判断。因此，社会上是否存在着人们普遍公认的法律意识，是至关重要的。在西周、春秋，这种法律意识就是"礼"。"礼"作为一种占统治地位的思想观念，支配着人们的思想与行为，成为衡量人们的言论行动之是非曲直的唯一标准，于是也就成为法律的直接来源。"礼"的一系列原则，如"父子无狱"、"子女无私财"、"兄弟之怨，不征于他"、"父子相隐"、"父死，子不复仇，非子也"等等，都是法官审判案件的法律依据。"礼"还深深地植根于人们的风俗习惯之中。英国前首相温斯顿·丘吉尔在谈到英国的法律运作状况时说过，英国人的自由并不依靠国家颁布的法律，而是依靠长期逐渐形成的习惯；法律早就存在于国内的习惯之中，关键是需要通过潜心研究去发现它，把见诸史集的判例加以比较，并在法庭上把它应用于具体争端。① 这与我国西周、春秋时的情况有某些相似之处。

第三，一批训练有素的法官的存在，是"判例法"理论得以确立的一个先决条件。"判例法"的运作要求法官具有较高的业务素质，这包括对风俗习惯及以往判例的深刻理解，对具体案件性质的敏锐判断，对国家政策的准确掌握，以及对判辞制作的特别精通，等等。西周、春秋时，由于法官都是世袭的，法官的子弟年轻时便有条件系统地学习和了解"判例法"的有关实践知识，熟悉以往的判例故事，这种"士之子恒为士"的制度是培养法官的上佳途径。

---

① 参见 [英] 温斯顿·丘吉尔：《英语国家史略》（上），薛力敏、林林译，新华出版社1985年版，第208页。

第四，"成文法"的缺少也是"判例法"理论得以确立的条件之一。道理很清楚，"成文法"与"判例法"在运作方式上是截然相反的。如果"成文法"因素不断成长扩大，那必然会危及"判例法"的存在。事实上，在西周、春秋，"判例法"的存在正是以抑制"成文法"为保障的，子产"铸刑书"、赵鞅"铸刑鼎"和邓析"作竹刑"均招致了守旧贵族的一致反对。

（二）成文法型法律样式的理论

战国秦代，是新兴地主阶级通过各诸侯国的变法运动登上政治舞台，进而通过兼并战争实现中国统一的时代。此时，新兴地主阶级的政治代表法家提出了"以法治国"的"法治"理论。这种理论表现在立法司法领域就是"两权分立"——这里所说的"两权分立"，仅指立法权与司法权的分离，并没有相互制约的意思。——和"缘法而治"的学说。这些思想和主张是中央集权君主专制政体的反映，也是当时的"成文法"法律样式的理论基础。

作为"成文法"法律样式理论支柱的是"两权分立"学说，并由此演化出"君权独尚"、"君权独制"和"事断于法"、"缘法而治"的观点。

1."生法者君也，守法者臣也"

《管子·任法》说："有生法，有守法，有法于法。夫生法者君也，守法者臣也，法于法者民也。"明确提出君权与臣权、君主立法与臣下司法的分离，即"两权分立"的基本原则。"两权分立"首先是一个政治口号，它指的是君权与臣权的分离。这一学说是批判旧的贵族政体的武器，也是确立中央集权的君主专制政体的理论依据。其基本内容是，把各级贵族在其各自领地的各种相对独立的权力，都收缴上来集中在国君一人手里，同时把他们变成被君主雇佣、受君主指使、对君主负责的官僚。如果说，在西周春秋时代，国君与各级贵族之间的联系是靠着无形而脆弱的血缘纽带维持着的话，那么，在战国和秦代，君主与臣下之间便撕掉了温情脉脉的血缘薄纱，完全靠着冷冰冰的交换（"君臣相市"）或权利义务来维持着联系。在这种关系中，处处表现着"君尊臣卑"的等级差异精神和赏罚的功利色彩。其次，"两权分立"又是一个法律原则，它指的是君主的立法权与臣下的司法权相分离。

它要求君主独揽立法权，使经过君主御批而产生的成文法律和君主随时发布的法令都具有绝对权威；它要求臣下无条件地服从法律法令并依据法律法令审判案件；它还要求君主"无为"，即不必参与司法事务，更宣布法官不得以任何形式染指立法事务。

2."势在上则臣制于君，势在下则君制于臣"

法家特别重视"势"即国家政权的作用。他们把"势"看作推行法治的前提，看作区分君权与臣权的重大标志。在法家看来，"势"是决定君主成为真正君主的必要条件。它像一枚重要的砝码，把它放在君主一边君主就是真正的君主，放在臣子一边臣子便上升为君主。正如《管子·法法》所言："势在上则臣制于君，势在下则君制于臣"；"君之所以为君者，势也"；"君主之所操者六：生之、杀之、富之、贫之、贵之、贱之。此六柄者主之所操也。主之所处者四：一曰文、二曰武、三曰威、四曰德。此四者主之所处也。藉人以其所操，命曰夺柄；藉人以其所处，命曰失位。夺柄失位而求令之行，不可得也。"又如《韩非子·难势》："贤人而屈于不肖者，则权轻位卑也；不肖而能服贤者，则权重位尊也。"韩非是个专制主义的积极鼓吹者，他强调君主必须"擅权"。他说："势重者，人主之渊也"；(《韩非子·内储说下》)"势重者，人主之爪牙也"；(《韩非子·人主》)"主所以尊者，权也"(《韩非子·心度》)。君主绝对不可以和臣下"共权"，因为"权势""在君则制臣，在臣则胜君"(《韩非子·二柄》)。

3."明君不尚贤"，"任法不任智"

法家认为，治理国家全靠法治，而不靠臣下的贤能智慧。他们说："君之智未必最贤于众。"(《慎子·民杂》)如果"尚贤"，就会抬高臣子的地位，降低君主的权威。只要把法律制定得详尽完备，让臣下严格按法律办事，那么不管臣下贤智与否，都可以治理好国家。在国家法律面前，臣子的贤智不是好事反倒是坏事。因此，法家反对民间教育和思想传播活动，认为那样一来，人们便会运用自己的知识和见解对国家法律横加议论批评，直接损害国家法律的权威。法家禁止"议法"，主张"作议者尽诛"(《管子·法法》)，禁绝"私学"，其目的就在于此。

4. "君设其本，臣操其末"

法家认为，君主的职能是立法和役使臣下，而臣下的职能是"守法"和施行君主的指令。司法活动和行政事务是臣子做的事，君主不要亲自去做，所谓"君设其本，臣操其末"是也（《申子·大体》）。因为如果君主事必躬亲，臣下就不敢争着去做，不肯出力；如果君主把事情搞错了，臣下反而会看笑话，那就损害了君主的权威。总之，君主亲自参与司法和行政是有百害无一利的事情，故"君臣之道，臣事事而君无事"（《慎子·民杂》）。

5. "动无非法"，"以死守法"

法家认为，法官的职责是"守法"，即司法。因此，在司法过程中，法官要严格依法办事，不得夹杂个人的判断："不淫意于法之外，不为惠于法之内也，动无非法"（《管子·明法》）。绝不允许稍微变更法令，曲解法条的原意："亏令者死，益令者死，不行令者死，留令者死，不从令者死。五者死而无赦，惟令是视"（《管子·重令》）。《睡虎地秦墓竹简·语书》也指出，"喜争书"（用自己的观点来解释法条）是"恶吏"的表现之一。法家主张，法令一旦公布就禁止臣民"议法"，"作议者尽诛"（《管子·法法》），甚至发展到"燔诗书而明法令"（《韩非子·和氏》）。原因很简单，"令虽出自上而论可与不可者在下，……是威下系于民也"（《管子·重令》）。因此，对法官不依法办事甚至损益法令的都严惩不贷："守法守职之吏有不行王法者，罪死不赦，刑及三族"（《商君书·开塞》），"有敢剟定法令，损益一字以上，罪死不赦"（《商君书·定分》）。这样做的目的就在于维护国君和法律的绝对权威，杜绝法官背离法律、自做主张的现象。

6. "法莫如一而固"

法家认为，法律应当统一而且稳定。为此，立法权必须由君主独揽，不允许政出多门、朝令夕改。如果"号令已出又易之，刑法已措又移之"，那么"则庆赏虽重，民不劝也；杀戮虽繁，民不畏也。"《管子·法法》因此，法家强调"法莫如一而固"，"治大国而数变法，则民苦之。"《韩非子·解老》此外，法家还注意到维护法律在地域上和时间上的统一性问题，比如韩非就总结过申不害在韩国主持变法时"不擅其法，不一其宪令"，颁布了新法而未废除旧法，使"新旧相反，前后相悖"（《韩非子·定法》）。而终于失败的历史教训。在法律效力问题上，法家还提出过不溯及既往的原则："令未布而民或为之，而赏从之，则是上妄予也；令未布而罚及之，则是上妄诛也。"（《管子·明法》）

7."为法必使之明白易知"

法家主张公布成文法，使法律成为衡量人们的行为之是非曲直的标准。法家所理解的法律就是指成文法："法者，编著之图籍，设之于官府，而布之于百姓者也。"（《韩非子·八说》）公布成文法的好处是使"万民皆知所避就"，这样，"吏不敢以非法遇民，民不敢犯法以干法官"。既然法律是公开宣布的、要让百姓了解的东西，那么在制定法律时，就应当做到"为法必使之明白易知"（《商君书·定分》），才有可能实现家喻户晓、人人皆知法律的目的。事实上，新兴地主阶级在变法革新中的确实现了法律的普及。《韩非子·五蠹》载："今境内之民皆言治，藏商管之法者家有之"；《战国策·秦策一》载："妇人婴儿皆言商君之法。"这就彻底打破了"判例法"时代那种"刑不可知则威不可测"（《左传·昭公六年》孔颖达疏）的神秘。

8."天下之事无小大皆决于上"

法家不仅强调君主持有最高立法权（"生法者君也"），而且还主张君主拥有最高司法权。他们反复强调，君主应当"独断"、"独听"、"独制"、"独行"、"独视"、"独擅"，其中就包含了这一层意思。"独"的要害是使君主独享一切权力，使臣民不敢染指分毫："明主圣王之所以能久处尊位，长执重势而独擅天下之利者，非有异道也，能独断而审督责、必深罚，故天下不敢犯也"；"是故主独制于天下而无所制也"；"独操主术以制听从之臣，而修其明法，故身尊而势重也"；"明君独断，故权不在臣也。然后能灭仁义之涂，掩驰说之口，困烈士之行"，"故能荦然独行恣睢之心而莫之敢逆"（《史记·李斯列传》）。秦始皇便是这个"独制"主义的实践者，他"躬操文墨，昼断狱，夜理书"，乃至"天下之事无小大皆决于上"（《汉书·刑法志》）。这种"独制"是皇权对司法权的包揽。通过这种包揽，君主一方面维护了司法统一，另一方面又加强了对臣下的控制。然而，"独断"有时也会派生出

"成文法"的异己因素——判例。由于这些判例是御批的，故尔具有与成文法律同等甚至更高的效力。在后来的封建社会，"成文法"和"判例法"之所以能够相互并行、循环往复，正是仰仗着皇帝的权威，因为两者都是围绕着皇权运转的。

（三）混合法型法律样式的理论

战国秦代以及此后两千年的封建时代，是中国法律样式经过否定之否定进而走向稳定和定型的重要时期。第一个否定即战国秦代的成文法取代了西周春秋的判例法，第二个否定即封建时代的混合法取代了战国秦代的成义法。通过对这两次否定的分析，我们可以清晰地看到中国法律样式的基本发展轨迹：判例法→成文法→混合法。伴随着法律样式的否定，基本理论的对立也十分明显。首先是"两权分立"、"缘法而治"对"人治"、"仿上而动"的批判。如果说"人治"、"仿上而动"是贵族政体同时也是"判例法"样式的产物的话，那么，"两权分立"、"缘法而治"则是官僚政体和"成文法"样式的产物。其次是"混合法"理论"有法者以法行，无法者以类举"（《荀子·君道》）对"成文法"理论（"两权分立"、"缘法而治"）的否定，其中最具代表意义的是荀子的"人治"理论。他的"人治"理论与西周春秋时的"人治"理论不同，它不是以"判例法"样式为基础，而是以"成文法"与"判例法"相结合的"混合法"样式为基础的。这种法律样式在荀子生活的时代尚未出现，他是从批判总结"成文法"的弊端出发，勾画出了"混合法"的蓝图，后世的法律样式正是按照荀子的设计逐渐定型的。从法律实践领域来看，中国封建社会的圣人并不是孔子、孟子，而是荀子。他在战国末期为行将出现的封建大一统王朝提供了礼法结合的治国理论，并为未来的立法、司法活动设计了一整套方案，而后世对"议事以制"的反思以及对"人"、"法"之辨的归纳，也都是沿着荀子的路数阐发开去的。我们完全可以这样概括："二千年来之法，荀法也。"

1. 荀子的"人治"和"法类并行"

荀子生活的战国时代，正是"成文法"日趋定型并充分发展的鼎盛时期。

他发现了"成文法"的某些弊端，比如排斥法官的主观能动作用，成文法典的内容不可能包揽无余，又不可能随时应变，等等。于是，荀子试图改变现状，用一种新的科学的法律样式来取代它。荀子把植根于贵族政体的"人治"思想吸收过来并加以改造，使之附着在"成文法"样式上面，并提出了"有法者以法行，无法者以类举"（《荀子·君道》）的"法类并行"的主张。这些思想在当时并未引起统治阶级的重视，但事实上，整个封建社会的法律实践活动正是沿着荀子揭示的方向和模式进行的。

荀子有一句名言："礼者，法之大分，类之纲纪也。"（《荀子·劝学》）礼，即宗法道德伦理观念；法，指成文法典；分，本、基础；类，指判例故事和判例故事所体现的法律原则，有时也指统治阶级的法律意识、法律政策；纲纪：指导原则。全句大意是：宗法道德观念是制定成文法典和创造判例的指导原则。这正是对孔子兴礼乐、中刑罚（"礼乐不兴则刑罚不中"《论语·子路》）思想的全面阐述。在"成文法"时代，统治阶级已经开始注意用法律来维护宗法家族制度，如秦律"非公室告"（《睡虎地秦墓竹简》）即是证明。荀子提出的这一命题是对上述做法的高度总结和概括。在后来的封建社会，引经决狱、引经注律、纳礼入律，都不过是荀子提出的这一命题的社会化。

荀子还提出"有法则以法行，无法则以类举，听之尽也"（《荀子·王制》）的司法审判原理。大意是：在审判中，有现成的法律条文可援引的，就按法律条文定罪科刑，没有法律条文就援引以往的判例，没有判例就依照统治阶级的法律意识、法律政策来定罪量刑，创制判例。在"成文法"时代，审判活动要严格依法办事，不允许法官主观裁断。但是，法律条文再详备也不可能包揽无余、应有尽有。在法无明文的情况下，也曾有人依照法律政策创制过少量的判例，《秦律》中有少量的"廷行事"就是证明。荀子正是对"成文法"时代以成文法典为主、以少量判例为辅的审判方式进行了总结，才概括出了"有法者以法行，无法者以类举"的司法原理。

荀子说："不知法之义而正法之数者，虽博，临事必乱。"（《荀子·君道》）"法义"是法律的原理、立法的宗旨或法律意识；"法数"是法律条文或判例的具体内容。原文大意是：作为一个法官，如果不懂法律的原理和立法的宗旨，只知道法律条文或判例的具体内容，那么，他掌握的法条和判例再多，遇到具体案件也免不了束手无策、乱了章法。这一命题强调法律意识的重要性，等于是在强调法官主观能动性的价值。荀子所要求的法官是具有明确的法律意识从而善于随机应变的法律专家，而不是"成文法"时代的那些只知道"法条之所谓"的执法工匠。

荀子说："法不能独立，类不能自行，得其人则存，失其人则亡。"（《荀子·君道》）大意是：法律不会自行产生，判例也不会自行适用，有了好的法官来掌握，就会融会贯通，没有好的法官来掌握，就形同虚设，不能发挥作用。

荀子在这里所说的"人"，不同于"为政在人"、"其人存则其政举，其人亡则其政息"（《礼记·中庸》）的"人"，后者泛指统治者特别是最高统治者，而前者仅指法律领域内的专门工作者。他认为，在司法活动里，"人"、"法"、"类"三者当中"人"的作用是第一性的，关键性的，法律条文再详备也不可能囊括各种复杂情况，因此在审判中要靠法官根据具体情况机动灵活地独立思考，融会贯通："法而不议，则法之所不致者必废，职而不通，则职之所不及者必坠。故法而议，职而通，无隐谋，无遗善，而百事无过，非君子莫能。"（《荀子·王制》）法官不仅应当明晓法律条文，更要掌握法律条文所依据的法律意识："人无法则伥伥然，有法而无志（识、知）其义则渠渠然，依乎法而又深其类，然后温温然"（《荀子·修身》）。法律意识是相对稳定的因素，"类不悖，虽久同理"，故法官要"以圣王之制为法，法其法以求其统类"（《荀子·解蔽》）。掌握了法律意识就可以"卒然起一方则举统类而应之"（《荀子·儒效》），"以类度类"（《荀子·不苟》），"以类行杂，以一行万"（《荀子·王制》），"推类接誉，以待无方"（《荀子·儒效》）。

荀子提出"有治人，无治法"，意即有尽善尽美的"人"，而没有尽善尽美的"法"。这包含三层意思。其一，法是人制定的。"君子者，法之原也"，有了好的"人"才能制定出好的"法"。其二，"法"是靠"人"来执行的，有了好的"法"而没有好的"人"也是枉然。"羿之法非亡也，而羿不世中；

禹之法犹存，而夏不世王。故法不能独立，类不能自行，得其人则存，失其人则亡。"(《荀子·君道》)其三，法律既不能包揽无遗，又不能随机应变，全靠"人"来掌握。有了好的"人"，"法虽省，足以遍矣"；没有好的"人"，"法虽具，失先后之施，不能应事之变，足以乱矣"。其结论是："有良法而乱者，有之矣，有君子而乱者，自古及今，未尝闻也。"(《荀子·王制》)

荀子在"成文法"时代极力强调发挥法官的主观能动性，是有针对性的。他所针对的就是片面单一的"成文法"。在他看来，治理国家光靠法律——哪怕是良好详备的法律——是远远不够的，还应当以统治阶级的法律意识为核心，充分重视判例的价值。荀子的目的与其说是要把博闻强记、长于操作的执法工匠变成深明法理、得心应手的法律大家，毋宁说是为了建立一种新的法律活动方式。他绘制了一幅蓝图，这就是"有法者以法行，无法者以类举"(《荀子·君道》)的"成文法"与"判例法"相结合的"混合法"。

2."议事以制"：封建法律家的反思与设计

"议事以制"、"重人"是"判例法"时代的产物，"重法"是"成文法"时代的产物。它们在"判例法"与"成文法"相结合的"混合法"时代仍然顽强地表现着自己，但已改变了原先的面目。

据《晋书·刑法志》载，晋惠帝时"议事以制"已蔚成风气。上自皇帝，下至法吏，无不行之。皇帝亲自决狱，"事求曲当"；法吏"牵文就意，以赴主之所许"。这种做法引发了许多问题，史谓"政出群下，每有疑狱，各立私情，刑法不定，狱讼繁滋"。于是，一代法律家对此进行了思考。

尚书裴𫖯上疏道："刑书之文有限，而舛违之故无方，故有临时议处之制，诚不能皆得循常也"；但是，"临时议处"应符合法定程度，"按行奏劾，应有定准"。三公尚书刘颂又上疏谓："天下至大，事务众杂，时有不得悉循文如令"，故"议事以制"有其合理性，但也必须符合这些条件：①"议事以制"要以"名例"为依据，"法律断罪皆当以法律令正文，若无正文，依附名例断之，其正文名例所不及，皆勿论"；②司法官吏在审判中可以发表不同意见，但不得自行"议事以制"："主者守文，死生以之，不敢错思于成制之外以差轻重"，"守法之官唯当奉用律令，至于法律之内所见不同，乃得为异议也"；③大臣、皇帝独揽"议事以制"之权："事无正名，名例不及，大臣论当，以释不滞"，君臣之分，各有所司，法欲必奉，故令主者守文，理有穷塞，故大臣释滞，事有时宜，故人主权断。"熊远亦上疏云："法盖粗术，非妙道也，矫割物情，以成法耳。若每随物情，辄改法制，此为以情坏法"，"诸立议者皆当引律令经传，不得直以情言，无所依准，以亏旧典"，"凡为驳议者，若违律令节度，当合经传及前比故事，不得任情以破成法"，"开塞随宜，权道制物，此是人君之所得行，非臣子所宜专用"（《晋书·刑法志》）。

上述议论可综合为以下几点：①在司法审判中，有成文法则适用成文法，"设法未尽当，则宜改之"，法吏应严格依法办事："法轨既定则行之，行之信如四时，执之坚如金石"，"守法之官唯当奉用律令"，"不得援求诸外论随时之宜，以明法官守局之分"；②法官"得为异议"，发表己见，但不得漫无边际、无所据依，要合于"经传"之义，遵循"前比故事"，然后整理成文牍上报朝廷，不得擅自"以情坏法"；③"观人设教，在上之举"，大臣及皇帝才有"议事以制"之权。于是法律家们设计了一套万无一失的司法方案：法官严格依法断案，遇疑难案件则附法律令、经传之义、前比故事上报朝廷；大臣集体讨论，提出方案，上报皇帝，皇帝御笔决断。

经过长期的法律实践，封建法律家认识到如下的事实：①成文法是有缺欠的，它不可能包罗各种复杂情况，又不能随机应变；②"议事以制"的基本精神是永存的，无此则不能弥补成文法的缺欠；③"议事以制"等于在司法中自行立法，但在中央集权的君主专制政体下，只有君主才享有最高立法权，法官只有司法权，"议事以制"的做法蕴含着立法权与司法权在形式上的矛盾，即君主与臣下在等级名分上的悖理，"政出群下"的局面与君主执掌最高立法、司法权的集权政体是不能并存的，因此必须把"议事以制"的永存性与君主集权的独断性统一起来；④君主的独尊地位使他高高凌驾于法律与众臣之上，他可以根据具体情况作出"非常之断"，这一特权唯人主专之，非奉职之臣所得拟议，"此是人君之所得行，非臣子所宜专用"。

可见，在"混合法"时代，原先"判例法"时代"议事以制"的审判方法，已经被中央集权政体扭曲了形象，使普遍的全面的"议事以制"变成片面的独揽的"议事以制"。法官的主观能动性被限制在最小的范围内，而君主的司法权则被大大扩张了。

3."人法并行"：人法之辨的归宿

在法律实践活动中，"人"与"法"是两个最基本的不可或缺的因素，两者相辅相成互为补充。但是，在春秋战国的特殊历史时期，在"成文法"取代"判例法"、"集权政体"取代"贵族政体"，"法治"取代"礼治"的特定背景之下，却演成了"重人"与"重法"两种观点的对立。持"重人"观点者认为，在法律实践活动中，作为统治阶级成员的"人"的作用是第一性的，"法"的作用是第二性的，有了好的"人"就能治理好天下；持"重法"观点者认为，在法律实践活动中，作为统治阶级整体意志的"法"的作用是第一性的，"人"的作用是第二性的，有了完备的"法"，即使"人"不太"贤"也能够治民理国。

进入"混合法"时代以后，人法之争日渐缓和，只是随着"成文法"与"判例法"的消长时有侧重而已。唐代以后，法制完备，统治阶级已积累了近千年的实践经验，在法律思想上逐渐形成了"人法并重"的观点，其表现形式是兼重"法"的威严性与"人"的灵活性。

宋代欧阳修说："已有正法则依法，无正法则原情"（《欧阳文忠全集·论韩纲弃城乞依法札子》）；王安石谓："盖夫天下至大器也，非大明法度不足以维持，非众建贤才不足以保守"（《王文公文集·上时政书》）；"在位非其人而悖法以为治，自古及今未有能治者也"（《王文公文集·上皇帝万言书》）；"有司议罪，惟当守法，情理轻重，则敕许奏裁；若有司辄得舍法似论罪，则法乱于下，人无所措手足矣"（《文献通考·刑考九》）；苏轼云："任人而不任法，则法简而人重；任法而不任人，则法繁而人轻，其弊也人得苟免而贤不肖均"（《东坡续集·私试策问》）；"任法而不任人，则法有不通，无以尽万变之情；任人而不任法，人各有意，无以定一成之论"（《东坡续集·王振大理少卿》）；"人胜法则法为虚器，法胜人则人为备位，人与法并行而相胜，则天下安"（《东坡奏议·应制举上两制书》）；朱熹指出："大抵立法必有弊，未有无弊之法，其要只在得人"（《朱子语类》卷一〇八）；"古之立法，只是大纲，下之人得自为，后世法皆详密，下之人只是守法，法之所在，上之人亦进退下之人不得"（《朱子全书·治道一·总论》）；"法至于尽公（详备）而不私（无余地）便不是好法，要可私而公，方始好"（《朱子全书·治道一·总论》）；明代丘濬强调："法者存其大纲，而其出入变化固将付之于人"（《大学衍义补·谨号令之颁》）；"守一定之法，任通变之人"（《大学衍义补·公铨选之法》）；"守法而又能于法外推情案理"（《大学衍义补·简典狱之官》）；"事有律不载而具于令者，据其文而援以为证；有不得尽如法者，则引法与例取裁于上"（《大学衍义补·定律令之制》）；清初王夫之认为："治之敝也，任法而不任人；夫法者，岂天子一人能持之以遍察臣土乎？势且乃委之人而使之操法"；"任人而废法，则下以合离为毁誉，上以好恶为取舍，废职业、徇虚名、逞私意，皆其弊也"；"法无有不得者也，亦无有不失者也"；"天下有定理而无定法；定理者，知人而已矣，安民而已矣，进贤远奸而已矣；无定法者，一兴一废一繁一简之间，因乎时而不可执也"；"就事论法，因其时而取其宜，即一代各有弛张，均一事而互有伸诎，宁为无定之言，不敢执一以贼道"；"法之立也有限而人之犯也无方，以有限之法尽无方之慝，是诚有所不能矣，于是律外有例，例外有奏准之令，皆求以尽无方之慝而胜天下之残"（《读通鉴论》卷六、卷一〇）；清末沈家本总结道："法之善者仍在有用法之人，苟非其人，徒法而已"（《寄簃文存·书明大诰后》）；"大抵用法者得其人，法即严厉，亦能施其仁于法之中；用法者失其人，法即宽平，亦能逞其暴于法之外"；"有其法犹贵有其人"（《历代刑法考·刑制总考·唐》）。

总之，在"混合法"时代，当"成文法"详备而宜于时用之际，人们往往就会强调"法"的作用，强调严格依法办事；当"成文法"落后于现实生活而不太宜于时用之际，人们往往就会强调"人"的作用，强调灵活机动的必要性；当法制建设不甚完善因而造成司法混乱时，人们往往又十分强调用法来统一全国的审判活动，强调"法"的作用。但是，从总体上看，先秦时代那种截然对立的人法之争已成过去。在"成文法"与"判例法"有机结合的"混合法"时代,"法"与"人"的作用被置于同等重要不可或缺的地位,只不过在某一特定背景下会略有侧重而已。"人法并行"正是人法之辩的归宿。近代以来,伴随着中国社会的剧烈变化,中国的法律制度经历了一系列重大改革,法律学家们对中国法律样式的理论诠释也呈现出了一些新特点。对此,笔者将另文以论。

（原载《中国社会科学》1997 年第 1 期）

沈家本的得与失

——兼论如何对待中外法律文化成果

沈家本（1840—1913 年）是我国近代也是中国历史上最著名的法律家。他处在中国社会新旧交替的特殊时代，出于变法图强、保国保种的目的，努力"兼采世界大同之良规，折中近世最新之学说"（《修订法律大臣沈家本等奏进呈刑律分则草案折》），系统引进和借鉴西方资本主义国家的法律原则和制度，用自己的思索和奋斗，促进中国传统法律文化的"现代化"进程，成为中国法律文化史上结束一个旧时代又开启一个新时代的典型人物。但是，由于历史的原因和个人认识方面的局限性，他在对待中外法律文化成果的问题上，也曾有一些过失，尽管这些过失并不能掩盖他的丰功伟绩。

一、集体本位与混合法——中国传统法律文化的两大特征

要谈沈家本的功与过，首先要对中国传统法律文化作出宏观评价。具有数千年悠久历史的中国传统法律文化，有两大基本特征：①从法律实践活动所体现的基本精神而言，中国传统法律文化是以集体为本位的。无论是西周、春秋的家族本位，战国、秦朝的国家本位，还是西汉至明清的国家与家族本位，它们都具有共同的特点，即无视个人、否定个人

和压抑个人。在"礼治"、"法治"、"礼法合治"的正统观念支配下，家长、族长和集权君主堂而皇之地成了家族和社会整体利益的合法代表，享受着一系列的特权。而一般个人的存在、个人的价值和个人的权利，却被家长、族长、集权君主的淫威所淹没。古老的法律文化园地实际上成了没有"个人"的荒野；②就法律实践活动的样式（即创制和实施法律规范的方法与工作程序）而言，传统法律文化的基本特征是成文法与判例法相结合的混合法。西周、春秋是"议事以制，不为刑辟"的判例法时代，但也包含少量的成文法因素；战国、秦朝是"皆有法式"、"事皆决于法"的成文法，但也适用少数判例（即"廷行事"）；从西汉到明清，封建统治阶级一方面创制和适用成文法典，另一方面又创制和适用判例以弥补成文法典之不足。经过长期实践与调整，终于形成了比较稳定的混合法样式。

二、判断与选择：面对西方法律文化成果

列强的坚船利炮轰毁了中华帝国的城门，给古老的国度带来了新的生产方式和政治法律制度。觉悟的中国先进分子看到，西方国家之所以强盛，是因为有先进的政治法律制度做基础。这一点已经有日本变法强国的实例做证明。因此，中国要富强，就必须效法西方的政治法律制度。面对西方的法律文化成果，以沈家本为代表的一代法律家，比较清醒地意识到：①中国应当吸收西方先进的法律原则和法律制度，但是，由于中西法律精神相去太悬殊，因此，在对待中国传统法律上，不能速图变革，只能循序渐进、逐步更张；②西方的法律文化成果也不是完全一致的，比如，英国法律过分强调个人自由，又以判例法为基础，这与中国素重纲常和重视成文法典的传统不相符合；大陆国家崇尚统一的成文法典，而且业已大量输入日本，中国与日本相邻，历史上文化与文字又颇相近，因此，效法西方法律制度，应取道日本，输入大陆法系。

三、沈家本的功绩：引进新的法律精神

在清末修律活动中，身为修订法律大臣的沈家本，虽然表面上打着传统的"仁"和"德"的旗号，暗地里却悄悄把西方进步的法律精神注入中国传统法律的古老躯体。这种进步的法律精神就是个人本位和人道主义。主要表现在：①倡平等。他认为"凡人皆同类"，满汉之间、男女之间在法律面前不能有上下贵贱之分，应"一体同科"（《旗人遣军流徒各罪照民人实行发配折》）。法律不能偏袒某一部分人，故而子孙对尊长的不法侵害亦应有正当防卫之权利；②尊人格。他提出，"生命固应重，人格尤宜尊"，对任何人均应"以人类视之"（《删除奴婢律例议》）。他强烈要求废除奴婢制度和刺字、凌迟、枭首、戮尸等酷刑，改良狱政，把"辱人苦人"的场所变成"感化人"的地方（《监狱访问录序》）。应当注意，中国传统法律充满了血缘身份与政治等级的差异性精神。在中国传统法律文化的百科全书中，根本没有"人格"的字眼。因此，沈家本用平等思想和"尊人格"的人道主义来改造中国传统法律文化，应当是中国法律文化开始"现代化"的一个标志。

四、沈家本的失误：忽视了中国合理的法律样式

在中国固有法律样式中，判例法占有不容忽视的地位。它对于弥补成文法典的空白和维护国家立法、司法的统一，发挥了独特的作用。但是，应当看到：首先，由于判例法更强调法官的个人主观能动作用，这与皇权独尚、法自君出的封建集权政体自然是矛盾的。历代反对判例法的人大多以"刑开二门"、"治权下移"为论据，就是这个原因。为了维护法律实践活动的统一性，历朝统治阶级往往更加注重成文法典，而对判例的创制与适用则施以种种制约；其次，由于各级司法官吏业务素质不同，使判例的创制与适用常常造成种种偏差，甚至为贪官污吏枉法徇私提供可乘之机。这就给判例法蒙上

不洁的灰尘，成为人们指责和批评的众矢之的。

以沈家本为代表的一代法律家，从西方政治法律思想武库中获得两件法宝：一是"三权分立"的宪政精神；二是"罪刑法定"的法律原则。而这两件法宝都成了排斥判例法的重要武器。

沈家本正是运用上述两把手术刀来解剖中国传统法律文化的。他一方面称许晋代刘颂的"律法断罪，皆当以法规令正文……其正文名例所不定，皆勿论"的主张，说"颂疏后段所言，今东西国之学说正与之同，可见此理在古人早已言之"。又盛赞金代"制无正条者，皆以律文为准"的司法制度，并自豪地宣布："罪刑法定"之制"初不始于今东西各国也"；另一方面又集中批判中国的"比附援引"之制。其理由载于他主持修订的《刑律草案》第十条："凡律例无正条者，不论何种行为，不得为罪。理由：本条所以示一切犯罪须有正条乃为成立，即刑律不准比附援引之大原则也。凡刑律于正条之行为若许比附援引及类似之解释者，其弊有三：第一，司法之审判官，得以己意，于律无正条之行为，比附类似之条文，致人于罚，是非司法官，直立法官矣。司法、立法混而为一，非立宪国之所宜有也。第二，法者与民共信之物，律有明文，乃知应为与不应为，若刑律之外，参以官吏之意见，则民将无所适从。以律无明义之事，忽援类似之罚，是何异以机井杀人也。第三，人心不同，亦如其面，若许审判官得据类似之例，科人以刑，即可恣意出入人罪，刑事裁判难期统一也。因此三弊，故今唯英国视习惯法与成文法为有同等效力，此外，欧美及日本各国，无不以比附援引为例禁者。本案故采此主义，不复袭用旧例。"(《历代刑法考·明律目笺一》)

这就等于宣判了判例法的死刑，从而结束了中国两千年一以贯之的混合法样式，首先向大陆法系（即成文法）一边倒的风气。

五、结论：不要丢掉自己的优势

应当指出，西方"三权分立"的宪政精神具有进步性，它是否定封建制度和确立资产阶级共和国的理论基石；"罪刑法定"的法律原则也是进步的，它在批判封建等级特权和贵族滥施刑威方面，立下不可磨灭的功勋。近代中国吸收上述结果，对于批判封建专制制度，限制司法专横，保护资产阶级的某些权利，无疑具有进步意义。但是，我们在吸收外国法律文化成果时，应当全面衡量、科学判断，不能一边倒。如果站在大陆法系的立场上来看待英国法系，必然会得出"只有立法机关颁布的成文法规才是法律"、"判例不是法律的渊源"、判例法是"法官干预立法事务"的结论。相反，如果站在英国法系的立场上，又会得出另一套结论。在吸收国外法律文化成果时一边倒，等于排除了全面借鉴和引进人类优秀法律文化成果的可能性。

在对待我国固有法律文化成果方面，也应当科学分析，不能把孩子和洗澡水一起倒掉。毫无疑问，中国传统法律文化包含许多弊病，它们延缓了中国社会的正常发展，并成为今天现代化建设的观念阻碍。对于这些糟粕，应当加以批判和清理。但是，中华民族经历了几千年的法律实践活动，积累了丰富的实践经验，这些经验同各个国家民族所取得的法律文化成果一样，都体现了整个人类的法律实践活动的共同规律性。对于这些精华，应当大大继承和发展。其中，中国所特有的混合法样式，就是最可宝贵的文化财产。它是中华民族智慧的结晶，体现着人类法律实践的客观规律性。它避免了成文法和判例法各自的欠缺，又吸收了两者的长处，是人类法律实践活动的最佳模式。20世纪以后，西方两大法系出现了彼此靠拢的趋向。大陆成文法系国家不断增加判例法因素，英国法系国家也不断加强法律的"成文法"，其共同的方向就是成文法与判例法相结合的混合法。而这个混合法样式，在中国的西汉就已经初具规模并延续了两千多年。而中国近现代的法律实践活动，在某种意义上可以说，仍没有超越混合法的轮廓。

我们不能苛求古人。在当时的历史背景下，以沈家本为代表的一代法律家，热切地希望通过变法修律来挽救危亡。他们不可能平心静气地坐下来，对中国法系和西方法系进行全面审慎的研究与思考。因此，过失是极为难免的。我们的目的是想说明这样一个道理：在中国面向世界、走向现代化的进程中，我们应当全面地、大胆地借鉴和吸收外国优秀的法律文化成果，同时也要注意：不要忘掉自己的优势。只有把人类在各个地域和各个历史时期所取得的优秀成果有机地结合在一起，才能有力地促进中国法律文化的现代化的进程。

（原载《中外法学》1990 年第 1 期）

居正的"混合法"思想

居正（1876—1951年），早年加入同盟会，1928年南京政府成立后，历任国民党中央执行委员，司法院院长兼最高法院院长、司法行政部部长等要职。在司法院任职的16年（1932—1947年）中，他锐意改革，提出并制定了许多具有积极意义的司法方案。确立"混合法"理论和运行机制就是他的一大贡献。

中国古代的法律实践活动经历了西周春秋的"判例法"、战国秦朝的"成文法"和封建社会"成文法"与"判例法"相结合的"混合法"诸阶段。清末修律，引进欧洲大陆成文法系的法律文化成果，并尊崇"三权分立"的宪政精神，故摒弃"比附援引"之制，首开朝大陆法系一边倒的风气。然而在1912—1928年的十几年内，在移植的新法不好用、中国的旧法不能用的特殊情况下，大理院在"司法独立"的旗帜下把"判例法"搞得有声有色。在国民党统治期间，虽然逐渐形成了"六法"体系，但由于成文法典本身的局限性，使判例的价值再一次被人们所认识。居正就是众多有识之士中最突出的一位。

一、立法与司法并非截然对立

居正从司法实际出发，反对单一适用"成文法"的司法体制，积极主张根据实际需要适用判例，造成"成文法"与"判例法"相结合的法律样式。

他批评那种认为司法工作就是司法人员根据法律条文消极地制裁犯罪，法官只要能熟知法条并正确地运用法条就算是做好本职工作的观点，称这种观点是司法的狭义解释。他认为，把立法与司法、"成文法"（立法者立法）与"判例法"（法官立法）绝然对立、择一而行的做法，并不利于当前的法制建设。为了确定"判例法"在国民党法制中的应有地位，他首先要求法律界打破大陆法系与判例法系固有的界线，承认司法界的立法权威，即"判例法"的效力。他认为"成文法"与"判例法""一样是法律创造，也一样是法律适用，其性质并没有什么不同，只是属于制法程序中两个不同的阶段罢了"。从法律的形式构成来看："法规把一个法律前提和一个法律结论联系起来。判例也同样地把一个法律前提和一个法律结论联系起来"，二者没有太大的区别。只"不过前者用于较广泛的范围，而后者用于较特定的范围罢了"。从法律的制定与适用的辩证关系看来："法规对裁判言，法规是造法，而裁判是法律适用；法规对于宪法言，则法规变为法律适用，而宪法却是造法；同一理由，以裁判对于执行言，裁判又变为造法，而执行才是法律适用。所以立法就是司法，司法也就是立法；立法与司法只是量的区分，而非质的区分"。①

二、"成文法"与"判例法"应相辅相成

他论证了"成文法"与"判例法"的关系，指出："判例法"应成为"成文法"重要的补充和辅助形式。其道理是：

第一，"成文法"与"判例法"的关系可以看作是"一般的与个别的或抽象的与具体的关系"，"以法规为一般或抽象的法律，而裁判为个别的或具体的法律，换言之，就是'观念的法律'与'实在的法律'。观念的法律必要待实在的法律补充他，才可以有'具体的形态'。质言之，才可以达于'现实'！一个抽象的法律，如果永无裁判去适用他，他便锈废了"。

第二，社会上人事变化极为复杂，"一个抽象的一般的法律，决不能预

---

① 居正：《司法党化问题》，载《中华法学杂志》第5卷。

料将来事件发生情形之变化，而包举无遗"。若遇事便请求立法机关通过烦琐的立法程序，制定准据，不但是不可能的，也是不必要的。这就需要以适应新环境新情况且具体、灵活的判例来弥补。这种判例一旦得到最高法院的确认，自然就应当对其他同类案件有指导意义。就此而论，判例是对"成文法"的延伸与辅助，或者说，是因地制宜地创造新法。

第三，成文法典中规定了许多毫无具体形态和标准的量刑原则，如根据犯罪情节，可酌减本刑或加重处罚等。这些空洞的规定是以抽象、概括为特征的成文法典的共同性质。它是为了弥补成文法典的疏漏之处和给法官一个根据具体情况而自由裁量，以求公正裁判的余地。但是，由于量刑幅度较宽，缺乏严格的质量标准，就难免发生对同一类案件而处罚量刑相差甚远的情况。"判例法"的使用，便可以具体的形态填补"成文法"中这些抽象、空泛的规定。居正阐述"判例法"与"成文法"相辅相成的关系时，曾写过一段十分精彩的文字："例与法之关系，至为密切，实相辅而行。法简而例繁，法具条文，例徵事实。法为死条，例乃活用。法一成而难变，例以渐而有加。盖法犹经也，例犹传也，不讲传无以通经。法犹兵书，例为战绩也。法犹医方，例则医案也。仅读兵书者，不可以用兵；只记医方者，不可以治病。仅知法律专条者，不可以听诉讼。"①

第四，居正从中外法制历史的发展趋势上，论证"混合法"不仅古已有之，而且必将成为世界法制发展之方向。在中国，"自晋命贾充等改定旧事为刑名法例，于是法之外有例之名。稽诸古意，例即王制所谓比也。清代之前，有律例，近世各国有判例，事虽异而义则同。要皆本于法，而比例以明之者也"②。"中国向来是判例法国家，甚似英美法制度"。中华民国成立之前，历代王朝虽然都有重要的大法典，然而"例却多于律"。其原因是礼俗在中国人的生活中占有重要的地位。我国礼俗中有关"应为"和"不应为"的规范，常常作为"律文上寻得解决的根据"。中国历史上的"春秋决狱"，

---

① 《最高法院判例要旨》居正序，大东书局 1944 年版。

② 同上。

便是司法审判中重视判例的明证。清末修律之时，中国立法虽然多仿大陆成文法系，但是在民国十八年民法颁布之前，"支配人民法律生活的，几乎全赖判例"。这一历史事实说明，在中国特别国情之下，"司法向来已经取得创造法律之权威"，"判例势力之伟大，实无可争辩"。① 因此，在当前的司法改革中，司法界决不可放弃立法之责任。尽管我们已有了相当完备的成文法典，但是我们决不可轻易地抛弃符合国情的判例法的形式。

三、两大法系之交融已成大势

他指出，由于历史的原因，世界上出现了两大法系。大陆法系注重成文法典，"英美法系注重判例，以判例为法源之一，与成文法有同等之效力"，"往昔，大陆法系偏重成法，拘拘于三尺，为世诟病。迨19世纪之末，社会哲学派及自由法学派起而矫正之。经大战后，大陆法系为之动摇。遂亦从事于判例之研讨。一时出版物如判例批评，判决实例等篇，勃然而兴，不让英美法系"。②

当前，两大法系壁垒森严的界线已被打破，英美国家制定了众多的成文法典，大陆法系国家在司法审判中逐渐地适用判例。两大法系相互交融，相互弥补，已成为世界法制发展之潮流。在此时代，任何国家再拘泥于某一派别、某一传统不仅是不识时务，为世人所耻笑，而且也不利于自身的法制建设。

此外，居正还提出了寓立法于司法之中的命题。他不仅要求法官掌握成文法典，并能正确运用，而且要求法官本着"三民主义"的法理，积极发挥主观能动作用，在司法审判中，妥善地解决一切法无明文规定或规定得过于宽泛的案件，并不断地创造出那些合情合理的判例，以为判决同类案件之依据。

---

① 居正：《司法党化问题》，载《东方杂志》第32卷第10号。
② 《最高法院判例要旨》居正序，大东书局1944年版。

　　居正作为国民党政府当权者之一和司法界的巨头，他的思想和主张对于当时法律界的影响是十分重大的。正是在这种思想指导下，才使当时的"判例法"大大增色，使"混合法"这一机制得以有效地运行。

　　（此文作于1996年2月，参考了北京大学法学院乔聪启教授的研究成果）

中国法律样式一百年

一、固有的"混合法"传统——中华民族留给 20 世纪中国的历史遗产

历经数千年法律实践活动而凝结的"混合法"样式（立法司法活动的基本工作程序），既不同于西方的"成文法"，又不同于西方的"判例法"，它将"成文法"和"判例法"有机地结合在一起，从而构成了中国传统法律文化的独特风貌。其基本逻辑过程是：成文法典之不足，造成判例的创制与适用；判例群的积累和抽象，导致法令的出现；在重大立法活动中，法令被成文法典所吸收。如此循环往复，未有穷期。这种"混合型"的法律样式是中华民族聪明才智的总结，是人类法律实践活动内在规律的体现，也是留给 20 世纪中国的宝贵遗产。

二、20 世纪之初的修律活动：向西方"大陆法系"一边倒

20 世纪初开始的修律活动，既是清政府在内忧外患形势下被迫采取的政治布局，又是进步法律家们爱国保权、变革旧法的真诚事业。这一活动不论其成败荣辱，都作为一尊历史的里程碑，为中国的旧法划上句号，为中国法律的"近代化"开启幕布。然而，由于历史的局限，中国法律的"近代

化"却与中国法律的"大陆法系化"划了等号。以沈家本为代表的法律家，来不及对中西法律文化成果进行客观冷静的研究，就在不知不觉之间定出了向"大陆法系"一边倒的航向。他们的光荣在于用"个人本位"的法律观和进步的"法理"来改造中国的旧律，而他们的失误就在于割断了中国的法律传统。在"三权分立"的"宪政"原则支配下，他们对"比附援引"的"判例法"机制宣判死刑，从而中止了中国固有的"混合法"的脚步。他们的幼稚不仅在于相信法律的改善可以使列强自动放弃领事裁判权，还在于相信移植外来法典便可以改变一切。尽管如此，他们仍不失为中国法律史上最伟大的人物之一，他们的光荣与伟业永远值得我们怀念。

三、高擎着"司法独立"的大旗：大理院的"判例法"

法律传统是不能中断的。与清末法律家们的设计相反，在民国初期，在封建旧法律不能用，舶来的外国法律不便用的特殊社会条件下，大理院的法官们高举"司法独立"的旗帜，勇敢地创制和适用判例，把"判例法"搞得有声有色。他们用自己的聪明智慧和深刻的洞察力，把当时进步的法律原则和具体国情结合起来，用"法官的法律"推动了社会的发展。他们的才华可与春秋时代硕学老成的法律家们相配比，他们制作的判例集与汉代《春秋决狱》、宋元《断例》等一样，在中国法律文化史上都占有一席之地。

四、重温"混合法"：六法全书与判例要旨

在国民党政府时期，通过成文立法的持续工作终于构筑了"六法全书"的宏大体系。与此同时，由于法律实践经验的积累，人们逐渐意识到，治理一个复杂而变动的社会，单靠"成文法"是远远不够的。"成文法"的局限性再一次引起人们的深思。于是，重视判例作用的呼声渐起，并进而影响着当时的法律实践活动。当时的司法院长居正先生曾明确指出：成文法典与判例只有表现形式之别而无本质的差异，中国历来就是判例法国家，与英美法

系差不多。这种理论本身的科学性如何是可以讨论的，但它的价值就在于打破迷信"成文法"的传统，纠正对"判例法"的种种偏见，为恢复中国固有的"混合法"创造思想条件。正是在这种理论的影响下，当时编纂和研究判例、判例要旨、解释例要旨的成果层出不穷，判例在审判活动中发挥着实际的效力。这种法律样式可以说是对中国古老"混合法"传统的一次回顾。

五、擦肩而过：判例制度大发展的宝贵机会

新中国成立初期，党的"一元化"领导体制和"路线第一"、"干部第一"、"群众第一"的三合一理论，共同铸就了"政策法时代"。此间，"法治"倾向和"非法治"倾向（大众语言谓"人治"）都在彼此消长中顽强地表现着自己。法治倾向又包含两种因素：一是"成文法"因素，二是"判例法"因素。社会生活的急剧变动或飞速发展，使成文立法工作踟蹰不前，于是就自觉不自觉地把目光转向判例。当时，在无成文法典（实体法和程序法）的情况下，审判活动是在政策（对敌斗争政策、刑事政策、民事政策等）指导下进行的，这就使法官的主观能动性得以发挥，也使判例在审判过程中发挥实际的作用。在成文立法杳无音信的情况下，重视判例则是自然而合情合理的选择。于1956年和1962年分别召开的全国司法审判工作会议都先后强调：要注重编纂典型判例，经权威机关审定后发给各级法院比照援引。1962年3月22日，毛泽东主席指示："没有法律不行。刑法、民法一定要搞。不仅要制定法律，还要编案例"。但是，由于种种原因，发展判例制度的工作未能完成。在遗憾之余，重读毛泽东主席关于制定法律兼编案例的指示，仍觉含义深远。

六、光荣与缺憾："成文法"时代的功绩与不足

改革开放以后，中国迎来了法制建设的黄金时代。而法制的恢复与繁荣是以成文立法的强化为标志的。在短短的时期内，大量成文法典、法律、法

规如魔术般地问世了，从而告别了"无法可依"的时代。但是，社会生活的日趋复杂和生活节奏的加快，暴露了"成文法"固有的缺欠：既不能包揽无遗，又不能随机应变。1985年最高法院公报开始刊登典型案例，这是一个伟大的选择和尝试。它向人们宣告：用判例来弥补"成文法"的不足是一个有价值的事情。可以想象，当判例的积累、法官经验的储蓄、决策者的判例意识、司法审判中的"判例法"机制等都达到一定的"量"的时候，"判例法"也许会从幕后走到前台。

七、世界性的大趋势：走向东方，走向"混合法"

一个世纪以来，西方两大法系都各自打破自己的传统而向对方靠拢。比较法学者们都津津乐道于此。但他们常常忽略中国法律样式的独特性，甚至草率地宣布中华法系是"死的法系"。实际上中华法系的"混合法"样式历数千年而一气呵成，未曾断绝。西方两大法系相互靠拢的趋势，与其说是此方向彼方学习，毋宁说这是法律实践活动内在规律性的体现或社会自身发展的内在需要。而中国固有的"混合法"正是人类法律实践规律的客观总结。日本成功地借鉴这一模式并把它搞得生气勃勃。在法律样式上可以说，世界性的大趋势是走向东方，走向"混合法"。

八、世纪末的思索：走向现代与返回传统

当我们面对法这一社会现象的时候，也许很少意识到：我们是在"大陆法系"的思维模式和理论氛围中来思考问题的。"大陆法系"的影响无时不在，竟使人常常忽略它的存在。当我们为中国法律"近代化"成就欢呼时，也许会发现，我们的法典、法条、名词、术语、原理的落款处，都打着"舶来·大陆法系"的标记。就这样，一个世纪即将过去，这是一个热衷"成文法"，忽略"判例法"的世纪。如果说，20世纪之初的法律家们由于形势所迫来不及观察世界法律大势，又无遑审视自己的法律传统的话，那么，今天

处于世纪之末的法律工作者们，就没有理由埋首现状、故步自封了。"混合法"是中国法律文化的传统之一。这种传统是在"自然"的历史过程中形成的。越是自然的便越具有民族性，越是民族的便越具有普遍性。现实是历史的一幕，传统是现实的罗盘。当港澳台回归大陆之际，世人也许会发现：除了欧洲"大陆法系"之外，东方还有一个大陆法。

（原载《走向法治之路》，中国民主法制出版社 1996 年版）

让历史预言未来

——论中国法律文化的总体精神与宏观样式

一、法律文化与中国法律文化

法律文化是人类法律实践活动及其成果的总和。它标志着人类实现有利于自身生存发展的特殊秩序的能力，以及对社会生活进行设计与控制的程度或状态。法律文化又是一种综合宏观的研究方法的代名词，它把人类的法律实践活动——有形的立法、司法活动和无形的思维认识活动——视为一个整体来把握，目的在于揭示人类法律实践活动的本质特征和内在规律。法律文化由四大要素组成：①法律思想，即人们关于法这一社会现象的见解、要求和评价。由法理学（对法的宏观理论评价）和法律意识（对法的微观现实评价）组成；②法律规范，即由社会权威机构（通常指国家）创制认可并保障实施的特殊行为准则，它的实用价值在于创立或维护某种社会秩序，这种社会秩序可以给一般社会成员带来一般利益，也可以给特殊社会成员带来特殊利益；法律规范的终极价值在于保护社会自身的更新力量以促进社会文化的进步；③法律设施，即保障法律规范得以产生和实现的一系列工作机构的总和，它是保障立法、司法活动正常进行的客观条件；④法律艺术，即从事立法、司法等实践活动的能力、技术和方法，包括立法艺术、司法艺术、法律文献管理艺术等。它是保障立法、司法活动正常进行的主观条件。在经济基础与上层建筑的对立统一运动中，法律文化诸要素以社会生活为基地，以法律思想特别是其中的法律意识为中心环节，相互作用、互相联系，构成法律文化发展演进的直接动因。

中国法律文化是中国自进入文明时代始直至今日的法律实践活动及其成果的概称。数千年来，中国法律文化连绵不断、一脉相承，形成了中国所独有的精神与样式，给世界法律文化园地增添了异彩。世界领域内的法律文化种类繁多，各色各样。但大致上可用两条标准划分为六种类型：以法律规范的内容所依据的总体精神为标准，可分为宗教主义类型、伦理主义类型、现实主义类型三种；以创制和实现法律规范的基本程序和方式为标准，可分为判例法型、成文法型、成文法与判例法相结合的混合法型三种。无论以哪种标准划分，中国法律文化均以其独有的伦理主义色彩和混合法样式而独树一帜。今天，中国法律文化的伦理主义精神基本终结，但其固有的集体本位精神仍然发挥着潜在的影响。而它的混合法样式竟一直支配着近代现代的法律实践活动。中国独有的混合法样式标志着世界法律文化发展的共同趋势。

二、中国法律文化总体精神的变革：从单向本位到双向本位

就法律文化总体精神而言，具有数千年悠久历史的中国法律文化经历了如下几个阶段：

（一）神本位（殷商）

殷商是迷信鬼神不重人事的时代。正如《礼记·表记》所谓："殷人尊神，率民以事神，先鬼而后礼，先罚而后赏，尊而不亲，其民之敝，荡而不静，胜而无耻。"神（至上神和祖先神）的权威扭曲了人们的思考，压抑了人们的自主精神。神成了人间立法、司法的最高主宰。甲骨文所见"贞王闻不惟辟(法)、贞王闻惟辟"，（董作宾：《殷墟文字乙编》四六四）"兹人井(刑)不"，

（商承祚：《殷契佚存》八五）就是证明。① 后来，随着政治与法律实践经验的积累，先是祖先神制约了至上神，随即便是人意制约了神意，古老的神治时代即告终结。

（二）"家"本位（西周、春秋）

不讲鬼神，注重人事是西周始立的时代风貌。周人对殷人的胜利，标志着"人"对神的战胜。但这时的"人"不是个体的自然人，而是家族的宗法的人。因此，作为宗法等级制度的"礼"登上国家政治法律生活的宝座，并获得空前的社会价值——它不仅是区分君子与小人而且也是在君子层内部实行权利再分配的尺度。当时的政体是以嫡长继承制、土地分封制、世卿世禄制为内容的，以亲贵一体、政治等级与宗法血缘等级合一为特征的宗法贵族政体。这一切客观存在在意识形态领域中的反映便是"礼治"，即按照宗法等级精神来塑造和支配社会生活的各个方面。礼的精神是"亲亲""尊尊"。"亲亲父为首"，故推崇孝道；"尊尊君为首"，故独尚忠君。在亲与贵合一的政体之下，家族是社会的缩影，国家是家族的放大。于是，宗法家族规范与国家法律规范毫无差别，任何损及家族秩序的行为无不兼而具有违犯国宪的性质。"不孝不友"成了"刑兹无赦"（《尚书·康浩》）的大罪，"直钧则幼贱有罪"（《左传·昭公元年》）（意思是诉讼双方曲直相等则辈分低的一方有罪）成了神圣的审判原则。在法律实践中处处充斥着亲尊者的特权和尊卑、长幼、亲疏、男女之间的不平等精神，这些东西又深深地渗透到人们的意识之中。

（三）"国"本位（战国、秦）

战国、秦朝是我国集权专制政体发展和确立的时代。随着生产力的提高和土地私有制的发展，终于酿成了前所未有的社会大变革：一家一户的土地私有制取代了贵族土地所有制；官僚制取代了世卿制；贫富等级取代

---

① 关于对上述甲骨文的注释，学界有不同意见。2018 年 6 月 13 日著者补记。

了宗法血缘纽带；"刑无等级"的法取代了"刑不上大夫"的礼；"天下事无小大皆决于上"（《史记·始皇本纪》）的集权政体取代了温情脉脉的宗法贵族政体；后天的人为功利取代了先天的血缘身份；按地域来划分居民取代了以血缘来确定阶级……出现在中原大地上的是一个挣脱了血缘锁链的国家。

"国"本位是新兴地主阶级法律的基本精神，即一切以国家利益为最高原则。为此，首先必须冲决贵族政体及其社会基础——宗法家族的社会结构。商鞅变法，下令"宗室非有军功论不得为属籍"，"民有二男以上不分异者倍其赋"，"赏告奸"，"民人不能相为隐"（《史记·商君列传》），其实质就在于打击旧贵族，分化并扼制家族的势力，使之不至于危及国家，把家族的存在纳入国家能够容忍的轨道；其次必须适当承认个人的利益，把个人利益与国家利益联系起来，运用人皆有之的"好利恶害"本性和赏罚两手，驱使人民去做有利于国家的事情，同时个人也将获得官爵和良田美宅。这样做实质上是把个人从家族的圈子里拉到国家一边，从而在国家与个人之间建立较为直接的权利义务关系。

皇帝是国家的代名词，因此，"国"本位的归宿就不能不是中央集权的君主专制政体。皇帝的权威常常以国法的形式表现出来。《商君书·赏刑》："所谓壹刑者，刑无等级：自卿相将军以至大夫庶人，有不从王令、犯国禁、乱上制者，罪死不赦。有功于前，有败于后，不为损刑；有善于前，有过于后，不为亏法。忠臣孝子有过，必以其数断。守法守职之吏有不刑王法者，罪死不赦，刑及三族。"对犯法的臣民予以严厉的惩罚而毫不手软，正是"国"本位在司法上的突出表现。在皇权面前人人平等，大家都等于零。

（四）"国·家"本位（汉至清末）

中国封建社会的基本特点是：在自然经济土壤上集权专制政体与宗法家族结构的密切结合。这是因为，无数大大小小的宗法家族在自然经济的卵翼下不断滋长起来，它们需要一种超社会的权威实体的庇护；而大一统的封建王朝由于鞭长莫及也需要宗法家族的效忠和拱卫。这就是礼法统

一、儒法合统的真实背景。这一复杂漫长的过程可以简洁地表述为：维护集权专制政体的法家"法治"，与维护宗法家族制度的儒家"礼治"相互妥协、互相补充、融为一体。这就造成了法家法律的儒家化和儒家思想的法典化。

封建法律是以国家（即专制皇权）和家族为本位的，它既维护集权专制政体，又维护宗法等级制度。纵观"十恶"——谋反、谋大逆、谋叛、恶逆、不道、大不敬、不孝、不睦、不义、内乱，其中四条半是维护专制皇权的，五条半是维护宗法等级秩序的。"国·家"本位造成了封建行政法、官箴和家法族规的发达，这些法律和准法律是具有中国特色的"官法"和"民法"。为了维护王朝的安宁，统治者不得不把一部分权力——半立法权和半司法权——交给家族首长，让他们协助王朝共同管理臣民。当然，国家利益与家族利益并非毫无矛盾，比如"亲属相隐"、提倡复仇必然带来藐视国法的副作用；而禁止"亲属相隐"和血亲复仇又有碍伦理精神。经过封建统治者的精心设计，用"小罪可隐，告者有罪"，"大罪不可隐，隐者族诛"，和既不禁止又不提倡复仇的区别对待的方法，将国法与宗法调和起来。

（五）"国·社"本位（国民党政府统治时期）

鸦片战争后，随着民主、人权思想的东渐，西方个人本位的法律观也传入中国。但是，个人本位思想在中国是十分微弱的。其原因是：①西方的政治法律思想大都是通过日本传入中国的，由于民族、文化、政治背景不同所致，日本不需要也不宜于个人本位思想，这就影响了个人本位思想对中国的二次输出；②中国资产阶级的注意力主要在民主政体方面，对人权、个人本位思想缺乏必要的认识，也没有做集中的研究与宣传工作；③个人本位思想与中国传统文化相去甚远。难于融合，中国历来没有这种意识，没有它也并不觉得有什么不方便；④ 20 世纪初，个人本位思想在西方世界开始得到修正，其原则是个人权益应符合或不损害社会利益。这等于釜底抽薪，扼制了个人本位思想蔓延的势头。对此，当时中国法学家感到十分欣慰，如吴经熊在《新民法和民族主义》中所说："俗言说的好，无巧不成事。刚好泰西最新法律思想和立法趋势，和中国原有的民族心理适相吻合，简直是天衣无缝！"①

在国民党政府统治时期，中国法律文化发展到一个新的历史阶段。其基本精神是"国·社"本位。"国·社"本位，即"国家"、"社会"本位，就是以国家和社会利益为最高原则，国家、社会是高于个人之上的统一体。"国·社"本位是对"国·家"本位的否定。它认为，"国·家"本位维护集权君主专制制度，剥夺人民一切政治权力，维护家长族长特权，摧残个人独立人格，维护自然经济，阻碍工商业经济的发展；"国·社"本位又是对个人本位的否定。它认为，个人本位只维护个人的自由、权利，推崇人格尊严，主张绝对财产私有权和契约自由，而忽视社会整体利益。个人本位造成自由竞争、贫富悬殊、弱肉强食和社会动乱，最终还会危及个人的自由和权利。

"国·社"本位又可以分两个主要观念：一是国家至上的公法观，其口头禅是个人无权利，个人无自由，只有国家才有权利、有自由；人民"要享受自由平等，必须经过不自由不平等的训练"②。其具体表现是限制和剥夺人民各项政治权利，维护国民党一党专制；二是社会至上的私法观，其口头禅是"以全国社会的公共利益为本位，处处以谋公共的幸福为前提"。③ 其具体表现是用法律手段干预和限制私人财产使用权、收益权、处置权，其实质在于维护大资产阶级的利益。

尽管"国·社"本位含有某些合理因素，比如在字面上承认公民的一系列政治权利，确立了资本主义性质的经济制度。但是，由于它否定个人，同时也就否定了民主制度。在国家至上的旗帜下，封建专制独裁和法西斯政治得以借尸还魂。而在社会利益至上的口号下，一般资产阶级的利益特别是广

---

① 吴经熊：《法律哲学研究》，清华大学出版社 2005 年版，第 176 页。

② 胡汉民：《今后教育上的四个要求》，见《革命理论与革命工作》，上海民智书局 1932 年版。

③ 胡汉民：《三民主义的立法精意与立法方针》，见《革命理论与革命工作》，上海民智书局 1932 年版。

大劳动人民的利益被巧取豪夺，以四大家族为代表的大官僚资产阶级的利益却受到无微不至的保护。

（六）"国·民"本位（社会主义中国）

"国·民"本位，即国家、公民本位。其基本精神是以国家和公民的利益为最高原则。新中国的法律文化应以"国·民"本位为基本精神。这里说的"国家"，不是阶级对抗社会作为阶级统治工具的国家，而是消灭了剥削阶级的社会主义社会的公共权力机关，是人民管理社会生活的权威机构。"国·民"本位的法律观认为：国家是由公民组成的，公民是国家的基础，公民的发展是国家发展的前提；同时，个体存在于群体之中，公民生活在国家之中，国家的发展又是个人发展的必要条件。个体的公民是国家生命力之所在，国家利益是公民根本利益的集中体现。因此，国家利益与公民利益是统一的，国家利益不可能靠镇压和压抑公民个人利益的方法来维护，个人权益也不可能靠损害他人利益和国家利益的手段来取得。

"国·民"本位与以往几种本位有着质的差别。这主要表现在：①前者是无剥削、无阶级社会的法律原理，后者是有剥削的阶级对抗社会的法律精神；②前者是双向本位，是个体与整体的统一，后者是单向本位，它们共同的特征是否定个体，维护特定意义的整体；③前者的目的是维护社会整体利益，促进人类进步，后者的目的旨在维护统治阶级的特殊利益。

在"国·民"本位的指导下，我们的法律应当切实保障公民一系列政治权利，以完善社会主义民主政体；维护公民的一系列经济权利，以促进社会主义商品经济的发展。在此基础上，用法律调节各种社会矛盾，使我国各项事业顺利发展。

三、中国法律文化宏观样式的演进：从单一法到混合法

中国法律文化的宏观样式经历了以下几个发展阶段：

（一）"任意法"（殷商）

殷商的法律实践样式是习惯法。其最大特点是带有极大的任意性或偶然性。因此又可称其为"任意法"。"意"是"神意"和"人意"的巧妙结合。通过祈祷和占卜，统治者的"人意"与"神意"共同完成立法与司法活动。但是"人意"与"神意"常常是难以谐调的。当统治者的政治与法律实践经验积累到一定程度，"人意"就会挣脱"神意"。这是依法律实践活动自身规律办事的伟大开端。

（二）"判例法"（西周、春秋）

西周、春秋的"判例法"是当时宗法贵族政体的必然产物。法官同其他官吏一样是世袭的。敬祖孝宗、帅型先考的观念，必然导致遵循先辈故事的传统。当时的审判方式被概括为"议事以制，不为刑辟"，"临事制刑，不豫设法"（《左传·昭公六年》及孔颖达疏）。"事"就是判例故事，意即选择并依据以往的判例成事来审判裁决，不预先制定包括什么是违法犯罪又当如何处罚内容的成文法典。因此，当事人无法预先知道自己行为是否违法犯罪又当受何处罚，颇具"刑不可知，威不可测"的意味。判例是司法的结果，又是立法的产物。这使法官处于十分关键的地位。优秀法官的标准是"直"和"博"："直能端辨之，博能上下比之。"（《国语·晋语》）"上下比之"即全面参酌以往判例之义，即《礼记·王制》所谓"必察小大之比以成之"。"判例法"的条件是：①社会上存在着一种普遍公认的法律意识，这在当时就是"礼"；②具有一批善于思考并在司法中立法的法官；③一个允许法官独立进行立法、司法活动的政体，即贵族政体。

（三）"成文法"（战国·秦）

"成文法"是当时集权政体的产物。为实现国家对法律实践活动的统一控制，必须结束贵族政体及其副产品"判例法"。唯一的办法是由国家选派法官，并把法律制定得详而备之，使法官执行起来有如作加减法一样方便和准确。这就是秦代"皆有法式"、"事皆决于法"(《史记·始皇本纪》)的原因。国家禁止法官抛弃法条去参酌以往判例,更不允许法官发挥个人主观能动性。秦代优秀法官的标准是"公"和"明",即具备"公端之心"和"明法律令"(《睡虎地秦墓竹简·语书》)。遇到法无明文规定的情况要逐级上报,听候上裁。如果说"判例法"时代造就了一批善于思考和立法的法官的话,那么,"成文法"时代则培育了一批博闻强记、长于操作的执法工匠。

(四)"混合法"(西汉至近、现代)

西汉以后,历代王朝都重视制定以刑为主、民事、行政、实体与程序法诸法合体的综合法典。但是,由于成文法典不可能包罗无遗,又难于朝令夕改,而社会生活的节奏日益加快,故常常出现法典与现实生活脱节的现象。为此,封建王朝除随时颁布大量法令之外,还创制和适用判例。西汉的"春秋决狱"与其说是儒家思想支配司法的开端,毋宁说是对古老"判例法"的一次回顾。尔后,历朝的决事比、故事、法例、断例、例等,都标志着"判例法"一脉相传、经久不衰的独特地位。由于判例是在法无明文规定或法条明显不宜于时用的条件下创制和适用的,又常常经过皇帝的御批,因此,判例一般具有比成文法更为有效的作用。封建朝廷在无条件立法和修订法典的情况下,也自觉运用"判例法"来弥补"成文法"之不足,即"有例则置其律。"(《清史稿·刑法志》)在整个封建时代的审判活动中,始终贯穿着这样的原则:"法所载者,任法;法不载者,任以人";"法所不载,然后用例。"(丘濬:《大学衍义补·定律令之制》)这就实践了荀子的名言:"有法者以法行,无法者以类(判例及法律意识)举。"(《荀子·君道》)

"混合法"是"成文法"与"判例法"的统一。当成文法典宜于社会实际时,往往推崇"成文法"而排斥判例的创制与适用;成文法典尚未出现或现行法典明显不宜于社会生活时,则创制和适用判例,以此指导全国的司法活动,判例积累到一定程度,经国家的加工后上升为法条,以统治阶级法律意识为核心,"成文法"与"判例法"周而复始,循环运动。

鸦片战争特别是辛亥革命以后,中国结束了漫长的封建时代,进入新的历程。但"混合法"却一直被延续下来。比如，北洋政府统治时期制定了大量的单行法规，同时还编纂大理院判例和解释例，同样具有法律效力。据不完全统计，从 1912 年到 1927 年，大理院汇编的判例有 3900 多件，解释例 2000 多件，足见判例在司法中的意义。

国民党统治时期，同样在制定大量成文法典、法规的同时，编纂最高法院判例要旨、司法院解释例和判例汇编，作为司法审判的依据。国民党司法院院长居正（1876—1951 年）曾指出："中国向来是判例法国家，甚似英美法制度"；在 1929 年颁布民法之前，"支配人民法律生活的，几乎全赖判例。"[①]

新中国成立以后，配合法律领域的中心工作，国家先后制定颁布了《惩治反革命条例》、《惩治贪污条例》等单行法规。但是，由于国家重要法律一直没有制定出来，审判工作基本上靠党和国家的政策，这就使国家对司法的控制成为一件很困难的事。1955 年，在总结肃反工作时，已经初步认识到判例的作用，并设想对判例进行分类选择，编成案例汇编，来指导审判工作。为了有效克服审判工作中普遍存在的量刑畸轻畸重的现象，1962 年最高人民法院规定，运用案例的形式指导审判工作，由高级人民法院和最高人民法院选定案例，经中央政法小组批准，发给地方各级人民法院比照援用，并注意根据新形势选择新的案例来代替旧的案例。按照这一方向发展下去，无疑将最终完善"成文法"与"判例法"相结合的"混合法"格局。由于种种原因，这一进程没有完成。近几年来，随着政治、经济、文化事业的快速发展和法制建设的逐步完善，判例的价值也越来越受到人们的普遍重视。可以相信，在更高层次上确立"混合法"样式是完全可以期待的。

四、中国法律文化的现代化：走与世界法律文化共同发展的道路

中国法律文化现代化的步骤是：法律基本精神的民主化和法律实践样式

① 居正：《司法党化问题》，载《中华法学杂志》第 6 卷第 3 号。

的科学化。

（一）确立"国·民"本位的法律意识：批判、借鉴与启蒙

要确立"国·民"本位的法律意识，首先必须对中国传统法律意识进行一番认真的清扫。中国法律文化的基本精神历来是单向的，而非双向的，个人的价值、权利、尊严受到严重压抑。因此形成了无视个人、否定个人、摧残个人的传统观念。这种观念又同集权专制思想不谋而合，极大地阻碍了社会的进步。在单向本位法律精神指导下建立的法制机器，总是为社会中占统治地位的集团带来最大利益，而社会大多数人的利益被合法地剥夺。他们还受到单向本位的道德观念的严重束缚。随着中国现代资本主义的发展，虽然引进某些西方资产阶级的法律成果，但由于根深蒂固的传统观念作祟，使这些东西成了变味的杂牌酒，骨子里仍洋溢着中国式的传统气息。因此，清扫传统的单向本位法律意识，是一件十分艰巨的工作。这不仅需要严谨科学的理论，更需要政治生活的民主化和经济活动的商品化作后盾。

要确立"国·民"本位的法律意识，还要勇于正视、承认和借鉴资产阶级数百年法律实践活动所取得的一切成果，舍弃狭隘的偏见，把这些成果视为人类社会的成果之一。特别注意借鉴那些在反对封建等级制度和自然经济的最为有效的思想、观念、原理和具体的法律制度，并结合中国的国情，逐步确立科学民主的法律意识。

要确立"国·民"本位的法律意识，必须持久地进行普及法律知识和社会主义法律意识的启蒙工作。当国家工作人员仍然认为法律是管理人民的工具，而自己则超越于法律之上，权力大于国法，人言等于法律的时候；当亿万公民仍然贱视法律、贱视诉讼、崇拜权势，既不懂得尊重他人人格和合法权利，又不知道如何维护自己的合法权利的时候，国家即使制定颁布一系列法律，也是无法奏效的。真正的法制建设应当是法律文化建设，在全体公民头脑中树立科学民主的法律意识，比起建立有形的社会秩序来，要重要得多，也困难得多。

（二）自觉完善"混合法"样式：重视判例法

中国自近代以来，虽然承认判例的作用，但不过是一种直觉，远没有达到自觉的程度，就法律意识而言，中国政府更注重成文法。这是由于：①中国近代对西方法律文化的吸收，是以日本为转运站的，而日本吸收西方的，正是大陆法系的东西，而大陆法系同中国的成文法传统一拍即合；②由于"三权分立"学说的影响，认为司法不能兼容立法，判例法是法官通过司法来完成立法，违背宪法原则，于是从理论上排斥判例法；③中国的法官历来从属于政府，从未具有英国法官那样独立的权威，这就使判例法很难成为中国法的主要形式；④对中国传统法律文化的判断不客观，以为"援引比附"是破坏法制，适用成文法才是维护法制，从而抛弃判例法。以上种种原因，使近代中国在判例问题上没有从直觉走向自觉。

中华人民共和国成立以后，我国注意搞成文法典、法规。但又受一种观念的影响，认为一立法就得立好，时机不成熟，不立法，从而使国家重要法律迟迟没有制定出来。在没有法律的情况下还要搞审判工作，还要避免审判中出现的各种偏差和失误，这是一件很困难的事情。于是，判例作为一种权宜之计被推出来了。但判例的价值不过是完成党和国家在某一时期内中心工作的一种手段，而远非法制建设的一个杠杆。

当前，随着经济生活的商品化、政治生活的民主化以及国际交往的扩大，我国社会生活变得更加活跃和多样化。这就给立法、司法带来更高的要求。如果我们仍然恪守成文法的旧框框，势必不利于用法律保护改革和促进改革。为此，我们必须自觉确立和完善混合法体制。

要确立和完善混合法体制，首先要更新观念，克服对法律与法制的狭隘理解，正确认识判例在人类法律实践活动中的价值，以及在当前我国法制建设中的特殊意义，理直气壮地创建判例法；其次，要有确立混合法体制的宏观策略，明确成文法与判例法在我国法律实践中的大致领域与一般程序，并建立中枢控制系统，有效调节两者的关系；再次，要提高我国审判机关的法律地位，扩大审判机关的职能，使它们有权依法通过审判来创制法律；最后，要提高我国审判人员的业务素质和法律意识，使他们成为实践中的法律家，成为善于通过司法来立法的优秀法官。

要确立混合法体制，关键在于创建判例法。而创建判例法又必须具备两个条件：一是要具备普遍公认的"正义"原则或法律意识，否则判例法就成了法官们的个人作品；二是要使法官具有良好的工作环境，有职、有权、有能，否则判例法就成了立法机关的垄断物。

要确立和完善混合法体制，必须循序渐进，不能一蹴而就。首先用判例注释法条，使法条中"数额巨大"、"情节严重"、"危害不大"等抽象原则的语言，成为感性明确的实实在在的概念和标准；其次用判例补充法条之不足，及时惩处法典无明文规定的但对社会危害极大的犯罪行为，切实保护法无明文规定但确属个人或法人的合法权益。在此基础上可编纂判例汇编，作为法条的注释与补充。一旦时机成熟，这些判例可以加工上升为法条。再次，在成文法未曾调节的新领域，可以逐步创制适用判例，形成局部领域的判例法，并可以在相当长的时期中不用成文法取而代之。

（三）中华民族的自信心：走向世界法律文化的前列

一般认为，当今世界有三大法系：英美法系、大陆法系和以苏联为代表的社会主义法系。学者们在论述历史上的法系时都不会遗忘中国法系，这是因为中国传统文化具有独特的伦理主义精神。现在人们却普遍地忽视中国法系的存在，原因有二：一是学者们长期以来仅以伦理主义为中国古代法系的特征，忽略了中国独有的混合法特征，所以误认为伦理主义的中国古代法系一经结束，中国法系就成了历史的陈列物。殊不知中国法系兼有伦理主义和混合法两大特点，伦理主义完结了，而混合法却一直被沿续下来了。二是新中国成立以后，由于种种原因，我们没有努力继承和完善中国固有的混合法样式，从而使我国法律文化在世界法律文化园地上显得黯然失色。这是中国法系被人们遗忘的主要原因。

作为曾为人类作出极大贡献的中华民族，我们应当在世界法律文化领域为自己争得应有的地位。要繁荣中国法律文化，必须对当今世界法律文化的发展大势做出客观冷静的分析。

当今世界三大法系从其基本精神而言，可分为两类：一是西方的个人本位主义，二是社会主义国家的国家本位主义。前者从维护个人的一系列权利出发来达到社会的安定与进步；后者从维护社会整体利益的角度出发来对待个人的权利问题。现在，西方的个人本位主义已经得到修正，个人的权利从无限制变成受到社会利益的制约；社会主义国家的国家本位主义也得到不断修正，逐渐重视个人的价值和个人的权益。这种变化的共同趋势是"国·民"本位。

当今世界三大法系从其宏观样式而言，可分为两种：一种是英美的判例法，一种是大陆国家的成文法。现在，判例法国家不断发展成文法（制定法），大陆法国家也不断发展判例法。这种变化的共同趋势是混合法。

我们要复兴中华法系，必须瞄准世界法律文化发展的动向，以确定具体的方针和步骤。只要我们真正重视法律文化建设，下定决心，在深入进行经济体制和政治体制改革的同时，努力实现文化的变革，与传统的旧观念实行彻底的决裂，确立科学民主的法律意识，即"国·民"本位的法律意识，并在法律实践活动中，不断总结经验，积极引导，自觉完善混合法体制，中国法律文化就将以科学的精神和样式走向世界法律文化的前列。

（原载《法学研究》1989 年第 2 期）

下　篇
法治建设：判例制度与司法统一

三十年的评说

——"阶级本位·政策法"时代的法律文化

从中华人民共和国成立至"文化大革命"结束的近三十年间，是中华民族在法律实践活动方面既有辉煌业绩又有众多教训的不可避免的历史阶段。由于种种原因，此阶段的法律实践活动常常给人以一种含混模糊、节奏不明、临时过渡性的感觉。这样，就给概括当时法律实践活动的基本精神和宏观样式造成极大的困难。尽管如此，我还是试图用简洁明快的描述手法来进行这一工作。正是出于这个想法，我把这一时期称为"阶级本位·政策法"时代。对这一时期的法律文化进行历史的反思和理论性总结，对于正确评价历史和促进当今中国的法律文化建设，无疑都是非常必要的。

一、"阶级本位"的法律观

从新中国成立到"文化大革命"结束的二十多年间，我国的法学界（包括法学教育、研究以及国家立法、司法领域）曾经被一种观念统治着，这种观念宣布：法律是统治阶级意志的体现，阶级性是法律的根本属性，法律是阶级社会特有的现象，法律的最重要的职能是镇压敌对阶级的反抗，以维护统治阶级的统治。

（一）"阶级本位"法律观的理论渊源

"阶级本位"理论据说是来自无产阶级经典作家。当时的法学界经常引用的精辟断语有如下几段：

《共产党宣言》："到目前为止的一切社会的历史都是阶级斗争的历史"后来恩格斯又加了一个注："确切地说，这是指有文字记载的历史"；"你们的观念本身是资产阶级的生产关系和所有制关系的产物，正像你们的法不过是被奉为法律的你们这个阶级的意志一样，而这种意志的内容是由你们这个阶级的物质生活条件来决定的"；列宁："法律就是取得胜利、掌握国家政权的阶级的意志表现"；《中共中央关于废除国民党的六法全书与确定解放区的司法原则的指示》："法律是统治阶级公开以武装强制执行的所谓国家意识形态。法律和国家一样，只是保证一定统治阶级利益的工具。国民党的六法全书和一般资产阶级法律一样，以掩盖阶级本质的形式出现，但是实际上既然没有阶级的国家，当然也不能有超阶级的法律。"①

由于对这些经典论述的片面理解，我们把属于特定环境中对特定对象做出的具体评价，无条件地加以扩展，使之成为一般性的普遍的宏观结论。正是在这种理论氛围中，我们失去了科学冷静的头脑，没有对社会主义社会法律的本质和职能做出实事求是的客观评价。一方面把马克思、恩格斯关于资产阶级法律的判断上升为人类社会发展诸阶段法律的共同定义，另一方面又把社会主义社会宣布为阶级社会，充满着敌对阶级之间的激烈阶级斗争，从而削足适履地迎合法律的普遍定义。

（二）"阶级本位"法律观产生的社会文化背景

同任何其他正统理论一样，"阶级本位"法律观的产生和确立是有其社会文化根源的。这主要表现在如下几个方面：

（1）阶级斗争的严峻形势。中华人民共和国是中国共产党领导中国

---

① 北京大学法律系理论教研室编内部教材：《法学理论学习资料选编》。

人民，经过几十年浴血奋战才得以创建的。当毛泽东主席宣布中华人民共和国成立之际，解放战争尚未完全结束。新中国成立之后，她面临台湾国民党残余势力的反攻，面临着国际帝国主义集团的封锁和干涉，面临着国内反动势力的破坏和捣乱。在这种形势下，新生的人民政权必须用法律和其他措施来镇压反动分子的反抗，以保护人民的胜利成果。这就使人民确信：法律是统治阶级的意志的表现，是镇压阶级敌人的有力武器。

（2）集中的管理体制。新中国成立以后，我国逐渐形成了自上而下的管理体制。政治、经济和文化领域的重大问题，都由中央统一部署，一声令下，八方行动。共产党的领导体现了全体人民的根本利益，其实质是无产阶级对社会的管理。因此，党中央和人民政府发布的通知、决议、命令等文件，都兼而具有国家法律的性质。这种自上而下的管理体制很容易使人相信法律是统治阶级意志的这一命题。

（3）受苏联法学界的影响。新中国初期的法学界几乎是从零开始其理论思维的。法学界的理论研究恰恰是以吸收和消化苏联法学界的既成理论和成果为起点的。苏联是世界上第一个社会主义国家，已经获得了几十年社会主义建设的经验。因此，全盘接受苏联的理论模式，成了开创中国法学事业的捷径。而苏联的法学界正是维辛斯基理论的一统天下。我们无条件接受了苏联法学界的"以阶级斗争为纲"的"左"的理论，使"阶级本位"法律观获得了坚实的理论根基。

（4）中国固有法律观念的潜在影响。东汉文字学家许慎在《说文解字》中说："法者，刑也。"刑，一是指刑罚，二是指模型。这样，法就成了用来制裁人和塑造物的工具。这代表了中华民族对法的一般见解。法家曾宣布："立法者君也，守法者臣也，法于法者民也。"（《管子·法法》）法则成了君臣用以管理百姓的东西。中国没有经过完整的资本主义阶段，又缺乏民主传统。所以一般人很难把法律同个人的权利、自由挂上钩。因此，一提起法律，首先联想起犯罪和刑罚。于是，把法律说成统治阶级的意志和管理社会的工具，正好与传统的法观念融和。

（三）"阶级本位"法律观的社会效果

"阶级本位"法律观在理论上是不科学的，在实践中也是有害的。这主要表现在：

第一，"阶级本位"法律观一味强调法律在国家政治生活中的作用，即重视法律在打击社会敌对分子方面的职能，从而忽视了它在管理社会经济、文化生活方面的积极作用。这就使我国的法律不是全面的而是片面的，这等于宣布：法律不调节或不关心社会经济、文化领域的活动，从而把这一宽广的领域让给其他的调节手段，比如干部、政策和群众路线等。

第二，"阶级本位"法律观十分重视法律行为的政治评价，常常对法律行为和事件进行"阶级分析"。比如，宣布一些重大刑事犯罪为"敌我矛盾性质"，另一些轻微犯罪是"人民内部矛盾"；国家、集体、个人之间有关财产权益的纠纷，往往涉及社会主义和资本主义两条道路的斗争；婚姻纠纷反映了社会主义和资本主义甚至是封建思想的斗争，等等。这样，一方面把民事法律范围的违法行为或本属于道德问题、行政处分问题，当成刑事犯罪问题；另一方面又运用"阶级分析"方法对待刑事犯罪问题，产生"敌我矛盾"和"人民内部矛盾"两种迥然不同的政治评价。这种划分又常常带有主观色彩，有时完全依行为人的出身来确定。对刑事犯罪的处罚完全以政治和阶级评价为依据，这是不科学的，其结果是造成同罪异罚和司法混乱。

第三，"阶级本位"法律观在民事法律中的贯彻，其结果常常是以无产阶级专政之势，冲淡民事法律的基本原则，忽视社会主义法律对个体经营者和公民私有财产的保护作用，往往把一些有利于国家、社会利益的经营活动视为犯罪行为予以打击。这样做，不利于调动广大人民生产、科研的积极性，不利于社会经济文化的发展。

第四，"阶级本位"法律观在国家经济立法领域的贯彻，常常赋予经济活动以政治色彩，给经济活动贴上政治标签，在经济立法中忽视对企业、职工正当利益的保护，不利于按社会主义经济规律办事，客观上助长了长官意志、一言堂和瞎指挥。总之，"阶级本位"法律观同经济立法的科学决策精神是背道而驰的。

第五，"阶级本位"法律观在国家行政法领域的贯彻，其后果是重视机关协同一致的方面，而忽视了他们之间相互制约的作用，片面强调下级服从上级，忽视下级机关的主动性。

第六，"阶级本位"法律观对司法领域产生了不良影响，刑事审判工作常常与党和国家的政治中心工作联成一体，以司法工作为政治运动的辅助工具。为了完成这些政治中心工作，常常忽视了审判程序的严肃性，忽视了公安、检察、审判机关相互监督、依法办案的精神，忽视了被告人应有的法定权利。这些刑事审判工作一旦与政治运动连成一气，就难免会出现偏差，而这些偏差又由于是政治运动本身的结果而更难于迅速纠正，"文化大革命"以无情的事实为"阶级本位"法律观作了历史鉴定。

（四）对"阶级本位"法律观的历史评价

"阶级本位"法律观是"以阶级斗争为纲"的"左"的思想路线在法律领域的反映。它与马克思主义的法观点，与社会主义法律实践活动的内在规律性，都是相违背的。其要害是：要无产阶级政治，不要社会主义法制；要无产阶级专政，不要民主政治。在"阶级本位"理论的指导下，社会主义法制不可能迅速健全起来，相反，它随时都有可能在政治斗争、阶级斗争的漩涡中迷失方向。

"阶级本位"法律观不利于社会主义民主政治的确立与发展，不利于国家政治民主生活的正常进行。这是因为，在"阶级斗争"、"无产阶级专政"、"无产阶级政治"的旗帜下，一般个人的权利、自由被"合法合理"地遗忘了。既然无产阶级代表了全体人民的根本利益，那么，人民似乎没有必要经常参与政治生活，也没有必要切实保障和完善人民言论、结社、出版、游行、罢工等政治民主权利。因为国家是人民的国家，人民不可能批评和反对自己的国家，人民的价值似乎在于时刻准备着为响应国家的号召而积极投身各种运动。而人民这样做正是为了自己的根本利益。个人是国家社会大机器中的一个小螺丝钉，个人应当服从整体，应该以国家的需要为自己的最大志愿。考虑个人意志、个人特长、个人发展，是思想不纯的表现。这样，"阶级本位"又同"义务本位"悄悄地挂上了钩。

"阶级本位"法律观不利于借鉴和吸收人类在各历史时期取得的有价值的法律文化成果。人类法律实践活动作为人类整个社会实践的一个组成部分，在漫长的征途中，取得了包括法律思想、法律规范、法律设施、法律艺术在内的丰富的成果。这些成果都是法律实践活动内在规律性的产物。它们是可以而且事实上正是在时间和空间领域相互传播的。这种传播，对于人类社会的交往与进步是非常有益的。然而，在"阶级本位"法律观看来，社会主义不仅对以往的剥削阶级社会的旧法律文化不能继承，而且对当代的资本主义的法律成果也截然不能借鉴。原因是：这些成果的本质是剥削阶级的，与社会主义毫无共同之处。这就人为地断绝了人类法律文化的纵向与横向交流，不利于法学和法律实践活动的健康发展。

"阶级本位"法律观不利于国家法制的健全与完善。社会主义法制要求社会生活的各个方面都要有相应的法律；要求国家一切机关、团体、个人毫无例外地严格依法办事；要求确实保障公民个人的一系列政治、经济、文化方面的各项权利，不允许这些权利遭到来自各个方面的侵害；要求任何政党和个人都必须在宪法和法律的制约下活动。但是，"阶级本位"法律观把国家法制的庄严盾牌搬到政治生活（即阶级斗争）的天平上，使它按照国家政治的指针摆动。这就打乱了国家法制的严肃性、稳定性和权威性，使社会滋生并蔓延了贱视法律、怀疑法律的观念。在这种反文化氛围中，国家法制建设是不可能正常发展的。

"阶级本位"法律观不利于法学教育的发展。在"阶级本位"思想的指导下，法学研究成了政治学的一个组成部分，法学不可能从浓重的政治氛围中独立出来，成为一门真正的科学，并对立法、司法活动发挥应有的理论指导作用。同样的，法律教育的功能被人们称为"培养掌刀把子的干部"。刑法得到偏爱，但在没有刑法典和刑事诉讼法典的时候，刑法课被称为"刑事政策"课。内容广阔的法学领域和法律教育领域一直处在幼稚之中。

二、"政策法"的法律样式

所谓"政策法"，是指这样一种不稳定的法律实践状态，即在管理国家和社会生活的过程中，重视党和国家的政策，相对轻视法律的职能；视政策为灵魂；以法律为政策的表现形式和辅助手段；以政策为最高的行为准则，以法律为次要的行为准则；当法律与政策发生矛盾与冲突时，则完全依政策办事；在执法的过程中还要参照一系列政策。由于政策是党的领导机关所创制的，又是靠党和国家的各级干部来施行的，因此，在实践中形成了"人"的作用高于"法"的普遍见解。

（一）"政策法"的理论支柱

"政策法"的理论支柱是："政策优于法律"。它包括以下几个论点：

（1）"政策是法律的灵魂，法律是政策的表现"。新民主主义革命时期，人民政府曾自豪地宣布："现在我们已经系统化的法条诚然不够，但我们有政策原则，有政府命令可资遵循，只要我们精细地分析案情，灵活地掌握政策原则，自然就会把案件处理的很好。"① 到了社会主义时期，人们早已习惯于运用党的政策来组织社会主义事业。一般认为，政策是党制定的，它体现了人民的意愿和社会主义事业的根本利益。法律是无产阶级意志的体现，两者在本质上是一致的。但是，事实上总是先有政策，才可能有法律。因为法律不过是政策的具体化、条文化，法律的价值在于实现政策。法律的实现、法律的变更、法律的修改等等，也都是为着体现党的政策。

（2）"政策的社会职能高于法律"。党的政策是经过长期实践总结出来的，它具有广泛的适用性。首先，政策的原则性强，适用范围广。在社会生活中，总有不少领域是法律未曾调节的，但是，几乎社会生活的全部领域，

---

① 《华北人民政府关于重大案件量刑标准的通报》，载《中国新民主主义革命时期根据地法制文献选编》第 3 卷。

都有相应的政策来加以调节；其次，政策是机动灵活的，随时可以制定、修改，以适应变化了的社会生活，法律则不能自行变化以适应新的形势；党的政策不仅为党的干部所熟悉，而且也为广大人民群众所明晓，而知道法律的人总是有限的，因此，法律的使用价值不如政策。

（3）"法律束缚人民群众手脚"。社会主义事业是空前伟大的事业，要靠党的领导和广大人民群众高涨饱满的热情和首创精神。特别在中华人民共和国建立的初期，一切都在摸索，都在实践与总结。一切都在不断地变化着。此间，不可能制定相应的法律，因为法律的制定需要相对稳定的社会生活，需要长期的试点、总结、讨论。如果急于制定法律，这种法律就免不了会束缚人民群众的手脚，阻碍社会主义建设事业的发展。

（二）"政策法"的表现形式

"政策法"是法律政策以及与法律政策相配套的一系列法律、法令、条例、决定、通知、批复、解释、判例等法律文件的通称。

1. 法律政策

所谓法律政策是指导国家立法、司法活动的一系列方针、原则和尺度。它既不同于国家的其他政策，又比法律具体条文抽象而富有弹性。法律政策分为一般性法律政策和具体法律政策。前者指国家立法、司法活动都要遵循的原则，后者指司法活动中必须遵循的原则，又分刑事法律政策和民事法律政策。

一般性法律政策，如 1949 年 2 月《中共中央关于废除国民党的六法全书与确定解放区的司法原则的指示》所宣布的"新民主主义政策"具有比一般法律、法令更高的法律地位。这是一条最重要的法律政策。又如，"有法可依，有法必依"；"实行党委领导下的群众路线"；"正确区分和处理两类不同性质的矛盾"；"重证据、不轻信口供，重调查研究，不偏听偏信"；"既要合法，又要提高效率"，等等。

刑事法律政策，如"惩办与宽大相结合，即：首恶必办，胁从不问，坦白从宽，抗拒从严，立功折罪，立大功受奖"；"受蒙蔽无罪，反戈一击有功";"主犯从严,从犯从宽,惯犯从严,偶犯从宽","历史问题从宽,现行问题从严";"罪刑不在大小,关键在于态度";"少捕、少杀、少管","可杀不可杀的,一律不杀","惩罚与劳动改造相结合"等等。

民事法律政策,如:"调查研究、就地解决、调解为主";"首先保护国家与集体的利益。同时也要保护个人的合法权益";"对于自留地纠纷,应当根据归社员家庭使用长期不变的精神处理";处理房屋纠纷,"首先注意保护国家、集体所有的房屋不受侵犯;保护依法属于公民个人所有的房屋不受侵犯";"对于房屋租赁纠纷,应本着既保证房主所有权,又保障房客有房可住的原则处理";处理婚姻家庭纠纷,"必须坚持婚姻自由、男女平等、一夫一妻、保持妇女和儿童的合法利益、尊老爱幼的基本原则,强调巩固和改善婚姻家庭关系,提倡共产主义道德,反对资产阶级思想和封建思想,本着有利团结、生产和进步的精神,处理具体案件",等等。

2. 与法律政策配套的法律文件

为了贯彻执行党和国家的有关政策,国家权力机关、行政机关和司法机关曾制订了大量的法律文件,包括法律、法令、条例、解释、决议、通知等等。

(1)法律。中华人民共和国成立以后,制定了许多重要的法律,如宪法、工会法、土地改革法、选举法、婚姻法、兵役法、人民法院组织法、人民检察院组织法,等等。

(2)条例。条例的比重很大,如:惩治反革命条例,劳动改造条例、惩治贪污条例、妨害国家货币治罪暂行条例、逮捕拘留条例、保守国家机密暂行条例,等等。

(3)通知、批复。国家司法机关在审判过程中对一些具体的法律适用问题做了大量的法律解释工作,产生了相应的法律文件。如:最高人民法院、最高人民检察院、公安部《关于对少年儿童一般犯罪不予逮捕判刑的联合通知》(1960年4月21日),最高人民法院《关于已满16周岁的强奸犯应否负刑事责任问题的批复》,《关于处理贪污盗窃、投机倒把案件中几个问题的批复》,等等。

（4）判例。人民法院在审判活动中，曾经注意用判例的形式来指导审判工作。最高人民法院曾经选编了一些典型的案件，经审判委员会讨论批准后，下发各级人民法院比照援用。

（三）"政策法"的运行状态

"政策法"在实际运行中，在不同的法律实践领域呈现出不同的状态。区分这些状态的标准是：法律政策与其他法律文件（法律、法规、条例、司法解释文件、判例等）是否成龙配套，是否形成有效的良性循环。

1. 最佳运行状态：全配套系统

"政策法"的最佳运行状态，即法律政策与其他法律文件整体配套。即，当法律政策确定之后，在一定的时期内较快地变成了法律、法规、条例等比较详细而稳定的法律规范；这些法律规范很可能还有种种漏洞和不足之处，在司法实践中会出现种种问题。当这些问题一经出现，最高司法机关便立即作出反应，用司法解释的渠道弥补遗缺，纠正偏向；有了法律政策、法律规范、法律解释文件，可以大幅度地统一全国的司法，避免出现大的失误。但是，由于上述一般来说总是抽象性的原则性的文字，不可能十分详尽、明确、包罗无遗。而且由于各地区具体情况有差别，司法人员主观见解和思想方法也不尽一致，这就给司法的质量带来问题，当这种现象出现的时候，最高司法机关便立即着手审查和选编判例，发给各级人民法院，以保证司法质量和司法统一。经过一定时期的司法实践，又会发现新问题，促使产生新的法律政策。这样，法律政策、法律规范、判例三者互为始终、相辅相成、运行畅通，是"政策法"的最佳运行状态。

2. 次佳运行状态：准配套系统

"政策法"的次佳运行状态，即法律政策与其他法律文件局部配套而非全部配套。这又包括两种情况：一是法律政策与法律规范（包括司法解释文件）配套；二是法律政策与判例配套。两种情况分别存在于不同的法律实践领域。比如前者表现于刑事法律部门，后者表现于民事法律部门。两种基本上并行不悖，但在微观上又有某些交叉。上述两种状态虽然可以较长时间地维持下去，但各自包含着一些弊病。比如，前者往往由于法律政策和法律规范过于抽象和富于弹性，而造成司法不平衡；后者常常因为判例繁多而莫衷一是。因此，这种运行状态是次佳的。

3. 不佳运行状态：不配套系统

"政策法"的不佳运行状态，即法律政策与其他法律文件不配套。这表现在，当法律政策确定之后，由于种种原因，既没有通过立法渠道及时制定相应的法律、法规、条例，也没有通过司法渠道形成判例法体系。这就使国家的司法活动仅仅以十分抽象、笼统的法律政策、法律原则、法律精神作依据，从而给法官的个人主观因素留下了广阔的用武之地。加之司法人员政治、业务素质差别较大，不可避免地造成司法混乱。这种法律实践状态实际上使法律实践完全处于党和国家的政策和政治中心工作的绝对支配之下，而政策和政治中心工作又是经常变动的，又常常受到领导人个人言论、讲话以及舆论的影响。这就使按法律实践活动的内在规律办事成为十分困难的事情。在这种状态下，国家法制是难于健全起来的。

（四）"政策法"的两个发展趋势

"政策法"包含着两个内在的发展趋势：一个是"法治"趋势，另一个是"人治"趋势。这两个趋势是相互对立的。当前者占主导地位，国家的法制就会迅速发展、成熟；相反，当后者占统治地位，国家的法制就会一蹶不振、长期徘徊，甚至走向绝境。

1. "政策法"的"法治"趋势

"政策法"是一种不稳定的欠完善的法律实践状态。但它具有一种"法治"的内在趋向。这主要表现在两个方面：一是法律政策的法律化，即在法律政策的指导下，制定和颁行与之配套的法律、法规、条例等稳定的具有普遍约束力的法律文件，从而完成国家法律政策的标准化、成文化、规范化和具体化，使法律政策从具体的法律实践活动中超脱出来，居于宏观指导者的位置。

另一种"法治"趋势就是"判例法"的形成和发展。从某种意义上来说，

"政策法"为"判例法"预备了良好的土壤和环境。在法律政策未能经过国家立法渠道及时变成法律、法规、条例时，真正指导法官进行审判活动的，莫过于判例了。判例成为法律的重要渊源，"判例法"以一种法律样式促进"法治"的发展。

在"政策法"时代，"判例法"曾获得过长足发展的机会，但由于种种原因，"判例法体系终究未能确立起来，这恐怕同人们偏爱"成文法"的传统心理有关。

2."政策法"的"人治"趋势

"政策法"作为一种不稳定的法律实践状态，又含有一种"非法治"的内在倾向，姑且称其为"人治"倾向。这种"人治"倾向主要表现在立法和司法两个方面：

在立法方面，由于片面强调政策的优势地位和实际价值，把法律、法规、条例视为政策的助手。这样，一方面忽视了立法的意义，使一系列重要的基本的法律、法规、条例等法律文件迟迟没有制定出来；另一方面又毫无顾忌地用新的政策去废止、搁置、修正、改变现行法律规范，大大降低人们对法律的信赖程度。

在司法方面，由于成文法律、法规、条例等法律规范的欠缺，使司法审判工作在很大程度上取决于司法审判人员的主观判断。在法无明文规定的情况下，案例的审理不得不经过逐级请示、讨论的渠道，以期避免偏差。在中国幅员辽阔、各地情况差别较大，各地司法人员业务素质不尽一致的复杂情况下，只靠政策和"人"的作用来达到司法统一和审判高质量，是很难想象的。

"政策法"的"法治"与"人治"趋势是互相对立的因素。"法治"因素以法律的最高权威性、相对稳定性、广泛适用性和严肃性、准确性、公开性等，有力地制约着"人治"因素；同样，"人治"因素也以政策的最高权威性、广泛适用性、机动灵活性，无情地抑制着"法治"因素的成长和发展，中国法律实践活动的发展方向和发展程度。在很大程度上取决于"政策法"内部"法治"与"人治"因素的力量对比。于是，"政策法"始终面临着两种前途，两种结局。但是，很不幸，在特殊的历史条件和文化背景下，"人治"因素逐渐发展并且支配一切，中华民族便陷入"文化大革命"的劫难之中。而这场劫难促使了中华民族的觉醒并迎来了法律文化建设的崭新时代。

（原载《法律科学》1993 年第 5 期）

判例法与我国法制建设

判例法是人类法律实践的重要类型之一。它是联结立法与司法的枢纽，是沟通法律规范与社会现实生活的桥梁。我国素有判例法的悠久传统，并形成了成文法与判例法相结合的混合法独特样式。今天，我们应努力清除那种认为"法制＝成文法"、"判例法＝破坏法制"的误解与偏见，重新研究和评价判例法的地位与作用，使之为完善我国法制建设服务。

一、判例法的合理性

人类法律实践活动的样式（即创制和实现法律规范的基本程序和方式）基本上有两种：一是成文法（制定法）型，即国家立法机关依据法定程序制定统一的实体法和程序法，审判机关根据这些法律进行审判，而不顾及以往的判例。遇到法无明文规定的特殊情况，或者采取"法无明文规定者不为罪"的"罪刑法定"主义不予追究，或者采取适用类似法条的"类推"主义予以追究。当现行法律显然不宜于时用之际，立法机关再依法定程序重新立法或修订法律。法官是国家司法机器的一个部件，无权染指立法事务，也无须发挥其主观能动性。法官的眼睛总是死死盯住法律条文，他们的眼中不存在判例的价值。二是判例法型，即国家一般不制定成文法典、法规，审判机关依据国家的法律政策和法律意识，并结合具体案件事实做出判决，是为判例。下级审判机关必须服从上级审判机关的判例，现时审判必须适用以往的判例，这就是"遵循先例"原则。法官在审判中首先要选择最为妥当的判例，从中抽象出某种原则或规范，并据此对现实案件做出裁判。法官的主观能动性得到充分发挥。法官的独特职能使"立法寓于司法之中"。

判例法与成文法相比，具有明显的长处：

首先，成文法在创制和修订上往往受到一定限制。国家的法律政策必须经过较长时间的实践总结和探讨，由专门立法机关依法定程序才能变成法典或法条，这就使法律与现实生活之间难免脱节；判例是法官在国家的法律政策、法律意识指导下对具体案件作出的一系列判决，在创制上来得较方便。成文法一经产生就本能地要求稳定，到法律条文明显不宜于时用之际，才重新立法、修法。判例法则自然地适应社会生活的复杂性和多变性，主动与社会生活同步发展。

其次，成文法是立法者对以往法律实践活动的阶段性总结，又是对未来社会生活规范的预先设计，因此，它不可能包揽无遗，也不可能未卜先知。成文法典、法条一经出现，总伴随着相应的欠缺。正是在这个意义上，南宋思想家朱熹说："大抵立法必有弊，未有无弊之法。"（《朱子语类》卷一〇八）判例法则是通过微观地运用国家法律政策、法律意识，对不断产生的新案件进行审理、裁判，并用这种新的判例来指导同类案件的全局性审判活动。

再次，成文法是立法者对社会生活规范性的抽象描述，由于立法者主观条件和语言表达技术的限制，这种描述的全面性和准确性并不总是无懈可击的。同时，由于法官个人素质的差异性，使他们在理解法律条文和评价案件事实上面，不可避免地各行其是，从而造成同样案件得不到同等裁决的现象，有碍于国家审判活动的统一性和严肃性。判例是法官对具体案件事实的评价与裁判，其内容、性质、程度都是具体的明确的，易于把握，可比性强，为法官树立了翔实可鉴的样板，有利于使同样案件得到同等处理，有利于维护法律的统一性。

当然，判例法也有明显的不足之处，比如判例数量巨大，给编纂和援引带来一定困难；同时，法官总是援引他认为最妥当的判例，这也能造成司法审判的不统一；最后，老百姓会视判例为畏途，从而在一定程度上隔膜了大众与法律的联系。但是，这些弱点并非不可克服的，在成文法与判例法相结合的混合法体系中，判例法不仅可以避其短，而且还能扬其长。

二、中国的判例法传统

法律作为人类的特殊行为规范，最初总是通过局部的个别的审判活动来体现的。前辈的行为准则成为后辈世代奉行的样板。世界各古老民族都经历过判例法时代。中国的判例法具有十分悠久的传统。

（一）判例法的鼎盛时代

西周、春秋是我国宗法贵族政体确立、繁荣与衰落的时代。宗法贵族政体在法律领域的产物是判例法。判例法的前提是单项立法，即分别规定：①什么行为是违法犯罪；②刑罚与制裁制度。两项内容是分立的，没有并列在一起。这就使法官处于十分关键的地位。法官依照上述两项内容对具体案件作出判决，于是产生判例，即"事"。在宗法贵族政体下，法官是世代沿袭的。在"敬宗法祖"的观念支配下，后辈遵循先辈的事迹是十分自然的事情。这就使判例成为当时法律规范的重心和集中表现。这种判例法样式被春秋晋国大夫叔向概括为"议事以制，不为刑辟"（《左传·昭公六年》），意即：选择以往判例作为现时审判的依据，不预先制定包括什么行为是违法犯罪，又当处以何种刑罚的成文法典。

（二）混合法时代的判例法

从西汉到清末，中国法律实践活动的基本样式是成文法与判例法相结合的混合法。即封建统治阶级根据具体形势和需要，分别创制和适用成文法和判例法，并使两者相互消长、相辅相成、并行不悖。从而实践了战国思想家荀子的预言："有法者以法行，无法者以类举。"（《荀子·君道》）"类"就是判例和判例所体现的法律原则。封建统治阶级经过长期实践，已总结了丰富的法律活动经验和技术。在无成文法、原有成文法不宜于时用或法律政策发生重大变化之际，他们便广泛适用判例法，使判例成为相对独立的法律规范。如西汉的"春秋决事比"、晋代的"议事以制"、"决事比例"，唐代的"法例"，宋、元的"断例"，明代的《大诰》，及明清之"例"。判例的创制与适用不断规范化，由各级法官比较自由地创制、援用，发展为由中央朝廷统一掌握。中国封建社会的判例法一直是封建法律实践的重要组成部分。它一方面从宏观上弥补成文法的欠缺，从微观上注释法条的具体含义，另一方面又为成文立法创造条件。

（三）近、现代的判例法

鸦片战争后，西方政治法律思想和政治法律制度（特别是大陆法系）不断传入我国，封建法制的一统天下终于崩坍。中华民国吸收了清末修律的成果，并模仿资本主义国家进行大量的立法活动，制定了诸如宪法、刑法、民法、诉讼法、商法、行政法等新式成文法典、法规。但是，中华民国时期的法律样式仍然是成文法与判例法相结合的混合法。北洋政府时期，由于条件限制未能进行大规模成文立法，又不能完全沿用清末立法，因此在审判中由大理院创制适用判例。据不完全统计，自1912年至1927年，北洋政府大理院汇编的判例有3900多件，公布的解释例有2000多件。《法院编制法》第45条规定：凡大理院所作之判词，都具有法律效力，下级法院不得争论。北洋政府的法律实践可以说是对古代判例法的一次回顾。国民党政府统治时期，虽然制定大量成文法典、法规，但在审判中仍然适用司法部和最高法院的判例、解释例，甚至曾援引北洋政府大理院的判例。此间编纂的判例、解释例如《大理院判例全书》、《大理院解释例全文》、《最高法院判例汇编》、《最高法院刑事判例汇刊》、《最高法院判例要旨》、《行政法院判决汇编》、《司法院解释最高法院判例分类汇编》等，蔚为大观。乃至国民党政府司法院长居正称：民国十八年民法颁布之前，支配人民法律生活的，几乎全赖判例。

三、对判例法的误解和偏见

应当看到，判例法观念与我国当今的法律观念是存在矛盾的。在相当数量的人们看来，法制就等于成文法，加强法制就等于加强成文立法，判例法则是破坏法制统一的不良因素。那么，这些误解和偏见是怎样造成呢？

第一，我国封建法律以成文法为主体。在自然经济、宗法结构、集权专制政体"三合一"的封建社会，社会生活发展变化的频率是相当缓慢的，因此，历朝的成文法得以保持广泛的适用性和相对稳定性。封建王朝要维持一个泱泱大国的法制统一，更多地依靠详细完备的成文法，以防止地方官吏和割据势力同中央分庭抗礼。而判例法往往是在无成文法或成文法不宜于时用的特殊情况下，作为一种权宜之计或辅助手段出现的。况且，判例法强调法官的主观能动作用，这同皇权至尊的观念常常是不谐调的。于是，在封建社会，成文法观念比判例法观念要强大得多。历代封建卫道士往往高举捍卫皇权、维护法制统一的旗帜，罗列法官"以例破条"、"徇私枉法"的罪状，把判例法弄得焦头烂额、声名狼藉。封建时代的有识之士反复强调判例法的价值，如明代丘濬所谓"法所载者任法，法不载者参以人"，"法所不载，然后用例"（《大学衍义补》）。但判例法理论和观念总显得十分单薄，远远不能同成文法相抗衡。

第二，中国近、现代的法律受大陆法系的极大影响。当时，中国对西方法律文化的吸收，是以日本为转运站的。由于民族、历史、文化、政治等因素，日本吸收的正是大陆法系的东西。大陆法系的法律样式同中国浓烈的成文法传统则一拍即合。这就使近、现代的中国法律界产生偏爱成文法，轻视判例法的倾向性。一些诸如沈家本一类卓越的法律大家，也忽略了对中国判例法的研究，过于草率地用"非法之法"来给"援引比附"盖棺定论，这样做无疑等于把孩子和洗澡水一齐倒掉。

第三，受"三权分立"学说的影响。"三权分立"的宪政理论，也是中国资产阶级的旗帜。根据这一理论，立法机关不得干涉司法活动，司法机关也不得染指立法事务。这样，判例法就成为违背宪政原则的东西。按杨度的见解，"援引比附"是"司法包含立法"，"司法之时有立法之意"，"与立宪原则最相违反"（《资政院议场速记录》）。于是，判例法终于被人们视为封建主义的旧东西抛进历史博物馆。

第四，从中国国情而言，无论是封建社会还是近、现代，法官总是从属于政府，服从于政治的，从未具有英国法官那样的独立地位和巨大权威。特别是在近、现代，由于剧烈的社会变革和新旧交锋，社会上一时难于确立占统治地位的法律意识。这就窒息了判例法的灵魂，使人们觉得判例法与中国实际有如风马牛而不相及。

以上各因素造成人们重视成文法轻视判例法的倾向性，使判例法的价值被偏见与误解所埋没。

四、判例法成立的前提与条件

就中国历史来看，判例法作为国家法律实践活动的一种方式，总是有条件的，这主要是：

（一）居统帅地位的法律意识

社会必须存在着一种为人们普遍公认的占统治地位的法律意识，这种法律意识与社会的统治思想一起极大地支配着人们的思考和行动。这是成立判例法的重要条件之一。在中国古代社会，占统治地位的法律意识是宗法意识，即所谓"礼"。根据"礼"的原则，"父子无讼"，"君臣无狱"，"子女无私财"，"同姓不婚"，"兄弟之怨，不征于他"，等等。西周、春秋时的法官正是依据"礼"的原则来裁判案件的。在西汉至明清的封建时代，"礼"对法律实践活动的支配最初是通过判例法来实现的。最突出的例子是"春秋决狱"，即依照《春秋》等儒家经典中记载的古老判例、故事或某种原则，来裁决当时的案件，形成判例，以此来指导全国的审判活动。后来，这类判例不断增加，并逐渐演变成法条，终于完成了"礼"的法典化进程。

占统治地位的法律意识是法官创制适用判例的思想前提。有了这个前提，无论有无成文法，均可以建立独立的判例法体系或辅助型的判例群。而占统治地位的法律意识常常是无形的、潜在的，深深植根于人们的风俗习惯之中。正如英国前首相温斯顿·丘吉尔所说："英国人的自由并不依靠国家颁布的法律，而是依靠长期逐渐形成的习惯"；"法律早就存在于国内的习惯之中，关键是需要通过潜心研究去发现它，把见诸史集的判例加以比较，并在法庭上把它应用于具体争端。"①

（二）有权有识的法官群

要建立判例法，法官必须具有审判活动的相对独立的主宰权，使法官得以发挥其主观能动性。秦朝的成文法，正是靠着把法官变成不会思考只会操作的工匠来确立的。无论是西周、春秋，还是封建、近现代，判例法的存在总是以法官的相对独立的主宰权为前提的。封建王朝虽然竭力将判例法纳入集权政体的轨道，但并未一般地否定法官的主观能动性。可以说，哪里允许法官独立思考，哪里就存在判例法。

判例法对法官业务素质的要求比成文法要高得多，法官必须全面掌握国家的法律政策和法律原则，对案件事实能够作出正确的评价，善于运用法律意识来裁判案件，并根据变化了的社会生活来创制判例，同时对以往的判例要有全面的了解，并能得心应手地从中选择最妥当的判例。判例法要求法官是一个不仅善于司法，而且还善于通过司法来立法的法律思想家和法律实践家。

（三）成文法的欠缺

如果成文法制定得异常详备，又经常地根据变化的新情况不断增补修订，那必然极大地抑制判例法的生存与发展。但是，事实上成文法既不可能

---

① ［英］温斯顿·丘吉尔：《英语国家史略》（上），薛力敏、林林译，新华出版社1985年版，第208页。

面面俱到，也不可能随机应变。这就使判例法的存在是必不可少的。毫无疑问，要使成文法涉及法律实践与社会生活的各个领域，必须经历长期的实践过程；要使成文法详而备之，同样需要实践经验的积累。这正是成文法无法克服的致命弱点。可以说，哪些领域还没有建立成文法，哪些领域的成文法还只是一些抽象的原则，哪些领域的成文法显然已经过时又难于立即修订，那么，这些领域就不可避免地成为判例法的阵地。从宏观来看，成文法的欠缺越是严重，判例法的活力便越是旺盛。当然，在轻视法制的国度是个例外。

五、我国法制建设需要判例法

为了加强法制建设，应当清除对判例法的传统误解与偏见，正确评价判例法的合理价值，不失时机地引进判例法和判例的机制。这是我国法制现代化的重要途径。

其实，新中国成立以来，我国的司法实践已经为引入判例法进行了可贵的探索。新中国成立初期，我国虽然制定了成文法性质的单行法规，如《惩治反革命条例》、《惩治贪污条例》、《逮捕拘留条例》等，但重要的法典（实体法、诉讼法）并没有制定出来。审判工作基本上靠党和国家的政策。这就使审判活动和国家的司法控制成为很困难的事。1955年在总结肃反工作时，已经初步认识到判例的作用，并设想对判例进行分类选择，编成案例汇编，指导审判工作。1962年3月，毛泽东同志指出："不仅刑法要，民法也需要，现在是无法无天。没有法律不行，刑法、民法一定要搞。不仅要制定法律，还要编案例。"（赵昆坡：《新中国成立以来法制建设纪事》）同年12月，最高人民法院作出规定：运用案例的形式指导审判工作，由最高人民法院和高级人民法院选定案例，经中央政法小组批准，发给地方各级人民法院比照援引。最高人民法院和高级人民法院要根据新的形势和政策精神，选择新的案例来代替旧的案例。这同那种认为加强法制等于搞成文法，要搞成文法就要搞得十全十美，条件不成熟就不立法，立了法一旦形势改变也可以废法等等在成文法这一条路上走到黑的见解和做法相比较，无疑具有划时代的远见卓识与开拓精神。沿着这一方向走下去，必将最终确立和完善我国成文法与判例法相结合的混合法格局。可惜，由于种种原因，这一伟大历史进程刚刚起步就夭折了。

党的十一届三中全会以来，我国法制建设事业进入黄金时代。一系列重要的法典、法规制定出来了，还有许多法典、法规正在制定中。这些法典、法规无疑正在今天的社会生活中发挥巨大作用。但是，随着经济体制改革和政治体制改革的深入进行，我国的社会生活日新月异地发展着。一方面，有越来越多的生活领域迫切需要相应的法律来调整；另一方面，既有的法典、法规未曾预见的新情况不断出现，使法律与现实生活出现局部脱节现象。在这种情况下，按正常渠道和程序立法、修法变得异常困难和复杂了。于是，判例又一次登上法律舞台。《最高人民法院公报》（1985 年第 3 号）公布了两宗以制造、贩卖有毒酒的危险方法致人伤亡的案例，克服了现行刑法典中对以营利为目的的制造、贩卖有毒食品致人伤亡行为无明文规定的不利因素，用判例的形式创制了"以制造、贩卖有毒酒的危险方法致人伤亡罪"这一新罪名和量刑标准。近年来最高人民法院不断公布典型案例，开辟了用判例指导司法的崭新途径，受到整个司法界和社会的普遍肯定。站在历史发展的角度而言，这是继我国数千年之正宗，承 60 年代余绪的光辉伟业。

从今天的具体情况来看，引入判例法有以下几点好处：①弥补成文法之空缺。在实际生活需要法律调整而成文法又不可能在近期制定出来的情况下，经全国立法机关授权最高人民法院，并在最高人民法院统一指导下，扩大收案范围，依据我国现行法律政策、法律意识对案件进行审理判决，形成判例群，从而在局部领域确立判例法体制；②提高法律条文的可比度。法律条文总是比较抽象的原则性的规定，这就给法官（包括检察官、律师）留有极大的选择空间。由于司法人员主观因素的差异性，常常使同类案件得到不同的处理。《最高人民法院公报》(1985 年第 2 号)公布的孙明亮故意伤害案，一审法院判处被告有期徒刑 15 年，同级检察院以量刑失轻抗诉，省检察院以失重撤诉，省高级人民法院撤销原判，改判有期徒刑 2 年，缓刑 3 年。可见成文法条给司法人员留下多么大的用武之地。如果最高人民法院在全面核准的前提下，颁布各类典型判例，使司法人员在援引法条时有一个具体的感性的类比样板，并得以一并援引，这无疑有利于提高审判质量和维护法制的统一和严肃性；③为成文法创造条件。积累了一定数量的判例之后，可以根据需要和可能，从判例中抽象出某些实体的和程序的原则规定，并制定相应的实体和程序的成文法，或弥补、修订现行的实体法和程序法法典。

当然，确立判例法不是一朝一夕就能奏效的，这是一项巨大的社会工程。这需要注意加强以下几方面的工作：①培养一大批高水平的法官，他们应当具有科学的法律意识、较强的思维能力和纯熟的审判技术；②搞好宏观控制，协调成文法与判例法的关系，完善判例创制与适用的严格程序，不断检验和核准新的适用的判例，随时修正、补充或淘汰旧的不适用的判例；③编纂判例集，分门别类，井井有序，以便查找和援引。其中最重要的是扩大法院的职权，使法院有权在司法实践中以判例的形式创制法律。

我们相信，只要正确认识判例法的合理价值和作用，在我国今天的法制建设中不失时机地引入判例法机制，就一定会加快我国法制建设的步伐，使法制更好地为经济体制改革、政治体制改革服务。

（原载《法律科学》1989 年第 1 期）

判例在我国法制建设中的地位

在国内外公开发行的《中华人民共和国最高人民法院公报》1985 年第三号公布了两宗以制造、贩卖有毒酒的危险方法致人伤亡案的案例，这是我国社会主义法制建设实践中具有现实意义和历史意义的大事件。它的现实意义在于：积极贯彻两高两部关于"严打"通知的精神，克服了刑法对以营利为目的制造、贩卖有毒饮食品致人伤亡行为无明文规定的不利因素，以判例的形式创制了"以制造、贩卖有毒酒的危险方法致人伤亡罪"这一罪名，以及量刑标准，从而为依法严惩以制造、贩卖有毒饮食品致人伤亡的罪行提供法律依据，它的历史意义在于：指出了我国加强社会主义法制建设的新途径——运用判例。

判例是审判活动的产物，是对案件审理、判决的全部活动的总结性法律文件。在实行判例法的"英美法系"国家，判例不仅是法官审判的法律依据，而且还是法官创制法律的结果，判例成了司法和立法的混合产品。在"大陆法系"国家，法官审理案件必须依据立法机关制定的成文法，并遵循"法无明文规定不为罪"的原则，而不考虑以前的判例。在我国，法官审理刑事案件必须依据刑法典的规定，对法无明文规定的违法犯罪行为则比照类似的条文定罪科刑，但必须经最高人民法院核准，这就是"类推"制度。

判例法与成文法各有长短利弊。判例法的优点是：审判与立法融为一体。法官在审判中一形成判例，同时也就完成了立法，不必由专门立法机关按法定程序立法就能随机应变，及时指导司法审判活动；判例比较具体，可比性强。依据判例进行审判可以保证审判质量，避免较大出入。缺点是：判例太庞杂，不易掌握，法官可以根据各自的评价标准援引自己认为正确的判例，这样常常造成偏差，不利于司法统一。成文法的优点是：简明扼要，引用方便，有利于维护司法统一，在明确的法律条文面前，法官的个人评判及好恶感情不易干扰审判活动。缺点是：法律条文不可能详实具体包罗无遗，不可能预见未来复杂多变的实际情况，成文法一经颁行就要求相对稳定，不能经常改动，而且立法程序复杂，不易随机应变。正是在这个意义上，南宋思想家朱熹说："大抵立法必有弊，未有无弊之法。"

在我国法制建设空前发展而法制仍不甚完备的特殊阶段，应当借鉴国外法律体系的长处，吸收我国古代法律体系的营养，建立以成文法为主、以判例法为辅的具有中国特色的法律体系。因此，我们应当正确评价判例的作用，适当运用判例。这不仅是需要的，也是可行的。

一、我国历史上具有运用判例的悠久传统

西周就曾实行"判例法"，即"议事以制，不为刑辟"（审判案件依照惯例，不预先制定成文法典）。当时的立法是"单项立法"，即分别规定什么是违法犯罪和刑罚制度，两项内容是分离的。老百姓对自己的行为是否违法犯罪又应受何种刑罚是无法预先知道的，即所谓"刑不可知则威不可测"。因此审判案件主要靠法官对上述两项内容及犯罪事实的评价，并做出判决，形成判例。这种判例常常被铸在鼎上，以示久远，即所谓"刑者成也，一成而不可变"。直到春秋末子产铸刑书、赵鞅铸刑鼎才创造了将两项内容合为一典的新式成文法。秦代的成文法则面面俱到，"皆有法式"。西汉至明清各朝都制定诸法合体的成文法典，但同时又使用判例，从而始终保持着成文法与判例法相结合的混合型法律体系，这是"中华法系"最重要的特点之一。各代的判例在司法审判中起了不小作用，如秦朝的"廷行事"、"行事比"，汉代的"春秋决事比"、"死罪决事比"，晋时议事引用"前比故事"，唐则"许依前据"，宋代官修判例，"一切以例从事"，元朝的《大元通制》、《元典章》更

把律令与判例合为一典，明《大诰》就是出自御笔的判例集，清代则"以例代律"，"有例则置（搁置）其律"。及至近代，北洋政府未制定成文法，审判依大理院判例和解释例，国民党政府虽制定成文法，但司法部和最高法院的判例、解释例具有同等法律效力。可见，各时代的统治阶级为适应复杂变化的形势，总是打破成文法的局限，不同程度地运用判例的。我国有着运用判例的悠久传统和艺术，有着调节成文法与判例法关系的丰富经验，有着成文法与判例法相结合的独特法律体系。因此，我们应当珍视和继承这一宝贵的法律文化遗产，为今天的社会主义法制建设服务。

二、根据我国目前的法制状况，运用判例不仅 是应当的也是可行的

首先，从立法角度来看，加强法制的基本前提就是制定和颁布一系列成文法，使人们有所依据。但是，立法本身是一次非常复杂的活动，它有待于总结司法实践经验，广泛讨论，征求意见。有鉴于此，最高人民法院通过判例的形式不断完善立法，为立法创造条件并以判例来指导全国的审判工作，从而在局部领域适用判例法。当然，这要由全国人大常委会和最高人民法院统一领导。

其次，从司法角度来看。完善社会主义法制必须严格依法办事。但是，由于法律条文总是一种抽象的原则性的规定，不可能那么具体和详细，审判活动便常常受到司法人员的法律意识、工作经验等主观因素的影响，致使对同一案件做出不同的结论。如《最高人民法院公报》1985年第二号公布的孙明亮故意伤害案，一审法院判处被告有期徒刑15年，同级检察院以量刑失轻抗诉，省检察院以失重撤诉，省法院撤销原判，改判有期徒刑2年、缓刑3年。如果最高人民法院在全面核查的前提下，对各种犯罪分门别类地颁布一些典型的定罪量刑正确的判例，使司法审判人员在掌握法律条文精神的同时，有一个具体感性的类比样板，并得以正式援引，这样就可以减少业务工作中的太大分歧，避免定罪量刑的太大出入，有利于提高审判质量和维护

社会主义法制的严肃性、统一性。以判例的形式为全国各地的同类审判提供可资仿效的样板。

适用判例法应有两个条件。一是主观条件，即有一批拥有较高法律意识的司法人员；二是客观条件，即具有一个数量可观的法律规范群。在我国现阶段，这两个条件是初步具备的。近几年来，司法干部经过实践和培训，业务素质有较大幅度的提高，更为欣喜的是，一大批法律院校的学生已经充实到我们的审判机关。立法工作大力加强，重要的方面不是无法可依，而是有法不依。因此，在我国法制体系中一般地使用判例和局部地创立判例法，应该是可行的。当然这还要经过慎重讨论研究，并根据不同的具体情况制定有关原则性规范，以加强统一领导。

社会生活是不断发展变化的，要把新的变化和要求反映到法律上，需要一个过程；而把法律实施于社会实践中，也需要一个过程。这是法制机器运转的两个程序。判例正是疏通立法、司法领域的特殊桥梁，是促进法制机器运行的催动力。判例的价值已被古今中外的事实所证明，在我国今天的法制建设中还将得到更充分的体现。这就是《最高人民法院公报》所给我们的启示。

（原载《法学》1986 年第 6 期）

对十年间大陆法学界关于借鉴判例制度
之研讨的回顾与评说

从 1986 年开始，大陆法学界在借鉴判例制度的问题上，出现了研讨的热点，据不完全统计，曾先后发表论文 30 余篇。今天，我们对这一研讨所涉及的基本内容、产生的原因及其学术意义，进行回顾和评说，是饶有兴味的事情。在这里，我想介绍以下三个问题：

（1）十年间大陆法学界在借鉴判例制度问题上提出了什么样的看法？

（2）大陆法学界的学者们为什么会提出借鉴判例制度的问题？

（3）如何评价大陆学者提出的关于借鉴判例制度的主张？

10 年间，大陆法学界在借鉴判例制度的问题上，曾经出现了两种意见：一是主张积极引进判例制度，这是主流；二是反对引进判例制度，这是支流。下面分而述之：

一、主张积极引进判例制度的意见

十年间，大陆法学界先后发表了 20 余篇文章，力主积极借鉴和引进判例制度。作者们大致上从法理学（成文法和判例法各有优劣）、法史学（中国古代的判例法传统）、比较法学（西方两大法系逐渐靠拢的发展趋势）、法律实践（当今法制建设的实际需要）这四个方面论述了引进判例制度的合理性，并且探讨了引进判例制度的具体操作方法。

1.成文法与判例法各有优劣，引进判例制度可以弥补成文法之不足

有的作者指出：成文法的优点是简明扼要，引用方便；缺点是不能包揽无余，不易随机应变，法条的含义失之笼统宽泛；判例法的优点是审判与立法融为一体，可以随机应变，判例是疏通立法、司法的特殊桥梁，是促进法制机器运行的催动力，判例内容比较具体，可比性强；缺点是体系庞杂，不易掌握。判例可以弥补成文法的空白，提高法律条文的可比度。因此，应当编纂判例集，分门别类，井然有序，以便查找和援引。具体作法是，在最高人民法院统一指导下，扩大收案范围，形成判例，在局部领域确立判例法体制。同时，判例也为成文立法奠定基础。①

有的作者认为：判例作为重要的法律渊源，具有以下优点：①有利于维护法律的统一，保障执法的公平正义；②众多判例使人们精确预测自身行为的法律后果；③通过判例可以迅速灵活地反映社会发展对法律调整提出的不同要求，及时确立合乎社会需要的法律规范。判例的特点在于，通过将具体事实适用于具体的法律条文中，使人们能够通过事实理解法律，通过法律去评价事实，筑就了沟通法律与事实之间的桥梁。从这一意义上说，判例是保障正确统一地理确和执行法律的一个必不可少的途径。所以，应当重新审思判例的地位问题。②

有的作者指出：借鉴判例方法（使司法机关和立法机关在发展法律的过程中发挥相辅相成的作用）的意义是：①有利于贯彻法院独立审判的原则；②有利于提高办案质量和司法人员的专业素质；③有利于贯彻公民在法律面前一律平等的原则；④有利于维护法律的统一性和尊严；⑤有利于发挥律师协助司法的作用；⑥有利于法学研究与教学。因此，借鉴判例法方法是现实而可行的。③

---

① 武树臣：《运用判例是加强法制建设的重要途径》，载《北京司法》1986 年第 4 期；《论判例在我国法制建设中的地位》，载《法学》1986 年第 6 期。

② 孔小红：《判例：比较与审思》，载《学习与探索》1988 年第 1 期。

③ 陈大刚、魏群：《论判例法方法在我国法制建设中的借鉴作用》，载《比较研究》1988 年第 1 期。

有的作者指出判例法的优点是：①判例法可以推动法官恪尽职守，因为法官作出的判决将被后人引用；②判例法可以保持法律的稳定性和连续性；③判例法有利于加强对司法机关的监督，防止法官专断和任意处理问题；④判例法有利于不断总结审判经验。由于所有判例都是公开的供世人查阅、研究。因此，倡导和初步推行判例法，是完备法制的一条重要途径。①

在对待判例的传统偏见的原因方面，有的作者提出：我国不承认判例是法的渊源，主要是因为：①依据现行制度，立法机关统一制定法律，司法机关统一适用法律，司法的原则是以事实为根据，以法律为准绳；②新中国成立后法学受苏联法学的影响，苏联法学界认为，适用判例有造成混淆的倾向；③判例常常被认为是资产阶级法官"自由裁量权"的表现，故在感情上加以排斥；④中国历史上更注重"律"的作用。②

有的作者指出：在相当数量的人们看来，加强法制就是加强成文立法，判例法是破坏法制的不良因素。产生这种误解和偏见的原因是：①封建法律以成文法为主体，封建社会由于发展缓慢而具有稳定性，使成文法典保持广泛适用性，使成文法观念比判例法观念强大得多；②中国近代、现代以日本为转运站吸收西方大陆法系的法律文化，重视成文法的传统与大陆成文法一拍即合；③受"三权分立"的宪政学说的影响，把古已有之的"援引比附"视为封建主义的旧东西抛弃掉；④中国法官历来从属于政府，从未具有英美法官那样的巨大权威，且由于社会剧变，难于确立占统治地位的法律意识，从而使判例法无立足之处。③

有的作者指出：传统的法学理论之所以反对把判例作为我国的法律渊源之一，究其原因大概是害怕把判例作为我国的法律渊源会造成执法者的专横与擅断，从而破坏了社会主义法制的统一。其实，在笔者看来这种担心是多余的。④

① 崔敏：《判例法是完备法制的重要途径》，载《法学》1988 年第 8 期。
② 汪永清：《判例比较研究》，载《吉林大学社会科学学报》1988 年第 1 期。
③ 武树臣：《判例法与我国法制建设》，载《法律科学》1989 年第 1 期。
④ 申夫：《试论判例也应当成为我国的法律渊源》，载《中南政治学院学报》1987 年 12 月。

2. 中国历史上始终保持着判例传统，我们不应当割断，而应加以改造，发扬光大

有的作者指出：中国历史上具有运用判例的悠久传统。其具体表现是：西周时曾实行"议事以制"的判例法。尔后，秦朝之"廷行事"，汉之"决事比"，晋之"故事"，唐之"法例"，宋元之"断例"，明清之"例"，及至北洋政府大理院的判例、解释例，和后来民国政府司法部、最高法院的判例、解释例。这些都证明，我国有着运用判例的传统和艺术，有着调节成文法和判例法关系的丰富经验，有着成文法与判例法相结合的独特法律体系。我们应当珍视和继承这一宝贵的法律文化遗产，为当今法制建设服务。①

有的作者提出：中国古代法律史经历了如下阶段："礼治·判例法"时代（西周、春秋）；"法治·成文法"时代（战国、秦朝）；"礼法合治·混合法"时代（西汉至清末）。中国法律文化的特点之一，是成文法与判例法相结合的混合法。中国近代仍延续了这一传统。中国的混合法既不同于大陆法系的成文法，又不同于英美法系的判例法，而是兼取两者之长。在皇权支配下，成文法与判例法相互补充、互为因果、循环运动。中国的混合法是中国法系的最大特征，并预示着世界法律文化发展的方向。②

有的作者认为：中国古代，法典法与判例法具有相互补充和渗透的特点。判例的作用不仅在于解释和申明法律，而且可以补充、修改以致代替相应的法律规范，从而具有创制的功能。援引成案作为判处新案的依据，从而赋予成案的判决及其原则以法律效力，这在我国历史上有着悠久的传统。判例法不等于判例法的泛滥，对判例法泛滥的否定不等于否定判例法本身。因此，不应站在法典法的立场上反对判例法。③

有的作者认为：判例作为一种法律渊源，在我国古代法制史的发展中

---

① 武树臣：《运用判例是加强法制建设的重要途径》，载《北京司法》1986 年第 4 期；《论判例在我国法制建设中的地位》，载《法学》1986 年第 6 期。

② 武树臣：《中国法律文化探索》，见《北京大学法学论文集》，光明日报出版社 1987 年版。

③ 沈国锋：《论判例法在我国古代法律渊源中的地位》，载《法学评论》1986 年第 6 期。

有以下特点：在理论上，它是成文法的补充形式；在事实上，它是皇帝干预司法审判的结果。最具特色的是，判例游离于执法官吏之外，执法官吏处于被动地位。具有拘束力的判例必须得到皇帝批准、认可，虽有判例之名，却为诏令之实。古代中国的判例与普通法系国家的判例法相比，居于完全不同的政治和法律观念的氛围之中。它们不可能是法官们发挥其创造力的结果，也不可能是维护公平正义的工具。但这并不影响在今天借鉴判例的长处。①

3.西方两大法系出现了日渐靠拢的新趋势，判例法的价值显得更为突出

有的作者指出：19世纪以后，西方两大法系有相互接近的趋势，大陆法系国家不再讳言判例的优点，在司法实践中开始推崇判例的作用；英美法系国家则日益重视制定法和法典编纂。中国古代判例的作用、创制效力和功能，与英美法系国家有许多相似之处。在运用法典和判例来调节法的稳定性和可变性方面，又与大陆法系国家有着相似之处。在对古代中国和西方两大法系国家的判例进行评价时，应坚持科学态度，防止片面化。在当今法律建设中，应更重视合理发挥判例在司法实践中的作用。②

有的作者认为：今天，不论是英美法系还是大陆法系都在向"混合法"靠拢。而"混合法"正是中国法系的最大特征。在我国法制建设空前发展而法制不完备的特殊阶段，应当吸收我国古代法律文化的营养，参考国外的经验，建立以成文法为主，以判例法为辅的具有中国特色的法律体系。因此，我们应当正确评价判例的作用，充分适用判例。③

有的作者提出：大陆法系以制定法为本位，但判例法在某些领域却承担着第一流的作用。比如法国行政法院创制适用判例。中国以制定法为本位，

---

① 孔小红：《判例：比较与审思》，载《学习与探索》1988年第1期。

② 李凌燕：《西方两大法系国家和古代中国在判例问题上的比较研究》，载《社会科学》1987年第5期。

③ 武树臣：《中国法律文化探索》，见《北京大学法学论文集》，光明日报出版社1987年版。

却以政策来弥补其不足。在中国，法国判例的创造性作用，是由政策来承担的。在中国，只有判决而无判例。因而就无从谈及判例法。因此，应当确立判例在我国法律规范中的地位。①

有的作者指出：如果我们对西方两大法系进行比较研究，就会发现判例在两大法系国家中以不同形式起着相同的作用。大陆法系国家越来越公开地承认判例在法的形成和发展中的重要作用，任何法学家不再认为只有立法机关制定的条文对了解法才是重要的。判例的灵活多变的特点使它能够在现代社会高速发展的商品经济和日益复杂的社会关系中发挥有效的调节功能。我们不应借口我国没有运用判例的传统和意识来排斥判例在改革的今天的作用。②

有的作者指出：现在世界两大法系（英美法系与大陆法系）正在日益接近，这是西方法学家以及中国法学家比较公认的事实。在英美法系国家的某些法律领域，成文法成了主要渊源；在大陆法系国家，越来越重视判例的作用。成文法与判例法各有自己的长处和短处，它们日益接近，相互结合，取长补短，是为了更准确地适用法律，实现法律的平等性、公正性。中国目前的法律一般比较原则（即笼统抽象），运用判例法可以补充成文法的不足。③

4. 从当今法制建设的状况和要求来看，引进判例制度是必要的和可行的

有的作者指出：从立法上看，由于立法本身是一个非常复杂的活动，不可能一蹴而就，包揽无余。因此，最高法院可以通过判例的形式不断完善立法，用判例来指导全国的审判工作，从而在局部领域适用判例法；从司法上看，由于成文法条太抽象，造成司法上的不统一。比如《最高人民法院公报》

---

① 曾明奇：《对比两大法系看我国确立判例制度的必要性》，载《比较法研究》1988 年第 1 期。

② 高贞：《运用判例法之我见》，载《法学评论》1988 年第 5 期。

③ 李步云：《关于法系的几个问题——兼谈判例在中国的运用》，载《中国法学》1990 年第 1 期。

1985 年第二号公布的孙明亮故意伤害案，一审法院判处被告人有期徒刑 15 年，同级检察院以量刑失轻抗诉，省检察院以量刑失重撤回抗诉，省法院撤销一审判决，改判有期徒刑 2 年，缓刑 3 年，就是明证。该案例的公布，对司法人员如何分清故意杀人罪和故意伤害罪（防卫过当）提供了具体性的标准。再如，《最高人民法院公报》1985 年第三号公布的两宗以制造贩卖有毒酒的危险方法致人伤亡案的案例，克服了现行刑法对此罪无明文规定的缺欠，以判例的形式创制了"以制造、贩卖有毒酒的危险方法致人伤亡罪"的新罪名及量型标准。如果最高法院核准并颁布一些典型案例，使法官适用法条时有一个具体感性的类比样板，并得以正式援引，则有利于提高审判质量和维护法律尊严。①

有的作者指出：随着改革开放的发展，各地出现了许多前所未有的新情况。开拓者推出新事物，不法分子钻新旧交替时产生的缝隙。司法工作者在保护什么打击什么的问题上，心中无数。立法经验不足，仅靠现行法典是远远不够的。因此，应当发挥法官主观能动性，采用判例来补充现行法律的不足。②

有的作者认为：在今天，确立并健全判例制度的必要性表现在：①判例可以缓和改革与立法不能同步发展的矛盾；②提高法律的实效。目前，司法人员水平不太高，而上级法院的水平又比下级法院的水平高，运用判例可以保证审判质量；③为完善立法总结经验，奠定基础。③

有的作者指出：改革开放以来，法制建设有了很大发展，无法可依的状况有所缓解。但从总体上看，法制基础仍薄弱，无法可依的问题仍未彻底解决。适当采用判例，可以在一定程度上解决无法可依的困难，以弥补成文法的不足。而司法中也正是这样做的。比如，1985 年 3 月，四川省安岳县元霸乡、努力乡 1569 户农民集体状告县种子公司违约。县法院确定由田安邦

---

① 武树臣：《运用判例是加强法制建设的重要途径》，载《北京司法》1986 年第 4 期；《论判例在我国法制建设中的地位》，载《法学》1986 年第 6 期。

② 申夫：《试论判例也应当成为我国的法律渊源》，载《中南政法学院学报》1987 年 12 月。

③ 汪永清：《判例比较研究》，载《吉林大学社会科学学报》1988 年第 1 期。

等数人代表全体农户出庭应诉，并使农户胜诉。而我国民事诉讼法并无集团诉讼的规定。①

有的作者提出：我国法制不完备的表现之一是法律条文规定得过于笼统。比如刑法规定"情节较轻"、"情节严重"、"情节特别严重"，如何理解和掌握，认识很不一致，容易造成量刑畸轻畸重，使法制失去严肃性。从1983年开始，最高人民法院陆续印发案例，效果很好，受到普遍欢迎。这种做法已经向采用判例法的方向迈出了可喜的一步。②

有的作者指出：中国不仅具有适用判例的历史，而且现实司法中也注意运用判例的作用。主要表现是发布案例（包括内部发布）来指导全国司法。通过案例可以创造性地适用法律，可以对法律规定进行解释，可以总结经验教训。特别是在案例后面，往往有最高人民法院审判委员会的按语，要求"各级人民法院借鉴"。而实质上，这些案例所确立的规则，对下级法院，其效力不是借鉴，而是必须遵循。因此可以说，我国已出现了判例制度的端倪。③

5.关于引进判例制度的具体操作方法

力主积极引进判例制度的作者们，不仅提出引进判例制度的合理性、必要性、可行性，而且还探讨了引进判例制度的具体操作方法。

有的作者提出：在我国法制体系中一般地使用判例和局部地创立判例法是可行的。所谓一般地使用判例，是由最高人民法院在全面核查的前提下，对各种犯罪分门别类地颁布一些典型的判例，使司法人员在掌握法律条文精神的同时，有一个具体感性的类比样板，并得以正式援引；所谓局部地创立判例法，是在某些尚无成文法律的领域，用判例的形式来完善立法，用判例来指导全国的审判工作，从而在局部领域适用判例法。但是，适用判例法是有条件的：一是要拥有一批具有较高法律意识的司法人员；二是要有一个数

---

① 左腾宇：《试论判例在我国法律渊源中的地位》，载《河北法学》1988年第2期。
② 崔敏：《判例法是完备法制的重要途径》，载《法学》1988年第8期。
③ 陈光中、谢正权：《关于我国建立判例制度的思考》，载《中国法学》1989年第2期。

量可观的法律规范群。①

有的作者认为：判例必须是最高人民法院做出的或经其认可的；判例适用的前提必须是法律无明文规定；最高人民检察院对判例的适用有法律监督权，其方法是向全国人大常委会提请审核并裁决，或向最高人民法院提起抗诉。②

有的作者指出：为确立和健全判例制度，首先应明确：判例不应该占主导地位，其效力不能高于或等于法律，判例仅仅是司法人员在掌握法律精神时使用的具体感性的类比模型。因此，应该做好以下工作：①研讨适合国情的判例制度；②确立判例的统一形式和原则等标准；③明确规定判例适用的原则、程序、技术；④在立法机关内设立审查、核准判例的相应机构，在最高审判机关设立判例制定和监督机关；⑤按类别汇编判例；⑥通过培训提高法官识别、运用判例的能力。③

有的作者指出：在我国，判例的效力应低于制定法，制定法失效时，相应的判例也自然失效。判例法不应成为与制定法平行的另一法律渊源。应明确判例的权威来源（最高人民法院），新旧判例更替的程序，判例表述形式的规范化，并概括出理解和使用判例的共同规则。④

有的作者指出：引进判例制度应当注意：①正确处理判例法和制定法的关系，即判例法的地位决于制定法，以判例法弥补制定法的漏洞；②由最高司法机关统一判例的颁布；③编纂判例汇编，及时清理，废旧立新；④培养一批具有相应心理素质和业务素质的法官。⑤

有的作者建议：①授权最高人民法院审议、批准、颁发判例的权力，赋予这些判例以普遍法律约束力；②高级人民法院可选遍本辖区的案例汇编，

① 武树臣：《运用判例是加强法制建设的重要途径》，载《北京司法》1986 年第 4 期；《论判例在我国法制建设中的地位》，载《法学》1986 年第 6 期。

② 申夫：《试论判例也应当成为我国的法律渊源》，载《中南政法学院学报》1987 年 12 月。

③ 汪永清：《判例比较研究》，载《吉林大学社会科学学报》1988 年第 1 期。

④ 孔小红：《判例：比较与审思》，载《学习与探索》1988 年第 1 期。

⑤ 高贞：《运用判例法之我见》，载《法学评论》1988 年第 5 期。

供下级法院参考，但不具有法律约束力；③提高司法人员业务素质，真正实行独立审判和公开审判，写好判决书，充分表述本案的事实、认定的根据、判决的理由。①

有的作者提出：①确定判例制度的辅助性的次要地位，在法律无明文规定或规定不完善时，以判例弥补；②创制和颁布判例的主体只限于最高人民法院；③由最高人民法院成立专门判例编纂机构，负责判例的收集、整理、认可、公布、废除修改等工作，最高人民检察院对判例的内容是否违反宪法和法律，实行法律监督。全国人大常委会有审查监督权；④判例的约束力。判决书除援引成文法条外还要援引判例，以增加判决的说服力。裁判不符合判例的，可以作为上诉、抗诉或申诉的理由。②

有的作者指出：我国借鉴判例制度是必要和可能的。但是要注意克服以下障碍：①法制观念上的障碍，比如传统观念认为，制定法是万能的，法官不应享有立法权；②政治制度上的障碍，宪法规定人民代表大会及其常委会享有国家最高立法权，人民法院只是实施法律；③法院缺乏应有的权威，外来因素对司法的干扰是我国法制建设步履艰难的一个重要原因；④律师制度的障碍，律师的作用还没有充分发挥出来，律师参与诉讼还遇到种种阻力。但是这些因素并不是不可克服的。③

有的作者建议：①改革刑法中的类推制度，类推案件一经最高人民法院判决，即成具有约束力的判例；②高级人民法院就法无明文规定的案件作出的判决，经最高人民法院核准后，即成为具有约束力的判例；③五个民族自治区法院就法无明文规定具有本民族地方特点的案件所作出的判决，经最高人民法院备案后，在本区内普遍适用；④地方各级人民法院就法无明文规定的案件所作的判决，经高级人民法院审判委员会讨论核准，并报最高人民法院备案，可以作为判例，在本辖区内具有约束力；⑤全国人大常务委员会赋予最高人民法院以上述权力；⑥人民检察院对同级人民法院适用判例行使抗

---

① 崔敏：《判例法是完备法制的重要途径》，载《法学》1988 年第 8 期。

② 陈光中、谢正权：《关于我国建立判例制度的思考》，载《中国法学》1989 年第 2 期。

③ 钟建华：《关于借鉴判例制度的几个问题》，载《中国法学》1989 年第 6 期。

辩权，由全国人大常委会裁定；⑦最高人民法院和高级人民法院可以编纂指导性案例，为审判工作提供范例；⑧借鉴西方两大法系国家实行判例制度的具体做法和经验。①

二、不赞成引进判例制度的意见

有的作者提出：判例在我国审判实际中应限于指导性作用，而不宜具有拘束力。其理由是：①我国的制定法体制基于立法权与司法权的严明划分。立法上的高度集中，不给法院留下制定判例法确立新法律渊源的余地，司法上不允许法官造法。我国制定法是在特定程序下由特定权力机构进行的，这也是我国立法民主性和科学性的体现。最高人民法院公布的判例，许多直接产生于下级法院的判决，不宜以此解决属于立法的问题。目前司法中法律规定与实践情况不适的问题，是由于立法上的不足，以及司法人员对法律理解和运用不够，应通过完善立法和明确司法人员在适用法律中的积极作用来解决；②先例拘束力原则在适用中容易造成法律的僵化。先例拘束力原则一方面可以保持法律的稳定性，另一方面又决定了判例的拘束性规范狭窄、缺乏伸缩性。因此，将拘束力原则导入我国判例的理论和实践中，必将导致法律在适用上的僵化死板，而且容易束缚众多法官在适用法律中的积极作用和剥夺法官在裁判上的斟酌权；③判例具有拘束力与我国刑法中的类推制度相矛盾。一个具有拘束力的判例确立，就要否定最高法院对相应案件的核准权，难免造成适用上的偏差。适时、符合法律的判例究竟能有多大的稳定性值得怀疑。一旦产生新的类推适用的必要，就会出现新的类推内容与尚未变化的具有约束力的判例间的矛盾，从而影响类推的及时性和公正性；④判例在我国的作用，是在法律规定不具体或缺乏明确的适用方法上的规定以及在处罚或裁判幅度过宽的情况下给法官提供的一种参循方法。在法律规定尚不完善

---

① 李步云：《关于法系的几个问题——兼谈判例在中国的运用》，载《中国法学》1990 年第 1 期。

的情况下，不是借助于通过判例法产生新的法律渊源，而是依靠法官的个别性调整活动来正确地适用法律。①

有的作者认为：提出我国也应采用判例法制度的建议，是不可取的，也是不切实际的。如果采用判例法制度，我国不仅会重蹈英美法系国家判例浩繁、程序繁琐、久讼不决的覆辙，而且使司法上的地方主义、分散主义、个人主义蔓延，阻碍我国的社会主义法制建设。其理由是：①两种法律制度的产生条件不同。英国的判例法是由英国特殊的历史条件所决定的；判例法制度是英国在统一法律制度的过程中，中央迫于地方压力并向地方妥协，以承认地方现存的习惯法作为统一全国法律制度的基础而逐步形成的。在我们这样的国度，只能实行由中央高度集中的统一领导。历代封建王朝都采用编纂统一法典来规范全国司法活动的做法。新中国的历史和现实条件不仅决定了我国在政治、经济等方面实行高度集中统一领导，而且决定了在法律上保留为历代所采用的适合巩固国家统一的制定法形式。因此，不应撇开这些条件孤立地谈论采用判例法制度，盲目照搬西方的模式；②两种法律制度的政治基础不同。我国现行的法律制度与英美判例法制度所赖以存在的阶级基础和政治制度不同。英美判例法制度的阶级基础是法官阶层，政治制度是议会制和三权分立原则。在我国，全国人大及其常委会是国家最高权力机关即立法机关，审判机关只能适用和执行立法机关制定的法律，而不能变相地行使立法权，否则将根本否定我国的国家性质和根本政治制度。我国没有一个具有特权的司法阶层，自然无法照搬判例法制度；③判例法制度的根本缺陷不可克服。判例法制度的优点是相对的，缺陷却是绝对的。判例卷帙浩繁，高深莫测，非一般人所能掌握。广大劳动人民在判例面前不知所措，从而被拒之于判例法大门之外，使判例法缺乏实施的社会基础。诉讼离不开律师，律师钻法律的空子，法官各取所需，从而使诉讼复杂化。本世纪以来，英美法系国家为摆脱判例法的羁绊，加速法典化进程，判例法的地位逐步下降。②

---

① 吴伟、陈启：《判例在我国不宜具有拘束力》，载《法律科学》1990 年第 1 期。

② 高岩：《我国不宜采用判例法制度》，载《中国法学》1991 年第 3 期。

有的作者提出：判例法与判例两个词含义不同，中国不应采用判例法制度，但应当加强判例的作用。不应采用判例制度的理由是：①判例法制度不适合中国现行的政治制度。在中国，制定法是唯一的法的渊源，审判机关的职权是依照法律行使审判权；②中国没有像英国或其他普通法国家所存在的长期和牢固的判例法历史传统。在中国历史上，"例"（判例）并未享有好名声。中国有调解制传统而没有陪审员制传统，因此，前者继续采用而后者的引进并不成功；③中国法官缺乏判例法方法论经验。而且"遵从前例"的原则是极为复杂的，既费时间又费钱；④判例法本身的缺点也是中国不应采用这一制度的一个原因。第一，它由法官创立，这是不民主的；第二，它是在适用时创立的，是溯及既往的法律；第三，它以个别案件为基础，具有片面性；第四，它不像制定法那样以精确的词语来表达；第五，它往往是匆忙地由一个或几个人作出。但是，中国应加强判例的作用。这是因为：①判例的优点是具有一种有机成长的原则，能适应新情况；②中国法律比较原则抽象，需要用判例来补充制定法；③普通法系国家和大陆法系国家在判例作用上存在的差别已大大缩小；④根据中国现行法律可以引伸出判例制度，最高人民法院定期发表判例，以供其他法院参考。①

十年间出现的关于借鉴判例制度的讨论，是有其背景和原因的。

首先，它是法学研究的深入发展的必然产物。法理学、法史学、比较法学领域在 10 年间获得长足发展，扩大了研究者的视野，从而具备了从理论、历史、国际诸角度讨论判例制度的特征、优劣及实用价值的客观条件。

其次，它是法制建设的现实状况和内在要求的必然结果。10 年间的法制状况是：一方面重要法律相继问世，结束了"无法可依"的历史；另一方面，法制建设尚不完备，许多法律仍付缺如，特别是改革开放加快了社会生活发展变化的速度，现实生活日益复杂化，现存法律明显不适应新的形势，而制定新法律和修订旧法律，都需要一定时间的实践和总结。正是在这种情况下，最高人民法院开始定期公布典型案例。这一措施给司法界和法学界都带

① 沈宗灵：《当代中国的判例——一个比较法研究》，载《中国法学》1992 年第 1 期。

来新的气息。人们不约而同地意识到：引进判例制度也许是一个绝妙的好办法！可实际上，关于引进判例制度的第一篇文章，也正是在最高人民法院公报定期公布案例这一事件的直接影响下写出来的。面对这一事实，人们很难再墨守成规，闭目否认判例制度的实用价值了。在引进判例制度问题上，人们提出了什么观点，如何表述它，以及这些观点的正确与否，都并不重要。重要的是，这一课题在法律界受到如此持久的关注，正是中国法律建设从直觉走向自觉的一个标志。

人类法律实践活动表现在地域上国度上的差别性，也许并不像人们想象得那么大，那么不可跨越。当英国人大量编纂成文法典时，当法国人创制适用判例时，当中国元代法官把法条和判例合为一典时，也许他们并未意识到他们背叛了什么或创造着什么，但他们都成功了。这种成功，与其说是法律家们的胜利，毋宁说是人类法律实践活动内在规律的自然显现。可以说，这种规律显现得越自然，越轻松，越没有障碍，人类法律实践活动也就越成功。那么，障碍来自何方？障碍就来自人们的观念中。

不言而喻，我们正是在既成的法律文化环境中的理论氛围中思索法律问题的。就是说，当我们思考法律问题时，我们早已戴上有色眼镜了。从而使一切法律概念、法理原则、法律语言等都披上了既定的颜色。这就是我们的历史、我们的文化传统给我们留下的智慧和局限性。只有能够突破局限性的人，才能一矢中的、语惊四座。请看：

荀子说："有法者以法行，无法者以类举，听之尽也。"（《荀子·王制》）

苏轼云："任法而不任人，则法有不通，无以尽万变之情；任人而不任法，人各有意，无以定一成之论。"（《苏东坡续集·王振大理少聊》）

朱熹说："大抵立法必有弊，未有无弊之法，其要只在得人。"（《朱子语类》卷一〇八）

王夫之语："夫法之立也有限，百人之犯也无方。以有限之法尽无方之慝，是诚有所不能矣。于是律外有例，例外有奏准之令，皆求以尽无方之慝而胜天下之残。"（《读通鉴论》卷十）

曾经作过 16 年中华民国司法院院长的居正先生有言："法规对裁判言，

法规是造法，而裁判是法律适用"；"裁判对于执行言，裁判又变为造法，而执行才是法律适用。所以立法就是司法，司法也就是立法。立法与司法只是量的区分，而非质的区分。""中国向来是判例法国家，甚似英美法制度"，在民法颁布之前，"支配人民生活的，几乎全赖判例"，"司法向来已经取得创造法律之权威"，"判例势力之伟大，实无可争辩"。①

让历史预言未来。由荀子所绘制的、在西汉时确立的、成文法与判例法相结合的"混合法"，也许正是人类法律实践活动的共同趋向。十年间法学界关于引进判例制度的讨论，其价值正在于向着这个方向迈出了一步。

附注：为便于读者查阅，特将本文注释中未引用的，作者收集到的有关文章开列于后，以供参考：

王献平：《我国法学领域应有判例方法一席之地》，载《法学杂志》1985年第2期；

孔小红：《设立判例法是健全法律机制的重要途径》，载《现代法学》1988年第2期；

冯向辉、张明皓：《关于建立判例制度的思考》，载《中外法学》1989年第5期；

武树臣：《中国的混合法——兼及中国法系在世界的地位》，载《政治与法律》1993年第2期；

吴国平：《试论判例法的运用与作用》，载《法制望》1993年第3期；

武树臣：《三十年的评说——"阶级本位·政策法"时代的法律文化》，载《法律科学》1993年第5期；

游伟：《我国刑事判例制度初论》，载《法学研究》1994年第4期；

武树臣：《中国法律样式的反思与重构》，载《学习与探索》1994年第5期；

欧阳春：《试论在我国建立判例制度》，载《人民检察》1994年第9期；

---

① 居正：《司法党化问题》，载《东方杂志》第32卷第10号。

武树臣:《走出法系——论世界主要法律样式》，载《中外法学》1995 年第 2 期；

武树臣:《走向东方，走向混合法——从中国法律传统的角度看判例法》，载《判例与研究》1995 年第 2 期；

武树臣:《判例意识与判例价值》，载《判例与研究》1995 年第 3 期；

武树臣:《中国法律样式一百年》，载《走向法治之路》（论文集），中国民主法制出版社 1996 年版；

沈宗灵:《再论当代中国的判例》，载《判例与研究》1995 年第 3 期；

严存生:《判例与法的发展》，载《判例与研究》1995 年第 3 期；

汪世荣:《中国古代判例法制度》，载《判例与研究》1996 年第 1 期。

（原载《判例与研究》1997 年第 2 期）

判例意识与判例价值

当我们研究法这一社会现象的时候，也许很少意识到，我们是在西方"大陆法系"的直接、间接影响的思维模式及理论氛围之中来从事思考和探索的。这种影响无声无色而又无时不在，竟使我们常常忽略它的存在。不容否认，由于种种原因，中国法律的"近代化"成了中国传统法律"大陆法系化"的代名词。当我们为中国法律的进步和成功欢呼时，也许会发现，我们的法典、法条、名词、概念、原理的"落款"，都印着"舶来"的标记。由于时代的局限性，肩负重任的一代法律家，来不及深入观察世界法律文化的全部成果及其发展大势，又来不及重新审视自己的法律传统，便定出了向西方"大陆法系"行进的航标。就这样，一个世纪过去了。这是一个热衷成文法，忽视判例法的世纪。

在进入近代之前，中华民族对于法的思索，是在"自然"的环境下进行的。而"自然"的东西常常最具有本质特征。中国先贤关于法的见解，本来就没有像一个世纪前西方两大法系那样针锋相向的观念。在中国先哲看来，法最早起源于具体的"审判"活动。而法正是由这种活动所宣示的行为准则。古"法"字就是最典型的一例。古"法"字写作"灋"。"廌"是"独角圣兽"，善断难案，其实是世代掌管司法的氏族的图腾；"去"，写作"夻"，上矢下弓。弓矢是狩猎和战争的用具。当人们在猎获物归属或战功等问题上发生纠纷时，弓矢上的符号印迹便是最有力的证据。弓矢相违是"去"，弓矢相合是"夷"（　　）。故《说文解字》："去，人相违也"；而《易经》有"明夷"之制；

《诗经》有"淑问如皋陶，在泮献囚"之说。"氵"指流刑，把违法犯罪者驱赶到河那边去。在离群难以索居的时代，这无异于死刑。可见，"法"不论是一种具体的审判活动，还是借此而宣示的行为规范，都是由法官缔造的。

不仅如此，在古人心目中，本无成文法与判例法的差别。西周、春秋时，在"礼"和"九刑"（法律原则）指导下的审判方式就是"议事以制"（《左传·昭公六年》）。即选择适当的先例来断案。战国荀子说："有法者以法行，无法者以类举，听之尽也。"（《荀子·君道》）"类"即判例及判例所包含的法律原则。在整个封建时代及近现代，在成文法典不适于社会生活的情况下，判例的创制与适用实际上起着拯救法、延续法、发展法的作用。新中国成立初期，在重要法典暂付缺如之际，判例与其说是政策的外衣，不如说就是法。而法官的"政策水平"正是靠"判例意识"来维系的。改革开放以来，判例的价值开始被人们重新认识。今天，法律意识的成熟，离不开判例意识的觉醒。

所谓"判例意识"，是关于判例价值的见解。一般而言，判例的价值表现在两方面：一是法的约束力，即它对案件当事人及法官的规范力；二是法的自生力，即纠正法、创制法、完善法的能力。如果把法理解为立法机关的产物，那么，法的发展就过于"古板"了。实际上，法并不是立法家的艺术品，法就发端于人们交往之际，定型于社会生活之中。它的生命力就在于它应当也能够不断被发现、发掘和描述。而以法官、律师为代表的法律实践者们就充当了完成这一使命的历史角色。即使是在成文法的运行机制下，由于成文法"永恒"的欠缺（不能包揽无余又难于随机应变），使法的生命和正义不得不仰仗法官来维系。中外历史证明，法的发展和飞跃，常常靠着法官的默默无闻的工作。他们从琐碎纷乱的案牍入手，去推动法的宏观变革。从中国西汉的"春秋决狱"，到美国大法官的著名判例；从中国古代的"决事比例"，到英美法系的判例汇编；从中国不绝如缕的律学，到美国律师对法律的诠释，无不履行着这一历史使命。

社会变革呼唤着法的变革，法的变革仰仗法律意识的更新。这种更新正期待着"判例意识"的复兴和成熟。当人们不囿于成见，按法律实践活动本身的规律性来思考法和操作法的时候,"判例意识"就会生成。而只有当判例的创制与适用成为一种自觉过程时,判例的价值才会社会化。探讨判例的法律价值,促成"判例意识"的觉醒和成熟,便是《判例与研究》的宗旨之一。

（原载《判例与研究》1995 年第 3 期）

时代呼唤活的法律

　　法律作为人类社会的独特现象，正日益受到人们的关注。然而在学者看来，法律的概念、特征、本质等最为一般的问题，常常是众口多辞、莫衷一是的。这种百家争鸣的氛围无疑有益于法学研究的深化。当我们审思法律之际，不应忘记，我们是在具有数千年历史的传统法律文化的根基之上，是在近现代先是承继欧洲大陆法系，后是借鉴英美判例法系的过程之中，是在既有的经久不衰的和现有的日益强化的文化影响之下，进行表面独立实际难以独立的思考的。这种强大的文化影响，在不知不觉之中既给人们以启迪，又限制了我们的思考。而人们对法律的认识和理解，直接关系着法律的发展方向和完善程度。

　　在这里，我们不想生造出什么新的术语和理论，只是面对法律实践活动的真实场景，向世人提出一个建议，向学者提供一种资料，向法律专门工作者（法官、检察官、律师）提出一种新方法，以期对我国法制建设事业有所帮助。这就是我们要言及的"活的法律"。

　　为着论述的方便，我们以社会功能为标准，把法律分成两类：静的法律和活的法律。静的法律和活的法律是两种不同的法律规范的表现形式和立法司法活动的宏观样式。

　　静的法律指成文法。作为一种法律规范，成文法是由国家立法机关经一定程序制定的，一般来说，它具有一定的篇章结构，并大量使用法律的专门术语。这种法律规范一般是向民众公布的，让人们预先知道何种行为是合法的，违法的，又应承担何种责任。这种法律规范具有极高权威，非经立法机关不得更改和废除。它一经公布便要求人们普遍服从。法官在审判中必须严格依照成文法律裁判，既不允许运用自己的主观判断，又不得援引以往的案例。在法无明文规定的情况下，或者实行"法无明文规定不为罪"的原则不予追究责任，或者作为疑难个案层层上报审批，并且一案一报一批，只对此案，不及其余。成文法崇尚"立法至上"的原则。法官只是实施法律的工匠。由于成文法律是由一系列高度概括的抽象的语言和法律术语写成的，因此，要明白法律的真实含义必须有赖于法学家的学理注释，和最高审判机关的司法解释。因此，对法官来说，如果没有上述两种解释，他们便很难了解法律究竟说了些什么。社会生活总是不断发展变化的，成文法律的缺点是：第一，它不可能对社会生活的方方面面包揽无余；第二，它也不可能自动地适应变化了的新情况。而立法活动常常是一个颇费时日的复杂过程，这就使成文法律常常与社会生活相脱节，从而多少影响人们对法律的信仰。

活的法律是判例法。作为一种法律规范，判例来源于审判机关针对具体案件做出的判决。这些数量繁多的判例被依照一定顺序或类别编纂起来，以便人们查找。这些判例不仅包含对案件的裁判决定，还包含对案件事实的评价，对责任的认定，以及判决的理由。这些理由常常从以往的判例中被抽象引申出来并适用于正在审理的案件。这些判例是经一定程序被确认正确有效的，法官在今后审理同类案件时必须遵循以往判例所体现的法律原则。这就是"遵循先例"。当社会生活发生变化，以往的判例不再适用之际，审判机关可以依一定程序废止这些判例，并创制新的判例。在这个过程中，法官居于主导地位。因此判例法崇尚"司法至上"的口号。法官是创制和适用判例的核心人物。而法官的审判活动则将立法过程和司法过程悄然合而为一。判例法的缺点是卷帙浩繁难以把握，使寻常百姓望而却步。

按学者们通常的分类方法，欧洲大陆国家的法律属于成文法法律，英美等国家的法律属于判例法法律。而中国的传统法律，依笔者的看法，既有类似判例法的时期，如西周春秋时代，又有类似成文法的时期，如战国秦朝，还有成文法与判例相结合的混合法时代，如西汉至清末。一个多世纪以来，西方两大法系不论从理论、观念还是法律形式上，都出现了相互靠拢的发展趋势。这种趋势也许正是中国古已有之的静动结合的混合法。

今天，当古老的中华民族步入 21 世纪的时候，我们刚刚确定了依法治国的总方针。实施改革开放以来的 20 年，国家立法机关成绩卓著，社会生活的主要方面都有了相应的法律、法规。可谓"诸产得宜，皆有法式"。但是，一方面，由于社会生活发展的速度越来越快，在审判活动中经常遇到法无明文规定，或法律条文过于抽象的情况，使法官无所措手足，同时也无法有效保护当事人的正当权利。另一方面，由于成文法律的"网眼"太大，造成法官的自由裁量权也过大，加上法官的素质不一，最终造成"司法不一"。在这种情况下，一些学者提出了借鉴判例制度的意见，他们开始呼唤"活的法律"。

活的法律与静的法律相比，有一系列明显的特点。第一，活的法律更为久远。世界上的古老民族，大都是先有诉讼活动，先有对具体案件的审理和判决，然后才有了成文法条的。第二，活的法律更为精确。成文法条的文字常常是抽象的，比如"情节严重"、"数额巨大"等，使人无法把握。而活的法律则对具体的情节作出定量的判断，并作出具体的处分，这种实在的评价是十分精确的。这种精确的法律一旦被赋予法律、半法律或内部规则的效力，便会有效地指导或制约法官的裁量活动，实现"裁判自律"。第三，活的法律更为灵活。在法无明文规定或旧的法律规定违背新的社会公共准则的特殊情况下，法官通过创制和适用新的判例的方式，机敏地解决法律滞后的弊端。第四，活的法律更为可读。人民大众常常是通过具体的案例而非法学原理来了解法律是什么，以及什么是违法行为。近些年来，新闻媒体正是通过以案说法的方式进行着卓有成效的普法活动。第五，活的法律更为新颖进步。法官通过对新类型案件的审判，以案例的形式为同类案件的审判提供先例，完成了法律的局部更新。正因如此，近年来，活的法律日渐受到社会的重视。以案例为主要材料的司法注释和教科书大批问世，并且在法官培训和院校教学中运用，就是证明。

在司法改革日趋深入的今天，案例的作用逐渐被人们所认识。人们常说

"司法不公"，其实"公"或"不公"本身就是个模糊的语言。我们应当追求可以定量分析的目标，那就是"司法统一"，即同类案件得到大体相同的处分。举例说，对某一具体犯罪行为，在刑法规定的法定刑范围内，既可以判1年，也可以判7年，这就是"司法不一"。如果在成文法条下面，列出一系列具体案例，分别判处1至7年徒刑，并以此来规范同类案件的审判，就有可能实现"司法统一"。这种在成文法条下面罗列具体案例的做法是古已有之、行之有效的。

司法改革的关键是提高法官的综合素质。近年来，人民法院系统非常重视法官的培训工作，但真正有效的培训也许不是学者来培训法官，而是法官自己培训自己。在这种过程中，案例有着不可或缺的作用。如果一名法官，能够把某一审判领域的成文法条的规定和法言法语用大量的案例来加以诠释的话，他大体上就成了一名"专家型的法官"了。这种法官不仅面对寻常案件可以得心应手、信手拈来，面对新型案件可以自信满满、"温故而知新"，而且可以登上法学教学和研究的大雅之堂。这样一来，再加上科班出身的学子不断注入人民法院，法学界和法律实践界的传统鸿沟最终将被填平。

应当指出，今天，我们对判例的认识和重视仅仅是一个小小的开端，大量的工作还没真正展开。不可否认，我国的成文法传统是个主流，在历史上判例只是个不自觉的配角。近代以降，我国法律的现代化与中国法律的大陆法系化如出一辙。英美法系对我国法律的影响只是后来的事情。因此，"判例不是法律的渊源"的见解仍然凝重并制约着人们的思考。同样不可否认的是，在我国现行法律架构之下，还不具备严格意义的判例法机制和科学意义的可操作性。其中最重要的是，法官未被赋予创制和适用判例的权力，法院也没有被授予编制整理颁布判例，并赋予这些判例以法律渊源的职权。尽管如此，我们仍然坚信，引入判例法机制是符合中国法制国情的明智之举，它的引进必然大大推动我国司法实践乃至"依法治国"建设法治国家的进程。这是近年来为此而呼唤的学者们和法律工作者们的共同的神圣的期待。

在一边期待一边勤奋工作的人群当中，就包括主办《判例与研究》的法界同仁们。今天，这部专门研究判例的杂志不仅为全国的法官和律师所熟知，还被北京大学法学院列为为数不多的"内定法学核心刊物"之一。他们的工作，正是寻找法的活力，呼唤活的法律。当《活的法律》被商务印书馆出版之际，我应邀写了上面的话，是为序。

（广东非凡精诚律师事务所主编：《活的法律》序，商务印书馆 2001 年版）

判例意识的觉醒与判例机制的诞生

一、判例与判例意识：一个并不陌生的事物

判例作为具体审判活动的终极产品，其在法官审判活动中的地位、价值和作用，是区别人类法律实践活动的宏观样式——判例法样式和成文法样式的重要标志。因此，对判例及相关问题的研究，是比较审判制度和比较法律文化研究的重要领域之一。

判例在英美法系国家是寻常百姓所熟知的东西。然而在像中国这样具有浓重成文法传统的国度里，它却是一个让人们感到十分陌生而似乎又是无足轻重的甚至是与中华民族风马牛不相及的东西。其实这真是一个历史性的遗忘和误解。两千多年前，汉武帝时代的法官们，遇到法无明文规定的情况，便去求教儒学大师。他们在公羊学大师董仲舒指导下，从孔子所编纂的《春秋》中选出一宗判例故事，从中总结出诸如"原心论罪"的原则，并用该原则来裁判当时的疑难案件。汉武帝时，廷尉张汤每遇疑难案件便向董仲舒请教。《太平御览》卷六四〇载一案：甲与乙斗，乙以刀刺甲，甲之子丙以杖击乙，误伤其父甲。法官断案，认为丙系殴父，当枭首。董仲舒援引《春秋》所载故事：许公病笃，其子许止进药未尝，父食药而亡。当时的法官以为许止无弑父之心，君子"原心论罪"，故不追究许止的责任。以"原心论罪"的原则来看，丙无殴父之动机，不当论罪。故法官依董仲舒的意见未追究丙

的责任。读到这些史料时，我们也许会惊奇地发现，这种选用和创制判例的审判方式，与英美法系法官的审判方法几乎没有什么本质上的区别。而这种审判方法对西周和春秋时代的法官来说早已见惯不惊了。具有二千年历史的中央集权的君主专制政体，缔造了与之相适应的一整套制度和观念。它在无意之间也排斥掉了一些好东西。其中就包括西周春秋的判例法传统。不仅如此，当近代的中国人面对西方两大法系——英美法系和欧洲大陆法系时，便很自然地不假思索地选择了后者。于是，中国法制的近代化与中国传统法制的大陆法系化则别无二致。

今天，当我们研究法这一特殊社会现象的时候，我们也许很少意识到，我们远非在中国传统法律文化的氛围中，而是在西方大陆法系的思维模式和理论氛围之中来思考问题的。这种影响无声无息而又无时不在，竟使我们常常忽略它的存在。当我们为中国法制的进步和成功欢呼时，也许不太注意，我们的法典、法条、名词、概念、原理的"落款"，都印着"舶来"的标记。由于时代的局限性，肩负挽救危亡重任的近代法律家们，来不及深入观察世界法律文化的全部成果（包括中国的）及其发展大势，便定出了向西方大陆法系行进的航标。就这样，一个世纪过去了。这是一个热衷成文法而忽视判例法的世纪。

在进入近代之前，中华民族对于法这一现象的思索，是在"自然"的环境中进行的。中国先贤对法的见解本来就没有像一个世纪前西方两大法系那样针锋相对的观念。在中国先哲看来，法作为人们必须遵从的行为规范，不仅表现为无处不在、无时不在的传统风俗习惯——礼，不仅表现为在王宫前面定期颁布的并妥为保存"象魏之法"，还表现为有具体文字形式的案例。诉讼结束之后，常常由胜诉方出资铸鼎，将这些案例铸之鼎上，称为"刑器"，以示庄严与长久。到了战国末期，人们对法的表现形式的认识已空前清晰。它们被称作"礼"、"法"和"类"。《荀子·劝学》："礼者法之大分而类之纲纪"。《荀子·君道》："有法者以法行，无法者以类举，听之尽也"。"礼"是历史形成的深植心中的传统风俗习惯；"法"是国家制定并颁布的有法条法典形式的法律规范；"类"是具体的判例故事及其所包含的法律原则。

荀子把战国的成文法制度与西周春秋的判例法传统有机结合起来，提出，审判案件时，有法律明文规定的，就按法律条文来断案；没有明文规定的，就运用"礼"来创制判例，这些判例成为尔后审理同类案件的法律依据。在整个封建时代，在成文法典缺如或不适于社会生活之际，判例的创制与适用实际上起着拯救法、延续法、发展法的作用。它们不断产生出来，与法典并行不悖，最终又被新的法典所吸收。这就是中国独有的混合法。新中国成立初期，在重要法典暂时空白的情况下，判例与其说是政策的外衣，不如说就是法。而法官的政策水平正是靠判例意识来维系的。改革开放以来，判例的价值开始被人们重新认识。今天，法律意识的成熟，离不开判例意识的觉醒。

所谓判例意识就是承认、肯定、尊重判例在法律实践活动中的地位、作用和价值。一般而言，判例的价值表现在两方面：一是法的约束力，即它对特殊案件当事人及法官的规范力；二是法的自生力，即修正法、创制法、完善法的能力。如果我们囿于大陆成文法系的传统见解，把法仅仅理解为国家立法机关的产物，那么，法的发展就过于古板了。实际上，法并不只是立法家们的艺术作品，法就发端于人们的社会交往之际，定型于社会行为之中。它的生命力就在于它应当而且也能够不断发现、发展和描述。而以法官、律师、法学家为代表的法律实践者们便充当了完成这一使命的历史角色。即使是在成文法的运行机制下，由于其自身永恒的欠缺（即不能包揽无遗又不能随机应变），使法的生命和正义不得不仰仗法官来维系。中外历史证明，法的发展和飞跃，常常靠着法官群体的默默无闻的持之以恒的工作。他们从琐碎纷乱的案牍入手，去推动法的宏观变革。从中国西汉的"春秋决狱"，到美国大法官的著名判例；从中国古代的"决事比例"、"断例"，到英美法系的判例汇编；从中国不绝如缕的律学，到美国法官和律师对法的诠释，无不履行着这一历史使命。

"社会变革呼唤着法的变革，法的变革仰仗法律意识的更新。这种更新正期待着判例意识的复兴和成熟。当人们不囿于成见，按法律实践本身的规律性来思考法和操作法的时候，判例意识就会生成。而只有当判例的创制与适用成为一种自觉过程时，判例的价值才会社会化。"①

二、判例意识的启蒙：法学界的持久关注

从 1986 年开始的十年间，我国法学界在借鉴判例制度的问题上出现了研讨争论的热点。据不完全统计，曾先后发表论文 30 余篇。其中大部分文章力主积极借鉴和引进判例制度。② 这些意见大致上从法理学（成文法与判例法各有优劣）、中国法史学（中国古代的判例法传统）、比较法学（西方两大法系逐渐靠拢的发展趋势）、法律实践（当今法制建设的实际需要）论述了引进判例制度的理论依据，并探讨了引进判例制度的具体操作方法。拙文曾分以下五个方面加以概括：

其一，成文法与判例法各有优劣，引进判例制度可以弥补成文法之不足；

其二，中国历史上始终保持着判例传统，我们不应当割断，而应加以改造，发扬光大；

其三，西方两大法系出现了日渐靠拢的新趋势，判例法的价值显得更为突出；

其四，从当今法制建设的状况和要求来看，引进判例制度是必要的和可行的；

其五，关于引进判例制度的具体操作方法。

十年间我国法学界出现的关于借鉴判例的讨论，有其特殊的背景和原因。首先，它是法学研究的深入发展的必然产物。法理学、法史学、比较法学等领域在十年间获得长足发展，扩大了研究者的视野，从而具备了从理论、历史、国际诸角度讨论判例制度的特征、优劣及实用价值的客观条件；其次，它是我国法制建设的现实状况和内在要求的必然结果。十年间，一方

---

① 武树臣：《判例意识与判例价值》，载《判例与研究》1995 年第 3 期。

② 武树臣：《对十年间大陆法学界关于借鉴判例制度之研讨的回顾与评说》，载《判例与研究》1997 年第 2 期。

面是重要法律相继问世，基本告别了"无法可依"的历史；另一方面，法制建设尚不完备，许多法律法规仍付缺如。改革开放加快了社会生活发展变化的速度，社会生活日益多元化复杂化，而现存法律明显不适应新的形势。正是在这种情况下，最高人民法院开始定期公布典型案例。这一措施给司法界和法学界都带来新的气息。人们不约而同地意识到：引进判例制度也许是一个绝妙的好办法。在引进判例制度问题上，人们提出了什么观点，和如何表述它，以及这些观点正确与否，都并不重要。重要的是，这一课题在法律界受到如此持久的关注，这本身就是中国法制建设从直觉走向自觉的一个标志。

三、判例意识的觉醒：法学界与司法界形成共识

从 1986 年开始，判例问题受到法律界（包括法学界和法律界）的普遍关注。这主要表现在：第一，最高人民法院不仅继续通过发表典型案例的方法来指导全国的审判活动，而且最高法院乃至各级法院都十分重视典型、疑难案例的研究和总结工作，这一类内容的读物和著作不仅得到出版发行，而且得到法律界的普遍欢迎。与此同时，全国各种法学杂志也更为重视案例方面的研究并刊登这类文章；第二，我国各级法院在审判活动中普遍重视专业化分工和案件的评查工作。在这个过程中，法官们更为关注某一审判领域的案例，同时也更为审慎地对待案件的审理和裁判文书的制作。因为随着审判活动的公开与透明，法律文书最终成为社会的共同财产被社会随时检验和研究；第三，通过各种方式的国际交流，我国法律界对英美法系国家的审判活动有了更多的更深层次的理解，这种交流无疑加强了对借鉴判例制度的信心；第四，法律院校的教师们开始并持续地运用判例教学的方法来教育学生们。教师要给学生们一个真实的知识、实践的知识，这样才能使学生们更好地适应法律职业的要求。这样一来，从法条到法条，从原理到原理，从书本到书本的传统教学方法便走到了尽头。教师走出书斋，更多地了解审判实践的问题。作为教师，他们用一系列案例来填充他们的授课提纲；作为法学研

究者，他们更从审判实践中发现新的研究课题；第五，计算机网络技术的广泛运用，使编纂大量案例并对之进行各种技术处理成为可能。任何一名法官、律师、教授或学生，都可以靠着计算机很方便地查阅各类案例。今天，我们的教授们已经熟练地运用计算机来研究问题。明天，我相信，全国的法官们也许会运用计算机来为自己的审判插上双翼。

2001 年 9 月 22 日至 23 日，这是值得记住的日子。由国家法官学院和北京大学法学院联合举办的"案例研究与法治现代化高层论坛"在北京大学举行。最高人民法院副院长、国家法官学院院长曹建明及来自全国法院系统的高级法官、法学专家及资深律师约 120 余人出席了会议。

曹建明在开幕致辞中就案例研究的意义和作用发表六点意见：①案例是审判活动的反映，是法律与实践结合的产物，具有鲜明的社会现实性和实际性，是将抽象、原则的法律条文变成形象、具体的行为规范的解释过程。案例是法律原则和法律规范具体化、实在化的重要载体。它可以使审判人员更好地理解和执行法律，从而达到指导审判实践的目的；②案例研究是法院司法解释工作的重要基础。司法解释在一定程度上弥补了成文法的不足。在法无具体规定的情况下，审判实践中既能充分体现法律规范的公平、正义基本原则，又具有创新精神的典型案例，就起到了弥补成文法不足的作用，成为修订法律和制定新的法律的基础材料，并对法的发展产生重大影响；③案例是人民法院审判水平的真实反映；④案例是法学研究的重要对象；⑤案例是进行法制宣传教育的生动教材；⑥案例研究可以改进法学教育方法；⑦案例研究有助于推动裁判文书的改革，促进司法公正。

经过讨论与会者形成以下主流观点或基本达成共识：虽然我国是具有成文法传统的国家，不宜照搬英美法系的判例制度，我国目前还没有严格意义上的可供后来者遵循的判例，但是不应排斥判例在司法实践中的作用。我们应当加强案例研究，充分发挥案例在各方面的作用，推进法治现代化的进程。通过研究案例，将那些真实清楚、说理充分、适用法律正确，并能体现一定法律原则的案例经过法定程序上升为判例，赋予其与司法解释同等效力，弥补成文法的不足，对统一司法、促进司法公正具有重要意义。判例的创设要有严格的程序，如最高人民法院应成立专门机构，负责判例的收集筛选、编辑整理、审核批准、公告发布工作。判例的审批要经最高人民法院审判委员会讨论决定，以最高人民法院公告的形式向社会发布。创制判例要注意法的统一性，要坚持及时与审慎相结合的原则。要注意保持判例的稳定性、权威性和约束力，不可随意撤销或者变更。应当注意处理好判例的可操作性与法官的自由裁量权。

此外，这次会议还就案例教学与法学教育改革、案例研究与律师实务等议题进行了热烈的讨论并形成共识。①

四、判例机制的诞生：法官们的创造

如果说判例意识是人们关于判例价值的一种看法的话，那么，判例机制则是在审判活动中实现判例价值的一种制度或措施。从判例意识的觉醒到判例机制的诞生，是一件顺理成章的事情，也是中国司法界的具有历史意义的大事件。

2002 年 8 月，通过新闻媒体的报道，我们得知，河南省郑州市中原区人民法院经过 1 年的试行，正式推出"先例判决制度"。②

所谓"先例判决"，就是说，人民法院和法官作出的正确的生效判决，对今后同类案件的审判具有约束力，从而规范法官的自由裁量权，实现一定范围内的司法统一。

"先例判决制度"的具体操作办法是：

（1）案例遴选。由人民法院各审判庭挑选符合条件的裁判文书报研究室初审后，经审判委员会讨论批准的发生法律效力（一审生效或二审维持原判）

---

① 樊军：《加强案例研究　推进法治现代化　案例研究与法治现代化高层论坛综述》，载《法律适用》2001 年第 11 期。

② 参阅《人民法院报》2002 年 8 月 17 日、20 日，《中国青年报》2002 年 8 月 19 日，《工人日报》2002 年 8 月 21 日等报道。

的典型案例，在人民法院内部公布，成为本院的先例判决。

（2）先例判决的发布和汇编。先例判决不仅向法院审判人员公布，而且也向社会公布。在先例判决达到一定数量时，由法院定期汇编成册。

（3）新旧先例判决的更替。随着新法律的颁布、修订和最高人民法院新司法解释的发布，人民法院审判委员会要及时产生新的先例判决并废止旧的先例判决。同时，经再审改判过后，原先的先例判决亦应废止。

实行"先例判决制度"的目的是：①试图在本法院范围规范法官的自由裁量权，以统一法律在某一地区的适用，从而杜绝同类案件得到不同判决的现象，同时也节约审判资源，提高审判的质量和效率；②将审判委员会的工作制度化和统一化；③接受社会的评判和监督，实现司法公正。

中原区人民法院经过一年的试行，获得了明显的成效。比如，减少了改判和发回重审的情况，缩短了办案的时间，提高了调解率和撤诉率，减少了上诉率，等等。①

尽管中原区法院的新措施还有值得商讨和总结完善之处，但其大方向是无可非议的。如果每一个人民法院都能这样做，先在自己辖区内统一法律的适用，那将是一件十分伟大的业绩！接下来就是上级法院乃至最高法院如何顺势操作的问题了。如果进展顺利，我国的审判制度就获得了一次重大的发展机遇，最终将有可能重新塑造中国古已有之的成文法与判例相结合的混合法样式。

五、结束语

在改革开放以来短短的二十余年间，我国法制建设获得突飞猛进的发展。先是通过大量的立法活动告别了"无法可依"的时代。紧接着就是立足解决"有法必依"即司法公正问题。在司法界，成文法的永恒欠缺使人们想到了判例。于是，判例这个似乎陌生的事物，不断从学者的头脑走到法官的

---

① 李广湖：《谈先例判决制度》，载《人民法院报》2002年9月20日。

法台，从一种观念演变成为一种机制。它涉足审判实践，并顽强地表现着自己的生命力。作为一个新生事物，让我们对它多一点宽容，多一点关爱，让它有机会为构筑共和国的司法大厦贡献一份力量。

（原载武树臣主编：《判例制度研究》序言　人民法院出版社 2004 年版）

裁判自律引论

　　我国宪法和人民法院组织法规定，人民法院独立行使审判权。[①] 各级人民法院审理刑事、民事（含经济）、行政案件，依据案件的事实和有关法律作出裁判，以确定对刑事被告的处罚和民事、行政案件当事人的权利义务关系。凡是经过法院解决的争议，都是涉及有关当事人重大利害关系的事项。由于法院在解决当事人的重大利害关系的事项中具有最后决断性和最大权威性的特征，[②] 法院在作出裁判时就必须特别审慎。为了保证裁判的合法性和公正性，不仅需要法院在审判活动中严格依据法律的规定，而且需要从外部对其审判活动进行监督[③] 和从内部对法官、合议庭、审判庭、审判委员会、

---

　　① 参见《中华人民共和国宪法》第 126 条，《中华人民共和国人民法院组织法》第 2 条。

　　② 解决当事人利害关系事项的方式包括法院审判、行政处理、行政复议、民间仲裁、人民调解等。在这些方式中，无疑法院的审判具有最后的决断性和最高的权威性：当事人不服行政处理或复议可以提出相关的行政诉讼或民事诉讼；对于仲裁裁决，人民法院有权进行某些审查以决定是否强制执行(参见《中华人民共和国仲裁法》第 63 条、《中华人民共和国民事诉讼法》第 217 条)；当事人对于人民调解不能达成协议或者达成协议后不能履行协议的，应当向人民法院起诉，通过诉讼程序解决争议。人民法院作出的裁判一旦生效，就具有强制执行的效力，非经人民法院的特殊程序（如审判监督程序），任何人和组织（包括制作该裁判的法官或合议庭）不得变更。

　　③ 外部对于法院的监督机制包括：人民代表大会及其常务委员会的执法监督；人民检察院的审判监督；社会各方面的监督；新闻舆论的监督等。江泽民同志指出："要继续建立和健全有关制度，从根本上保证严肃、公正执法"，"要加强党内监督、法律监督、群众监督和舆论监督，把司法活动置于强有力的社会监督体系之中。"参见《江泽民李鹏参加全国政法工作会议并发表重要讲话》，《法制日报》1997 年 12 月 26 日。

法院的审判工作进行自律。①

改革开放以来，经过将近 20 年的努力，我国基本告别了"无法可依"的状况，各种法律制度已经初具规模。但是"有法可依"并不必然地带来"执法必严"，执法方面的问题日显突出。全国有近 28 万名法院工作者，其中约有 17 万名法官。②

他们为我国的司法工作作出了重要的贡献，可谓功不可没。但是"一些案件审判质量不高，特别是少数经济、民事案件审判不公"，"法官队伍的整体素质和司法水平尚不适应形势发展的需要"。③

当前法律实践活动的主要矛盾是相对完善的立法和相对滞后的司法状况的矛盾，这是事关我国社会主义法制建设事业之成败的大问题。目前审判的案件质量不高、有些民事经济案件审理不公，诚然是多方面的原因造成的，但是缺乏"裁判自律"，导致不同法院对于相同或相似案件判决不一，以及相同的法院对于相同或相似的案件判决不一、同一法官对于相同或相似案情的案件作出相去较远甚至大相径庭的判决等，不能不说是造成判决不公的重要原因。本文试图对"裁判自律"的若干理论和实践问题进行初步的探讨，并乞教于法学理论界和法律实务界的同仁同事。

一、裁判自律的概念与意义

所谓"裁判自律"，简而言之，就是人民法院和法官在审判活动中不仅要受法律、司法解释的约束，同时还应当受自己制作的判决和裁定的约束。人民法院和法官制作的判决和裁定，是将法律适用于具体案件的结果。它们

---

① 从广义而言，法院内部的纪律检查、法官考核、奖励和惩戒等，也属于法院的自律行为，本文仅讨论与裁判有关的或通过裁判活动的自律问题。

② 参见最高人民法院副院长祝铭山：《在全国法院院长会议上的总结讲话》（1997 年 12 月 18 日）；景汉朝、卢子娟：《经济审判方式改革若干问题研究》，载《法学研究》1997 年第 5 期。

③ 任建新：《最高人民法院工作报告》（1997 年 3 月 11 日），载《法制日报》1997 年 3 月 21 日。

不仅对案件当事人具有约束性，即当事人必须无条件履行判决、裁定中规定的义务，而且，它们对其制作者——人民法院和法官，也具有约束性，即人民法院和法官在遇到同等案件时也应当如此判决和裁定。即所谓"一切法院的裁判都应当与上级法院或本法院就同类案件所作的裁判相符合。"① 因为人民法院和法官的裁判活动不是任意的，也不是朝三暮四的，人民法院和法官有责任和义务保证使同样的案件得到同样的裁判，以保障国家法律表现在时间上、地域上、对象上的同一性，即法律的统一性。大体而言，人民法院和法官制作的裁判有两种：一是正确的，二是错误的。错误的裁判一经某种渠道被发现和确认，就应当依法定程序加以纠正。这是"有错必纠"原则的必然要求，是两审终审制和审判监督程序的宗旨之所在，也是当前冤案错案责任追究制所体现的法制精神。正确的裁判是有价值的，有价值的成果是不应当被浪费的。它们是法官个人和法院集体智慧的结晶，是抽象的法律规定与具体案件事实相结合的产物，是国家审判实践在微观领域所取得的积极成果。因此，人民法院和法官制作的裁判带有鲜明的特征，这就是形象性、具体性和可比性。如果说法律条文和司法解释是对法律行为的性质（合法性、违法性、犯罪性）和责任作出的抽象性的、一般性的、原则性的描述的话，那么，人民法院和法官制作的裁判，便是对某一具体法律行为的性质和责任作出的具体的、详细的、直观的描述。如果说法官和法学家能够通过法条的"法言法语"来了解法律的话，那么，人民大众则更多地通过具体的案例来了解法条里究竟规定了些什么内容。"裁判自律"作为约束法官和法院的一种机制，就是正视和发挥已经生效的裁定和判决的先例作用，在审判过程中不仅援引法律条文和最高人民法院的司法解释，还要参酌以往的先例，自觉遵循先例的立场、观点和方法，从而保证同等案件得到同等裁判，以维护国家法律的统一性。"裁判自律"机制的导入，具有以下意义：第一，导入"裁判自律"机制是弥补"成文法"运行方式之不足的客观需要。我国是实行"制定法"（或"成文法"）的国家。法官审判案件依据成文法条和司法解释。由

---

① [法]勒内·罗迪埃：《比较法导论》，徐百康译，上海译文出版社1989年版，第58页。

于成文法条的内容常常是抽象的、原则的、宽泛的，从而给法官造成三个宽阔的空间：一是法条理解的空间；二是法条适用的空间；三是案件处理的空间。如果人民法院经过严格的选择和审核手续，赋予一批案例以准法律或内部规范的职能，使法官在裁判中得以内部援引和参照，就必然会弥补成文法之不足，大大提高法律的精确度和可比度。第二，导入"裁判自律"机制是维护国家法制统一的有效方式。据传统的"成文法"理论，在案件审判过程中，人民法院和法官只依照成文法律和司法解释来裁判案件，而不管在此之前自己或其他同事们对此类案件是如何裁判的——判例不具有法律效力，因为判例不是法的渊源。这样做的结果，一方面大量地浪费了审判资源，另一方面留给法官太大的审判空间。法官是在既"不顾历史"又"不管未来"的状态下来审判的，从而使同类案件得到同等裁判反倒成了难以操作难以实现的事情。当一批判例经过核准、颁布并得到援引、参酌时，法官便承担了一种新的义务——保证使同等案件得到同等处理，从而有力地维护国家法律的统一性。第三，导入"裁判自律"机制是保障人民法院依法独立行使审判权的重要措施。宪法第 126 条规定："人民法院依照法律规定独立行使审判权，不受行政机关、社会团体和个人的干涉。"事实上，人民法院在案件审理过程中，常常受到地方和部门保护主义的干扰。而地方、部门保护主义之所以能够干扰审判活动，原因之一是我们的法律规定本身不严密，法网太疏，留有太多的余地，使干扰得以奏效。实施"裁判自律"机制之后，从逻辑上来看，体现地方和部门保护主义的案例即使未被纠正也决不会被核准为正式"判例"，这样，即使法官想搞地方、部门保护也因为无例可援而中止。而正确"判例"的存在和作用就在于维护人民法院依法独立审判。第四，导入"裁判自律"机制是提高审判效率的方法之一。按照"成文法"的审判模式，法官在审理案件时，先对案件的性质作出判断，然后找出适用的法条或司法解释，最后就当事人的责任作出判决。在这个过程中根本不考虑过去对同类案件是如何判决的。于是法官每审理一个案件都要从头开始，重新查找法条，重新作出裁断。这种反复操作会无形中浪费不少时间和精力。而且，在举棋不定之际还会经过合议庭的讨论，庭长的过问，向主管院长汇报，甚至经审判委员会讨论。如果赋予一些案例以内部规范的职能，法官在判决中得以内部援引，必将大大简化审判的过程，有利于缓解和解决超审限的老大难问题。第五，导入"裁判自律"机制是提高法官业务素质的重要途径。法官业务水平的提高自然离不开法律、法规的学习。但是，最重要的学习是"在干中学，在实践中摸索"，在实践中总结、提高、深化。首先，选择和核准典型案例的过程，就是严肃的科学研究过程，也是自我检验的过程；其次，援引和参照以往案例的过程，也是自我总结、自我提高的过程。这正是"从实践中来，到实践中去"的过程。通过这两个过程，使法官逐渐成为精通某一审判领域的内行和专家。居正曾任民国时期司法院院长兼最高法院院长时说过："例与法之关系，至为密切，实相辅而行。法简而例繁，法具条文，例征事实。法为死条，例乃活用。法一成而难变，例以渐而有加。盖法犹经也，例犹传也，不将传无以通经。法犹兵书，例为战绩也。法犹医方，例则医案也。仅读兵书者不可以用兵；只记医方者，不可以治病。仅知法律专条者，不可以听讼。"[1] 这无疑会大大提高法官的业务水平。第六，导入"裁判自律"机制是促进人民法院和法官廉洁自律、认真办案、秉公执法的重要保证。从某种角度而言，"裁判不公"是由四个原因造成的：一是法条规定宽疏，留有太大的活动空间；二是法官业务水平有限；三是工作作风不扎实，粗心大意；四是办"人情案"、"关系案"甚至徇私枉法。赋予案例以内部规范的职能之后，一可以弥补法条过于抽象、宽泛之不足，二可以保证同等案件得到同等裁判，这就大大排除了法官的主观任意性，使案件严格依照法条、参照案例、非如此审理不可。只有当人们在相信法官廉洁公正的同时，也相信案件"非如此审理不可"别无他途的时候，才会主动放弃对法官的"不良干扰"和"感情投资"。这就从源头上、从根本上、从深层次杜绝了徇私枉法，从而保证裁判公正。第七，导入"裁判自律"机制不仅是错案责任追究制的后续手段，而且还是减少错案的有力措施。错案责任追究制的难点之一，是划分错案的标准难以确定。赋予案例以内部规范之后，是否正确地援引、参照

---

[1] 参见《最高法院判例要旨》居正序，大东书局 1944 年版。

法条特别是案例，就成为划分是否错案的标准。如果被参照的案例本身是错误的，那么，责任不在本案法官。至于案例的废止和修正则是审判委员会的事情。而只要做到使同等案件得到同等裁判，就等于杜绝了错案的发生。相对于外部监督和法院内部的考核、奖励、惩戒、辞退等制度 [1] 而言，"裁判自律"机制具有以下特征：（1）"裁判自律"是一种法官和法院内部的自律机制，而不是来自外部的监督或他律；（2）"裁判自律"的"律"是法院和法官自己制作的已经生效的裁判或者经过审核的案例，而不是另外制定的标准；（3）法官自己制作的裁判和法院经过审核的案例，一经公布或者付诸适用，就成为一种具有客观性的规则，其中的立场、观点、方法等被定型化，不可随意更改，即使是其制作者或审核者，也不得任意更改，而应当"遵循先例"。

二、裁判自律与判例或判例法

现代各国的法律制度主要可以分为判例法和制定法。判例法是根据以往法院和法庭对于个体案件的判决所作出的概括，它是法律原则的主要渊源。判例法的根本之处不在于对以前判例的汇编，也不在于法官、律师和其他人员在此后的案件审理中能够得到帮助和指导，而在于把先前的判例看作一种规范，并且期望从中得到根据惯例应该并在某种情况下必须遵循和适用的原则或规则。而且，作出判决和发表法律意见的高级法院在这样做时存在以下的认识，即它们正在确定规划的判决将并且有时必须被此后的法院所遵循。[2] 判例法的两个突出特点是：（1）法官造法，即法律不是由专门的立法机关制定，而是由法官在审理案件的过程中得出法律原则和规则；（2）遵循先例，即上级法院的判例下级法院应当遵循，一个法院过去审理的案件产生的判例所揭示出来的法律原则和规则，该法院未来审理同类案件时应当得到

---

[1] 参见《中华人民共和国法官法》第 8—13 章。

[2] 参见 [英] 戴维·M.沃克：《牛津法律大辞典》，光明日报出版社 1988 年版，第 140 页。

遵循。判例法的第二个特征十分明显地体现了"裁判自律"：法院和法官审理案件，应当受到自己过去制作的裁判先例的约束。有了这样的约束，即使不存在统一制定的实体法规范，也能够保证前后法院审理的相同或相似的案件具有同一性，从而实现法制的统一和司法的相对公正。过去我们研究英美法国家的判例法制度，较多注意到判例法的"造法"特征，而对于"遵循先例"尤其是通过遵循先例而达到的"裁判自律"，则缺乏必要的关注和深入的研究。因此，往往不能正确理解在缺乏统一制定法的法制情况下，判例法国家的法院能够在汗牛充栋的案卷之中确保裁判的相对整齐划一和公正。"遵循先例"的自律机制，大大地约束了法院和法官的任意性，将其裁判规范在一个为先前的判例所构建的基本框架之内。这一点无疑是值得我们认真研究和借鉴的。而比较法研究的目的之一，就是"改善本国法"。① 大陆法系国家主要是通过制定统一的法典构建自己的法律体系。但是，现代世界法律体系上的一个重要现象是两大法系出现了融合的趋势，不仅"两个法系所用的方法趋于接近"②，而且，"两种法律体系的法律家的思想模式更为接近"。③ 更为重要的是，两者在"法律渊源上的趋同已经发生"。④ 具体表现是，一些传统的判例法国家逐步制定出成文法，而大陆法系国家开始在不同程度上发挥判例的作用。"今天，谁也不否认，无论对法国或是对德国来说，法律的广大领域实际上都是法院判决的结果。如果任何普通法法律专家仍然设想大陆法系中不存在判例法的话，那么，他只要看一看大陆国家大量引证案例的教科书，就会很快相信自己是大错特错了。"⑤ 大陆法系国家逐步重视判例的作用，具体表现为：（1）通过判例，尤其是最高法院的判例确认一些新

---

① 前引〔法〕勒内·罗迪埃：《比较法导论》，徐百康译，上海译文出版社 1989 年版，第 32 页。

② 〔法〕勒内·达维德：《当代主要法律体系》，漆竹生译，上海译文出版社 1984 年版，第 27 页。

③ 〔英〕J. A. 约络维奇：《普通法和大陆法的发展》，载《法学译丛》1983 年第 3 期。

④ 〔澳〕G. 萨威尔：《西方法律的几个要素》，载《法学译丛》1991 年第 4 期。

⑤ 〔英〕J. A. 约络维奇：《普通法和大陆法的发展》，载《法学译丛》1983 年第 3 期。

的民事权利，以补充民法典等之漏洞。①（2）其最高法院作出的判例，对于下级法院具有不同程度的约束力。（3）对于最高法院和地方法院的判例进行筛选、编纂整理和出版（如日本就做此类工作），经过筛选、编纂、整理而出版的判例，对于下级法院和制作该判例的法院未来的审判具有约束力。这些新动向，从一个侧面反映了人类法律实践活动的内在规律性。有学者指出：在大陆法系国家，"法官判决案件也常常参照判例。不管革命思想对判例的作用如何评价，在事实上大陆法系法院在审判实践中对于判例的态度同美国的法院没有多大的区别。法官之所以要参照判例办案，主要有以下几个原因：第一，法官深受先前法院判例的权威的影响；第二，法官懒于独立思考问题；第三，不愿冒自己所作的判决被上诉审撤销的危险。可能还有其他许多原因。这些同时也是普通法系中法官援引判例的原因"。② 可见，"裁判自律"机制在大陆法系法院的审判活动中，已经发挥着实际的制约作用。大陆法系出现的筛选、编纂、整理和出版判例的情况，往往不是一种"造法"活动，而是适用已有的制定法的司法活动，涉及对已有制定法的解释和对于案件事实的认识等内容。但是，由于存在与英美判例法相同的"遵循先例"或者说"约束后来"的作用，它也就当然具有"裁判自律"之功能。我国古代经历了判例法时代（西周、春秋时期）、成文法时代（战国时期和秦朝），至西汉时期进入混合法时代，直到清末，并影响到近现代。其主要特点是：成文法与判例法并行不悖、互为终始、循环往复。在有成文法和成文法宜于适用之际，则依据成文法判案；在无成文法或法律明显不宜适用之时，则依照法律原则创制和适用判例。在判例积累到一定程度时，又被成文法所吸收，上升为成文法条。中国的混合法兼取成文法和判例法的长处，避免二者的短处，体现了人类法律实践活动的内在规律，是科学合理的有生命力的法律实践模式。③ 在这样的法律实践模式中，"裁判自律"的机制能够发挥良

---

① 例如，德国的"一般人格权"就是通过其联邦最高法院的判例发展起来的。参见徐国建：《德国民法总论》，经济科学出版社1993年版，第21页。

② ［美］约翰·亨利·梅利曼：《大陆法系》，知识出版社1984年版，第52页以下。

③ 参见武树臣等：《中国传统法律文化》，北京大学出版社1994年版，第9章。

好的作用。近代以后，我国法制在理论上朝大陆成文法系一边倒，[①] 在实践上仍注重判例，1929 年民法典公布之前，"支配人民法律生活的，几乎全赖判例"。[②] 我国现行法制，主要是制定法，但是最高人民法院对于司法实践中大量具体问题的解释以及对于具体案件的解答、批复等，就其来源和作用而言也具有一定的"判例法"色彩。因为，"判例的创造性作用总是或几乎总是隐藏在法律解释的外表后面"。[③] 而法官和法院遵循自己作出的先例判决进行"裁判自律"，具有重要的意义。我们所讨论的裁判自律中的"律"，一方面是法官作出的已经发生效力的裁判，这显然还不是"判例"，而是法官以前司法活动的"先例"；另一方面是指经过人民法院的审判委员会审核、认可并可能经过适当加工整理的本院法官或合议庭作出的裁判。前者只是对于个别的法官（即先例的制作者）具有"遵循先例"的约束力；后者则对该法院的全体法官具有"遵循先例"的约束力，已经有了"判例"的某些基本属性。但是考虑到我国法制的基本状况，我们不将其称为"判例"，而将其称为经过审核的案例。就"裁判自律"机制而言，经过审核的案例对于法院全体法官的"遵循先例"作用具有更为重要的意义。

三、裁判自律与自由裁量权

在西方法律理论和实践中，有所谓的"自由裁量权"（descretion）。它是指授予法官酌情作出决定的权力，并且这种决定在当时情况下应是正义、公正、正确、公平和合理的。法律常常授予法官以权力或责任，使其在某种情况下可以行使"自由裁量权"。司法上的"自由裁量权"问题是处理证据确定方面的问题，如事实问题，而不是法律适用问题。它是用道德判断来

[①] 马义指出："我国旧法，律例并行，稍与英制相似。自清末维新，改从大陆法系，转趋重于成文法规。"参见《司法院解释最高法院判例要旨分类汇编》序，中华书局 1931 年版。

[②] 居正：《司法党化问题》，载《东方杂志》第 32 卷第 10 号。

[③] ［法］勒内·达维德：《当代主要法律体系》，漆竹生译，上海译文出版社 1984 年版，第 125 页。

加以确定的问题。然而在"自由裁量权"已经授予法官的场合，在法官行使这种权力的问题上，存在一种很强的倾向性，即行使这样权力要记录在案，后来的法官行使其"自由裁量权"要与以往相一致。① 可见，在西方国家，法官行使"自由裁量权"主要限于事实方面而不在于法律方面，因为法律通常已经比较完备，法官只需援引现存的制定法或判例即可。对于事实，有些无法得到完全的证实，这就需要法官根据自己的道德②来加以判断。在这种"自由裁量权"的行使中，至少以下两个方面涉及"裁判自律"问题：（1）正如上述，行使"自由裁量权"，存在"遵循先例"的要求，即先前的做法对于后来的相同或类似情况有约束力；（2）由于法律赋予法官"自由裁量权"，就要求法官自律，慎重地行使这一权力。提高法官的道德水平和法律及其他知识水平，将是这种"自由裁量权"得以正确行使的关键。在我国，法官行使的"自由裁量权"似更大一些。从事实方面而言，法官存在两个方面的"自由裁量权"：其一，虽然我们强调"以事实为根据"，但是并非任何一个案件的事实在审判的时候都是完全清楚的。虽然我们主张世界的可知性，并确信人类的智慧与理性能够处理社会生活的诸多问题，但是，在一定的时空限度内，人们包括法官的认识能力又是有限的。一些事实的真实与否，在审判时并不能作出百分之百的回答。法院的庭审调查与其说追求的是一种事实上的真实，不如说追求的是法律上的真实——使法官相信某一事实的存在与否及真实与否。③ 在这种情况下，需要法官运用自己的"自由裁量权"作出判断。而大陆法系国家的法官们被允许"用不同方式判断事实，从而深刻变更法的适用条件"。④ 其二，虽然原告方和被告方提出的证据（事实）都是真实的，但是其所支持的主张却是完全相反的，即存在两种完全对

---

① 参见[英]戴维·M.沃克：《牛津法律大辞典》，光明日报出版社1988年版，第261页。

② 在笔者看来，法官作出此等判断，不仅需要依据其道德价值观，而且需要运用其法律知识、执法经验和其他方面的素养。

③ 参见张新宝：《名誉权的法律保护》，中国政法大学出版社1997年版，第176页。

④ [法]勒内·达维德：《当代主要法律体系》，漆竹生译，上海译文出版社1984年版，第111页。

立的在法律上真实的事实。在这种情况下，法官很可能需要运用"优势证据证明原则"或者"高度盖然性原则"对于当事人提供的证据进行取舍。这种取舍，无疑正是法官"自由裁量权"的行使。法官在事实方面的"自由裁量权"，需要外部的监督和内部的自律，才能保证其正确行使。自律的方式包括：（1）法官在行使这种"自由裁量权"时说明具体的理由（如依据的道德价值标准、法律理论等）；（2）一个法官行使此等"自由裁量权"对于其后的类似案件应当具有约束力，上级法院行使此等"自由裁量权"对于下级法院具有约束力。从法律方面而言，虽然我国是一个制定法国家，从理论上说法官必须援引法律条文判案，而无造法的权力或功能，但是任何法典都不可能是完备而没有遗漏的，而是存在或多或少的漏洞。正如南宋朱熹所说："大抵立法必有弊，未有无弊之法。"（《朱子语类》卷一〇八）而且，人们对于一些法律规范的含义也存在不同的解释。在我国，法律条文相对简略，立法不明确和不严谨处甚多。法官在审理案件中，有时会遇到"无法可依"的情况，有时会遇到"有法难依"的情况。这就需要对于法律进行解释和对于法律的漏洞进行补充。[①] 大陆法系的法官被允许"在法律规定之内自由补充研究，这种自由研究要求法官对事物作出独立判断，而这种判断又是从实在法推论不出的"。[②] 法官在对于法律进行解释和对于法律漏洞的补充中，无不受到其道德水平、法律知识和其他素养的影响。在解释法律和补充法律漏洞上面，法官具有相当大的自由度。由于这一自由度及其负面作用的存在，就需要加以自律。具体的自律方式是：（1）对于法律漏洞的补充或者对于法律的解释，应当说明理由（如依据的道德价值标准、法律理论、比较法上的情况等）；（2）一个法官对同一条法律的解释，对于其后适用该条法律应当

---

① 参见梁慧星：《民法解释学》，中国政法大学出版社 1995 年版，第 247 页以下。法国比较法学家勒内·罗迪埃指出："法国法给予法院很大的解释权，这样可以缓和成文法太死板的弊病。"参见［法］勒内·达维德：《当代主要法律体系》，漆竹生译，上海译文出版社 1984 年版，第 57 页。

② ［法］勒内·达维德：《当代主要法律体系》，漆竹生译，上海译文出版社 1984 年版，第 111 页。

具有约束力,不得今天这么解释,明天那么解释;(3)一个法官对法律漏洞的补充,对于其后遇到相同案件的审理,也应当具有约束力,不得今天作出甲种补充,明天作出乙种补充。

四、裁判自律与裁判文书

法院审理案件,总是通过裁判文书对于案件的程序问题和实体问题作出决定。一般说来,裁定用于决定程序问题,判决用于决定实体问题。在裁判文书中尽可能说明理由,提高裁判文书的透明度,是当今大陆法系通用的做法。① 也是"裁判自律"的一个重要方面。

(一)"裁判自律"与判决书

目前存在的普遍问题是,判决书的内容过于简略,多数判决书只是简单交代案件的大致情况和双方当事人的主张,对于双方当事人提出的证据缺乏必要的阐述,尤其是缺乏对不采信的证据的说明,不交代不采信的理由。在援引法律方面,多存在笼而统之的倾向,不交代具体的法律条文(包括条、款、项)及其内容,甚至不交代其所依据的是哪一项法律,而只是写明"依据法律,判决如下……"有些复杂的案件中,涉及法律的解释和法律漏洞补充,法官虽然做了这方面的工作,但是却不在判决书中加以说明。在这种不甚明了的事实"根据"上和在这样的不甚清楚的法律"准绳"下作出判决,常常使得胜诉的一方觉得胜得稀里糊涂,败诉的一方觉得败得不明不白,甚至产生"审判不公"的误解。从"裁判自律"的角度来看,在一份判决书中比较全面地说

① 勒内·达维德曾指出:"今天,这些判决都应说明理由。但判决必须说明理由是新近的事。有很长一段时间大家一致认为判决是行使权力,无需说明理由。判决要说明理由的做法,在意大利从十六世纪起,在德国于十八世纪逐步确立起来;在这点上,在法国只是1790年,在德国只是在1879年才作为一项普遍义务强使法官们接受。判决必须说明理由这一原则今天是极为牢固地树立了。在意大利,宪法本身就此作了规定。对于我们这个时代的人,这个原则是反对专断的判决的保证,也许还是作出深思熟虑的判决的保证"。[法]勒内·达维德:《当代主要法律体系》,漆竹生译,上海译文出版社1984年版,第132页。

明案件的情况、对于双方当事人提出的主要证据采信或者不采信的理由、判决所依据的法律条文以及对该法律条文的理解及可能的漏洞补充等，是十分必要的。在判决书中全面说明案件的情况，有利于正确反映法官对于案件的把握程度，也有利于上诉审法官更直接、迅速了解案情（就一审判决而言）；在判决书中说明法官采信和不采信当事人提出的证据的理由，能正确反映法官行使"自由裁量权"时的道德价值观及法学和其他知识水平，将该法官的德与才昭然于世；在判决书中写明其所援引的具体法律条文，能正确反映法官对于相关法律的掌握和理解情况，反映出其作为一个专门的司法工作者的专业素质；在判决书中写明法官解释其所援引的法律或者对于法律漏洞予以补充的情况，既能反映该法官的道德价值观，又能反映其对法律的理解和相关的专业知识水平。电脑的普遍运用，将使判决书的写作变得较为方便。所有这些，都将把一份判决书塑造成一面镜子，制作该判决书的法官可以从中看到自己的灵魂（道德价值观、知识水平）和外表（写作能力等）。当事人和社会公众也可以从中对该法官作出评价。更为重要的是，该法官可以以自己制作的判决加以自律。由于这样的判决书比较全面真实地反映了法官的政治和业务素质，将在很大程度上约束法官"遵循先例"，起到"裁判自律"的作用。

（二）"裁判自律"与裁定

我国人民法院的裁定多用于解决诉讼中的程序问题。程序的重要性往往被忽视。即使是在法制比较完备的大陆法系国家，对于程序的重视程度也远不及判例法国家。而在我国这样的长期重实体、轻程序的司法制度和法律思想体系内，程序的重要性被忽视就更加习以为常。值得庆幸的是，近年来我国一些学者认识到程序公正在民事经济审判活动中的重要性，并提出了若干改善我国相关法律制度的建设性意见。强调法律程序的重要性，实现程序公正，将是我国实现依法治国和法制现代化的重要内容之一。裁定是法官在整个案件的诉讼活动中使用的解决各种程序问题的决定。裁定可以分为口头裁定与书面裁定、可以上诉的裁定与不可上诉的裁定、对于当事人较小的诉讼权益问题的裁定和对当事人重大诉讼权益问题的裁定等。诚然，法官在各种裁定的制作上具有很大的权力。相当大一部分裁定不能上诉，得不到上级法院的外部监督；而且有许多裁定当庭就生效，当事人可以复议的空间十分有限。对于这样的可能较多体现法官任意性或"自由裁量权"的裁定，也需要引入自律的机制。具体的设想是：（1）对于一些涉及当事人重大诉讼权益的裁定，应当采取书面形式；（2）在书面形式的裁定文书中，法官应当说明作出裁定的理由，包括事实依据和法律依据；（3）法官在裁定文书中所表明的认识方法、价值倾向、对于法学理论的取舍，也如同在判决文书中所表明的一样，对于其后的审判活动具有"遵循先例"的约束力，通过这一约束力实现对法官裁定的自律。

（三）"裁判自律"与经过审核的案例

我们主张对于已经生效的裁判进行审核，经过审核的判决成为经过审核的案例，不仅对于制作该裁判的法官具有"遵循先例"的约束力，而且对于该法院的其他法官也具有"遵循先例"的约束力。而未经审核的裁判，如果其已经生效并未被后来的判决所撤销或否定，对于该裁判的制作者便也具有"遵循先例"的约束力。人民法院审核案例，应当作出较为详细和规范的文书，并可以对原裁判文书予以适当的技术性修改，以使其形式更加规范、内容更加明确、反映的立场观点和方法更加突出，这样才便于后来者更好地"遵循先例"。鉴于对裁判的审核是一项重要的工作，建议由各级人民法院的审判委员会行使判决的审核权。随着"裁判自律"机制的建立与逐步实施，人民法院审判委员会审核案例的工作将成为法院行使审判权并对下级人民法院进行审判监督和业务指导的一个重要组成部分。

五、裁判自律与审判组织

（一）合议制与独任制的"裁判自律"之差异

合议制为许多国家的司法制度所采用。在判例法国家，一审案件多由陪审团在独任法官的主持下审理，而上诉审一般是审理"法律问题"，由数个（应为单数）法官组成合议庭进行审理。我国法院对于简单的一审民事案件和轻微的刑事案件采取独任审判员审理的制度，而对于多数一审案件及二审案件则采取合议庭审理的制度。① 在采取独任审判员审理的案件中，判决书和裁定文书对于相关法官的"遵循先例"约束力及由此产生的裁判自律作用比较容易发挥出来，而通过合议庭讨论形成的裁判的自律作用则需要具体分析。

（二）在全体法官同意基础上作出的裁判对于法官的自律作用

合议庭审理案件，法官们对案件进行讨论，可能出现的情况不外乎两种，一是全体法官一致同意，作出某项判决或者裁定；二是部分法官同意作出某项判决或者裁定，而另一部分法官不同意作出此等判决或裁定，最后根据少数服从多数的原则，按照多数法官的意见作出判决或裁定。如果判决或裁定是合议庭的全体法官一致同意作出的，在该判决或裁定中反映的认识论方法、道德价值观、对于相关法律条文的理解以及对于相关法律漏洞的态度和补充方法，就对所有的法官均产生"遵循先例"的约束力，这些法官在未来司法活动中应当受到该判决或裁定的自律。这不仅在其将来的共同司法实践（再次由相同的法官组成合议庭审理案件）中发生自律作用，而且在其未来的分别的司法活动（与其他法官组成合议庭审理案件或者担任独任审判员审理案件）中发生自律作用。

（三）在多数同意少数反对的基础上作出的裁判的自律作用

要求任何一个合议庭的全体法官在任何案件中都作出全体同意的裁判，是不现实的也是不科学的。不能机械地认为多数法官的意见就必然正确，少数法官的意见则必然错误。法律之所以规定以多数法官的意见作出相应的判

① 参见《中华人民共和国民事诉讼法》第 40 条、第 41 条；《中华人民共和国刑事诉讼法》第 147 条。

决或裁定，与其说是对于真理的取舍，不如说在运用民主原则解决一个现实的必须解决的具体问题。许多案件的判决或裁定并不是在全体法官一致同意的基础之上作出的，而是在多数法官同意的基础之上作出的。那么，判决或裁定所反映的就不是那些持反对观点的少数法官的观点，而是反映持肯定观点的多数法官的意见。该判决或裁定，对于多数持肯定观点的法官来说，具有自律的作用，他们在未来的司法活动中应当遵循其在该判决或裁定中体现的观点、方法和立场。在有的国家的司法制度下，判决书中不仅要写明支持该判决的法官的意见（包括对于事实的认定和支持的理由），也要写明反对该判决的法官的意见（也包括对于事实的认定和反对的理由）。法官的反对意见连同案件的判决书一并发表。我国法律虽然对此没有作出明确规定，但是习惯做法是在判决书中不写明反对意见，给人造成的印象是合议庭的全体成员一致主张该判决的内容。但是，合议庭在讨论案件时，往往是存在分歧的，这种分歧意见通常要记录在合议笔录中，但是不向当事人和社会公开。笔者以为，在合议时全体法官形成一致的意见而作出判决诚然是一件好事，但是不能形成一致意见也未必总是一件坏事。尊重少数法官坚持自己不同意见的权利也许比尊重少数人的意见本身更为重要。记录于合议笔录的少数法官的不同意见，对于这些少数法官未来的司法活动也应当具有"遵循先例"的自律作用。这些少数法官不能因为自己的意见未被判决采纳就在未来的司法活动中任意改变自己的立场、观点和方法。但是，考虑到我国司法制度的状况和公民法律意识与法律知识的程度，建议目前暂时不要在判决书中公布少数法官的反对意见。无论是基于全体合议庭的法官（陪审员）一致同意作出的裁判，还是基于多数合议庭成员的意见作出的裁判，如果该裁判通过法院审判委员会的审核，成为该法院的经过审核的案例，该法院的所有法官都有义务遵循该判决所体现的原则和精神，不得以自己当时曾不同意该判决为理由拒绝其"遵循先例"的约束力。同样道理，如果存在上级法院经过审核的案例或者本法院经过审核的案例，无论是独任审判还是合议庭审判，经过审核的案例所体现的原则和精神，都应当在以后同类案件的审判中得到遵循。

六、裁判的变更与裁判自律

（一）裁判或先例的撤销与变更

裁判或先例的撤销与变更有以下几种情况：（1）一审法院法官作出的裁判被上诉审法院所撤销或者改判；（2）已经生效的裁判被后来的审判监督程序所撤销或者改判；（3）作出该裁判的法官，在后来的司法活动中改变自己的体现于过去裁判中的立场、观点和方法等；（4）法院审判委员会撤销或改变经过审核的案例。对于前两种情况，由于原来的裁判被撤销或改变，表明其不发生法律效力或者不再具有法律效力。这样的裁判，原则上对于制作该裁判的法官不发生"遵循先例"的自律作用，该法官可以随即改变自己的立场、观点和方法，服从二审判决或者经过审判监督程序作出的判决的原则和精神。对于第三种情况和第四种情况，则需要进一步讨论。

（二）法官体现在过去裁判中的立场、观点、方法的改变

"裁判自律"要求法官对于自己过去作出的裁判"遵循先例"，不得违反。这就要求法官对于自己作出的裁判保持相对的连续性、稳定性，不得朝令夕改。但是，客观情况总是在不断发展变化的，法律制度也会不断修改和完善，法官的法律知识会随着司法实践的深入和业务学习而不断提高。这就可能出现法官要求改变过去裁判中的立场、观点、方法的情况。这种改变不是对于过去裁判的推翻或者再审，而是在新的案件中不再坚持过去的立场、观点和方法等。这样的改变将与法官的"裁判自律"发生矛盾。如何解决这一矛盾呢？笔者认为，一方面应当强调过去作出的生效裁判的稳定性和连续性，保持其对制作该裁判者的自律约束力；另一方面又应当允许法官在新的条件下作出适当的改变。一般而言，在以下情况下允许法官作出改变：（1）过去所依据的法律被废除或发生重大修改；（2）过去的裁判与最高人民法院的新的司法解释、上级法院新的生效的判决相矛盾或者抵触；（3）过去生效

的裁判被审判监督程序撤销；（4）过去裁判所参考的主要法学理论发生重大变化，而新的法学理论具有显然的合理性；（5）对于某些事实之认定，出现了新的科学方法或者统计、计算方法。法官改变自己过去裁判中的立场、观点和方法等，在新的裁判中主张新的立场、观点和方法，如果是基于上述五种情况中的前三种，原则上不需要作出特别说明。但是如果是基于上述五种情况中的后两种，则需要在新的裁判中加以说明，使当事人充分了解其改变主张的理由。法官如果选择新的立场、观点和方法，这些新的立场、观点和方法从被该法官采纳之时起，对该法官便产生"遵循先例"的自律约束力，过去的被其改变或放弃的立场观点和方法对该法官就不再具有"遵循先例"的自律约束力。

（三）经过审核的案例的撤销或改变

对于经过审核的案例，应当维持其一定时期的稳定性、权威性和约束力，不可随意撤销和变更。但是，如果出现了确有撤销、变更的重大事由（如经审核的案例所依据的法律被废除或发生重大修改；经审核的案例与最高人民法院的新的司法解释、上级法院新的生效的判例相矛盾或者抵触；作为经审核的案例的基础案件被审判监督程序撤销等），应当由法院审判委员会依据与审核案件相同的程序撤销或变更。①

七、导入裁判自律机制的观念障碍与有利条件

（一）导入"裁判自律"机制的若干观念障碍及其克服

1. 固守成文法无视判例价值的大陆法系传统观念。众所周知，中国古代素有重视成文法典的传统，加之近代以后，我国朝欧洲大陆法系一边倒，按

---

① 民国时期的法律有关于法院对判例的选择、审核、适用、变更等具体规定。参见武树臣等：《中国传统法律文化》，北京大学出版社1994年版，第656页以下。

照大陆法系的理论和法制模式开始了法律近代化历程。这无疑又加强了成文法传统观念。其后果之一是无视判例的价值，认为判例不是法律渊源。其实，中国古代素有创制适用判例的传统，中国古代法是成文法与判例相结合的混合法。而且，一个世纪以来，西方两大法系——欧洲大陆的成文法系和英美的判例法系——从对立逐渐走向融合，其共同发展方向就是混合法。今天，我们应当实事求是地正视和充分运用判例在法律实践活动中的作用，使之为法制建设服务。

2. 担心会束缚法院、法官手脚和主观能动性。法律条文规定的宽疏，为法院、法官的主观能动性留有很大余地，而且以往判例对法院、法官不具有约束力。这样，法院和法官得以相对自由地评价案件事实并作出判断，而不必考虑以前是怎么做的，以及这样做了对以后会产生什么影响。可谓"前不见古人，后不见来者"。导入"裁判自律"机制之后，法院和法官在审判中必须既看过去，又看未来。这样似乎限制了法官的主观能动性。但是，第一，法官的主观能动性本来就只能在法定范围内发挥作用；第二，在遇到极特殊的情况时，法官仍可以在法定范围内具体问题具体处理，只要不将该案选为典型案例即可。因此这种担心是不必要的。

3. 担心混淆立法和司法的界限。按照成文法理论，法官在审判过程中，只能援引国家立法机关制定颁布的法律。如果法院同时还援引自己审核批准的典型案例，不等于承认法院也有权立法，不是把司法和立法混为一谈了吗？其实，立法与司法的界限本来就不是绝对的，① 我们在审判中不是经常援引最高人民法院制定的司法解释吗？况且，在导入"裁判自律"机制的初级阶段，典型案例的援引是"内部操作"的，并不表现在判决书裁定书上面，只是在裁判过程中对法官发挥微观的规范作用。其实，事物都是相辅相成的。用判例来弥补成文法之不足，而判例的积累又为立法创造了条件，何

---

① 居正指出："立法与司法只是量的区分，而非质的区分。"宪法是造法，法规是适用；法规是造法，裁判是适用；裁判是造法，执行是适用。法律与裁判只是一般与个别、抽象与具体、观念的法律与实在的法律之间的差别。参见居正：《司法党化问题》，载《东方杂志》第32卷第10号。

乐而不为呢？

4.担心增加工作量，影响正常审判工作，而且工程浩大，十分麻烦，搞得不好还要承担责任。的确，法院的审判工作量逐年递增，在不增加人手和大幅度改善工作条件的情况下，法官们常年超负荷运转，似乎只有招架之力了。在这种状况下再增加工作量，岂不会弄巧成拙吗？其实，再大的工作量只要在时间上空间上分割一下，就不值得担忧了。况且，这种工作和正常的审判工作特别是法官业务水平的提高又是相联系的，可以一石二鸟，并行不悖。

5.我国法制建设起步晚、底子薄，能达到今天这样的程度已是很不容易了，不要节外生枝，打乱了前进的脚步。此话不无道理。其实是，经过十几年的实践和积累，我国法制建设特别是司法建设，已经到了非采取深层改革而不足以更上一层台阶的时候了。问题在于，在目前现有的人员素质和司法环境等客观条件下，如果不采取深层次改革的措施，裁判不公的问题，司法不统一的问题，以及国民对国家法律的信仰问题，怎样才能达到根本性的改观？不管是"背水一战"还是"鲤鱼跳龙门"，不变革是不行的。

（二）目前导入"裁判自律"机制的有利条件

1.总体环境是有利的。党的十五大提出"依法治国"建设"社会主义法治国家"的治国方略，并明确要求"推行司法改革"。而导入"裁判自律"机制正是实施"依法治国"方略和"司法改革"的具体表现。目前，立法已初具规模，关键是司法，在司法领域进行深层次改革是党心所指、民心所向、大势所趋。

2.法律环境是有利的。改革开放以来，立法成绩卓然，社会生活的各个领域已大体具备了相应的法律。同时，由于成文法律的抽象性和笼统性，由于社会生活节奏加快和成文立法在程序上的严格限制，必然需要判例来加以弥补。这就为导入"裁判自律"机制提供了最基本的前提。

3.法官队伍状况是有利的。目前，我国已有法官约17万人，其中大专文化水平以上的约占84%。他们在审判第一线成功地处理各式各样的新问题，在实践中不断增长才干、积累经验，从主观能力上能够胜任"裁判自律"机制的操作任务。

4. 指挥系统是有利的。长期以来，我国法院系统的指挥和运作状况是令人满意的。最高人民法院的统一部署和指挥，是顺利导入"裁判自律"机制的可靠保证。

5. 法官心态是有利的。我国法官不仅已具有在无法律规定的情况下从事审判的经验，还具有在有法律规定的情况下参考判例的体验。这种心态和经验有利于导入"裁判自律"机制。

6. 操作经验是有利的。我国各级法院大体上都有编纂典型案例的经验，更不必说最高人民法院公报定期公布典型案例。而且，许多法官还积极参与案例集的编写出版工作。

7. 历史传统是有利的。我国历史上素有创制适用判例和编纂案例的传统，我们可以借鉴这份优秀文化成果，总结有益的经验，为今天的司法改革服务。

8. 国际经验是有利的。改革开放以来，我国法律界与英美法系国家的交流日渐增多，可以从这些国家引进和借鉴判例法的操作经验。有的国家如日本，第二次世界大战后也积极学习英美法系国家，注意判例的编纂和运用。

八、导入裁判自律机制的初步设想

实施"裁判自律"机制可以从以下两个方面着手：一是从选择典型案例入手，随着选择面的不断拓宽，最终全面地实施这一机制；二是从有条件的法院或法庭进行试点入手，通过试点取得经验，然后在整个法院系统推广，以至最终全面实施这一机制。

（一）从选择典型案例入手

1. 典型案例的选择 所谓典型案例是具有以下功能的案例：（1）能够把法条中的法律术语具体化的案例；（2）在司法实践具有较为普遍性的案例；（3）

审理难度较大的案例（如涉及到对于法律的解释、法律漏洞的补充、对于事实的自由裁量权的行使等）。

2.典型案例的审核典型案例初步选出后，经审判庭再次筛选和审查通过，上报主管院长审核，再报经审判委员会通过，返还给各审判庭。在审核过程中，应注意避免重复和遗漏。法院应当组织精干的人员专门负责案例审核的工作。而且，案例审核工作应经常化，以免造成积压。有的可以同审判委员会的日常工作结合起来，同案件复查工作和错案追究工作结合起来。

3.经过审核的案例的整理经审判委员会审核通过的案例要返回给各审判庭，由有关法官对案例进行技术加工和处理。主要是制作标题、压缩篇幅、规范格式，或作一些必要的补充。

4.经过审核的案例的编纂按一定程序给每一个案例标上案号，比如刑事、民事审判庭按法律条款的顺序，附加制作判决裁定的年月日及一审、二审等。典型案例的编纂应本着便于查找的原则进行。

5.经过审核的案例的颁布典型案例编纂之后，经审判委员会再次审核批准，正式印发给各庭，供法官审判案件时参考，同时报上一级人民法院备考。

6.经过审核的案例的援引在审判过程中，法官对案件作出判决和裁定时，应在内部案卷中列出依照的法律条文、司法解释、以往的案例，以供案件复查时参考。但是正式制作判决书或裁定书时不援引以往的案例。

7.经过审核的案例的废除和增补由于立法的变化、司法解释的更动，使原先核准的个别案例不再适用。此时，审判委员会应通过会议废止该案例的适用。同时，应不断审核新的案例以取代过时的案例。

8.制定案例审核编纂办法在适当时由审判委员会制定有关案例选择、初审、核准、加工、编纂、废止、增补等专门规定，以保证该项工作的顺利进行。①

---

① 在这方面，民国时期曾进行过尝试，见诸法规的有 1928 年《司法院组织法》、1928年《司法院处务规程》等。参见武树臣等：《中国传统法律文化》，北京大学出版社 1994 年版，第 9 章。

（二）从个别法院和法庭的试点入手

实施"裁判自律"机制，应当选择一些有条件的法院和法庭进行试点，在摸索总结出经验的基础上全面展开。笔者以为，从试点的地域上看，可以选择北京市的法院。这有两个有利条件，一是北京市的法院离最高人民法院比较近，便于接受其对试点的指导；二是北京地区的法学研究与教学机构相对较多，可以在试点中吸收一些专家参加和听取他们的意见，发挥专家的作用。在试点法院的审级选择上，笔者主张选择中级人民法院。这是因为：（1）相对于基层人民法院而言，中级人民法院配备的法官力量较强，学历高、审判经验丰富的法官比较多，而且受理的案件数量大、类型多；（2）中级人民法院在司法审判中担负着特殊重要的使命，一方面它是终审法院，由区县人民法院审理的一审案件，上诉到中级法院，中级人民法院经过二审而完成其终审程序，最终决定案件的命运。另一方面，中级人民法院又担任相当一部分案件的初审工作，能够积累初审的审判经验。在试点的法庭选择上，笔者主张先选择中级人民法院从事二审的若干法庭进行试点。二审审判作出的判决是发生效力的终审判决，它关系当事人的切身利益，必须慎重。选择二审的若干法庭进行"裁判自律"机制的试点工作，无疑将有利于加强二审审判的严肃性。

（三）"裁判自律"的初级阶段和高级阶段

导入"裁判自律"机制，将经过初级和高级两个阶段。"裁判自律"的初级阶段的主要特征是：1.各级法院各自编纂典型案例；2.法院在审判中内部援引案例，正式判决书和裁定书中不援引案例；3.法院编纂的案例不向外界公布。"裁判自律"的高级阶段的主要特征是：1.最高人民法院编纂统一的案例集；2.法院在审判中公开援引案例，并正式表述在判决书和裁定书中；3.案例集公布于世，允许当事人、律师、社会团体、新闻媒介、法学研究和教育机关、权力机关、检察机关、人民政协等公开查询、引用。电脑的使用将使这种查询甚为便捷。"裁判自律"机制由初级阶段向高级阶段的发展，也就是从局部到全局、从内部到公开发展。在"裁判自律"的高级阶段，一方面，由于最高人民法院的统一指导、部署和监督，工程的质量有了大幅度的提高；另一方面，由于实践经验的积累，法官的素质也大为增强，从自身获得了抵御病患侵袭的免疫力。同时，社会监督由于找到了关键的深层次的切入点而真正落到实处并发挥有效的功用。这就使人民法院的审判活动真正置于人民的直接监督之下，从而既保障了司法公正，又维护了法律的统一和尊严。那时，我国的司法状况将得到极大的改善，人民群众对于法院的司法工作将予以高度的评价。

九、结　语

实施依法治国方略，就要严格依法办事，做到裁判公正。今天是有法可依的时代。有法不依，执法不严，裁判不公，势必大大损及国家法律的尊严。如果说，改革开放初期，我们大力普及法律常识，号召人民群众用法律来保护自己合法权利的话，那么，在今天，当群众手里拿着法律读本，却看不到裁判公正时，法律的形象将会是什么样呢？因此，着力解决司法公正的问题，是一个重大的政治问题。必须从我国法制建设的具体国情出发，实事求是，解放思想，开拓新路子，以期在不太久远的将来，使该问题得到根本性的解决。这样，我国的法制建设事业就会在未来世纪获得长足的发展，并且以中国独有的风格在世界法律文化园地占有重要的一席。这就是笔者建议导入"裁判自律"机制的真义。历史的经验值得注意。1959年2月20日第三届全国司法工作会议提出："分类、分批选择典型案例，进行排队研究"，"编成案例汇编，及时指导工作"。1962年3月22日，毛泽东指示："不仅要制定法律，还要编案例。"同年12月10日，最高人民法院制定并发布了《关于人民法院工作若干问题的规定》，强调："运用案例的形式指导审判工作，也是一种好的领导方法"；"最高人民法院应当选定其中在全国范围内有典型意义的案例，报中央政法小组批准后，以最高人民法院审判委员会决定的形式，发给地方各级人民法院参照援用。"① 当时，在无成文法典的情况下，创制适用判例的中国式判例法差一点便呼之即出了。由于种种原因，这一探索被搁置了。回顾这段历史，能够获得的启示是很多的。总结历史是为了认识当今、开辟未来。在新的历史条件下，我们现在又有机遇重新开始实践。当然，导入"裁判自律"机制是一项十分艰巨的事业，非统一思想、统一部署、统一规划不足以奏效。只要我们思想明确、准备充分、措施得体、指挥得法、操作合理，就能够思前人所未思，言前人所未言，行前人所未行，去勇敢地开拓法制建设事业的新局面，把我国法制建设事业全面推向21 世纪。

（原载《法学研究》1998 年第 2 期）

---

① 转引自武树臣等：《中国传统法律文化》，北京大学出版社 1994 年版，第 779 页以下。

法律涵量、法官裁量与裁判自律

"法律涵量"与"法官裁量"是矛盾的两个方面。从静态来看，"法律涵量"限制着"法官裁量"，"法律涵量"越大，"法官裁量"也越大，反之亦然；从动态来看，"法官裁量"是实现"法律涵量"的载体或过程。"法律涵量"过大必然造成"法官裁量"过大，在法官综合素质状态不佳的情况下，势必造成裁判不公、司法不一，出现"人情案"、"关系案"、"金钱案"，甚至枉法裁判。为解决这一难题，有必要引进"裁判自律"机制，使法官在审理案件时，不仅要受法律、司法解释的制约，还要受法院制作的并经审核批准的判例的制约。这也许是在我国当今法制实际状况下，继审判方式改革、错案责任追究制之后，从深层次、从根源上推行司法改革的重大措施。

一、"法律涵量"的定义、级差结构及其表现

（一）"法律涵量"的定义

"法律涵量"即法律之容量，是指法律规范的内容表现在"量"上面的界限或程度，这种界限或程度是通过法律规范在描述法律主体的范围、法律行为的性质、法律行为的情节、违法性、危害后果、法律责任、法律评价及处分时，所具有的概括性或具体性的程度体现出来的。换言之，某一法律规范的"法律涵量"大，该法律规范内容的概括程度就高；某一法律规范的"法

律涵量"小，该法律规范内容的具体程度就高。在成文法国家，法律体系是由不同"法律涵量"的法律规范组成的。

（二）"法律涵量"级差结构

在成文法法律体系中，某种法律规范的地位是由该法律规范的"法律涵量"决定的。被称作"母法"的宪法，因其具有最大"法律涵量"而居于核心地位。宪法条文内容的涵盖面是最宽阔的，它对法律行为主体范围、法律行为性质、法律责任等内容的描述是最抽象的和最原则的。这种高度概括的法律精神或法律原则，常常能够分别派生出一部法典。这些法典或法律就是大"法律涵量"的法律规范。但由于这种法典或法律也是用极为抽象性、原则性的法律语言写成的，尽管它具有数百个条文，仍不能穷尽式地具体描述法律行为的性质、法律行为的情节和法律责任。为了使全国的法院和法官在大致相同的水准上审理案件，最高人民法院又制定了司法解释。《最高人民法院关于司法解释工作的若干规定》（1997 年 6 月 23 日法发〔1997〕15 号）规定："司法解释的形式分为解释、规定、批复三种。"对某一法律、某一类案件、某一类问题如何适用法律所作的规定，采用"解释"的形式；对审判工作提出的规范、意见，采用"规定"的形式；对高级人民法院、军事法院就审判中具体应用法律问题的请示所作的答复，采用"批复"的形式。从"法律涵量"的角度来看，大体上第一、二种形式属于中"法律涵量"的法律规范，而第三种形式则属于小"法律涵量"的法律规范。另外，尽管依照传统的成文法理论，案例（或判例）不是法律渊源，但案例在法官审判活动中并非毫无影响，案例以其独有的具体性和可参照性为裁判案件提供具体的标准。案例如果被视为法律渊源的话，其"法律涵量"也属于小"法律涵量"一类。现将"法律涵量"的级差结构展示如下：

A. 最大"法律涵量"的法律规范：宪法、宪法修正案；

B. 大"法律涵量"的法律规范：法律；

C. 中"法律涵量"的法律规范：司法解释（规定、意见）；

D. 小"法律涵量"的法律规范：司法解释（批复）、案例。

（三）"法律涵量"级差的表现

在我国法律规范体系中，"法律涵量"的级差是较为明显的，现举"继承权"和"人格尊严"两个例子说明之。

第一个例子："继承权"。

A.宪法：《中华人民共和国宪法》（1982.12.4）第13条："国家依照法律规定保护公民的私有财产的继承权。"

B.法律：《中华人民共和国继承法》（1985.4.10）第1条开宗明义："根据《中华人民共和国宪法》规定，为保护公民的私有财产的继承权，制定本法。"该法共五章37条。第一章总则，第二章法定继承，第三章遗嘱继承和遗赠，第四章遗产的处理，第五章附则。

C.最高人民法院司法解释（规定、意见）：《最高人民法院关于贯彻执行〈中华人民共和国继承法〉若干问题的意见》（1985.9.11）序言部分："为了正确贯彻执行继承法，我们根据继承法的有关规定和审判实践经验，对审理继承案件中具体适用继承法的一些问题，提出以下意见，供各级人民法院在审理继承案件时试行。"该《意见》共有四部分62条。①关于总则部分，②关于法定继承部分，③关于遗嘱继承部分，④关于遗产的处理部分。

D—1 最高人民法院司法解释（批复）：《最高人民法院关于对分家析产的房屋再立遗嘱变更产权，其遗嘱是否有效的批复》（1985.11.28）；《最高人民法院关于成年的养子女，其养父在国外死亡后回生母处生活，仍有权继承其养父的遗产的批复》（1986.5.19）；《最高人民法院关于财产共有人立遗嘱处分自己的财产部分有效，处分他人的财产部分无效的批复》（1986.6.20）；《最高人民法院民事审判庭关于未经结婚登记以夫妻名义同居生活一方死亡后另一方有无继承其遗产权利的答复》（1987.7.25）；《最高人民法院关于土改时部分确权、部分未确权的祖遗房产应如何继承问题的批复》（1987.4.25）；《最高人民法院关于继承开始时继承人未表示放弃继承权又未分割的可按析产案件处理的批复》（1987.10.17）；《最高人民法院关于被继承人死亡后没有法定继承人分享遗产人能否分得全部遗产的复函》（1992.9.16），等等。

D—2 案例：《焦彦平诉焦玉英侵犯其继承的遗产和析产纠纷案》①〔案情〕：原告：焦彦平，被告：焦玉英。原被告系兄妹关系。其父焦洪宝、其母韩桂兰于 1956 年购房两间共 3266 平方米。原告于 1970 年 1 月结婚分家单过。同年 9 月焦洪宝病故，遗产未作分割。韩桂兰与女儿焦玉英、小女焦玉珍共同生活。1985 年、1988 年焦玉英、焦玉珍相继结婚，搬出另过，韩桂兰独立生活。1994 年 6 月韩桂兰病故。其病故前立下遗嘱："将房屋（未曾分割）我应有的部分都留给我的大女儿焦玉英；并经公证，且将房屋产权证交给焦玉英。焦玉珍明确声明将自己的应有份额房屋产权赠给焦玉英。原告要求分割房屋产权。〔审判〕：法院经公开审理认为：焦洪宝病故后，韩桂兰及其 3 名子女均未明确表示放弃继承，应视为接受继承。两间房屋中一间为韩桂兰个人所有，另一间为焦洪宝的遗产，由韩桂兰及 3 名子女共同继承，其份额均等。韩桂兰所立遗嘱合法有效，焦玉珍处分自己份额的房屋所有权行为合法有效。被告焦玉英将全部房屋产权据为己有，是对原告焦延平权利的侵犯。原告对自己应有房屋产权的主张合理，应予支持。因房屋较小，不便分割，仅能作价分割。经房管部门作价为 13000 元。根据《中华人民共和国民法通则》第 78 条及有关法律之规定，判决如下：原告焦彦平享有其父母遗留房屋 1/8 的产权，由被告焦玉英付给原告焦彦平 1/8 房屋作价款 1625 元整，在判决生效后 15 日内付清。

第二个例子："名誉权"。

A. 宪法：《中华人民共和国宪法》（1982.12.4）第 38 条："中华人民共和国公民的人格尊严不受侵犯。禁止用任何方法对公民进行侮辱、诽谤和诬告陷害。"

B. 法律：《中华人民共和国民法通则》（1986.4.12）第 101 条："公民、

---

① 《吉林市丰满区人民法院 1995.5.28 判决》，见最高人民法院中国应用法学研究所编：《人民法院案例选》总第 14 辑，人民法院出版社 1996 年版。

法人享有名誉权，公民的人格尊严受法律保护，禁止用侮辱、诽谤等方式损害公民、法人的名誉"；第 120 条："公民的姓名权、肖像权、名誉权、荣誉权受到侵害的，有权要求停止侵害，恢复名誉，消除影响，赔礼道歉，并可以要求赔偿损失。"

　　C. 最高人民法院司法解释（规定、意见）：《最高人民法院关于贯彻执行〈中华人民共和国民法通则〉若干问题的意见（试行）》（1988.4.2），共八部分 200 条。第 140 条："以书面、口头等形式宣扬他人的隐私，或者捏造事实公然丑化他人人格，以及用侮辱、诽谤等方式损害他人名誉，造成一定影响的，应当认定为侵害公民名誉权的行为"；第 150 条："公民的姓名权、肖像权、名誉权、荣誉权和法人的名称权、名誉权、荣誉权受到侵害，公民或者法人要求赔偿损失的，人民法院可以根据侵权人的过错程度、侵权行为的具体情节、后果和影响确定其赔偿责任"；第 151 条："侵害他人的姓名权、名称权、肖像权、名誉权、荣誉权而获利的，侵权人除依法赔偿受害人的损失外，其非法所得应予以收缴。"

　　《最高人民法院关于审理名誉权案件若干问题的解答》（1993.8.7），共11 个问题。现择要如下：二、"当事人在公共场所受到侮辱、诽谤，以名誉权受侵害为由提起民事诉讼的，无论是否经公安机关依照治安管理处罚条例处理，人民法院均应依法审查，符合受理条件的，应予受理"；五、"死者名誉权受到损害的，其近亲属有权向人民法院起诉。近亲属包括：配偶、父母、子女、兄弟姐妹、祖父母、外祖父母、孙子女、外孙子女"；七、"是否构成侵害名誉权的责任，应当根据受害人确有名誉权被损害的事实、行为人行为违法、违法行为与损害后果之间有因果关系、行为人主观上有过错来认定"，"对未经他人同意，擅自公布他人的隐私材料或以书面、口头形式宣扬他人隐私，致他人名誉受到损害的，按照侵害他人名誉权处理"；十、"公民、法人因名誉权受到侵害要求赔偿的，侵权人应赔偿侵权行为造成的经济损失；公民并提出精神损害赔偿要求的，人民法院可根据侵权人的过错程度、侵权行为的具体情节、给受害人造成的精神损害的后果等情况酌定。"

D—1 最高人民法院司法解释（批复）：《最高人民法院关于死亡人的名誉权应受法律保护的函》（1989.4.12）；《最高人民法院关于王水泉诉郑戴仇名誉权案的复函》（1990.4.6）；《最高人民法院关于刊登侵害他人名誉权小说的出版单位在作者已被判刑后还应否承担民事责任的复函》（1992.8.14）；《最高人民法院关于胡骥超、周孔昭、石述成诉刘守忠、遵义晚报社侵害名誉权一案的函》（1991.5.13）；等等。

D—2 案例：《湖北省造纸公司诉湖北法制报社的新闻报道侵害名誉权纠纷案》①〔案情〕：原告：湖北省造纸公司，被告：湖北法制报社。1989 年 5 月 11 日，《湖北法制报》头版刊登该报记者李汉江的文章，标题为"省造纸公司违法经营问题初见端倪"，副标题为"不正当牟利达 700 余万元"。该文章称："根据群众举报，省清理整顿公司领导小组办公室（属省政府）对省造纸公司的经营活动进行了检查，其问题相当严重。"文章列举了随意定价加收管理费、多收企业税、利用计划物资在系统内连环倒等七个方面的问题。最后以"省造纸公司的经营问题在进一步检查之中"结尾。原告省造纸公司以湖北法制报社和记者李汉江为被告，向武汉市武昌区人民法院起诉，以文章严重失实，侵害其名誉为由，要求被告公开道歉，恢复名誉，并赔偿经济损失 30 万元。〔审判〕：武昌区人民法院经审理查明：李汉江的文章的依据是湖北省清理整顿公司领导小组办公室编发的《情况简报》第 12 期（1989 年 4 月 15 日）。两者内容相同，只是增加了副题。该《情况简报》是由省造纸公司办公室副主任王授铭给报社送去后，由李汉江编发的。文章发表后，有关部门对省造纸公司的问题进行清查核实，并写出结论性报告，肯定了《情况简报》所列七个方面的事实。法院认为：被告李汉江未通过正当途径获取《情况简报》，被告湖北法制报社未经有关部门批准即予以登载，且文章所称 700 余万元数字与查证核实数字相差甚远，为此，给原告名誉造成一定影响，致使其经济受到一定损失。故判决：一、

---

① 《武汉市武昌区人民法院 1990.8 一审判决》，《武汉市中级人民法院 1991.8.12 二审判决》。见最高人民法院中国应用法学研究所编：《人民法院案例选》总第 2 辑，人民法院出版社 1993 年版。

被告在判决生效之日起 30 日内在《湖北法制报》第一版登报声明，向原告赔礼道歉；二、被告赔偿原告经济损失 1 万元。宣判后，湖北法制报社和李汉江不服，以判决不公为由上诉于武汉市中级人民法院。武汉市中级人民法院审理认定，文章主要反映省造纸公司在经营中存在违法行为，报道内容基本属实，不构成对省造纸公司名誉权的侵害。原审判决认定李汉江未通过正当途径取得《情况简报》，没有事实依据。据此，武汉市中级人民法院于 1991 年 8 月 12 日改判：一、撤销武汉市武昌区人民法院判决；二、驳回湖北省造纸公司的诉讼请求。

综合上述两个例子，可以清楚地看到，法律规范的"法律涵量"由 A→B→C→D 是递减的，而法律规范内容的具体细致程度又是递增的。从立法角度而言，不同"法律涵量"的法律规范是构成国家法律体系的材料；而从司法角度而言，小"法律涵量"或具体细致的法律规范，是保证司法正常进行的不可缺少的要素。不论法官、律师、公众，他们常常容易从具体细致的法律规范中了解什么是法。

二、"法官裁量"的定义及构成要素

（一）"法官裁量"的定义

"法官裁量"即法官裁判之度量，是法官在审判活动中，发挥主观能动作用，选择、适用法律和司法解释，对具体案件作出评价判断，并作出处分的裁判自由度。"法官裁量"与法官的自由裁量权既有联系又有区别。简言之，两者都是法官基于法律规定，在专业实践活动中表现出来的主观素质。法官的自由裁量权是"法官裁量"的基础，"法官裁量"是法官自由裁量权的具体体现和度量界限，"法官裁量"在审判活动中具体表现为：法官对案件事实、性质、情节作出评价对行为人行为责任、承担责任的方式，和对当事人作出具体处分的选择范围和限度，换言之，法官有权在多大范围内作出这样而非那样的裁决。

（二）"法官裁量"的构成要素

"法官裁量"的构成要素主要有两个方面：外在的构成要素和内在的构成要素，或者说法定的构成要素和内心的构成要素。

外在的或法定的构成要素即"法律涵量"。"法律涵量"决定着"法官裁量"。"法律涵量"大，"法官裁量"就大，反之亦然。在只有国家政策的情况下，法官审判案件只能依据国家的法律政策（民事政策、刑事政策、经济政策等）。由于法律政策的"法律涵量"极大，致使"法官裁量"也极大。在只有法律而没有司法解释的情况下，由于法律的"法律涵量"很大，致使"法官裁量"也很大。同样道理，在有司法解释（意见、规定）的情况下，"法官裁量"相对减少。有了司法解释（批复）和案例（例如被赋予准法价值的话），"法官裁量"就会更小。

内在的或内心的构成要素即法官素质。法官素质内容广泛，包括：政治素质、业务素质、文化素质、心理素质等。在相同的外在构成要素（即"法律涵量"）的前提下，由于法官素质不同，对同类案件的裁量也就不同，从而在一定程度上影响司法统一和法律尊严。由于法官素质不高，敬业精神欠缺，对法条理解偏差，重实体轻程序，对证据的判断失误，对当事人缺乏必要的耐心，阅卷走马观花，不能抓住主要矛盾，甚至不能抵御周围非正当因素的干扰，办"人情案"、"关系案"、"金钱案"，徇私枉法。可怕的是，枉法裁判和以权谋私有时还能够在"合法"的形式之下进行。而且这种违法行为，虽然不是百分之百地能够逃避法律的追究，但也远非百分之百地必然被法律所追究。

三、"法律涵量"与"法官裁量"的合理配置

从法律艺术的角度来看，塑造一个完美的法律规范体系，离不开大"法律涵量"的法律规范。但是就司法审判的角度而言，"法律涵量"是越小越好。法律最好把社会生活的各个领域、各个角落以及人们行为的各种方式、

细微末节都详加规定、面面俱到，使法官在审判案件时如作加减法一样简单明快。

"法律涵量"与"法官裁量"的合理配置问题，涉及法理学的基本问题，即"法体"和"法"与"人"的关系问题。在西周春秋的"判例法"时代，判例（事）是主要法律渊源，当时的审判方式是"议事以制"（《左传·昭公六年》），即选择合适的判例来裁判。而且采取"当事人主义"和"集人来定"的众审制。法官的标准是"直"和"博"；"直能端辨之，博能上下比之"（《国语·晋语八》）。到了战国秦朝的"成文法"时代，成文法是主要法律渊源。"诸产得宜，皆有法式"，"事皆决于法"（《史记·秦始皇本纪》）。法官的标准是"公"和"明"。即具有"公端之心"和"明法律令"（《睡虎地秦墓竹简》）。简而言之，"判例法"时代"法官裁量"大，而"成文法"时代"法官裁量"小。在"法"与"人"的关系问题上，法家强调"法"（成文法）的作用，主张对法官的裁量权严加限制。儒家则要求充分发挥法官个人的主观能动性，法网不要太密，以免束缚法官的创造性。

那么，"法律涵量"与"法官裁量"如何搭配才合理呢？从中国法律文化史的角度来看，单纯的"判例法"给法官太大的裁量权，单纯的"成文法"对法官的创造性又限制太多。只有把两者合理地结合起来，才能既发挥"法"，又发挥"人"的积极作用。换言之，当"法律涵量"太大时，既要发挥法官的创造性，又需限制法官的裁量权；当"法律涵量"太小时，既要限制法官的裁量权，又要发挥法官的创造性。这也许是法律实践和法哲学探索的永恒课题。

从中国法律实践的现实情况来看，在 A、B、C、D 四种"法律涵量"的法律规范中，最大、大、中、小（一部分）涵量的法律规范，即宪法、法律、司法解释（意见、规定）、司法解释（批复），是基本具备的。问题是：第一，批复远远未能满足司法的客观需求；第二，这是最重要的，案例没有走到前台，发挥真正的作用。由于案例的缺席，使"法律涵量"居高不下，造成"法官裁量"过大，这也许正是当前司法不公、司法不一的顽症所在。因此，实现"法律涵量"与"法官裁量"的合理配置，必须请案例出台，启动"裁判自律"工程。

四、启动"裁判自律"工程

所谓"裁判自律",简而言之,就是人民法院和法官在裁判活动中不仅要受法律、司法解释的约束,同时还应当受自己制作的判决和裁定的约束。人民法院和法官制作的判决和裁定,是将法律适用于具体案件的结果。它们不仅对案件当事人具有约束性,即当事人必须无条件履行判决、裁定中规定的义务,而且,它们对其制作者——人民法院和法官,也具有约束性,即人民法院和法官在遇到同等案件时也应当如此判决和裁定。因为人民法院和法官的裁判活动不是任意的,也不是朝三暮四的,人民法院和法官有责任和义务保证使同样的案件得到同样的裁判,以保障国家法律表现在时间上、地域上、对象上的同一性,即法律的统一性。

大体而言,人民法院和法官制作的裁判有两种:一是错误的,二是正确的。错误的裁判一经某种渠道被发现和确认,就应当依法定程序加以纠正。这是"有错必纠"原则的必然要求,是两审终审制和审判监督程序的宗旨之所在,也是当前冤案错案责任追究制所体现的法律精神。正确的裁判是有价值的,有价值的成果是不应当被浪费的。它们是法官集体智慧的结晶,是抽象的法律规定与具体案件事实相结合的产物,是国家审判实践在微观领域所取得的积极成果。因此,人民法院和法官制作的裁判带有鲜明的特征,这就是形象性、具体性和可比性。如果说法律条文和司法解释是对法律行为的性质(合法性、违法性、犯罪性)和责任作出的抽象性的、一般性的、原则性的描述的话,那么,人民法院和法官制作的裁判,便是对某一具体法律行为的性质和责任作出的具体的、详细的、直观的描述。如果说法官和法学家能够通过法条的"法言法语"来了解法律的话,那么,人民大众则更多地通过具体的案例来明白法条里究竟谈了些什么。"裁判自律"工程就是正视和发挥裁判先例的作用,在审判过程中不仅援引法律条文和最高人民法院的司法解释,还要参酌以往的经过核准的判例,从而保证使同等案件得到同等裁判，以维护国家法律的统一性。

　　启动"裁判自律"工程是我国司法改革的重大措施，必须在最高法院统一部署之下有序地进行。其大体步骤是：①选择典型案例；②审核典型案例；③典型案例的整理；④典型案例的分类编纂；⑤典型案例的内部颁行；⑥典型案例的内部援引；⑦典型案例的废止和增补。在"裁判自律"工程的高级阶段，案例得以在正式判决书内公开援引，案例向社会公开，允许当事人、律师、新闻媒介、法学教育研究机关等公开查询和引用。这样，一方面，由于实践经验的积累，法官素质大大提高，自身增强了抵御病患侵袭的免疫力；另一方面，人民群众找到了从深层次监督司法审判活动的窗口，使审判真正置于人民的直接监督之下，使审判活动遵照非如此不可的必然规律进行，并真正排除了对审判活动的各种干扰，从而从根源上保障司法公正，防止司法腐败。

　　案例的出台，不仅从微观而且从宏观上解决了"法律涵量"与"法官裁量"配置不合理的问题，同时也解决了我国法律体系中，小"法律涵量"的法律规范过于缺乏的问题，从而使"法律涵量"与法官的素质相匹配，从深层次解决我国司法队伍整体素质不高与民众迫切要求司法公正、司法统一之间的矛盾。

（原载《中外法学》1998 年第 1 期）

铸造灰色之法

一、从灰色系统理论说起

灰色系统理论是以灰色关联空间、灰色模型、灰色过程为基础的分析方法。灰色系统理论认为：颜色的深浅在控制理论中常用来形容信息的多少。黑色（黑箱 Black Box）表示对某系统内部结构、参数等一无所知，只能从该系统的外部表象来进行研究。黑色表示信息缺乏。对人类而言，距地球多少亿光年的宇宙的某一空间，就是黑色系统；白色表示对某系统内部结构、参数乃至外部表象均清清楚楚了如指掌，白色表示信息充足。某一电路，知道电阻的数值就可以计算出电压和电流，这个电路就是个白色系统；灰色则介乎于黑白之间，表示对某系统部分信息已知，部分信息未知，该系统称灰色系统。人体的身高、体重、血压、体温等各项数值是已知的，但人体更深层次的结构、规律是未知的。人体是灰色系统。[①] 灰色系统理论自 1982 年正式发表以来，已引起国内外学者的注意，并开始应用于经济、农业、医疗、气象、水利、生态环境、工程控制等领域。尽管笔者对灰色系统理论知之甚少，但相信将该研究方法经过加工移植应用于立法、审判、社会治安综合治理等领域，或许是值得尝试的。

---

① 邓聚龙：《灰色系统基本方法》，华中工学院出版社 1987 年版，第 1 页。

二、法律三色说

本文所言"法律"，是个更为广义的概念，它不仅包括对法官审判案件具有指导意义的法律、法规、最高法院的司法解释，而且还包括对法官施以某种实际影响的判例。尽管按照大陆法系的传统看法，判例不被视为"法律渊源"。笔者把判例推到前台，并不是想同当今法学理论唱对台戏，也不是想为英美法系理论"张目"，更非蓄意挑起争端，而纯粹是出于论述的需要。而这种"论述的需要"，与其说是"独出心裁"，不如说是基于对当今审判制度改革的关注，以及对重构中国式的审判制度的憧憬。

法律三色，是说有三种法律：黑色的法律、白色的法律、灰色的法律。

（一）黑色的法律

黑色的法律是信息缺乏的法律。黑色法律的本质特征是内涵清楚而外延不清楚。就我国现行法律形式而言，具有成文法条形式的法律和最高人民法院司法解释中的规定、意见，大都是黑色的法。

例一，《宪法》第 38 条："中华人民共和国公民的人格尊严不受侵犯。"即法律保护公民的人格尊严。但是，人格尊严的具体表现形式是什么？什么行为是侵犯人格尊严的行为？又应如何制裁？这些问题没有明确说明。

例二，《民法通则》第 120 条："公民的姓名权、肖像权、名誉权、荣誉权受到侵害的，有权要求停止侵害，恢复名誉，消除影响，赔礼道歉，并可以要求赔偿损失。"在这里，"人格尊严"被细化为姓名权、肖像权、名誉权、荣誉权，但何种行为才够上"侵害"？如何"恢复名誉、消除影响"？又如何赔偿？都没有明确说明。

例三，《最高人民法院关于贯彻执行〈中华人民共和国民法通则〉若干问题的意见（试行）》第 140 条："以书面、口头等形式宣扬他人的隐私，或者捏造事实公然丑化他人人格，以及用侮辱、诽谤等方式损害他人名誉，造成一定影响的，应当认定为侵害公民名誉权的行为。"但是，对"隐私"的表现形式和范围，"丑化"行为的构成要件，"一定影响"的客观标准，都没有明确说明。

人们读了这种黑色的法律，除了知道它在主张什么之外，至于法言法语的具体含义、范围、适用条件等，则一概不知。法官凭借这种操作性较差的法律来审判案件并保证使同样的案件得到同样的处分，应当说是十分困难的。

（二）白色的法律

白色的法律是信息充分的法律。白色法律的本质特征是内涵虽不甚明了但外延却相对清楚。就我国现行法律形式而言，白色法律有两类：一是最高人民法院司法解释中的批复，二是以某种形式被赋予某种典型意义的判例。

例一，最高人民法院司法解释——批复。是最高司法机关针对下级人民法院在个案审理过程中遇到法无明文规定或虽有明文规定却失之笼统而无法处理，向最高法院呈函请示之际，根据国家的法律政策和立法本义做出的具体处理意见。这是以司法中的"准立法"行为来补救立法之不足的有效措施。比如《最高人民法院关于死亡人的名誉权应受法律保护的函》（1989.4.12），《最高人民法院关于王水泉诉郑戴仇名誉权案的复函》（1990.4.6），《最高人民法院关于刊登侵害他人名誉权小说的出版单位在作者已被判刑后还应否承担民事责任的复函》（1992.8.14），《最高人民法院关于胡骥超、周孔昭、石述成诉刘守忠、遵义晚报社侵害名誉权一案的函》（1991.5.13），等。

例二，判例，或曰案例。从 1985 年开始，《最高人民法院公告》开始刊登经过审判委员会核准的典型案例，并编辑出版经过精选的典型案例。这些案例的确发挥着潜在的无形指导作用，它们是我国法官智慧的结晶，它们补救了法，发展了法，丰富了法，并以最形象、具体、生动、准确的文字，不仅告诉诉讼当事人而且还告诉平民百姓：什么行为是违法行为，违反了什么法，违法的程度如何，并据此应当承担何种程度的法律责任。一个时期以来，案例的出版已蔚为风气，其作用不仅为学者教师所重视，而且更为法官们所青睐。这一现象也许暗示着传统法律意识的深刻变革。

（三）灰色的法律

灰色的法律不是一种独立形态的法律，而是黑色的法律与白色的法律的某种形式相结合的结果。就好像用黑色颜料与白色颜料和成灰的颜色一样。

作为审判案件的法官而言，他们既需要内涵清楚的法律，更需要外延明确的法律。如果说成文法条作为内涵清楚的法律，对法律行为的本质属性作了高度凝炼的概括的话，那么，判例则作为外延明确的法律努力表述了该法律行为所据以表现的种种具体形式。而内涵明确的成文法条与外延准确的判例的有机结合，则构成了新的法律形态：灰色的法律。

上述黑色的法律中所列举的例一、例二、例三，再加上白色的法律中所列举的例一及例二中的相关判例，就构成了与"人格尊严"相关的灰色的法律。

在传统大陆法系的法学理论中，只有成文法律才是法律渊源，而判例不是法律渊源，法官审判案件只能根据成文法律，既不能援引判例，也不能擅自发挥主观能动作用。当成文法律明显不切时用之际，只能通过立法程序创立新法或废止旧法。相反，在传统的英美法系的法学理论中，只有判例才是真正的法律渊源，法官审判案件要援引以往的判例，在无例可援或原有判例已明显落后于现实生活之际，法官可以根据国家的法律精神或法律政策去创制新的判例并废止旧的判例。在上述理论氛围之下，灰色之法是很难构铸出来的。一个多世纪以来，这种壁垒森严的对立已经逐渐弱化并趋向融合。与西方两大法系不同，中国传统法律则是成文法与判例相结合的"混合法"，这一历史传统是当今构筑灰色之法的有利条件。

三、灰色之法与中国传统法律文化

从法律三色论的角度而言，中国古代法律文化大致经历了三个大的历史发展阶段：白色法时代、黑色法时代、灰色法时代。

（一）白色法时代

西周春秋是白色法时代。当时主要的法律渊源是判例（事）。审判方式是《左传·昭公六年》所谓："议事以制，不为刑辟。"意即选择适当的先例来进行裁判，不事先制定成文法典。优秀法官的标准是"直"和"博"，即《国语·晋语八》所说："直能端辨之，博能上下比之。"一个法官只有正直无私，并通晓历史典故和先例，才能运用自如。在这种制度下，法官选择先例的自由权是较大的，但一旦选择了某个先例作裁判依据的话，法官的裁量权又变小了。简而言之，在白色法时代，法官选择法律依据（先例）时的自由选择权较大，而依先例对案件裁判时的自由裁量权较小。自由选择权因受到当时诉讼中的"当事人主义"和"集人来定"的众审制的制约而纳入适当的限度。儒家主张充分发挥法官的主观能动性，法网不要太密，以免束缚法官的创造性。这是儒家"人治"思想的主要内容之一。这些主张散见于后世儒家言语者颇多。如：《盐铁论·刑德》载，贤良文学主张"王者立法，旷若大路"，"法约而易行"；《晋书·杜预传》载，杜预主张"文约而例直"；《朱子全书·治道一·总论》载，朱熹主张："古之立法，只是大纲，下之人得自为，后世法皆详密，下之人只是守法"；《大学衍义补·谨号令之颁》载，丘濬认为："法者存其大纲，而其出入变化固将付之于人。"另一方面，在判例的创制与适用方面，社会的一般见解则表现了对法官的不放心，如《小仓山房集·答金震方问律例书》载袁枚语："律虽繁，一童子可诵而习。至于例，则朝例未刊，暮例复下，千条万端，藏诸故府，聪强之官，不能省记，一旦援引，惟吏是循。"

（二）黑色法时代

战国秦朝是黑色法时代。当时主要的法律渊源是国家制定的成文法律。审判方式是"事皆决于法"。优秀法官的标准是"公"和"明"，即《睡虎地秦墓竹简·语书》所谓"公端之心"和"明法律令"。法官判案须严格依据成文法条，不得援引判例（廷行事），更不得背法而妄断。为保证司法在空间时间上的统一性，秦朝制定大量的成文法律，并加强中央对下级官吏的监督和指导。其表现之一，便是秦简中阐述"法令之所谓"的司法解释——"法律答问"。在审判过程中，法官选择法律依据的自由选择权是较小的，然而在适用该法条进行裁判时的自由裁量权是较大的。但这种自由裁量权由于法网严密、法条详尽和监督严格而受到极大制约。法家认为人性是"好利恶害"的，为防止法官以法谋私，只有把法律条文制定得详而又详，无懈可击，以限制法官的自由选择权和自由裁量权。这是法家"法治"的主要目标之一。法家的这类主张颇多。如《商君书·定分》载，商鞅主张立法应当不使用含义难解的"微妙之言"。他强调，"圣人为法，必使明白易知"，使"天下之吏民无不知法"，从而达到"万民皆知所避就"，"吏不敢以非法遇民"。此外，法律条文要尽可能详细具体，使百姓知道什么行为是违法又应承担什么责任。如《管子·法法》："号令必著明，赏罚必信密"，《韩非子·难三》："明主言法，则境内卑贱莫不闻知也。"

（三）灰色法时代

从西汉至清末是灰色法时代。这是由法家式的成文法律和儒家式的法官群体共同塑造异曲同工的时代。汉代以后历朝均制定成文法典。但由于历代统治者汲取秦亡教训，不肯把法典制定得如秦法般"繁于秋荼，密于凝脂"（《盐铁论·刑德》）。即便是完美的唐律也只是五百零二条。其条文的概括性，与秦简寸铢必较的严密性相比，已迥然异旨。法典天生渴求稳定而仇恨变动。事实上，在特殊历史条件下，在法典不合时用又不能更立之际，法官们便创制和适用判例，以拯救法、发展法。待判例积累到一定程度，又被立法所吸收并融入成文法典。这是一种由黑色之法和白色之法交替出场、分而又合、合而又分形成的灰色之法。灰色之法在古代法律思想上的折射，便是"人法合治"说。这种理论大致形成于封建社会后期。比如，苏轼说："任法而不任人，则法有不通，无以尽万变之情；任人而不任法，人各有意，无以定一成之论"（《东坡续集·王振大理少卿》）；"人胜法则法为虚器，法胜人则人为备位，人与法并行而相胜，则天下安"（《东坡奏议·应制兴上两制书》);朱熹说:"大抵立法必有弊,未有无弊之法,其要只在得人"(《朱子语类》卷一〇八);丘濬说:"守一定之法,任通变之人"(《大学衍义补·公铨选之法》);王夫之说:"天下有定理而无定法"(《读通鉴论》卷六);沈家本说:"法之善者仍在有用法之人,苟非其人,徒法而已"(《寄文存·书明大诰后》)。

法官天然需要灰色之法。这种法甚至在秦简中已初见端倪。这就是:成文法条+司法解释+廷行事(判例)所构成的灰色之芽。在唐律、宋律、明律、清律的编纂形式上,则是法条+注疏+历年之令、例。更不必说将法条与判例合为一典的元典章。

清末修律,迎来了重建黑色之法的新纪元。而民国初期的大理院的法官们,则在旧法不能用、新法不便用的特殊情况下,立脚中国国情,把判例法搞得有声有色。后来由成文法条和判例要旨、解释例要旨共同组成的六法全书,即便不能说是灰色之法,也不能说不含灰色之意。

四、灰色工程需要灰色之法

人类的法律实践活动(立法、司法)本身就是个灰色工程。

法律作为一种行为规范,是为着调节社会生活而被制定出来的。社会生活是变动不居、错综复杂的。立法者通过对社会生活表象的理解而立法,而社会生活的表象与社会生活的规律性常常是有距离的。再优秀的法律既不可能包揽社会生活的各个方面和各种细节,也不可能自动适应变化了的社会情况。这种法律凝结了立法者对生活的理解,并用文字把它们表述出来。这种法律究竟在多大程度上反映了社会生活的本质,是值得推敲的。正是针对成文法律的内在不足,朱熹才敢于大喝一声:"未有无弊之法。"(《朱子语类》卷一〇八)而熊远则平静地指出:"法盖粗术,非妙道也,矫割物情,以成法耳。"(《晋书·刑法志》)这种本身并不完善的法律在法官手中却成了必须无条件依从的法宝。法官对法律条文的理解,以及对案件事实的评价,对当事人责任的衡量等,又常常受到自身文化素质的影响,这种影响又同司法环境的影响紧密地交织在一起，这些都足以使同样案件在不同法院得出相去甚远的判决。这就是"司法不一"，这就是"司法不公"的真实内涵。

灰色工程自然需要灰色之法。这种灰色之法是由成文法律、司法解释和某种判例共同构成的系统。灰色之法是人类法律实践活动内在规律的反映。

在黑色之法下，法官选择法律的自由选择权小，而裁判案件的自由裁量权大，这种法律实践方式不可避免地会产生"司法不一"。特别是在成文法条语言表述过于抽象、失之笼统的时候。

在白色之法下，法官选择法律的自由选择权大，而裁判案件的自由裁量权小，这种法律实践方式也不可避免地会产生司法不一。特别是在判例编辑混乱的时候。

在黑色之法下，立法权大于司法权，法律由于立法程序的限制难于及时顺应发展变化了的社会生活。

在白色之法下，司法权大于立法权，法律（判例）由于过于庞杂既疏远了民众，又不便于查找。

只有将黑色之法与白色之法有机地结合起来，即在有成文法律的情况下，使前者成为一级法律渊源，后者成为二级法律渊源；在无成文法律或成文法律明显不宜于时用的情况下，使后者成为一级法律渊源。这样，在法官手掌上有了一部中国式的"六法全书"，上面分门别类地载有相应的法条、法规、司法解释(规定、意见、批复）和某种形式的判例群。法官在判案时，既要引用法律、法规、司法解释，又要援引同类案件的判例。判例如同两条绳索，既使已经用过的法律同正要适用的法律挂上钩，又使过去的案件事实同正在审理的案件事实挂上钩。这种准确的双向结合，最终使"以事实为根据，以法律为准绳"成为可以观测的和可以实践的。从而使法律与案件事实经过演绎和归纳的思考方法，达到最为恰当的结合。只有这样，才既规范了法官在选择法律时的自由选择权，又规范了法官裁断案件时的自由裁量权，从而实现"司法统一"。这便是最现实的"司法公正"——使同样案件得到同样处分。

中国正处在社会主义初级阶段。初级阶段的主要特征是：社会生活需要法律的调整，而这时的社会生活恰恰是变化剧烈的。这是一个矛盾。如果我们仍然恪守只有成文法律才是法律渊源，判例不是法律渊源的传统见解，我们将自缚手脚，失去运用判例法来弥补成文法之不足进而维护社会秩序的机会和可能性。

在"依法治国"成为国策的今天，"有法可依"已被普遍承认，而"有法必依"、"执法必严"则备受人们关注。司法进程已成为实现"依法治国"方针的关键或矛盾的主要方面。我国的司法队伍正好像处在抗战胜利之后解放战争即将开始之际的整编中，他们面临着从小米加步枪的游击战到汽车加大炮的阵地战的转变。为了打赢这场攻坚战，法官队伍虽然需要补充营养但更需要精良的武器，这即是成文法和判例组成的灰色之法。

五、如何铸造灰色之法

铸造灰色之法是个伟大的系统工程，非经长期、有序、艰苦的实践不足以奏效。今天实施这个工程也许是不现实的，但这不等于永远不能试验，更不等于没有探索的价值。

在我国现行法律体系中，基本态势是：黑色之法强大而白色之法弱小。黑色吞并了白色。因此，铸造灰色之法工程的要害是大力扩充白色之法。

铸造灰色之法工程的第一个关键，是在思想观念上逐渐淡化"判例不是法律渊源"的传统见解，树立判例即使不是正式的法律渊源但不失为次要的和辅助的法律渊源的见解，或者认为判例是有参照价值的法律文件的观点。事实上，判例是法官集体智慧的结晶，是抽象的法律条文与具体案情相结合的产物，是审判活动在微观领域取得的积极成果，是既有效力又有价值的法律文件。其价值就在于它的具体性和可比性。如果说成文法条是对法律行为的内涵作出的抽象的、一般性的、原则性的描述的话，判例则是对法律行为的外延作出的具体的、特殊的、针对性的描述。如果说法官和法学家能够通过法条的"法言法语"来体味、把握法律的含义的话，那么，普通民众则更多地通过具体案例来了解法条里究竟说了些什么。一旦法官需要从以往的判例中寻找更为具体的"法律依据",并运用以往的判例来证明自己判决的正确性时,或者当当事人及其律师斗胆引用以往的判例据理力争时,判例便必然会走到前台。到那时,成千上万的判例不再"狗熊掰棒子"般被堆到档案室中,而是作为"活的法律"发挥应有的作用。

铸造灰色之法工程的第二个关键,是按照一定的程序来编纂案例。① 案例必须分类编纂,于是,法官必须走"专业化"道路。正好像医生常常分为外科、内科、消化科、心血管等科一样。每一名法官首先要有一个最为精熟的审判领域,然后才能兼及其他。某一法官应当是某一审判领域的专门家,他不仅通晓该审判领域的法律、法规、司法解释,还熟知以往的判例(不限于本庭本院本地区)。不仅如此,行有余力的法官还应了解该领域现存的问题及解决办法和中国古代及国外的情况。当然还应具备驾驭庭审的能力。这样,他就成了一名真正的专家型法官。专家型法官不是高不可攀的标准,所有法官经过艰苦努力都能如愿以偿。这批专家型法官群体的出现是保证案件审判质量和效率的最重要的条件。也是解决长期以来困扰我们的"司法不公"和"案件久拖不决"老大难问题的根本措施。在这种情况下,法官编纂案例就不是出于外来的强迫,而是出于内心的需要。这种需要就是在保证裁判统一的基础上不断提高自己的审判水平和审判效率。

铸造灰色之法工程的第三个关键是判例的运用。在初期阶段,判例的援引只是"内部"的一个必经程序,是法官证明自己判决正确而非错判的一个坚实证据。在条件成熟时,经最高人民法院的统一部署,判例得以在判决书中作为法律依据的补充内容或判决理由的论据之一而公开援引,从而向社会公开。电脑网络的运用,使这种公开的判案直接走上法学院校的讲台、进入律师的文件夹,并为寻常百姓信手拈来。当判例与判例手牵手并肩而行之际,它们便组成了新的扩大的法律规范群。当民众预先知道自己的案件将如何被审理以及结果如何,预先知道"此案非如此判决不可"的时候,人们便

---

① 关于案例的选编、修订和废止,参见拙文《裁判自律引论》,载《法学研究》1998 年第 1 期。

不会"知其不可而为之"，却勇敢地据"例"相争。于是，法官审判活动便获得了更为有利的环境和更为有力的社会监督。如此，案件审理的公正与迅速，成了可以期待的目标，对审判活动的干扰和以权徇私的行为将减少到最低限度。

我们不必事先讨论清楚诸如"判例是不是法律渊源"这样的问题，也不必事先在这个问题上统一思想。在这个问题上的"不争论"，也许是明智之举。一旦允许判例走上审判活动的前台，它的作用便会被人们所承认。于是，一大批白色之法便接踵而至，溶入黑色之法，使法律之网由"大网眼"变成"小网眼"，真正规范了"过网之物"的尺寸规格。并终将重构一种新的法律样式——灰色之法。当我们欢呼灰色之法诞生之际，一大群专家型法官——在法院当中用自己的双手和大脑自我培养的法官群体，就呼之即出了。在法制变革时代，正是这个法官群体，默默地站在立法者身旁，以日常平静无奇的勤奋工作，悄悄地推动着伟大的法制变革。

（原载《法学研究》2000 年第 1 期）

启动"裁判自律"工程，
探索司法改革之路

　　具有重大现实意义和深远历史意义的党的十五次全国代表大会，为新时期我国社会主义建设事业指明了前进方向，作出了战略部署。认真学习、贯彻、落实党的十五大精神，逐步实现"依法治国"方略，探索司法改革之路，把我国法制建设事业全面推向 21 世纪，是每一个法律工作者特别是司法工作者不可推卸的神圣历史使命。我作为一名初到法院工作的新兵，对法院工作尚不太熟悉，对邓小平理论和十五大精神理解不深。在这里谨将个人学习十五大报告的粗浅体会、心得和不成熟的设想向法界同仁作一个汇报，有不当之处请批评指正。

一、司法改革的政治方向和指导原则

　　江泽民同志在党的十五大报告中明确指出："依法治国，发展社会主义民主政治"；"发扬民主，健全法制，建设社会主义法制国家"；"坚持有法可依、有法必依、执法必严、违法必究，是党和国家事业顺利发展的必然要求"；"推进司法改革，从制度上保证司法机关依法独立公正地行使审判权和检察权，建立冤案、错案责任追究制度。加强执法和司法队伍建设"；"要深化改革，完善监督机制，建立健全依法行使权力的制约机制"；"加强对宪法和法律实施的监督，维护国家法制统一"。这些重要论断和指示，为我们健全社会主义法制和推行司法改革指明了政治方向。

在推行司法改革时应当注意遵循以下原则：①一切从国情出发，实事求是。正如党的十五大报告所说，"在中国，真要建设社会主义，那就只能一切从社会主义初级阶段的实际出发，而不能从主观愿望出发，不能从这样那样的外国模式出发"；②解放思想，善于思考，勇于实践。正如邓小平强调的，"我们现在所干的事业，是一项新事业。马克思没有讲过，我们的前人没有做过，其他社会主义国家也没有干过，所以，没有现成的经验可学。我们只能在干中学，在实践中摸索"；③注意吸收借鉴中国历史和外国优秀法律文化成果。正如十五大报告所说，"建设立足中国现实、继承历史文化优秀传统、吸取外国文化有益成果的社会主义精神文明"；④司法改革要在现行宪法和法律的范围内有组织有计划健康有序地进行。此外，还有法制统一原则、公开原则、公平原则、效益原则、保障当事人合法权利等原则。

二、我国司法改革的现状

改革开放以来，党和国家十分重视法制建设，重要法律、法规先后出台，终于告别了"无法可依"的历史，迎来了法制建设的辉煌时代。十几年来，人民法院的广大干警奋战在司法第一线，为改革开放事业作出巨大贡献。但是，毋庸讳言，我国司法状况尚有许多不尽如人意之处。正如最高人民法院院长任建新在第八届全国人民代表大会第五次会议（1997 年 3 月 11日）上所作《最高人民法院工作报告》中所指出的："一些案件审判质量不高，特别是少数经济、民事案件裁判不公；有些案件久拖不决，超过审限"；"在自身廉政方面还有薄弱环节，少数工作人员违法乱纪；法官队伍的整体素质和司法水平尚不适应形势发展的需要。"同时指出，1997 年人民法院的工作任务之一是"深化审判方式改革，大力加强队伍建设，进一步提高法官队伍素质，努力提高司法水平"。

从宏观角度来看，当前我国法制建设的主要矛盾是"有法可依"和"执法不严"的矛盾，即相对先进相对完善的立法，与相对滞后的司法之间的矛盾。就人民群众而言，当没有法律的时候，他们还可以耐心地等待；但是当法律公布之后，他们就不能容忍法律不被认真执行。这样，司法就被历史地推向前台，成为法制建设中最关键的环节和人民群众最关心的领域，换言之，也成了问题最集中的地方。于是，在全国法制建设的一盘棋上面，司法成了主要战场和决定战争胜负的主要战役。它决定着人民法院的形象，也决定着国家法律的尊严。

为了解决司法滞后的问题，我国司法界采取了许多有效的措施。比如：①加强司法队伍建设，提高广大干警的政治思想和业务水平；②坚决纠正不正之风，严肃查处违法违纪行为，对徇私枉法、贪赃卖法者坚决依法严惩；③完善内部监督机制，广开监督渠道，防线前伸；④制定和贯彻一系列内部管理制度，规范司法人员的行为。这些做法与党的十五大报告中所说的"坚持标本兼治，教育是基础，法制是保证，监督是关键"，是完全一致的。在此基础上，我国司法界还积极进行司法改革。司法改革的内容主要有两方面：一是以刑事审判方式改革为重点，继而全面推进民事、经济、海事、行政审判方式的改革。二是推行错案责任追究制度。此外还有审执分开、立审分开等改革措施。

审判方式的改革是1996年以实施修改后的刑事诉讼法为契机全面推行的改革措施。同年7月，最高人民法院召开全国法院审判方式改革工作会议，对此做了工作部署。改革的基本内容是依法强化庭审功能，强化合议庭和独任审判员的职责，加强对人民群众合法权益的司法保护。其核心是进一步贯彻公开审判的原则，凡是依法应当公开审判的案件，都要做到公开审判，把审判活动更好地置于社会监督之下。实践表明，积极改革审判方式，有利于保证严肃执法、公正裁判，有利于提高办案质量和效益，有利于促进法院廉政建设和提高法官队伍的素质。但是，问题在于，审判程序问题并不等同于审判实体问题，审判过程的公开在一定程度上促进了裁判公正，但它并不必然地导致审判结果的公正。

错案责任追究制，是近几年来在最高人民法院指导下，依照法院组织法、法官法等法律，在全国法院推行的一项新的改革措施。其宗旨是加强司法人员的责任心，防止和减少冤案假案错案的发生，维护和促进司法公正。在这方面青岛市中级人民法院已作出积极的探索（参见《法制日报》1997年8月30日、9月29日）。但在实践中也遇到一些难点：一是错案的标准问题。由于我国实行的是"制定法"（或"成文法"），法条规定的内容常常是抽象、笼统、宽泛的。只要在法条规定的框框里裁判，尽管其结果相去甚远，也很难说判错。比如，刑法规定某罪可判3年到7年，那么判3年和判7年哪个判错了呢？二是错案的责任问题。我国实行人民法院独立审判而非法官独立审判，一个案件的有关责任者除法官之外，还有合议庭、庭长、主管院长、审判委员会，这就给划分责任带来困难。

尽管如此，审判方式的改革和冤案错案责任追究制的出现，毕竟吹响了司法改革的号角，一面前进，一面呼唤着司法改革的后续手段。

三、什么是"裁判自律"工程

所谓"裁判自律"，简而言之，就是人民法院和法官在裁判活动中不仅要受法律、司法解释的约束，同时还应当受自己制作的判决和裁定的约束。人民法院和法官制作的判决和裁定，是将法律适用于具体案件的结果。它们不仅对案件当事人具有约束性，即当事人必须无条件履行判决、裁定中规定的义务，而且，它们对其制作者——人民法院和法官，也具有约束性，即人民法院和法官在遇到同等案件时也应当如此判决和裁定。因为人民法院和法官的裁判活动不是任意的，也不是朝三暮四的，人民法院和法官有责任和义务保证使同样的案件得到同样的裁判，以保障国家法律表现在时间上、地域上、对象上的同一性，即法律的统一性。

大体而言，人民法院和法官制作的裁判有两种：一是错误的，二是正确的。错误的裁判一经某种渠道被发现和确认，就应当依法定程序加以纠正。这是"有错必纠"原则的必然要求，是两审终审制和审判监督程序的宗旨之所在，也是当前冤案错案责任追究制所体现的法制精神。正确的裁判是有价值的，有价值的成果是不应当被浪费的。它们是法官集体智慧的结晶，是抽象的法律规定与具体案件事实相结合的产物，是国家审判实践在微观领域所取得的积极成果。因此，人民法院和法官制作的裁判带有鲜明的特征，这就是形象性、具体性和可比性。如果说法律条文和司法解释是对法律行为的性质（合法性、违法性、犯罪性）和责任作出的抽象性的、一般性的、原则性的描述的话，那么，人民法院和法官制作的裁判，便是对某一具体法律行为的性质和责任作出的具体的、详细的、直观的描述。如果说法官和法学家能够通过法条的"法言法语"来了解法律的话，那么，人民大众则更多地通过具体的案例来明白法条里究竟谈了些什么。

"裁判自律"工程就是正视和发挥裁判先例的作用，在审判过程中不仅援引法律条文和最高人民法院的司法解释，还要参酌以往的经过核准的判例，从而保证使同等案件得到同等裁判，以维护国家法律的统一性。

四、为什么启动"裁判自律"工程

启动"裁判自律"工程，是在我国当前司法状况下，解决审判不公、效率不高等问题，并进行深层次司法改革，使我国司法活动踏入长期的良性循环轨道的必然要求，也是能够在社会主义初级阶段贯彻始终的具有中国特色的审判模式。

第一，"裁判自律"工程是修正"成文法"运行方式之不足的客观需要。众所周知，我国是实行"制定法"（或"成文法"）的国家。法官审判案件依据成文法条和司法解释。由于成文法条的内容常常是抽象的、原则的、宽泛的，从而给法官造成三个宽阔的空间：一是法条理解的空间；二是法条适用的空间；三是案件处理的空间。如果人民法院经过严格的选择和审核手续，赋予一批案例以准法律或内部规范的职能，使法官在裁判中得以内部援引和参照，就必然会弥补成文法之不足，大大提高法律的精确度和可比度。

第二，"裁判自律"工程是维护国家法制统一的有效方式。根据传统的

"成文法"理论，在案件审判过程中，人民法院和法官只依照成文法律和司法解释来裁判案件，而不管在此之前自己或其他同事们对此类案件是如何裁判的——判例不具有法律效力，因为判例不是法的渊源。这样做的结果，一方面大量地浪费了审判资源，另一方面留给法官太大的审判空间。法官是在"不顾历史"的状态下来审判的，从而使同类案件得到同等裁判反倒成了难以实现的事情。当一批判例经过核准、颁布并得以援引、参酌时，法官便承担了一种新的义务——保证使同等案件得到同等处理。从而有力地维护了国家法律的统一性。

第三，"裁判自律"工程是保障人民法院依法独立行使审判权的重要措施。《宪法》第 126 条规定："人民法院依照法律规定独立行使审判权，不受行政机关、社会团体和个人的干涉。"事实上，人民法院在案件审理过程中，常常受到地方和部门保护主义的干扰。而地方部门保护主义之所以能够干扰审判活动，原因之一是我们的法律规定本身不严密，法网太疏，留有太多的余地。实施"裁判自律"工程之后，从逻辑上来看，体现地方和部门保护主义的案例即使未被纠正也绝不会被核准为正式判例，这样，即使法官想搞地方部门保护也因为无例可援而中止。而正确判例的存在和作用就在于维护人民法院依法独立审判。

第四，"裁判自律"工程是提高审判效率的方法之一。按照"成文法"的审判模式，法官在审理案件时，先对案件的性质作出判断，然后找出适用的法条或司法解释，最后就当事人的责任作出判决。在这个过程中根本不考虑过去对同类案件是如何判决的。于是法官每审理一个案件都要从头开始、重新查找法条、重新作出裁断。这种反复操作会无形中浪费不少时间和精力。而且，在举棋不定之际还会经过合议庭的讨论，庭长的过问，向主管院长汇报，甚至经审判委员会讨论。如果赋予一些案例以内部规范的职能，法官在判决中得以内部援引，必将大大简化审判的过程，有利于缓解和解决超审限的老大难问题。

第五，"裁判自律"工程是提高法官业务素质的重要途径。法官业务水平的提高自然离不开法律、法规的学习。但是，最重要的学习是"在干中学，在实践中摸索"，在实践中总结、提高、深化。首先，选择和核准典型案例的过程，就是严肃的科学研究过程，也是自我检验的过程；其次，援引和参照以往案例的过程，也是自我总结、自我提高的过程。通过这两个过程，使法官逐渐成为精通某一审判领域的内行和专家。这无疑会大大提高法官的业务水平。

第六，"裁判自律"工程是促进人民法院和法官廉洁自律、认真办案、秉公执法的重要保证。从某种角度而言，"裁判不公"是由四个原因造成的：一是法条规定宽疏，留有太大的活动空间；二是法官业务水平有限；三是工作作风不扎实，粗心大意；四是办"人情案"、"关系案"甚至徇私枉法。赋予案例以内部规范的职能之后，一可以弥补法条过于抽象、宽泛之不足，二可以保证同等案件得到同等裁判，这就大大排除了法官的主观任意性，使案件严格依照法条、参照案例、非如此审理不可，这就从源头上、从根本上、从深层次杜绝了徇私枉法，从而保证裁判公正。

第七，"裁判自律"工程是错案责任追究制的后续手段，而且还是减少错案的有力手段。正如前文所述，错案责任追究制的难点之一，是划分错案的标准难以确定。赋予案例以内部规范之后，是否正确地援引、参照法条特别是案例，就成为划分是否错案的标准。如果被参照的案例本身是错误的，那么，责任不在本案法官。至于案例的废止和修正则是审判委员会的事情。而只要做到使同等案件得到同等裁判，就等于杜绝了错案并实现了司法统一，就在一定程度上实现了司法公正。这是人民群众最易于接受的道理。

五、如何启动"裁判自律"工程

启动"裁判自律"工程是我国司法改革的重大措施，必须慎重行事。应当注意以下几个方面的问题。

第一是统一思想。正确的行为来源于正确的理论。正确的理论被人们接受是有一个过程的。应当像论证长江三峡工程那样慎重论证"裁判自律"工程的科学性和可行性。在此基础上统一认识，统一思想；第二是由最高人民法院统一部署，先搞试点法院（或试点领域），总结经验，然后全面展开，像推行审判方式改革那样有序地进行；第三是注意搞好协调，主要是在党组织的统一领导下，注意同国家权力机关和检察机关搞好协调工作，以期工程顺利进行；第四是注意学习和借鉴外国的经验；第五是循序渐进，从局部到全局，从适用到创制，从内部到公开，从自律到他律，以期从深层次、从整体上开拓我国司法审判工作的新局面。

启动"裁判自律"工程的具体步骤：

（一）选择典型案例

由具有丰富审判经验的法官，按照法律条文或审判内容的顺序，分别选择典型案例。所谓典型案例是具有以下功能的案例：

（1）能够把法条中的法律术语具体化的案例。比如：《刑法》第232条"故意杀人"、第233条"过失致人死亡"、第234条"故意伤害致人死亡"、第237条"强制猥亵妇女"；《民法通则》第98条"生命健康权"、第100条"肖像权"、第101条"名誉权"；《担保法》第16条"一般保证"、"连带责任保证"等；

（2）能够把法条中的法律原则或制度具体化的案例。比如：《刑法》第101条"本法总则适用于其他有刑罚规定的法律，但是其他法律有特别规定的除外"、第63条"犯罪分子虽然不具有本法规定的减轻处罚情节，但是根据案件的特殊情况，经最高人民法院核准，也可以在法定刑以下判处刑罚"；《民法通则》第72条"财产所有权的取得，不得违反法律规定"、第73条"国家财产神圣不可侵犯"、第74条"集体所有的财产受法律保护"、第75条"公民的合法财产受法律保护"、第76条"公民依法享有财产继承权"、第80条"土地不得买卖、出租、抵押或者以其他形式非法转让"、第113条"当事人双方都违反合同的，应当分别承担各自应负的民事责任"等；

（3）能够把法条中有关行为的程度、处分的程度或承担责任的程度的规定具体化的案例。比如《刑法》142条"生产、销售劣药，对人体健康造成严重危害的，处3年以上10年以下有期徒刑，并处销售金额50%以上2倍以下罚金；后果特别严重的，处10年以上有期徒刑或无期徒刑，并处销售金额50%以上2倍以下罚金或没收财产"、第240条"拐卖妇女、儿童的，处5年以上10年以下有期徒刑，并处罚金；有下列情节之一的（略），处10年以上有期徒刑或者无期徒刑，并处罚金或者没收财产；情节特别严重的，处死刑，并处没收财产"；《民法通则》第128条"正当防卫超过必要的限度，造成不应有的损害的，应当承担适当的民事责任"、第131条"受害人对于损害的发生也有过错的，可以减轻侵害人的民事责任"、第132条"当事人对造成损害都没有过错的，可以根据实际情况，由当事人分担民事责任"、第113条"当事人双方都违反合同的，应当分别承担各自应负的民事责任"；《经济合同法》第29条"由于当事人一方的过错，造成经济合同不能履行或者不能完全履行，由有过错的一方承担违约责任；如属双方的过错，根据实际情况，由双方分别承担各自应负的违约责任"等。

（二）典型案例的审核

典型案例初步选出后，经审判庭再次筛选和审查通过，上报主管院长审核，再报经审判委员会通过，返还给各审判庭。

在审核过程中，应注意避免重复和遗漏。法院应当成立精干的人员专门负责案例审核的工作。而且，案例审核工作应经常化，以免造成积压。有的可以同审判委员会的日常工作结合起来，同案件复查工作和错案追究工作结合起来。

（三）典型案例的整理

经审判委员会审核通过的案例要返回给各审判庭，由有关法官对案例进行技术加工和处理。主要是制作标题、压缩篇幅、规范格式，或作一些必要的补充。

（四）典型案例的编纂

按一定程序给每一个案例标上案号，比如刑事、民事审判庭按法律条文款的顺序，附加制作判决裁定的年月日及一审、二审等。例如：刑139.19971102（一）民78.2.19970318（二）其他审判庭可以按照各自的审判业务来分类编纂。比如知识产权审判庭按照著作权、专利、商标分类。经济审判庭按照经济合同的种类来划分。行政审判庭按行政诉讼案件的类别来划分。

典型案例的编纂应本着便于查找的原则进行。

（五）典型案例的颁布

典型案例编纂之后，经审判委员会再次审核批准，正式印发给各庭，供法官审判案件时参考。同时报上一级人民法院备考。

（六）典型案例的援引

在审判过程中，法官对案件作出判决和裁定时，应在内部案卷中列出依照的法律条文、司法解释、以往的案例，以供案件复查时参考。但是正式制作判决书或裁定书时不援引以往的案例。

（七）典型案例的废除和增补

由于立法的变化、司法解释的更动，使原先核准的个别案例不再适用。此时，审判委员会应通过会议废止该案例的适用。同时，应不断审核新的案例以取代过时的案例。

（八）制定案例审核编纂办法

在适当时由审判委员会制定有关案例选择、初审、核准、加工、编纂、废止、增补等专门规定，以保证该项工作的顺利进行。

六、启动"裁判自律"工程时间表

"裁判自律"工程是一项重大的综合工程，必须慎重从事。该项工程的进度和时间是：

(1) 初步论证阶段（约 2 年）；

(2) 初步试点阶段（约 2 年）；

(3) 再次论证阶段（约 2 年）；

(4) 扩大试点阶段（约 2 年）；

(5) 总结阶段（2 年）；

(6) 全面执行。

大体上于 2010 年社会主义市场经济法律体系初步确立时，全面推行"裁判自律"工程。当然，如果条件成熟，也不排除提前正式推行的可能性。

七、启动"裁判自律"工程需要克服的观念障碍

思想解放是探索司法改革新路子的前提。要改革就要触动和变更传统思维模式。因此，要启动"裁判自律"工程，首先必须克服一些观念障碍，否则寸步难行。这些观念障碍是：

(1) 固守成文法无视判例价值的大陆法系传统观念。众所周知，中国古代素有重视成文法典的传统，加之近代以后，我国朝欧洲大陆法系一边倒，按照大陆法系的理论和法制模式开始了法律近代化历程。这无疑又加强了成文法传统观念。其后果之一是无视判例的价值，认为判例不是法律渊源。其实，中国古代素有创制适用判例的传统，中国古代法是成文法与判例相结合的混合法。而且，一个世纪以来，西方两大法系——欧洲大陆的成文法系和英美的判例法系——从对立逐渐走向融合，其共同发展方向就是混合法。今天，我们应当实事求是地正视和充分运用判例在法律实践活动中的作用，使之为法制建设服务。

（2）担心会束缚法院、法官手脚和主观能动性。法律条文规定的宽疏，为法院、法官的主观能动性留有很大余地，而且以往判例对法院、法官不具有约束力。这样，法院和法官得以相对自由地评价案件事实并作出判断，而不必考虑以前是怎么做的，以及这样做了对以后会产生什么影响。可谓"前不见古人，后不见来者"。推行"裁判自律"工程之后，法院和法官在审判中必须既看过去，又看未来。这样似乎限制了法官的主观能动性。但是，第一，法官的主观能动性本来就只能在法定范围内发挥作用；第二，在遇到极特殊的情况，法官仍可以在法定范围内具体问题具体处理，只要不将该案选为典型案例即可。因此，这种担心是不必要的。

（3）担心混淆立法和司法的界限。按照成文法理论，法官在审判过程中，只能援引国家立法机关制定颁布的法律。如果法院同时还援引自己审核批准的典型案例，不等于承认法院也有权立法，不是把司法和立法混为一谈了吗？其实，立法与司法的界限本来就不是绝对的，我们在审判中不是经常援引最高人民法院制定的司法解释吗？况且，在"裁判自律"工程的初级阶段，典型案例的援引是"内部操作"的，并不表现在判决书裁定书上面，只是在裁判过程中对法官发挥微观的规范作用。其实，事物都是相辅相成的。用判例来弥补成文法之不足，而判例的积累又为立法创造了条件。何乐而不为呢？

（4）担心增加工作量，影响正常审判工作，而且工程浩大，十分麻烦，搞得不好还要承担责任。的确，法院的审判工作量逐年递增，在不增加人手和大幅度改善工作条件的情况下，法官们常年超负荷运转，似乎只有招架之力了。在这种状况下再增加工作量，岂不会弄巧成拙吗？其实，再大的工作量只要在时间上空间上分割一下，就不值得担忧了。况且，这种工作和正常的审判工作又是相联系的，可以一石二羽，并行不悖。

（5）我国法制建设起步晚，底子薄，能达到今天这样的程度已是很不容易了，不要节外生枝，打乱了前进的脚步。此话不无道理。事实是，经过十几年的实践和积累，我国法制建设特别是司法建设，已经到了非采取深层次改革而不足以更上一层台阶的时候了。问题在于，在目前现有的人员素质和客观条件下，如果不采取深层次改革的措施，裁判不公的问题，司法不统一的问题，以及国民对国家法律的信仰问题，怎样才能得到根本性的改观？不管是背水一战还是鲤鱼跳龙门，不变革是不行的。

（6）怎样才能克服上述观念障碍呢？最根本的是要深刻理解党的十五大报告中"依法治国"，"建设社会主义法制国家"和"推行司法改革"的论断和要求，以实事求是，解放思想为指导原则，踏踏实实地寻找司法改革的新思路。

八、启动"裁判自律"工程的有利条件

尽管启动"裁判自律"工程要克服许多困难，但是，还应当看到有利条件。这主要是：

（1）总体环境是有利的。党的十五大提出"依法治国"建设"社会主义法制国家"的治国方略，并明确要求"推行司法改革"。而启动"裁判自律"工程正是实施"依法治国"方略和"司法改革"的具体表现。目前，立法已初具规模，关键是司法，在司法领域进行深层次改革是党心所指、民心所向、大势所趋。

（2）法律环境是有利的。改革开放以来，立法成绩卓然，社会生活的各个领域已大体具备了相应的法律。同时，由于成文法律的抽象性和笼统性，又必然需要判例来加以弥补。这就为实施"裁判自律"工程提供了最基本的条件。

（3）队伍状况是有利的。目前，我国已有法官约17万人，其中大专文化水平以上的约占84%，他们在审判第一线成功地处理各式各样的新问题，在实践中不断增长才干、积累经验。从主观能力上能够胜任"裁判自律"工程的操作任务。

（4）指挥系统是有利的。长期以来，我国法院系统的指挥和运作状况是令人满意的。最高人民法院的统一部署和指挥，是顺利启动"裁判自律"工程的可靠保证。

（5）法官心态是有利的。我国法官不仅已具有在无法律规定的情况下从事审判的经验，还具有在有法律规定的情况下参考判例的体验。这种心态和体验有利于启动"裁判自律"工程。

（6）操作经验是有利的。我国各级法院都有编纂典型案例的经验，更不必说最高人民法院公报定期公布典型案例。而且，许多法官还积极参与案例集的编写出版工作。

（7）历史传统是有利的。我国历史上素有创制适用判例和编纂案例的传统，我们可以借鉴这份优秀文化成果，总结有益的经验，为今天的司法改革服务。

（8）国际经验是有利的。改革开放以来，我国法律界与英美法系国家的交流日渐增多，可以从这些国家引进和借鉴判例法的操作经验。有的国家如日本，第二次世界大战后也积极学习英美法系国家，注意判例的编纂和运用。

九、从"自律"到"他律"："裁判自律"工程的初级阶段和高级阶段

"裁判自律"工程初级阶段的主要特征是：

（1）各级法院各自编纂典型案例；

（2）法院在审判中内部援引案例，正式判决书裁定书中不援引案例；

（3）法院编纂的案例不向外界公布。

"裁判自律"工程高级阶段的主要特征是：

（1）最高人民法院编纂统一的案例集；

（2）法院在审判中公开援引案例，并正式表述在判决书和裁定书中；

（3）案例集公布于世，允许当事人、律师、社会团体、新闻媒介、法学研究和教育机关、权力机关、检察机关、人民政协等公开查询、引用。

"裁判自律"工程由初级阶段向高级阶段的发展，也就是从局部到全局、从内部到公开、从自身制约到社会制约的发展。在"裁判自律"工程的高级

阶段，一方面，由于最高人民法院的统一指导、部署和监督，工程的质量有了大幅度的提高；另一方面，由于实践经验的积累，法官的素质也大为增强，从自身获得了抵御病患侵袭的免疫力。同时，社会监督由于找到了关键的深层次的切入点而真正落到实处并发挥有效的功用。这就使人民法院的审判活动真正置于人民的直接监督之下，从而既保障了司法公正，又维护了法律的统一和尊严。那时，人民群众将会唱道："大盖帽，两头翘，公平廉洁最可靠"。

十、启动"裁判自律"工程的实践价值

启动"裁判自律"工程是推行司法改革的一个尝试。它的实践价值表现在以下几个方面：

第一，启动"裁判自律"工程，有利于保障同类案件得到同等处理，从而实现国家法律的统一；

第二，启动"裁判自律"工程，有利于保障人民法院依法独立办案，杜绝办关系案、人情案，防止地方保护主义和部门保护主义；

第三，启动"裁判自律"工程，有利于提高法官的业务素质，促进法官的专业化分工；

第四，启动"裁判自律"工程，有利于推动错案责任追究制的深入开展，加强自身监督力度，防止错案发生；

第五，启动"裁判自律"工程，有利于弥补成文法条过于抽象、宽泛不易把握的弱点；

第六，启动"裁判自律"工程，有利于深化法院自身的廉政建设，促进审判作风的改进；

第七，启动"裁判自律"工程，有利于简化审判过程，提高审判效率；

第八，启动"裁判自律"工程，有利于接受当事人、社会团体、新闻媒介以及国家权力机关、检察机关、人民政协的深层次监督；

第九，启动"裁判自律"工程，有利于促进法学教育和法学研究的发展，

促进理论与实践相结合；

第十，启动"裁判自律"工程，有利于促进立法的发展，并为立法提供新鲜素材。

十一、启动"裁判自律"工程的理论价值

世界上有三大法系：大陆法系、英美法系和中国法系。

大陆法系即成文法（制定法）系。其主要特征是：立法与司法是分离的，立法机关制定成文法律，审判机关严格依法律裁判案件，不得参照和援引以往的判例。待法律明显不宜于使用之际，再依法定程序制定新的法律。成文法的优点是统一、明确；缺点是法言法语不易理解，内容抽象不易把握，即不能包揽无遗，又不便于随时应变；立法程序复杂、历时长久，成文法典一经颁布就要求稳定性，不能朝令夕改。

英美法系即判例法系。其主要特征是：立法与司法是合一的，审判机关依照法律原则或风俗习惯对案件作出判决，经审核后被公布，是为判例。法院在遇到同类案件时，援引以往的案例来裁判，是为"遵循先例"原则。法官可以根据变化了的情况创制新的判例以代替旧的判例。判例法的优点是内容详细具体，容易理解，可比性强，可以随时根据变化的形势作出裁判；缺点是判例体系庞大，卷帙浩繁，平常百姓难于查找，在援引上也是仁者见仁、智者见智，使法律成了法官和律师的专用品。

中国法系即混合法系。中国古代经历了判例法时代（西周、春秋）、成文法时代（战国、秦朝），至西汉时进入混合法时代，直至清末，并影响到近现代。其主要特征是：成文法与判例法并行不悖、互为终始、循环往复。在有成文法律和成文法宜于时用之际，则依成文法律审判案件；在无成文法律或法律明显不宜于时用之际，则依照法律原则创制和适用判例。在判例积累到一定程度时，又被成立立法所吸收，上升为成文法条。

中国的混合法兼取成文法和判例法的长处，又避免了双方的短处，表现了中华民族的聪明才智，体现了人类法律实践活动的内在规律性，是科学的

合理的有生命力的法律实践样式。一个多世纪以来，西方两大法系相互靠拢、相互吸收，其共同趋势也是混合法。启动“裁判自律”工程的理论价值，就在于正视判例的作用，充分发挥判例的作用，最终重构中国式的混合法，走与人类法律实践共同发展的道路。

十二、结束语

人民法院实施“依法治国”方略，就要严格依法办事，做到裁判公正。今天是有法可依的时代。有法不依，执法不严，裁判不公，势必大大损及国家法律的尊严。如果说，改革开放初期，我们大力普及法律常识，号召群众用法律来保护自己合法权利的话，那么，在今天，当群众手里拿着法律读本，却看不到裁判公正时，法律的形象会是什么样呢？因此，着力解决司法公正的问题，是一个重大的政治问题。必须从我国法制建设的具体国情出发，实事求是，解放思想，开拓新路子，以期在不太久远的将来，使该问题得到根本性的解决。这样，我国的法制建设事业就会在未来世纪获得长足的发展，并且以中国独有的风格在世界法律文化园地占有重要的一席。这就是笔者建议启动“裁判自律”工程的真义。

当然，启动“裁判自律”工程是一项十分艰巨的事业，非统一思想、统一部署、统一规划不足以奏效。只要我们深入学习和理解党的十五大精神和邓小平理论，思想明确、准备充分、措施得体、指挥得法、操作合理，就能够思前人所未思、言前人所未言、行前人所未行，去勇敢地开拓法制建设事业的新局面，把我国法制建设事业全面推向 21 世纪。

（撰于 1997 年 11 月 14 日）

裁判自律与司法公正

一

党的十五大明确提出："依法治国，建设社会主义法治国家"；"坚持有法可依、有法必依、执法必严、违法必究，是党和国家事业顺利发展的必然要求"；"推进司法改革，从制度上保证司法机关依法独立公正地行使审判权和检察权，建立冤案、错案责任追究制度。加强执法和司法队伍建设"；"要深化改革、完善监督机制，建立健全依法行使权力的制约机制"；"加强对宪法和法律实施的监督，维护国家法制统一。"这些重要论断和指示，为我们健全社会主义法制和推行司法改革指明了政治方向。

从宏观角度来看，当前我国法制建设的主要矛盾是"有法可依"和"执法不严"的矛盾，即相对先进相对完善的立法，与相对滞后的司法之间的矛盾。就人民群众而言，当没有法律的时候，他们还可以耐心地等待；但是当法律公布之后，他们就不能容忍法律不被认真执行。这样，司法就被历史地推向前台，成为法制建设中最关键的环节和人民群众最关心的领域，换言之，也成了问题最集中的地方。于是，在全国法制建设的一盘棋上面，司法成了主要战场和决定战争胜负的主要战役。它决定着人民法院的形象，也决定着国家法律的尊严。

为了解决司法滞后的问题，我国司法界采取了许多有效的措施。比如：

①加强司法队伍建设，提高广大干警的政治思想和业务水平；②坚决纠正不正之风，严肃查处违法违纪行为，对徇私枉法、贪赃卖法者坚决依法严惩；③完善内部监督机制，广开监督渠道，防线前伸；④制定和贯彻一系列内部管理制度，规范司法人员的行为。这些做法与十五大报告中所说的"坚持标本兼治，教育是基础，法制是保证，监督是关键"，是完全一致的。在此基础上，我国司法界还积极进行司法改革。司法改革的内容主要有两方面：一是以刑事审判方式改革为重点，继而全面推进民事、经济、海事、行政审判方式的改革。二是落实公开审判和推行错案责任追究制度。此外还有审执分开、立审分开等改革措施。1999年10月，最高人民法院制定了《人民法院五年改革纲要》，提出审判方式、审判组织、法院内设机构、人事管理制度、办公现代化、监督机制等方面的全方位深层次的改革目标。其中，审判长和独任审判员选任制度的推行，将给法院的审判活动带来重大影响。

<h2 style="text-align:center">二</h2>

改革开放20年来，人民法院的法官们奋战在司法第一线，为改革开放事业作出巨大贡献。但是，毋庸讳言，我国司法状况尚有许多不尽如人意之处。正如最高人民法院院长任建新在第八届全国人民代表大会第五次会议（1997年3月11日）上所作《最高人民法院工作报告》中所指出的："一些案件审判质量不高，特别是少数经济、民事案件裁判不公。""裁判不公"是个十分严厉的评价，有如医生看病不准、战士射击脱靶一样。"裁判不公"又是带有感情色彩的大众化的语言。其含义盖指人民法院的裁判，在评价法律事实、适用法律条文、确定法律责任方面显失公允。

导致"裁判不公"的原因很复杂，粗略而言，可以分为三类：表层原因、中层原因、深层原因。

"裁判不公"的表层原因主要有三方面。一是司法环境，其中最突出的是地方保护主义、部门保护主义的干扰；二是业务素质，一些审判人员在判断案件性质、适用法律等方面水平不高，直接影响办案的质量和效率；三是政治素质，极少数审判人员办"三案"（人情案、关系案、金钱案），其中的权钱交易直接导致司法腐败。

"裁判不公"的中层原因是审判人员的"自由裁量权"过大。从而使法院的裁判活动带有可以这样判也可以不这样判，或昨天可以这样判，今天可以不这样判的非稳定色彩，还不具有非如此裁判不可的必然性，审判人员的主观随意性未受到有效的控制，对法院裁判的正确与否，还没有一个缜密的衡量迟度，因此，很难使裁判活动达到整齐划一。由于法官"自由裁量权"过大，致使国家的审判权局部质变为私人的权力，成为个别法官的囊中之物，一旦存在买方市场和交易渠道，便可以通过暗中交易实现其"交换价值"和"使用价值"，从而酿成"司法腐败"。最可怕的是，这种暗箱操作很难通过事后检查案卷来发现。极少数法官之所以胆敢徇私枉法、收受贿赂，而且在锒铛入狱之后却大言不惭地自称"徇私不枉法"，原因亦在于此。而这种明明是违法违纪却不被必然发现与惩处，又反过来在客观上助长了司法腐败。

"裁判不公"的深层原因之一，是我国现行成文法的欠缺。众所周知，成文法的天然弊病之一，即法条是由抽象而概括的法言法语来表述的。虽然最高人民法院不断颁布司法解释来弥补其不足，但远未涉及法律的全部领域。加之，我们习惯于遵从大陆成文法的传统理论，不承认或基本上不承认"判决先例"的约束力，从而给法官以极大的自由：法官既可以按照他对法条的理解来裁判案件，又可以无视法院以往对同类案件的"判决先例"，从而造成相对普遍的"裁判不一"。

"裁判不公"的深层次原因之二，是我国法官队伍形成的途径不统一。我国有17万法官。他们在成为法官之前所经过的教育，无论从内容、形式、时间长短、知识结构、思想方法、立场（指看问题的角度）观点等方面来看，都存在很大的差别。比如，有的注重经验，有的注重原理。即便都受过大学教育，但由于师资水平和特点不一，教材内容不一，教育手段、过程不一，使这种差别仍然非同小可。而且更重要的是，他们在进入法院之前，没有经过严格意义的职业训练。因此，当不同的法官面临着相同的案件时，他们对案件事实的评价、对法律责任的确定等，不可避免地会出现差别。这种差别通过新闻媒体的报道越来越多地被当事人所知晓，从而使"裁判不一"变成"裁判不公"。

<h1 style="text-align:center">三</h1>

解决"裁判不公"是一个综合性工程，它大体上由三个子工程所组成。第一个子工程是最高人民法院的司法解释工程。司法解释是最高人民法院对某一法律、法条、某一类案件或某一件案件做出的规定、解释、批复。司法解释是司法领域的"再立法"过程，它是阐释立法宗旨、细化法律条文的"再创造"活动，是连接立法与司法活动的桥梁，是弥补法条之不足的有力措施，是统一全国司法活动，实现法制统一的有效途径。这个子工程的工作量浩大，不可能在成文法典颁布之后立即完成，也不可能在短时期内面面俱到、一蹴而就。第二个子工程是加强法院队伍建设，提高审判人员的综合素质，包括政治、职业道德和业务素质。这是一个更为艰巨的非历时长久不足以奏效的工程。第三个子工程就是"裁判自律"工程。

"裁判自律"工程是从根源上和深层次解决"裁判不公"、杜绝司法腐败的有力措施。所谓"裁判自律"，就是人民法院和法官在裁判活动中不仅要受法律、司法解释的约束，同时还应当受自己制作的判决和裁定的约束。人民法院和法官制作的判决和裁定，是将法律适用于具体案件的结果。它们不仅对案件当事人具有约束性，即当事人必须无条件履行判决、裁定中规定的义务，而且，它们对其制作者——人民法院和法官，也具有约束性，即人民法院和法官在遇到同等案件时也应当如此判决和裁定。人民法院和法官有责任和义务保证使同样的案件得到同样的裁判，以保障国家法律表现在时间上、地域上、对象上的统一性。大体而言，人民法院和法官制作的裁判有两种：一是错误的，二是正确的。错误的裁判一经某种渠道被发现和确认，就应当依法定程序加以纠正。正确的裁判是有价值的，它是抽象的法律规定与具体案件事实相结合的产物，是国家审判实践在微观领域所取得的积极成果。人民法院和法官制作的裁判带有鲜明的特征，这就是形象性、具体性和可比性。"裁判自律"工程就是正视和发挥裁判先例的作用，在审判过程中不仅援引法律条文和最高人民法院的司法解释，还要参酌以往的经过核准的判例，这样做不仅增加了判决书的说服力，更为重要的是保证使同等案件得到同等裁判，以维护国家法律的统一性。

启动"裁判自律"工程是我国司法改革的重大措施，必须慎重行事。应当注意以下几个方面的问题：第一是统一思想。正确的行为来源于正确的理论。正确的理论被人们接受是有一个过程的。应当像论证长江三峡工程那样慎重论证"裁判自律"工程的科学性和可行性。在此基础上统一认识，统一思想；第二是由最高人民法院统一部署，先搞试点法院（或试点领域），总结经验，然后全面展开，像推行审判方式改革那样有序地进行；第三是注意搞好协调，主要是在党组织的统一领导下，注意同国家权力机关和检察机关搞好协调工作，以期工程顺利进行；第四是注意学习和借鉴外国的经验；第五是循序渐进，从局部到全局，从适用到创制，从内部到公开，从自律到他律，以期从深层次、从整体上开拓我国司法审判工作的新局面。

四

"裁判自律"工程的操作大体包括以下几方面：

第一，选择典型案例。即由具有丰富审判经验的法官，按照法律条文或审判内容的顺序，分别选择典型案例。所谓典型案例是具有以下功能的案例：①能够把法条中的法律术语具体化的案例。比如《刑法》第232条"故意杀人"、第233条"过失致人死亡"、第234条"故意伤害致人死亡"、第237条"强制猥亵妇女"；《民法通则》第98条"生命健康权"、第100条"肖像权"、第101条"名誉权"；《担保法》第16条"一般保证"、"连带责任保证"等。②能够把法条中的法律原则或制度具体化的案例。比如：《刑法》第101条"本法总则适用于其他有刑罚规定的法律，但是其他法律有特别规定的除外"、第 63 条"犯罪分子虽然不具有本法规定的减轻处罚情节，但是根据案件的特殊情况，经最高人民法院核准，也可以在法定刑以下判处刑罚"；《民法通则》第 72 条"财产所有权的取得，不得违反法律规定"、第 73 条"国家财产神圣不可侵犯"、第 74 条"集体所有的财产受法律保护"、第 75 条"公民的合法财产受法律保护"、第 76 条"公民依法享有财产继承权"、第 80 条"土地不得买卖、出租、抵押或者以其他形式非法转让"、第 113 条"当事人双方都违反合同的，应当分别承担各自应负的民事责任"等。③能够把法条中有关行为的程度、处分的程度或承担责任的程度的规定具体化的案例。比如《刑法》第 142 条"生产、销售劣药，对人体健康造成严重危害的，处 3 年以上 10 年以下有期徒刑，并处销售金额 50% 以上 2 倍以下罚金；后果特别严重的，处 10 年以上有期徒刑或无期徒刑，并处销售金额 50% 以上 2 倍以下罚金或没收财产"、第 240 条"拐卖妇女、儿童的，处 5 年以上 10 年以下有期徒刑，并处罚金；有下列情节之一的（略），处 10 年以上有期徒刑或者无期徒刑，并处罚金或者没收财产；情节特别严重的，处死刑，并处没收财产"；《民法通则》第 128 条"正当防卫超过必要的限度，造成不应有的损害的，应当承担适当的民事责任"；第 131 条"受害人对于损害的发生也有过错的，可以减轻侵害人的民事责任"；第 132 条"当事人对造成损害都没有过错的，可以根据实际情况，由当事人分担民事责任"；第 113 条"当事人双方都违反合同的，应当分别承担各自应负的民事责任"；《经济合同法》第 29 条"由于当事人一方的过错，造成经济合同不能履行或者不能完全履行，由有过错的一方承担违约责任；如属双方的过错，根据实际情况，由双方分别承担各自应负的违约责任"等。

　　第二，典型案例的审核。典型案例初步选出后，经审判庭再次筛选和审查通过，上报主管院长审核，再报经审判委员会通过，返还给各审判庭。在审核过程中，应注意避免重复和遗漏。法院应当成立精干的人员专门负责案例审核的工作。而且，案例审核工作应经常化，以免造成积压。有的可以同审判委员会的日常工作结合起来，同案件复查工作和错案追究工作结合起来。

第三，典型案例的编纂和颁布。经审判委员会审核通过的案例要返回给各审判庭，由有关法官对案例进行技术加工和处理。主要是制作标题、压缩篇幅、规范格式，或作一些必要的补充。按一定程序给每一个案例标上案号，比如刑事、民事审判庭按法律条文款的顺序，附加制作判决裁定的年月日及一审、二审等。例如：刑 139.19971102（一）；民 78.2.19970318（二）。其他审判庭可以按照各自的审判业务来分类编纂。比如知识产权审判庭按照著作权、专利、商标分类。经济审判庭按照经济合同的种类来划分。行政审判庭按行政诉讼案件的类别来划分。典型案例的编纂应本着便于查找的原则进行。典刑案例编纂之后，经审判委员会再次审核批准，正式印发给各庭，供法官审判案件时参考。同时报上一级人民法院备考。

第四，典型案例的援引和修订。在审判过程中，法官对案件作出判决和裁定时，应在内部案卷中列出依照的法律条文、司法解释、以往的案例，以供案件复查时参考。但是正式制作判决书或裁定书时不援引以往的案例。由于立法的变化、司法解释的更动，使原先核准的个别案例不再适用。此时，审判委员会应通过会议废止该案例的适用。同时，应不断审核新的案例以取代过时的案例。在适当时由审判委员会制定有关案例选择、初审、核准、加工、编纂、废止、增补等专门规定，以保证该项工作的顺利进行。

五

"裁判自律"工程分为初级阶段和高级阶段。"裁判自律"工程初级阶段的主要特征是：①各级法院各自编纂典型案例；②法院在审判中内部援引案例，正式判决书裁定书中不援引案例；③法院编纂的案例不向外界公布。

"裁判自律"工程高级阶段的主要特征是：①最高人民法院编纂统一的案例集；②法院在审判中公开援引案例，并正式表述在判决书和裁定书中；③案例集公布于世，允许当事人、律师、社会团体、新闻媒介、法学研究和教育机关、权力机关、检察机关、人民政协等公开查询、引用。

"裁判自律"工程由初级阶段向高级阶段的发展，也就是从局部到全局、从内部到公开、从自身制约到社会制约的发展。在"裁判自律"工程的高级阶段，一方面，由于最高人民法院的统一指导、部署和监督，工程的质量有了大幅度的提高；另一方面，由于实践经验的积累，法官的素质也大为增强，从自身获得了抵御病患侵袭的免疫力。同时，社会监督由于找到了关键的深层次的切入点而真正落到实处并发挥有效的功用。这就使人民法院的审判活动真正置于人民的直接监督之下，从而既保障了司法公正，又维护了法律的统一和尊严。那时，人民群众将会唱道："大盖帽，两头翘，公平廉洁最可靠"。

六

启动"裁判自律"工程是推行司法改革的一个尝试。它的实践价值表现在以下几个方面：第一，启动"裁判自律"工程，有利于保障同类案件得到同等处理，从而实现国家法律的统一；第二，启动"裁判自律"工程，有利于保障人民法院依法独立办案，杜绝办关系案、人情案，防止地方保护主义和部门保护主义；第三，启动"裁判自律"工程，有利于提高法官的业务素质，促进法官的专业化分工；第四，启动"裁判自律"工程，有利于推动错案责任追究制的深入开展，加强自身监督力度，防止错案发生；第五，启动"裁判自律"工程，有利于弥补成文法条过于抽象、宽泛不易把握的弱点；第六，启动"裁判自律"工程，有利于深化法院自身的廉政建设，促进审判作风的改进；第七，启动"裁判自律"工程，有利于简化审判过程，提高审判效率；第八，启动"裁判自律"工程，有利于接受当事人、社会团体、新闻媒介以及国家权力机关、检察机关、人民政协的深层次监督；第九，启动"裁判自律"工程，有利于促进法学教育和法学研究的发展，促进理论与实践相结合；第十，启动"裁判自律"工程，有利于促进立法的发展，并为立法提供新鲜素材。

七

"裁判自律"工程不仅具有实践价值，而且还具有深刻的理论价值。众所周知，世界上有三大法系：大陆法系、英美法系和中国法系。其中，大陆法系即成文法（制定法）系，其主要特征是：立法与司法是分离的，立法机关制定成文法律，审判机关严格依法律裁判案件，不得参照和援引以往的判例。待法律明显不宜于使用之际，再依法定程序制订新的法律。成文法的优点是统一、明确；缺点是法言法语不易理解，内容抽象不易把握，既不能包揽无遗，又不便于随时应变；立法程序复杂、历时长久，成文法典一经颁布就要求稳定性，不能朝令夕改。

英美法系即判例法系。其主要特征是：立法与司法是合一的，审判机关依照法律原则或风俗习惯对案件作出判决，经审核后被公布，是为判例。法官在遇到同类案件时，援引以往的案例来裁判，是为"遵循先例"原则。法官可以根据变化了的情况创制新的判例以代替旧的判例。判例法的优点是内容详细具体，容易理解，可比性强，可以随时根据变化的形势作出裁判；缺点是判例体系庞大，卷帙浩繁，平常百姓难于查找，在援引上也是仁者见仁、智者见智，使法律成了法官和律师的专用品。

中国法系即混合法系。中国古代经历了判例法时代（西周、春秋）、成文法时代（战国、秦朝），至西汉时进入混合法时代，直至清末，并影响到近现代。其主要特征是：成文法与判例法并行不悖、互为终始、循环往复。在有成文法律和成文法宜于时用之际，则依成文法律审判案件；在无成文法律或法律明显不宜于时用之际，则依照法律原则创制和适用判例。在判例积累到一定程度时，又被成文立法所吸收，上升为成文法条。

中国的混合法兼取成文法和判例法的长处，又避免了双方的短处，表现了中华民族的聪明才智，体现了人类法律实践活动的内在规律性，是科学的合理的有生命力的法律实践样式。一个多世纪以来，西方两大法系相互靠拢、相互吸收，其共同趋势也是混合法。启动"裁判自律"工程的理论价值，就在于正视判例的作用，充分发挥判例的作用，最终重构中国式的混合法，走与人类法律实践共同发展的道路。到那时，我们会发现，中国法律已经在返回传统中走向未来。

（原载《判例与研究》2000 年第 3 期）

中国混合法的三次轮回

各位领导、各位学者：大家好！

感谢东道主的邀请，使我有机会获得学习和交流的机会。

今天是全国人民为甘肃舟曲死难同胞的哀悼日。作为一名法律工作者，我想我们都有这样的心情，就是在悼念我们死难同胞的同时，我们愿意建议与期望在不久的将来会有这样一条新的法律出现，就是规定在有泥石流历史和危险的河谷地带，兴建和扩建居民点的项目，要经过更为严格的审批手续。我们知道，法律是一个世俗的东西，不是供人们欣赏的象牙之塔那样的艺术品。法律是随着社会生活的变化而不断变化的。法律的进步常常要付出重大的代价。当泰坦尼克号沉没以后，英国的一条法律就在批评声中退出了历史舞台。因为这条法律规定轮船救生艇的配置不按照乘客的人数而只按照轮船的吨位。

我们都愿意憧憬和崇尚法律，崇尚法治。但是很遗憾，我们的法律常常是有缺欠的，而且这种缺欠是与生俱来的，先天就有的，很难克服。例如，成文法不可能包揽无余，也不可能随机应变；判例法有时候失之庞杂，失之过于灵活。但是仍然有一些法学家期望着伟大和永恒的法律出现。比如美国法学家博登海默先生就曾经说过：那种伟大的法是既能够克服自身的僵化又能够克服过于灵活的那些缺点的法；日本法学家穗积陈重曾经说过：那些能够把人的作用和法的作用合理地结合起来的法是永恒的法。但他们都认为这种伟大而永恒的法还没有出现。但是我想说，这种法，在中国的汉武帝时代也就是大约公元前 140 年的时候就已经出现了，这就是中国的混合法。

中国的混合法有两层含义，一是成文法和判例法相结合，二是法律和非法律规范相结合。这种混合法就其第一个含义来说，克服了判例法和成文法自身的缺欠，而结合了他们的长处，体现了人类法律实践活动的自身的规律性。中国混合法的理论奠基人是战国末期的荀子，他的功绩是提出了两条最重要的原则。一是把法律和风俗习惯结合起来，就是"礼法结合"、"隆礼重法"；二是把成文法和判例法结合起来，就是"有法者依法行，无法者以类举"。在审判中，有成文法就依成文法，没有的话就按照判例和判例所体现的精神和原则来裁判。

我们中国的混合法经历过三次轮回。第一次轮回是从西周春秋的历史一致的判例法到战国秦朝的成文法，再到汉朝以后形成的成文法和判例法结合的混合法；第二次轮回是从清末修律，开启了中国法律近代化的序幕，而这种近代化是伴随着中国传统法律通过日本向欧洲学习，向欧洲成文法系一边倒的这样一个方向。但是民国之后，从 1912 年到 1928 年民法典成立之前，大理院的法官们在那些欧洲大陆法系的成文法不适应中国国情的情况下，勇敢地创制和适用判例，形成了大理院的判例法。大理院在短短的十几年时间里，制定判例 3900 多件，解释例 2000 多件。之后，在国民党统治时期，当时有一位知名的司法院院长，做过最高法院院长，名叫居正，他很了解中国法律的历史，他说："中国历来就是判例法国家，同英美法系差不多"。从二十世纪三四十年代开始，在居正先生的指导之下，那个时候的司法开始了一个新的动向，就是逐渐告别了向欧洲生吞活剥的引进成文法的那样一种做法，转而借鉴英美的判例法。那个时候，有一位美国的学者庞德先生担任了民国司法部的顾问，参与司法改革活动。在最高法院的领导下，当时的法院组织法规定要成立案例编纂委员会，要通过一定的程序确认那些被认为是正确的判决为判决先例，也就是判例，在以后的审判中可以引用，也还规定，过时的判例通过会议来加以排除、取缔。在国民党六法全书成立的情况下，又有大量的判例作为辅助，从而又形成了第二个轮回的混合法。

　　中华人民共和国成立后，在前三十年我们是政策法。政策法有两种趋势——人治趋势和法治趋势。法治趋势又有两个方向：一个是成文法趋势，一个是判例法趋势。人治趋势就是否定法治的作用的趋势。很不幸，人治趋势占了上风，才爆发了"文化大革命"。后三十年，人们开始迎来了社会主义法制建设的辉煌时期，其中一个重要的成就就是我们的成文立法取得了辉煌的成就，经过一段时间的成文立法，我们可以说社会生活的各个方面都有了相应的法律可以依据。过去那种无法可依的时代已经一去不复返了。但是，社会主义法制不仅仅是制定法律这样一件事情。实行法治依法治国建立社会主义法制、治国家是一个复杂的系统工程。我们中华民族是一个聪明的民族，他们具有敏锐的预见性。但有时候表现出急性子。我们1968年到山西下乡时，在村头的墙上还保留一副1958年大跃进时代时的旧标语。上面写着："少活二十年，掉他十斤肉，跑步进入共产主义。"有些意见本身是很好的，但并不是水到渠成，瓜熟蒂落的。因此我们就要补课。人家小学读六年我们要读八九年。补课是很痛苦的一件事。

　　近些年来，人民法院作出了很多司法改革的措施。其中，判例指导制度是最能够体现审判规律的，也最有生命力，是值得继续探讨的带有长效机制的很重要的制度。各地法院在这方面做出了很多尝试，也取得了很重要的成果，这件工作值得继续下去。从历史的经验来看，中国的混合法最重要的一个侧面就是判例法。在中国历史上，判例主要起到两种作用：一是在社会大变革的时候，它起着适应社会变化、推动社会发展的催化剂的作用。比如在汉武帝时代，当时清除了法家的"依法治国"的政策，树立了儒家的思想——"德治、礼治、人治"。接下来就是要完成用儒家的思想来改变法家的法律的这样一个历史任务。这个任务的完成是在潜移默化中进行的，其中判例就起到非常重要的作用。比如，我举一个例子，在汉武帝时代有这样一个案例，甲乙两人喝醉酒打起来了，甲拔出佩刀要杀乙，乙的儿子在旁边看见了就要救他父亲。拿了一根扁担打过去，不想打错了，把自己的父亲打晕了。这个案子就到了法官的手里。法官问题："他是你父亲吗？""是。""是你打的吗？""是我打的。"法律规定："殴父当枭首"。处以死刑，把头割下来，插在杆子上，在闹市区展示。但是法官们也觉得这样做不太合适，于是就上报廷尉，廷尉也没有主意，就向当时的儒家大师董仲舒请教，董仲舒就从孔子编纂的一部历史教科书《春秋》里面找到一个案例："许止进药弑父案"。许止的父亲许公病重，儿子许止在药铺买了药，回来熬好了给父亲喝，父亲喝完就死了。于是他就被抓起来了。法官怀疑他有弑父之嫌。后来经过审理，法官认为许止平时表现很好，很孝顺。按照礼的规定，给父母进药自己应当先尝，确认没有危险了才可以进药。但是他救父心切，忘记了这样的"礼"，没有先尝这个药，但是他确实没有弑父之心。于是法官原心论罪——"原心"就是探讨犯罪嫌疑人实施犯罪行为时的主观状态是故意还是过失。法官认为他没有弑父之心，当然也就不构成弑父罪，批评一下就放人了。董仲舒根据历史上的这样一个案例来抽象出原心论罪这样一个原则，以适用于当时所审判的这个案子。结果认为犯罪嫌疑人没有殴父之心，当然也不构成殴父罪。这是第一个作用，在社会变革中起了法制变革的催化剂的作用。

第二个作用，就是注释成文法法条之所谓。成文法讲究法言法语，名词术语往往很笼统，很原则，因为它是用抽象的文字和概括的方式写成的。不光老百姓看不懂，就是法官也不一定看得懂。但是有了判例就可以把法律这些法言法语界定的很清楚。历史上有这样的制度叫"犯罪存留养亲"。就是一个人犯了罪本来应当判处死刑，但是他父母只有这样的独生子，或者祖父母就只有这样一个孙子，在这种情况下是可以上报皇帝来"存留养亲"，不判死刑或者其他的监禁，让其回到家里奉养父母或祖父母。这在当时来说是一个很仁道的制度。但是，在执行过程中，法官并不知道在什么情况下可以实行存留养亲，什么情况下不可以。但有了这样的几十个案例之后法官就很清楚了。我们看《大清律例》"犯罪存留养亲"法条下面，有从几十个案例当中抽象出来的例文：第一，故杀不可以存留养亲，只有戏杀、误杀才可以存留养亲；第二，你杀的这个人也是人家的一个独生子、独生女或者孙子，你就不能存留养亲了，否则就不公平了；第三，兄弟两人共同杀人，只许一个存留养亲；第四，犯罪存留养亲只能适用一次，下一次就不可以了；第五，犯了诬告陷害等罪的，不可以存留养亲；第六，犯罪者有兄弟过继而可以归宗的，不可以存留养亲；第七，还需要征求父母、祖父母的同意，如果父母、祖父母认为这个孩子不可救药，不同意存留养亲，那还是要杀的。当然，犯谋反等十恶不赦重罪的，不可以存留养亲。经过这么几十个例的说明，对这个法条的本意以及如何裁判就提供了具体的标准。这是历史上的判例所具有的这样的功用。当然，还有一个功用，就是为成文立法创造了条件，积累了经验。在成文立法的时候，那些最成熟的具有普遍意义的判例就被抽象为法条，编入成文法典。这样就完成了从成文法到判例，再从判例到成文法的这样一个循环往复的过程。在中国历史上，在皇权的统一支配下，成文法和判例是并行不悖、互为条件、相辅相成的这样一个循环往复，没有终点的运动过程。我们看到，中国历史上的混合法应该是比较合理的，体现了人类法律实践活动的规律性。

今天我们正在提出和实践依法治国，建设社会主义法制国家的历史重任。我刚才说要补课，我们目前最需要补的一个课就是树立或者提升民众心目中对国家法律和司法机关的公信力。只有相信才能信仰。我们常常听到一个说法，就是我们司法机关法官水平普遍不高、司法不公、司法腐败等。其实这些说法，都是大众化的语言，缺乏科学的定性的分析。所谓司法不公实际上就是司法不一。比如有这样一个案件：十几年前，很多养鱼专业户买了几个厂家生产的鱼饲料之后，鱼大批死亡，于是就打官司。有的法院认为你养鱼专业户认为你的鱼的死亡与饲料有直接的因果关系，那你就举证。但那时候老百姓举证很困难，国家没有关于饲料的鉴定标准和鉴定机构。于是养鱼专业户败诉了。而有的法院认为，饲料工厂生产的饲料没有合格证，没有这样的证明来证明饲料是合格的，那么你就排除不了鱼死亡的结果与饲料有直接关系。于是判决饲料工厂赔偿损失。一种案子两种判决，结果两个案件的败诉方都认为司法不公，都上诉。我们常常认为我们的法官，业务素质和政治觉悟有待提高，应该不断地加强政治学习、业务学习。但是有时候发生的问题不简单是法官政治觉悟和业务素质不高的问题。有这样一个例子，十几年前某个法院有两个法官犯了错误，一个是经济庭的，一个是刑庭的，都办了人情案，受贿了。都判了刑。他们也都承认了确实是拿了人家的钱，帮人家办事——徇私了。但是，他们都不服气，耿耿于怀。为什么？他们说："我是徇私了，但我没有枉法"。后来有关机关把他们办理的几十个案卷拿来审查，最后结论是：案子还是正确的，没有出格。徇私了却没有违法，问题出在哪里？问题出在我们的法上面。我们的法有毛病。我们的法是成文法，法条笼统、太宽泛、太原则。什么行为是什么罪，情节一般的，3年到7年，情节严重的，多少年有期徒刑，无期徒刑，特别严重的，死刑。只要法官在法定刑内判决，就都不算错。于是法官就没有一个后顾之忧。美国学者波斯纳说过：一个案件如果有两个正确答案的话，法官就会存在很大的自由裁量权。我们的成文法为我们的法官提供过了太大的自由裁量权。他们可以名正言顺地制作无数种判决，而且都有法律依据。其次，正是由于法官有很大的自由裁量权，有关的人，有关的方面都尽量想方设法去影响法官。于是，在法院周围就形成了一个市场，一个由特殊供求关系构成的交易市场。这种市场足以造成裁判的多样性。于是就产生了司法不一。老百姓认为司法不一就是司法不公。而我们要解决司法不公的问题，除了政治教育之外，还要解决一个机制问题，就是实现司法统一。实现司法统一的最有效的办法就是引进判例法，实行裁判自律。裁判自律就是人民法院的法官在裁判案件的时候，不仅要引用成文法和最高法院的司法解释，还应当引用和参考以前对同类案件作出的判决作为依据。当然这件工作我们还没有开始操作。这是一项很复杂的工作，很严肃的一项工作，值得好好去探讨。于是，我们今天又面临着历史的选择，就是中国混合法的第三次轮回。我们的成文法已经相对比较健全，如果我们把判例法的传统，把我们案例的作用充分发挥起来的话，会不会有一天，逐渐形成了判例法和成文法相结合的混合法？如果有这么一天的话，我们可以高兴地宣布：中国的混合法完成了第三次轮回。我们仍然崇尚法律，崇尚法治。在同一时间，保证法在空间上的统一性的，莫过于成文法；在同一空间，保证法在时间前后的统一性的，莫过于判例法。但它们都有缺点。它们自己无法克服。只有把两者结合起来才能够形成一个伟大的可以永恒的法律，这就是中国的混合法。

感谢主持人给了我抛砖引玉的机会。

谢谢大家！

（2010 年 8 月 15 日在清华大学法学院案例指导制度研讨会上的发言，由白贵秀根据录音整理）

法治与国情

各位领导，各位同仁：大家好！

能够出席今天的研讨会，特别是能够为周道鸾老师作评议，我感到非常荣幸。周老师是我的老学长，是功勋与事业并进，道德与文章齐名的法学前辈，值得我们后辈景仰和效法。

刚才，周老师以《案例指导制度要符合中国国情》为题作了专题发言。其中的观点和意见、建议都非常好，我完全赞成。周老师发言实际上涉及了一个非常重要的课题，就是法治与国情的关系问题。我们搞法制建设，司法改革，法学教育，都必须明白国情，尊重国情。否则，就会偏离正确的轨道。我刚才征求了周老师的意见，经他同意，我想讲一些宏观一点的看法。有以下三点。

一、国情铸就历史

世界上有许多法。但是人们似乎还没有发现尽善尽美的法。于是，法学家们就努力寻找最好的法。美国法学家博登海默说，只有既克服了法的僵化性，同时也克服了法的过于灵活性的法，才是伟大的法。日本法学家穗积陈重说，只有那种能够把人的作用和法的作用有机结合起来的法，才可以称为永恒的法。但是他们都认为，这种伟大的法、永恒的法都没有出现。其实，在我看来，这种伟大而永恒的法在中国的汉代就已经基本形成。这就是中国的"混合法"。我们可以从以下两个角度来描述这种"混合法"。第一，是成文法和判例法相结合的混合法。在中国历史上，由于特殊的社会背景，曾经出现了以遵循先例为主要特征的可以称作判例法的法律形式。当然，判例法是个舶来的术语。我在使用这个术语时，并不意味着认为中国古代曾经有过与英国法系完全相同的判例法。我认为，发现不同文明之间的共同点，比描述它们的不同点也许更具有理论价值。比如在西汉时期，由于在法律政策上废止秦法，与民更始。刘邦入关，与父老约，法三章而已。杀人者死，伤人及盗抵罪。由于法网宽疏，造成了网漏吞舟之鱼的问题。在这种情况下，就产生了大量的决事比，死罪决事比，还有春秋决狱。这种创制和适用判例的做法，弥补了成文法的不足；又如，在元代，由于蒙古官吏一时难于掌握宋刑统，所以就慢慢产生了断例，这种断例对以后同类案件的审判具有约束力。法官断案，遵照这些断例；再如，民国初年大理院在无法律可以援引的情况下，创制和适用判例。当时，除了判例之外，还产生了大量的判例要旨，解释例要旨。第二，是成文法与例相结合。例主要来源于原始判决，经朝廷批准之后，抽象为例文，附在有关法律条文后面。例的作用主要是，弥补成文法条的空白，诠释条文之所谓，同时为成文立法积累素材。中国古代法律的优秀成果之一，是在法律编纂上采取了"以例辅律"的体裁。这种做法至迟在唐朝就已经出现。成文法律条文的缺点是不具体、笼统、宽泛。不仅老百姓难以理解，即使法官也难于把握。有了例，就解决了这个问题。比如"犯罪存留养亲"一条，后面附上十几个、几十个例，就容易掌握了。故杀、诬告、十恶不赦重罪，不可以"存留养亲"。戏杀、斗杀才可以。被杀的人也是独子独孙，不可以"存留养亲"。兄弟数人犯罪只准一人"存留养亲"。父母、祖父同意，才可"存留养亲"等等。中国古代的法律是把成文法和判例、例结合起来的混合法。这一优秀传统值得我们学习和借鉴。

二、国情塑造当今

我们今天正在建设社会主义法治国家。这是一件前所未有的伟大事业。

但是，与世界其他国家的法治道路不同，我们是在中国国情背景之下来走向法治国家的。我们搞依法治国，应当了解我们的国情。三十多年的经济改革，使我们告别了"山高皇帝远"的熟人组成的乡村，来到"街长故人稀"的陌生人组成的都市。但是，人情社会、人治思想的古老传统依然凝重。与商品社会相适应的行为习惯和思维方式刚刚起步。中国传统法律文化成果如断线风筝，一下子变得遥远而陌生。而舶来的域外法律文化成果则显得半生半熟。由于我们历史上缺少信仰法律的传统，新中国成立三十年的法律虚无主义又扯断了法律古往今来、代代相传的逻辑链条，形成了"前不见古人，后不见来者"的一段历史。因此，像台湾法官在判决马英九公务特别费一案时，竟然从《宋史》当中引用滕子京一案的案例精神，来作为判决依据，这种做法在大陆是不可想象的。当我们的学者们为我国确立"依法治国，建设社会主义法治国家"的国策而欢呼的时候，很难想象建设法治国家的艰难。当我们庆贺国家立法的辉煌成就的时候，是否充分意识到，这些法律如果真的要落实，还需要太多太多的社会条件。就是在这种法治国情之下，改革开放以后三十年来立法活动的急行军，终于把司法机关推到前台，让司法机关在民众面前接受"公平"、"正义"的短距离、零距离的考验。这让我们想起"司法不公"的不平之声。"司法不公"是个大众化的语言。所谓"司法不公"其实在很多场合都是"司法不一"造成的。老百姓把它叫作"同案不同判"。试想一下，如果出现了哪怕是微观上的"同案不同判"，那么当事人当中，就有一半怀疑法律、质疑法官。"司法不公"的舆论就是这么形成的。那么，为什么会产生"司法不一"？原因很多。最本质的原因不是法官群体政治素质、业务素质的问题，而是我们的成文法。我们的成文法给了法官太多的自由裁量权。就拿刑法来说，什么行为是什么罪，犯了罪，根据情节不同，可以判几年到几年有期徒刑，情节严重、特别严重、社会危害性大的，可以判有期徒刑、无期徒刑，甚至死刑。今天，大家正在热议的75岁以上老人不实行死刑问题，"以特别残忍的手段致人死亡者除外"。"特别"、"残忍"都是文学语言，不是法言法语。而且即使是法言法语，也需要更具体、更明确和可操作的规定。那么，怎么才能实现"司法统一"？这就要从审判内在规律入手，把法网的网眼儿变得小些再小些。从而规范法官的自由裁量权。最高人民法院试行多年的案例指导制度就是一项从审判规律入手，解决"司法不一"顽疾的长效机制。刚才听了张军副院长的讲话，感到深受鼓舞！

三、国情预言未来

2010年，是我国法制建设史上值得记住的年份。2010年，我们宣布具有中国特色的社会主义法律体系形成。还是2010年，最高人民法院和最高人民检察院先后颁布了关于案例指导工作的规定。社会主义中国的法律体系的确立，来之不易，意义重大，如何评价都不为过高。它标志着"人治"、"法律虚无主义"传统的终结，和社会主义市场经济、民主政治的启航。但是，我们在总结成就的时候千万不要盲目乐观，以为大功告成。须知，日本六法体系的确立，民国六法全书体系的确立，它们都包含着大量的判例、判例要旨。在这方面，我们也许刚刚觉醒。两高制定并颁布关于案例指导工作的规定，意义重大。它们标志着当今中国法律样式出现的一个新动向。这个新动向也来之不易，它是我国数十万法官群体和法律、法学工作者共同实践和集体智慧的结晶。它标志着，我国的法律样式正在从单一的成文法走向以成文法为主，以典型案例为辅助的新格局的酝酿和起步。它的发展前景，就是中国古已有之的"混合法"。当我们真正实现了新形势下的"以例辅律"，才能实现"司法统一"，实现"司法公正"。民众只有相信了法律，才会尊重法官，才会信仰法治。"混合法"体现了古人的聪明才智，是人类法律实践活动内在规律的反映。从历史中汲取营养，从创新中返回传统，这就是中国当今法律文化建设的历史逻辑。

谢谢大家！

（此文系2010年12月26日在最高人民法院主办"构建中国案例指导制度研讨会暨周道鸾先生八十华诞庆祝会"上对周道鸾老师发言的评议，由山东大学法学院研究生王唯根据发言录音整理）

法官的尊严与使命

各位领导、法官朋友们：大家下午好。

　　这次我有机会被邀请参加座谈会，我感到非常荣幸。朝阳法院是我很熟悉的一个单位，过去我们应该说都在同一个战壕里面工作，是同一个战壕里的战友。多年以来，朝阳法院就已经形成了一个"特别能吃苦、特别能战斗、特别能奉献"的集体精神。今天，我们看了录像，听了汇报和介绍，我感觉到这种精神正在不断地发扬和壮大。全院 600 人，年结案 60000 件，在全国名列前茅。近几个月以来进行的关于"朝法魂"的讨论活动，我觉得很有意义。它的意义不在于最后形成一个什么样的院训，而在于这个过程本身。大家深入关心法院的发展，通过深入的讨论产生了自己编的歌词和歌曲的院歌，下一步还会产生法院的院训。院歌和院训，对于团结全体同志，共同奋斗，互相支持，团结合作，共同完成国家交给我们的职责，是具有积极意义的。我来到朝阳法院，感到法官很有精神，朝气蓬勃，很有尊严，我们的法院也很有尊严了。二十世纪九十年代以来，我们全国法院的硬件建设基本解决，这一举措对提高法院的尊严、提高法官群体的尊严，无疑具有积极作用。于是我就有一个联想，我们在欣赏一个艺术作品的时候，常常会有一个距离，叫作距离产生美。我们有好多好的诗歌，它们和图画的境界是一样的。"落霞与孤鹜齐飞，秋水共长天一色"，"大漠孤烟直，长河落日圆"。这些诗句，这些展现在我们眼前的图画，需要有距离才能够欣赏，否则我们就感受不到它们那种雄浑的、震撼人心的意境。反过来，工笔画可能就不需要距离，因为距离远了就看不清楚。那么我就想，是否距离也会产生尊严呢？我想应该是的。

距离不仅产生美还产生威严或尊严。是这样吗？也不一定都是这样。传说时代的大禹，身执耒耜，以为民先，人们都称赞他。西周有一位法官叫召公，名字叫奭，他就是经常到民间去，现场办公，"听讼于甘棠之下"，在一棵棠梨树下面听案子，而且他秉公执法，案子判的很公平，受到了人们的拥护。到春秋时民间还流传着一首诗歌，就是诗经里的《召南、甘棠》。诗里面说：千万不要去砍坏这棵树干呀，因为我们的召公他老人家曾在这里休息过哟；千万不要剪断这棵树的枝叶呀，因为我们的召公他老人家曾在这里审过案子哟。老百姓对这样一个法官表达了赞扬和怀念之情。汉代的郡守、县令，特别是受过儒家思想影响的官员，也常放下架子，到农村去，到当事人身边去，现场办案。有的亲属之间打官司，官员就拿着《论语》、《孝经》，去做思想工作，让他们认识自己的错误，最后抱头痛哭，通过调解解决问题，官员由于没有架子，受到人们的赞扬。陕甘宁边区的马锡五法官，开创了巡回审判的方法，到民间去，到当事人身边去，到村头巷尾，到老百姓炕头盘腿一坐，就地办案，方便了群众，而且多以调解结案，受到人们的赞扬。这样看来，法官和当事人与民众没有距离，也会受到赞扬，也会有尊严。

看来距离不是一个最重要的东西，距离之有无，还有再加上法袍、法槌、高堂明镜，这些都不是最本质的东西。法官的尊严并不是仰仗外在的东西而是内在的东西，那就是他的内心世界。法官的尊严来自他的内心世界。那么，在法官的内心世界里面，到底是什么能够给法官带来尊严呢？

第一，法官的尊严来自他的职业良知。换句话说，来自他对公平和正义的不屈的追求，换一句老百姓的话就是天地良心或天理良知。有了良知和良心就足以抵御人情世故的干扰，足以摒弃名誉、地位、金钱、权势、利益的影响。首先提到良知这个问题的是孟子。孟子把孔子"朝闻道夕死可也"的求道精神发展成为殉道精神。孟子主张作为君子，要有一种浩然之气，就是为了追求"仁"的最高道德境界，可以放弃一切，舍生取义，杀身成仁。这种精神与重民思想密切联系。为实现"仁"的理想，他公然宣布"民为贵，社稷次之，君为轻"。还宣布对于倒行逆施、骄奢淫逸、专横残暴的君主，人们可以起来推翻他。这种"良知"不专属于君子，民间的平民百姓也有这种思想。中国是一个人情社会，人和人的关系在现实生活中发挥着很重要的作用。因此，在这样的情况下，我们的法官在办案的时候能做到一碗水端平，不管什么人找，不管什么人打招呼，我们都要做到秉公办案，不能把案子办偏了，办错了，能做到这一点，是法治社会的基本要求。历史上，也有很多清官，他们不畏权贵，不怕淫威，不怕报复，甚至于在皇帝面前也不肯低下他的头。历史上有不少清官，比如包公、海瑞等等，他们忠于法律、忠于国家利益的精神值得借鉴。在封建时代做清官很难。战国时的法家就曾经感悟到要真正按照法律办事并不容易。对此，韩非和商鞅均有相同的感受。商鞅说"法之不行，自上犯之。"韩非说"法术之士与当途者，不可两存之仇也。"我们今天的法是人民意志的最高体现，忠于法就是忠于人民，就是恪守法官的良知。

第二，法官的尊严来自对社会生活的深切领悟，来自对不幸人群的深切同情。在对待犯罪、违法行为和诉讼问题上，法家和儒家有着不同的看法。法家认为每个人都是趋利避害、自私自利的，即"好利恶害"的人性论。这种自私自利的人性是普遍的，君子小人都一样，而且是不能改变的，人生来如此，不能通过教育改变。法家认为，治理国家就需要用刑罚，由于教化不起作用，只有通过用刑罚来处置犯罪行为，哪怕是轻微的犯罪行为也要重处。这样，人们由于受到刑罚的处罚要远远超过他们通过违法犯罪行为所获得的利益，人们就会权衡利弊，不敢去犯罪，从而达到以刑去刑的目的。儒家对犯罪的看法比较深刻，儒家认为犯罪和违法是一种社会现象。值得注意的是，儒家认为，社会上之所以产生犯罪，是因为统治者的统治太残暴了，民不聊生，民众才去铤而走险，导致社会犯罪产生。那该怎么办呢？孔子主张"富而后教"，只有先让老百姓富起来，老百姓富起来后就会对统治者感恩戴德，在此基础上对其进行教化，从而使他们获得道德伦理观念，认识到哪些行为好，哪些行为坏，从而自觉约束自己的行为。

老百姓有一句也许并不恰当的话："可恨之人必有可怜之处"。这是什么道理呢？就是表面上看来是一种可恨的行为，但是这种行为的产生有其必然的社会原因。只有这样看问题，我们才能采取比较妥当的方式处理案件。

我们法官对社会生活的深切理解来源于什么呢？来源于我们的生活经验，来源于我们的阅历。如果我们让一个年轻的法官去判断一对夫妻的感情基础是否已经破裂，那似乎就有点勉强。但在这方面，我们的老法官经验丰富，特别是搞调解，老法官比年轻法官有办法、有成效。近些年来，有许多硕士毕业的年轻法官充实了我们的队伍，发挥了很好的作用，因为他们的理论知识比较全面、比较深厚；但是，由于年轻法官阅历少，生活经验不够丰富，在许多方面还应向老法官学习，以增加其阅历和生活经验，从而增强处理案件特别是调解的实际工作能力。因为，我们的法律、法学是一个世俗的学问，不是艺术家关在屋子里面雕刻象牙之塔。除了学习书本知识理论知识之外，更重要的还要向社会学习，向生活学习。

第三，法官的尊严来源于对审判活动的全面深刻娴熟的把握。我们法官的工作背景是成文法，成文法有好处，它有利于维护司法的宏观统一，有利于普法宣传，有利于维护宏观的公正。但是，它也有缺点，即它不可能包揽无余，也不可能随机应变，也不那么详细具体；和成文法相对应的是判例法。判例法有利于实现微观的个案的公正，有利于随着社会的发展而发展。但是，它的缺点很庞杂不容易把握。特别是老百姓不容易掌握判例法的知识。那么我们中国古代的法既非欧洲大陆法系的成文法也不是英美法系的判例法，而是成文法和判例法结合的混合法。中华民国时期，长期做司法院院长、最高法院院长的居正先生说过，中国历来是判例法国家，和英美法系差不多。在1930年，以颁布的中华民国刑法为标志，国民党六法全书就形成了。我们今天也宣布我们社会主义法律体系形成了。那么两者有什么差别呢，六法全书有大量的判例、判决要旨，我们没有。日本的六法体系也有大量的判例，那些判例是可以援引的。现在的台湾还坚持这样一种制度。我国历史上的混合法，就是在成文法出现僵化的时候，通过创制和使用判例，然后把判例所体现的精神，把它抽象化为成文法条来作为一个例，不断地附着在成文法条的后面，就形成了"以例辅律"的法律编纂形式。以例辅律是一个很重要的经验。我们的成文法看起来很容易懂，但是，深一步再仔细看的话，往往又看不懂。比如说，我们古代有一条法律叫犯罪存留养亲，就是人犯了死罪杀了人本应处死，但是他的父母、祖父母只有他这么一个独生子孙，把他杀了以后父母祖父母没人供养，怎么办呢？仅仅从这条规定我们是看不懂的，那么经过十几个，几十个这样的判例就明白了。比如说，戏杀、斗杀可以存留养亲，故杀不可以；被杀者是独生子孙的不可以；父母、祖父母不同意存留，要求杀掉的，官府可以杀；十恶重罪，奸非罪、诬告罪不可以存留养亲；存留养亲以后再次犯罪的不可以存留养亲；兄弟共同犯罪的只有一个人可以存留养亲；有兄弟过继出去了可以归宗的不可以存留养亲。通过这些例、判例，我们才能读懂法律条文的真实和具体的含义。我们法官应当成为某一领域的专家，这叫专家型的法官，我们专家型的法官应当懂得某一审判领域的法律、法规、司法解释、案例，还有国外的理论和经验，国外司法改革的新的进展等等。这样就把理论知识和实践知识结合起来，就成为某一领域的专家。

法官的尊严来自以上三个方面。我这样说并不等于说，法官的尊严不需要外在的政治经济文化条件。我恰恰认为，我们今天非常有必要从更高更远的角度来看待和解决法官尊严的课题。那么，法官的尊严有没有价值？其价值在哪里呢？法官的尊严不是一般个人的尊严，而是一个群体的尊严。而这种尊严与国家的法律的尊严是密切联系的，一荣俱荣、一损俱损。所以它是有价值的。其次，法官尊严的社会文化价值还在于能推动法治国家和法治文化的建设。接下来就又有一个问题，法治国家值得我们追求和向往吗？法治作为一种管理社会管理国家的方法，它是和民主科学相联系的，是我们所知道的所有治国方法中最好的治国方法。长期以来我们的历史上形成了人治的传统。人治就是贤人政治，但是从实践来看人治并不稳定。它过于仰仗个人特别是统治阶级个人、领导者个人的素质的好坏，带有偶然性，没有必然性。当现代社会取代传统社会时，法治就必然会取代贤人政治。因此，法治是值得追求和向往的。

培养和树立法官的尊严并非目的本身，而是为了实现法官的历史使命。这就是维护司法的权威，践行我们今天实行的依法治国建设社会主义法治国家的治国方略。法治的道路是漫长的、复杂的，有时可能还是曲折的。为什么会出现这个情况？因为在历史上我们缺少一个完整的资本主义阶段，缺少服从法律的习惯和社会意识。我们是在一个对法治陌生的土壤上进行法治建设的。在完成这个历史使命当中，我们的法官群体应当走在最前列。

谢谢大家！

（本文节选自 2010 年 12 月 10 日在北京市朝阳区人民法院"朝法魂"专家研讨会上的发言，由山东大学法学院研究生王唯根据录音整理）

马英九公务特别费案一审判决书读后感

    台湾地区台北地方法院于 2007 年 8 月 14 日就马英九公务特别费案作出一审判决。读罢有三点感想：

    第一，台湾的法官历史知识丰富，在说明公务特别费沿革时，专文追溯宋代历史，使人耳目一新。原文如下：

    "按特别费制度，宋朝即已有之，宋代推行交钞制度，货币广泛流通，却也导致通货膨胀，百官除正俸外，尚有公使钱之补贴。学者林天蔚认为当时的'公使钱'及'公用钱'之制度，二者性质并不相同。前者为首长之特别津贴，可以私入、自俸；后者乃官署之特别办公费，用于招待来往官吏、贡使、犒军及其他特别用途。盖宋史、宋会要辑稿及续资治通鉴长编曾叙明，就同一官职之公用钱必多于公使钱，且依宋史卷一二七'职官'公用钱条以'用尽续给，不限年月'、'长吏与通判署籍联署以给用'，故公用钱有账籍，用时须副署。公使钱则无此规定。公使钱依'旧制，刺史以上所赐公使钱得私入，而用和悉用为军费'；(《宋史·列传》第二百二十三外戚中《李用和传》)、'方镇别赐公使钱，例私以自奉，去则尽入其余，经独斥归有司，唯以供享劳宾客军师之用'(《宋史·列传》第二百二十三外戚中《向传范传》附《向经》)，可以尽为私用。惟因首长官吏'因公差使'之'公使钱'，亦可使用官署之'公用钱'，用钱之际职责难分；且'公使'、'公用'均是'因公使用'之意，以致宋史、宋会要辑稿及续资治通鉴长编或有混用'公使'与'公用'之处。从而，公用钱有账籍、须报销者，窃用者有罪。

如《岳阳楼记》中之主角滕子京，即因任意使用公用钱馈遗游士、犒劳民兵而被贬巴陵。公使钱则因可以私入而无此问题。亦有认公使钱即属公用钱，如'窃以国家逐处置公使钱者，盖为士大夫出入及使命往还，有行役之劳。故令郡国馈以酒食，或加宴劳。盖养贤之礼，不可废也。谨照周礼地官有遗人，掌郊里之委积，以待宾客；野鄙之委积，以待羁旅。凡国野之道，十里有庐，庐有饮食，三十里有宿，宿有路室。路室有委。五十里有市，市有候馆。候馆有积。凡委积之事，巡而比之，以时颁之。则三王之世，已有厨传之礼。何独圣朝，顾小利而亡大体？且今赡民兵一名，岁不下百贯。今减省得公用钱一千八百贯，只养得士兵一十八人。以十八人之资，废十余郡之礼。是朝廷未思之甚也！'（范仲淹《奏乞将先减省诸州公用钱，却令依旧》议）赵瓯北之二十二史搭记、王铚之燕翼诒谋录、方豪之宋史、日本学者佐伯富均将公使钱认属公用钱。亦即公使钱，为宋各路、州、军及刺史以上，所有用以宴请及馈送过往官员费用，亦作为犒赏军队之费用，但亦依例可私入、自奉。"

第二，判决书中引用判例及判例要旨。如："犯罪事实之认定，应凭证据，如未能发现相当证据，或证据不足以证明，自不能以推测或拟制之方法，作为裁判基础，'最高法院'40年台上字第86号判例着有明文；且认定犯罪事实所凭之证据，虽不以直接证据为限，间接证据亦包括在内，然而无论直接证据或间接证据，其为诉讼上之证明，须于通常一般之人均不致有所怀疑，而得确信其为真实之程度者，始得据为有罪之认定，倘其证明尚未达到此一程度，而有合理之怀疑存在而无从使事实审法院得有罪之确信时，即应由法院为谕知被告无罪之判决，最高法院76年台上字第4986号判例亦着有明文，再检察官对于起诉之犯罪事实，仍应负提出证据及说服之实质举证责任，倘其所提出之证据，不足为被告有罪之积极证明，或其指出证明之方法，无从说服法院以形成被告有罪之心证，基于无罪推定之原则，自应为被告无罪判决之谕知，有最高法院92年度台上字第128号判例可参。"可见，中华民国时期日臻完备的"混合法"传统，在今日台湾仍生机盎然。

第三，从判决书的结构来看，两岸存在较大差异。台湾判决书结构如下：

判决书标题　　（编号）

诉讼参加人　　（公诉人被告人）

判决书主文

理由

壹　公诉要旨

贰　本案适用的法律

叁　公诉意见及证据

肆　被告人自辩要旨

伍　辩护人辩护要旨

陆　本院查明的事实，程序部分，实体部分

柒　本院认为

落款

大陆的判决书结构大体如下：

判决书标题　　（编号）

诉讼参加人　　（公诉人被告人）

公诉意见及证据

辩护意见及证据

法院查明的事实

本院认为

适用的法律

判决主文

落款

　　相比之下，把结论放最后，也许更符合人们的思维习惯。而台湾判决书中"理由"部分的"贰"，如放在"本院认为"之后，似乎更有针对性。当然，既已形成习惯，亦并无不妥。

（此文作于 2008 年 7 月 28 日）

法治实践呼唤着法制实践学派

　　中国法治实践学派的形成是历史的必然。中国法治实践学派的产生不是偶然的，它是我党和国家确立"依法治国建设社会主义法治国家"的建国方策以后，在全国法学研究和教育领域逐渐酝酿形成的一种新的学术风格和气象。我们不妨试想，在改革开放以前的三十年里，法律在国家建设和社会生活当中的作用十分有限。当时的法学研究和法学教育也相对弱小。政法专业被视为国家培养掌握"刀把子"的革命接班人的保密专业。在那种国情之下，依法治国的法治精神是无法确立的。改革开放以后，社会政治、经济、文化生活的快速发展，执政党执政理念的转变和民众思想觉悟的提高，使中华民族终于迎来了法治建设的黄金时代。在新的历史时期里，广大法学研究和教育工作者以极大热忱和信心为建设社会主义法治国家努力工作。在依法治国的伟大实践中，全体法学研究和教育工作者的辛勤劳动和创造性工作，便无不纳入国家法治建设的社会实践中去。因此，中国法治实践学派是迟早会出现的新生事物。

　　中国法治实践学派基础广阔阵容庞大。相对于以往的学术派别而言，中国法治实践学派具有十分突出的特点，那就是基础广阔、阵容庞大。当前，所有研究法学理论的法学工作者，不管是研究中外的法学理论，还是研究各部门法律制度，都无法回避中国国情和当今法治建设的需要。因此，他们的研究成果，不论是微观的还是宏观的，都为当今法治建设提供经验和教训。他们的研究工作自然被纳入法治实践活动当中。同时，作为法学教育工作者，他们为培养未来从事法治建设事业的后备力量而辛勤劳动。通过这种专门的教育过程，年轻学子不仅获得了系统的法学知识和技能，而且还初步树立了科学民主的社会主义法律观念。而这样的法学青年不断融进社会，在各个领域发挥作用，这是保证国家法治建设持续发展的重要条件。

不容忽视的是，在众多工作岗位上从事法律或与法律相关工作的人们，他们运用自己的法律知识，一边把手头的工作做好，一边研究日常工作中遇到的疑难问题，并提出解决问题的方案。这种工作人员的智力劳动成果同样宝贵。从广义而言，这些工作人员也是中国法治实践学派不可或缺的重要一翼。中国法治实践学派的核心群体，应当是这样一类法学工作者，他们不安于书斋和案头工作，自觉地将实施"依法治国建设社会主义法治国家"视为自己的理想和使命，积极地和广大实践部门——立法、司法、行政和社会团体等，建立密切的合作关系，通过组织合作团队，集中力量解决法治建设中具有典型意义的课题，以智力成果的形式推动法治建设在宏观上或微观上的进步。他们的创新工作与实践部门的日常工作水乳交融，并受到实践部门的欢迎。

中国法治实践学派的学风与中国传统风格相一致。中国法治实践学派的学风是立足国情，解决社会实践问题。这种学风与中国古代志士仁人的"经世致用"学风相一致。在中国古代，有孔子、孟子那种走出书斋、周游列国，宣传自己主张的儒家学者，有身体力行不辞劳苦以命相许的墨家子弟，更有不顾身家性命投身革命变法的法家志士。潜心向学，曾经"三年不窥园"的公羊学大师董仲舒，首创"春秋决狱"之风，开启了古代法律儒家化的风气。儒家大师郑玄、杜预等通过引经注律活动将儒家经义和现行法律有机结合在一起。近代法律大家沈家本，他学贯中西，深谙中国固有法律传统，洞察世界法律发展大势，在清末修律中发挥了中流砥柱的作用。从而在时间和空间上大大丰富了"经世致用"的传统学风。和这些注重实践的学者相比，那些循规蹈矩、白发死章句的文人墨客则显得黯然失色。

中国法治实践学派任重道远，有赖于群体自觉和制度导向。党的十八大召开之后，我国政治体制改革将进入新的历程。此间，我国法治建设亦将进入攻坚阶段。社会主义法律体系形成之后，司法、行政等执法领域将成为社会普遍关心的工作重心。在中国特色社会主义制度进一步自我完善的背景之下，如何全面推动法治建设，是摆在全体法学工作者面前的神圣任务。那么，怎样才能完成这个任务呢？

首先，法学工作者应不负时代使命，进一步提高法治实践的自觉性，进一步转变学风，将自己正在做的工作同国家法治建设的大局密切地结合在一起。同时，不断从实践中汲取营养，提高理论研究和教书育人的针对性。

其次，立法、司法、执法等实践部门要进一步加强法治实践的理论研究，充分调动和发挥法学研究工作者的积极性，建立长期合作联合攻关的工作机制，从而把本职工作纳入全国法治建设的一盘棋当中。

最后，法学研究和教育部门要树立科学的管理导向和评价机制，鼓励学者和教师积极参与法律实践，并与实践部门建立长期的深层次的合作关系。学术导向十分重要。错误的导向可以驱使人们片面追求学术成果的数量，忽视其实际的社会价值。这种"学术 GDP 崇拜"必然催生学术泡沫，滋生学术腐败，毒化学术风气。[1] 其结果是逐渐远离法治实践的主流，最终被社会遗忘。

（原载《中国社会科学报》2013 年 7 月 24 日）

---

[1] 梁根林：《对学术 GDP 崇拜说再见》，载《中外法学》2013 年第 1 期。

附　录：

北京第二中级人民法院 2003 年度民事裁判要旨

关于《2003 年度民事裁判要旨（征求意见稿）》的说明

为提高案件审判质量，统一法律适用的尺度，有效地指导审判实践，不断提升法官实践与理论相结合的能力与水平，根据我院 2003 年工作会议的部署，我院出台了《制作民事裁判要旨实施方案（试行)》，指导、开展撰写民商事裁判要旨的试点工作。

经过一段时间的实践，现将我院具有助理审判员以上职称的民事审判人员所撰写的裁判要旨汇编成册，形成《征求意见稿》。其中，所收集的裁判要旨主要来源于 2003 年审结生效的民事案件，共 386 案。这些案件在审判实践中一般具有疑难复杂、典型性、新颖性等特点。有的是法律法规、司法解释颁布实施后我院受理的首例案件，其中一些案件在全市、全国法院系统尚属首例；有的是因法律规定不明确，合议庭意见存在重大分歧的案件，或者是有重大社会影响的群体性诉讼及涉外案件。这些案件的正确审理，较好地发挥了保障经济协调发展、维护社会稳定、为立法积累司法素材的审判功能。而且，从积累审判经验、指导审判实践的角度，对这些案件的裁判过程进行总结、提炼和升华，以使每个类型案件的裁判经验，能够在较长时间内辐射到今后所审理的相同或相似情况的案件，以点带面，使审理同类型案件的不同合议庭、审判庭的法官，能够及时借鉴他人的间接经验，相对淡化个体法官对类似的疑难案件进行理论探讨、申请汇报审批的过程，在统一法律适用尺度、维护法院裁判权威的同时，节约审判资源，提高审判效率。

在编辑工作中，我们本着简短、精炼的精神，对裁判要旨的格式进行相应的调整，提炼、压缩部分要旨的内容，相对统一了裁判要旨的撰写格式。以"03.01.036"为例，其中，第一项"03"代表年度，即"2003 年"，第二项"01"代表民一庭，第三项"036"代表裁判要旨的序号。

从民事裁判要旨的策划、组织，到案件的筛选，以及裁判要旨的具体撰写工作，院党组给予了高度重视，研究室主管院长武树臣副院长直接负责这项工作，他多次对裁判要旨的修改提出建议与意见，各民事审判庭庭长对裁判要旨能够按时完成进行必要的督促与精心指导，其中更凝聚了民事审判人员的审判智慧、心血与汗水。

由于民事裁判要旨的撰写编辑在全国应属尝试，它还不可能在短期内达到所期望的水准。我们所收集的裁判要旨不一定都能起到升华审判经验、指导审判实践的作用。这项工作除了大家的共同努力外，还将考虑借助计算机网络的功能，使裁判要旨的录入与使用更方便、快捷。但是，我们坚信，裁判要旨的组织、撰写和汇编成册，都在表明我们在发挥案例指导作用方面不断地努力与探索，它对于将我院建设成学习型法院、开展"研究式审判"、逐步提高法官整体素质、实现公正与效率的统一等目标，终将起到阶梯性的作用。我们将不断努力，在将裁判要旨撰写工作全面推开的同时，认真总结经验与不足，虚心接受批评意见与建议，力求使裁判要旨的撰写工作达到预期目标。

研究室

二○○四年五月十二日

目　录

4. 开发商未取得商品房预售资格，业主要求双倍返还定金

5. 所有权人约定赠与他人部分拆迁补偿款，他人伪造授权领取的补偿款应予返还

6. 股票交易余额的计算方法

7. 出租方未将租赁物全部交付，应适当减免租金

8. 制作的财会报表将现金支出项目作为现金减少处理

9. 原告依合同清点被告摊位，被告称遗失现金

10. 诉争房屋和围墙占地的土地使用权归属

11. 已被法院生效判决确认房屋所有权，可以要求居住人腾退

12. 合同约定的补偿费应支付

13. 常年共同居住，对房屋不享有使用权

14. 买受人长期拖欠合同价款，出卖人有权解除合同

15. 商品房售出后，开发商应及时履行维修义务

16. 开发商擅自改变约定构成违约，改变内容不被购房者接受可解除合同

17. 房屋被出卖人重新占有使用，买受人未持异议，买卖协议可解除

18. 因买受人原因未能签署购房合同，定金不予退还

19. 房屋被共有人擅自处分，受害人主张买卖关系无效

20. 所诉纠纷经法院裁判后未申请执行，又以同一事实理由起诉

21. 按揭贷款合同的购房人未经银行同意将房屋卖与第三人，约定由第三人偿还贷款，购房人的债务不予免除

22. 法院不受理宅基地使用权确权纠纷

23. 丈夫将房屋出卖多年，妻子以不知情为由主张合同无效

24. 第三人与债权人达成债权转让协议，在通知债务人后可主张债权

25. 转让包括营业执照等在内的美发店的合同认定

26. 单位要求职工履行退房协议应否支持

27. 违建房屋的处理

28. 买房人已实际占有使用集体土地上的房屋多年，买卖合同有效

29. 根据抚恤补偿协议取得无所有权证的房屋可以处分

30. 签订承租协议的使用人应予腾房

31. 无鉴定资质机关的鉴定结论没有证明力

32. 被告经公告送达未出庭，原告提供的买卖协议、收条证明力的认定

33 共居人的房屋使用费问题

34. 单位为劳动者上缴劳动保险，劳动者因缴纳养老保险缴费数额产生纠纷

35. 物业管理公司无权对装修房屋的业主收取物业管理费

36. 在合法出租人未搬入时强行入住应予腾退

37. 对附条件欠款诉讼时效的认定

38. 未领取营业执照的法人分支机构不具有诉讼主体资格

39. 共同共有共用的院落里建房问题

40. 证据相互矛盾并有案外人承认双方争议的事实

41. 建筑物区分所有人的权利与义务

42. 施工方向监理单位送达单方结算报告，不能视为向发包方主张结算

43. 开发商未提交约定文件，购房人接受房屋钥匙，视为同意变更合同条款

44. 共居人中一方取得房屋所有权后，不能要求另一方腾房

45. 购房人未能按约定交付房款，亦未执行未约定违约金的单方还款计划

46. 妻子离婚前未经丈夫许可擅自将共同购置的房产出卖

47. 建设工程质量合格证书不是工程质量合格并交付的要件

48. 共居人长期不住与产权人不再具有共居关系

49. 已就全部拖欠工程款向第三人申报了破产债权再次向对方主张权利

50. 以对方拖欠工程款为由请求给付施工合同使用的公章系伪造

51. 收养关系解除后共居关系的处理

52. 诉争之房是在征用土地上开发的建设住宅项目，不具有商品房的性质

53. 商品房买卖时已约定取暖设备改变取暖设备不应另收费用

54. 发放土地安置补助费属于村民自治范畴

55. 工作人员承诺奖励个别拆迁户系职务行为拆迁单位应予兑现

56. 承租权调换协议的效力

57. 相邻一方对共用门前通道主张权利

58. 离婚时对诉争房屋的承租问题发生争议

59. 违约方不能以己方的违约行为导致合同目的不能实现为由解除合同

60. 因不具备资质终止转让协议又与被转让方签订协作协议的效力

61. 特定合同条款的解释

62. 判决前一方当事人死亡应作出程序处理

63 城市居民不能取得集体土地上的房屋所有权

64. 建设工程施工合同约定违反专属管辖的规定

65. 取消委托代理未告知相对人构成表见代理

66. 附条件合同中的定金

67. 房管局已撤销争议房屋的产权证，应予腾房

68. 主张被告将其房屋拆除并要求补偿

69. 医疗事故损害赔偿的认定

70. 以住所地为由提出管辖异议

71. 城市居民购买农村房屋的合同无效

72. 无财产给付内容的商品房预售合同的管辖问题

73. 个人基于承发包合同向装饰公司追索劳务报酬

74. 基于集体土地使用证的相邻关系

75. 物业公司接管开发公司管理处，管理处对外签订施工合同工程款的处理

76. 公司筹备处负责人在装修合同上签字不是职务行为

77. 原告要求知悉所购房屋公摊部位的实测面积、分推方式、数据

78. 诉争房屋产权证不合法被告亦应腾房

79. 合同未约定物业公司不承担房屋保修责任

裁判要旨选

03.01.019

房屋被共有人擅自处分，受害人主张买卖关系无效

（2003）二中民终字第 4503 号（霍翠玲）

案件类型：侵权纠纷

裁判要旨：善意第三人有偿取得财产的，应当维护第三人的合法权益，买卖关系依照有效处理。对其他共有人的损失，由擅自处分财产共有人赔偿。

03.01.020

所诉纠纷经法院裁判后未申请执行，又以同一事实理由起诉

（2003）二中民终字第 6127 号（霍翠玲）

案件类型：相邻土地使用关系纠纷

裁判要旨：当事人所主张的事由已经前诉法院处理，根据一事不再理的原则，当事人已丧失诉权。

03.01.021

按揭贷款合同的购房人未经银行同意将房屋卖与第三人，约定由第三人偿还货款，购房人的债务不予免除

（2003）二中民初字第 00531 号（肖荣远）

案件类型：借款合同纠纷

裁判要点：债务转移未经债权人同意，对债权人不发生效力，故购房人仍应承担还款义务。

03.01.022

法院不受理宅基地使用权确权纠纷

（2003）二中民终字第 07638 号（肖荣远）

案件类型：财产权属纠纷

裁判要点：宅基地使用权确权纠纷不属于民事案件受理范围，本院不予处理在未证明自己享有宅基地情况下主张他人侵权，缺乏依据。

03.01.040

证据相互矛盾，并有案外人承认双方争议的事实

（2003）二中民终字第 06373 号（杨世军）

案件类型：相邻损害防免关系纠纷

裁判要旨：在双方当事人所提供的证据相互矛盾时，案外人承认双方争议的事实系其所为，原告又未能提供充分证据证明案外人所作系伪证，应以证据不足为由，驳回其诉讼请求。

03.01.041

建筑物区分所有人的权利与义务

（2003）二中民终字第 5031 号（田海雁）

案件类型：相邻关系纠纷

裁判要旨：在规定相邻关系规则时，应使建筑物区分所有权人权利的享有得以适当的延伸或必要的限制。即区分所有权人应正确使用、保存或改良专用部分，在发现相邻的所有人有不当使用行为和使专有物遭到损害的行为时，有权加以制止，要求相邻方停止侵害、赔偿损失；有权要求相邻的区分所有人对共同生活造成损害的危险采取防免措施；当相邻或其他区分所有人采取装修改良自己专用部分而影响自己的通风、采光、排水等行为时，有权要求恢复原状。与上述权利相对应，每一区分所有权人均应承担这些义务。这样，才能维护居住的秩序和社会生活的安定，使各区分所有权人的合法利益得到充分保护。

03.01.080

外村村民与本村村民签订的房屋买卖合同的效力

（2003）二中民终字第 07492 号（邢军）

案件类型：房屋买卖合同纠纷

裁判要旨：当事人双方签订的房屋买卖协议，系真实意思表示。当事人双方均为农民户口，就双方买卖房屋的行为，卖方村委会不持异议。双方协议不违背法律、行政法规的强制性规定。据此，应认定双方所签房屋买卖合同有效。

03.01.081

不能因工程存在质量问题而拒付工程款

（2003）二中民终字第 07400 号（邢军）

案件类型：建设工程合同纠纷

裁判要旨：原告要求被告支付工程款，被告对尚欠工程款以欠条的形式予以确认。现被告以该工程存在质量问题为由而拒付工程款，被告之抗辩，不能成立。被告认为该工程有质量问题，可以主张相应的权利。该工程如已验收合格，在保修期内，可以依据保修条款之约定，由原告承担保修责任，被告不能以工程存在质量问题拒付工程款。

03.01.082

对与涉讼标的相关的房屋不具所有权的当事人无权提起排妨之诉

（2003）二中民终字第 01095 号（马宏敏）

案件类型：排除妨碍纠纷

裁判要点：当事人对与本案诉讼标的相关的房屋没有所有权，在这种情况下提起排除妨碍之诉，没有权利基础和法律依据。当事人的起诉应予驳回。

03.02.093

意思表示真实，单方变更房屋契约有效

（2002）二中民终字第 01138 号（付玛莉）

案件类型：财产权属纠纷

裁判要点：个人将其名下承租的房屋赠与其女，办理变更租赁手续时，其女因故未去，产权单位在赠与人单方签字的情况下为其办理了变更手续。现赠与人以单方签字办理变更手续不生效为由，要求确认租赁契约无效。赠与人变更租赁契约系其真实意思表示，虽其女未签字，但其始终是同意的。现赠与人后悔变更承租人而要求确认租赁契约无效不能成立。

03.02.094

房屋转让合同的双方应对承租人押金承担连带责任

（2003）二中民终字第 01688 号（付玛莉）

案件类型：租赁合同纠纷

裁判要点：众明事务所承租致祥公司房屋时交部分押金，合同履行期间，致祥公司将房屋转让给环境国旅公司，但转让协议中未涉及押金，众明事务所要求两公司返还。转让协议签订后，环境国旅公司实际承接了致祥公司的权利义务，收取租金并获得利益；该转让行为不应给第三方众明事务所造成损害。故环境国旅公司对众明事务所与致祥公司的合同中约定的押金，应承担连带返还责任。

03.02.095

种植的假牙两边有缝隙构成医疗事故

（2003）二中民初字第 8626 号（付玛莉）

案件类型：医疗事故损害赔偿纠纷

裁判要点：医院为患者种植四颗门牙，其中两颗牙的植入体排列过近，导致制作的假牙两边均存有 2 毫米多的缝隙，医院称门牙有缝隙是美观问题，不属医疗事故。经查该缝隙是由于医院未按操作规程制作模板所致，构成医疗事故，医院应承担医疗过失责任。

03.02.111

口头合同审理中的举证责任

（2003）二中民终字第 2159 号（李蔚林）

案件类型：财产损害赔偿

裁判要点：双方口头合同约定，一方借用另一方账户将支票兑换为等额现金。提供支票方称提供账户方在支付部分金额后拒绝支付剩余款项，但提供账户方称已依约支付了全部款项。提供支票方已提供了支票划入约定账户的证据，并承认已收到部分款项，此时提供账户方应就已给付剩余款项的主张，承担举证责任。现其不能提供此证据，应承担举证不能的责任，返还剩余款项。

03.02.112

表见代理成立，被代理人承担有权代理的法律后果

（2003）二中民终字第 3383 号（李军红）

案件类型：汽车买卖纠纷

裁判要点：案外人持车辆所有人的身份证、车辆行驶证等有效证件并以所有权人的名义与车辆买受人签订买卖合同，双方未办理车辆过户手续，现买受人要求车辆所有人退车、还款。车辆买受人有理由相信案外人系代理车辆所有人进行车辆买卖交易，构成表见代理，故车辆所有人应承担还款责任。

03.02.113

自行车失主缴纳存车费，物业公司应承担赔偿责任

（2003）二中民终字第 893 号（李军红）

案件类型：财产损害赔偿

裁判要点：自行车所有人与物业公司签有管理合同，并交纳存车费，小区存车处属物业公司管理，自行车放在存车处丢失。自行车所有人与物业公司存在物业管理合同关系，并缴纳存车费，物业公司未尽管理义务，应承担

赔偿责任。

03.03.172

债权人对催款通知举证不能

（2003）二中民初字第 00393 号（吴宝升）

案件类型：借款合同纠纷

裁判要点：以委托公证机关公证邮寄催款通知的公证书，证明债权人主张债权。债权人向债务人提出请求，法律并无特定的形式要求，只须权利人向义务人发表请履行债务的意思即可。该公证书仅发生证明债权人有邮寄催款通知行为的效力，若用来证明诉讼时效发生中断的法律事实在效力上有缺陷，必须有债务人知道或应当知道的证据佐证，方能产生诉讼时效中断的法律后果。债务人否认收到债权人催款通知时，债权人负有举证责任，债权人举证不能，则债务人免除相应民事责任。

03.03.173

保证期间债权人书面主张还款，保证人不免除保证责任

（2003）二中民终字第 02450 号（吴宝升）

案件类型：借款合同纠纷

裁判要点：保证期间内，主债权人向保证人书面主张还款，但未明示保证人承担保证责任。债权人在保证期间内要求保证人承担保证责任时，债权人在书面通知中应否明示保证人继续承担保证责任，法律、法规及司法解释均未正面明确。按照担保法理及担保法宗旨，保证期间是权利人主张权利和保证人承担保证责任的期间，债权人要求保证人履行还款，其性质就是保证人履行保证责任于担保法上的义务。对此，债权人未在催款通知中明示保证人继续履行保证责任，不发生保证人免除保证责任的后果。

03.04.240

约定不明的条款，应认定为无效

（2003）二中民终字第0958号（高苹）

案件类型：租赁合同纠纷

裁判要点：双方在合同中约定"如发生争议，协商解决不了的，可到出租方管辖地工商局经济合同仲裁委员会仲裁或向人民法院起诉"。该条款中"出租方管辖地"仅用于限定"工商局经济合同仲裁委员会"还是同时限定"工商局经济合同仲裁委员会和人民法院"，单从语法角度不能得出唯一的解释。双方对此条款理解不一致，客观上已出现了两种解释，因此，该选择管辖的条款不明确，应认定无效。

03.04.241

所有权人不具有诉讼主体资格

（2003）二中民终字第09507号（高苹）

案件类型：保管合同纠纷

裁判要点：自行车的实际使用人向物业公司交纳存车费后将车存入存车处。与物业公司形成保管合同关系的相对方是车的实际使用人，自行车丢失后，自行车的所有人不能向物业公司索赔。

03.04.242

对产品质量提出异议的期间

（2003）二中民终字第00676号（刘险峰）

案件类型：买卖合同纠纷

裁判要点：双方在合同中虽约定了"提出异议期限为自验收收货之日起15天"，但该条款应视为是对水泵外观质量的约定，且制泵公司亦认可其在京海公司使用水泵的过程中，对水泵进行过维修并予以更换，该事实可认定为京海公司对水泵的质量提出过异议。鉴于水泵在使用过程中确实出现了质量问题，原审法院委托有关部门对水泵进行鉴定，并据此作出判决，并无不当。

03.04.265

抗辩不能免除责任

（2003）二中民终字第 01056 号（郑亚军）

案件类型：承揽纠纷

裁判要点：双方当事人就拖欠货款问题签订抵车协议，用一辆旅行车充抵货款债务人以债权人委托其销售该辆旅行车所得车款不知去向为由，未给付车辆，亦未给付欠款。抵车协议真实有效，债务人未履行此协议给付旅行车，亦未履行还款义务，应承担违约责任，其抗辩不能免除责任。

03.04.266

未及时办理协议变更手续，供暖费请求不予支持

（2003）二中民终字第 01059 号（郑亚军）

案件类型：供用热力合同纠纷

裁判要点：水泵厂依据与电梯厂协议实际履行了供暖义务。后电梯厂多次向水泵厂表示有人员变动，不再承担买断工龄职工的供暖费。协议履行中，电梯厂把人员变动情况告知水泵厂后，水泵厂应及时办理协议变更手续，其仍要求电梯厂给付此部分人员供暖费的诉讼请求不能支持。

03.04.267

当庭认可的事实，一般不予推翻

（2003）二中民终字第 02453 号（钱丽红）

案件类型：买卖合同纠纷

裁判要点：一方当事人在一审中认可的事实，在二审中予以推翻。根据最高人民法院《关于民事诉讼证据的若干规定》的规定，当事人在起诉状、答辩状、陈述及其委托代理人的代理词中承认的对己方不利的事实和认可的证据，人民法院应当予以确认，但当事人反悔并有相反证据足以推翻的除外。当事人在二审中没有提供足够证据推翻其在一审认可的事实，故对其反悔本院不予认定。

03.05.293

商标近似的判断

（2003）二中民初字第 6434 号（梁立君）

案件类型：侵犯商标权纠纷

裁判要点：原告于 1997 年 11 月 14 日取得"香妃"图文组合商标专用权，核定使用商品为第 30 类烧饼。该商标的图案为：圆圈内的古代仕女侧面像、汉字"香妃"及汉语拼音" XIANG FEI"的图形和文字的组合。2003 年 1 月至 7 月，被告生产并在本市多家商店销售"品香阁新香妃烧饼"，产品包装上印有汉语拼音" Xin XiangFei"和汉字"新香妃"。被告在其生产、销售的烧饼的包装上突出使用汉字"新香妃"及汉语拼音" Xin XiangFei"，将其与原告的注册商标进行对比，被告使用的文字是在原告注册商标组成部分的文字"香妃"前添加一个辅助用字"新"、在汉语拼音" XIANG FEI"前增加汉语拼音"Xin"，二者在字形、读音、含义上均基本相同，易使相关公众产生被告商品的来源与原告注册商标的商品有某种特定联系的认识被告在同类商品上使用与原告注册商标近似的标识，构成对原告注册商标专用权的侵害。

03.05.294

转载行为的认定

（2003）二中民初字第 9273 号（梁立君）

案件类型：侵犯著作权纠纷

裁判要点：原告 2003 年 4 月 21 日在新浪网（sina.com.cn）上发表"阻击非典保卫家园"公益宣传图片，被告 4 月 22 日出版的报纸将该作品作为文章插图使用。原告认为被告未经许可使用其作品，侵害其著作权；被告认为原告作品已经发表，被告进行转载符合法律规定，不侵害原告权利。我国著作权法规定，作品只有在报纸、期刊上发表时，著作权人未声明不得转载、摘编的，其他报刊才可以不经著作权人许可进行转载。本案中，原告是在网络上发表的涉案作品，而网络与报纸或期刊属于不同形式的媒体，我国著作权法中有关未经许可进行转载的规定在此并不适用。因此，被告未经许可原告作品，侵害了原告的著作权。

03.05.295
抄袭行为的认定

（2003）二中民初字第 3586 号（梁立君）

案件类型：侵犯著作权纠纷

裁判要点：原告作品的主要内容是教授学生如何更好、更快地完成作文的写作，作品中提到了"创造力—知识（联想＋想象）"、"能构成一篇作文的事、物、观点，都是作文点"、"只要没有偏离题意，所找的作文点就无所谓正确与错误"、"找作文点的原则：大胆、创新新、合情理"等观点及内容。被告作品中亦使用上述观点。原告认为被告作品抄袭了其独特的表达形式及理论内涵，被告认为这些内容早在原告作品出版之前已在很多同领域作品中出现，不是原告的首创。受我国著作权法保护的作品应具有独创性，但一切处于公有领域中的作品、只有唯一一种表达形式的内容以及不具有可复制性的思想、理论均不受著作权法的保护。任何人都可以对同领域内的问题进行研究，不同作者可以通过自己的独立构思、运用自己的创作方法及技巧创作出反映自己个性和特点的作品。原告提出的"作文点"、"立体补激式教学法"等概念属于语文教学中的某种观点或思想，不属于著作权法保护的范畴。原告作品与被告作品属于不同作者对同一领域内的问题进行研究、并分别独立创作出反映自身特色的作品，不存在侵害著作权的问题。

03.06.349
物的保管者对于非保管物所造成的损害不应承担责任

（2003）二中民终字第 09412 号（高嵩）

案件类型：精神损害赔偿

裁判要点：2002 年 11 月 9 日上午 10 时许，北京市平谷区殡仪馆接到以王继友名义要求定灵车的电话（电话号码显示为：6999　2239，属于当地教工疗养院所有，尉德利为实际使用及保管人）。当日 11 时殡仪馆的工作人员根据来电显示的号码回电核实时，尉德利接电话表示，无人定灵车。因尉德利并非定车人，殡仪馆工作人员电话与当地村委会核实。在得知确有姓王的人死亡后，殡仪馆派出了灵车。当日下午 3 时许，灵车到达后，发现无人按约定接车，遂到村委会进一步核实情况。村委会广播员用广播通知王继友或其家属到村委会。王继友听到通知后来到村委会。殡仪馆的工作人员在得知王继友并未定车后，表示了歉意后随即离去。王继友遂以此蒙受精神损失为由，要求仪馆、尉德利、教工疗养院予以赔偿。冒用他人的姓名是侵权行为，侵权人对于其行为应当承担相应的后果。财物的保管人对于其他侵权行为人的行为所造成的侵权后果，不应当承担责任。尉德利虽然对 6999.2239 电话有使用及保管的权利和义务，但是对王继友权利造成侵害的是冒名定车人的侵权行为所致，并非尉德利对财物保管不善导致他人人身的伤害。

03.06.350
对于已实际履行完毕的民事协议，无法定事由不得反悔
（2003）二中民终字第 09250 号（高嵩）
案件类型：返还财产
裁判要点：2003 年 5 月 2 日，王忠俊、赵树江就王忠俊擅自截断王忠俊的自来水管道所造成的损失赔偿问题达成协议，其中约定王忠俊赔偿赵树江 10000 元。同日，在当地派出所人员、村干部在场的情况下，赵树江将王忠俊的 2 头奶牛拉走抵债，并出具了收条。王忠俊称，当日用奶牛折抵 10000 元赔偿款并非出于自愿，但未提供证据。在场村干部亦证实，当时双方系自愿达成协议。当事人出于自愿所达成的协议，如无法定的构成民事行为无效或可撤销的事由，当事人不得反悔。

03.06.353
法人行为不受法人名称变更的影响
（2003）二中民终字第 8508 号（闫明）

案件类型：债务纠纷

裁判要点：北京北方安华罗马花园俱乐部有限公司（原名北京龙腾富临餐饮有限公司）曾经与陈景淋发生债权债务关系。北京北方安华罗马花园俱乐部有限公司称，当时自己并非合同上的名称，且自己当时处于承包期间，不同意给付陈景淋欠款。法人的行为具有连续性，不因名称的变更对其法人行为产生影响。因此，北京北方安华罗马花园俱乐部有限公司应当对其行为应当承担责任。

03.06.354

产品质量责任纠纷中生产者的举证责任

（2003）二中民终字第 4039 号（闫明）

案件类型：损害赔偿

裁判要点：安建平购买了一瓶黑人头牌染发水，结果在染发时造成了头皮损伤，安建平起诉该染发水的生产厂家。在审理中，此染发水的生产厂家没有出示证明自家产品合格的证据，而是要求安建平举证证明其头皮受伤与产品质量有关。产任属于一种严格责任，必须由产品的生产者举证证明自己生产的产品符合国际规定，如果生产者举证不能，应承担相应责任。

03.06.355

收取他人钱款不履行约定义务，应当返还

（2003）二中民终字第 5204 号（闫明）

案件类型：债务纠纷

裁判要点：张菁曾因涉及刑事问题被检察机关收审，在涉案期间张菁曾交给陈跃年 × 万元，让其帮助履行一份合同，但陈跃年未履行。此笔债务的关键，应看双的合同是否已经履行，陈跃年是否按双方的约定使用了这部分款项。因陈跃年证明自己已经将全部款项用于此项合同，判决陈跃年将此笔款项返还。

03.06.380

基于继承协议书写的欠条，能够证明债权债务关系成立

（2003）二中民终字第 4969 号（史佳伟）

案件类型：民间借贷纠纷

裁判要点：兄弟之间对于父母所遗不动产进行继承时达成协议后，未表示放弃继承一方要求协议确定取得该不动产一方无条件补偿，并书写相应的欠据。在对该不动产继承时，债权人一方未明确表示放弃继承，债务人所书写的欠据表明，各继承人共同就遗产进行了处分，该约定应系各当事人的真实意思表示，债权债务关系成立。

03.06.381

代偿债务不能必然决定债务转移

（2003）二中民终字第 10751 号（史佳伟）

案件类型：买卖合同纠纷

裁判要点：一公民与甲公司有债权债务关系，乙公司系在购买甲公司的房产后，经两公司确认，由乙公司以甲公司所得购房款代甲公司向该公民偿还了部分债务。但不能认定乙公司对于甲、乙两公司双方共同确认的债务范围以外的甲的其他债务负有债务义务，故不能认定该公民与乙公司之间存在债权债务关系。

03.06.383

代人取款，没有证据表明已将钱款归还

（2003）二中民终字第 7290 号（胡欣宁）

案件类型：返还财物纠纷

裁判要点：用自己名义代人存款，一般是因为关系密切，且同时有银行存款证明，故不需要其他证据，即可表明双方之间的委托关系及钱款的存在。但用自己名义代人取款，如没有证据证明已将钱款归还他人，则需承担还款的法律责任。

03.06.384

没有遗嘱，适用法定继承

（2003）二中民终字第 10029 号（胡欣宁）

案件类型：析产纠纷

裁判要点：夫妻一方死亡后，在没有遗嘱的情况下，其遗产适用法定继承法的法定继承人能够继承的是夫妻财产中死者的份额，一般为夫妻财产的一半。

03.06.384

结算单上签名，不能证明财物的所有权

（2003）二中民终字第 7289 号（胡欣宁）

案件类型：一般财产所有权纠纷

裁判要点：签订客户购车结算单，拿到付款收据，并不能认定，该书面材料上所列的姓名即为钱款的所有权人。从法律上说，这仅表明买卖行为的发生或付款行的完成。钱款所有权的认定，须有其他证据予以证明。

03.06.385

离婚诉讼期间，一方居住在异性家中，应认定为感情破裂

（2003）二中民终字第 2371 号（胡欣宁）

案件类型：离婚纠纷

裁判要点：夫妻之间应以真挚的感情与相互信任为基础。离婚期间，一方仍居在与自己关系密切的异性家中，一般人均难以从感情上接受。故可以认定这种行为感情彻底破裂，应对离婚负主要责任。

03.06.386

因工作原因受伤害，雇主应承担赔偿责任

（2003）二中民终字第 9226 号（胡欣宁）

案件类型：人身损害赔偿纠纷

　　裁判要点：在打工过程中，受雇人因工作原因导致人身受到伤害，雇主应对其理的经济损失承担赔偿责任。如果该损害的发生是由于受雇人自己的过错造成的，都是非工作时间发生的损害，则不属于雇主应赔偿的范围。

后　记

　　本书汇集了我自 20 世纪 80 年代中期以来发表的关于中国判例制度的论文。长期以来，我之所以对中国判例制度产生兴趣，原因有二：一是 1985 年最高人民法院公报开始公布现行典型案例以指导审判活动，我认为这是我国司法制度的重大改革事件，值得学术界关注；二是受到先贤对中国法史研究成果的影响，比如陈颐运先生在《中国法制史概要》一书中指出："历代在律以外既有各种成文形式之刑书，并有种种之判例"；"最显著者，尚有南宋之断例，元之条格，明清之例，皆系律外之判例性质。所以中国法系并非如欧陆法系以成文法为主，同时兼有英美法之精神。其在适用上，有律者不用例，有例者不得比附律文以闻。总之，一方面尊重法律之安定性，一方面又具有法律灵活运用之功效。"他在分析中国古代法律的特点时所说："说它是成文法系，却因临时设制，有例，有比，有指挥，有断案，殊难为比；谓其近于英美法系，仍因常法俱在，有律，有令，有刑统，有会典，更难并论。总括起来，是成文而不成文，不成文而成文，兼具欧陆法系与英美法系的优点。"居正先生在《司法党化问题》一文中强调："中国向来是判例法国家，甚似英美法制度"；民国十八年民法颁布之前，"支配人民法律生活的，几乎全赖判例"。蔡框衡先生在所著《中国刑法史》中提出："周代普遍适用判例"；"条文和判例原是三代刑法的两种表现形式"。我对中国传统法律文化的研究与先贤的上述论断密不可分。在中国法史学界，一方面，尽管学者们使用了"判例"、"判例法"的术语，但并非认为中国古代曾经有过英国那样的"判例"

和"判例法"。但是，由于"判例"、"判例法"毕竟是舶来术语，它们是否宜于用来描述中国古代法，仍是值得深思的问题。另一方面，中国历史上毕竟出现过元朝和民国初期大理院那样的"判例"制度。那么，究竟给中国历史上的"判例"制度冠以何种术语？仍然值得学界认真推敲。我想，能否脱离舶来术语，用"先例"、"裁判成例"、"裁判定例"、"裁判通例"这样的术语来描述中国古法，也许是值得尝试的一件事。然而，历史研究的目的在于启迪当今。中国当代的判例制度如何重建，如何在现行成文法体系的框架下形成中国式的判例制度，如何借鉴中国古已有之的混合法，如何实现同案同判的法治基本原则，我国如何编纂一部纳成文法与"判例"为一典的法律全书，正是当今法治建设不可回避的历史课题。当然，这些课题必须经过长期的理论探索和司法实践才能逐步完成。因此，理论探索是不能或缺的。这也许就是本书的价值之所在。

武树臣

2018 年 10 月 29 日

责任编辑：张伟珍
封面设计：周方亚
版式设计：严淑芬

图书在版编目（CIP）数据

寻找中国的判例法 / 武树臣 著 . — 北京：人民出版社，2018.12
（中国法治实践学派书系 / 钱弘道主编）

ISBN 978 - 7 - 01 - 019930 - 6

I. ①寻⋯　II. ①武⋯　III. ①判例 - 研究 - 中国　IV. ① D920.5

中国版本图书馆 CIP 数据核字（2018）第 234479 号

寻找中国的判例法
XUNZHAO ZHONGGUO DE PANLIFA

武树臣　著

人民出版社 出版发行
（100706 北京市东城区隆福寺街 99 号）

北京新华印刷有限公司印刷　新华书店经销

2018 年 12 月第 1 版　2018 年 12 月北京第 1 次印刷
开本：710 毫米 ×1000 毫米 1/16　印张：30
字数：457 千字　印数：0,001-2,000 册

ISBN 978 - 7 - 01 - 019930 - 6　定价：92.00 元

邮购地址 100706　北京市东城区隆福寺街 99 号
人民东方图书销售中心　电话（010）65250042　65289539